Romanistische
Arbeitshefte   56

Herausgegeben von
Volker Noll und Georgia Veldre-Gerner

Barbara Schäfer-Prieß, Roger Schöntag

Spanisch/Portugiesisch kontrastiv

Unter Mitarbeit von
Inmaculada García Jiménez und Benjamin Meisnitzer

De Gruyter

ISBN 978-3-11-025381-8
e-ISBN 978-3-11-027386-1
ISSN 0344-676X

Library of Congress Cataloging-in-Publication Data
A CIP catalog record for this book has been applied for at the Library of Congress.

Bibliografische Information der Deutschen Nationalbibliothek
Die Deutsche Nationalbibliothek verzeichnet diese Publikation in der Deutschen Nationalbibliografie; detaillierte bibliografische Daten sind im Internet über http://dnb.d-nb.de abrufbar.

© 2012 Walter de Gruyter GmbH & Co. KG, Berlin/Boston

Gesamtherstellung: Hubert & Co. GmbH & Co. KG, Göttingen
∞ Gedruckt auf säurefreiem Papier

Printed in Germany

www.degruyter.com

Vorwort

Die aus dem Latein der Iberischen Halbinsel hervorgegangenen Sprachen Spanisch und Portugiesisch gehören heute beide zu den am meisten gesprochenen Sprachen der Welt. Das Interesse am systematischen Vergleich ist allerdings bis vor einiger Zeit außerhalb der traditionellen romanistischen bzw. allgemein iberoromanistischen Beschreibungen (z.B. Messner/Müller 1983), in denen oft der historische Aspekt im Vordergrund steht (z.B. Entwistle 1988, Lleal 1990), gering gewesen.

Was die gegenseitige Wahrnehmung betrifft, so ergibt sich der Eindruck, dass man der jeweils anderen Sprache lange Zeit sehr wenig Beachtung schenkte, sowohl in Europa als auch in Amerika. Eine hervorzuhebende Ausnahme stellt die 1949 in erster Auflage auf Spanisch erschienene *Gramática portuguesa* von Vázquez Cuesta/Luz dar, die viele kontrastive Beobachtungen enthält und noch heute als wichtige Referenz gelten kann.

Erst in den letzten Jahren haben sich, bedingt auch durch politische und wirtschaftliche Entwicklungen, Veränderungen im Verhältnis der beiden Sprachen zueinander ergeben, was sich z.B. im Fremdsprachenunterricht niederschlägt. In diesem Zusammenhang sind, vor allem in Amerika, eine Reihe von eher praktisch ausgerichteten vergleichenden Darstellungen veröffentlicht worden, wobei bemerkenswerterweise auch die in Spanien erschienenen Publikationen unausgesprochen nicht auf das europäische, sondern auf das brasilianische Portugiesisch referieren, so z.B. der *Gran Diccionario español-portugúes, português-espanhol* von Espasa Calpe, Duarte (1999) oder Masip (2000, 2003).

In dieser Arbeit soll ein Vergleich der beiden Sprachen, vorrangig in ihren europäischen Varietäten, unter diachronischem und synchronischem Aspekt vorgenommen werden. Es geht also darum, die Gemeinsamkeiten und Unterschiede in der Entwicklung und im heutigen Gebrauch darzustellen, wobei wegen der Fülle des Stoffs sowohl hinsichtlich der Themen als auch der Literatur selektiv vorgegangen werden musste.

Das Buch richtet sich an Personen, die fortgeschrittene Kenntnisse in (mindestens) einer der beiden Sprachen besitzen und sich über die andere sprachwissenschaftlich informieren möchten. Von dieser Voraussetzung ausgehend haben wir eine Übersetzung der Wort- und Satzbeispiele ins Deutsche nur in Einzelfällen angegeben. Um den historischen Erläuterungen folgen zu können, wären Kenntnisse in Latein sowie idealerweise in Altspanisch oder Altportugiesisch sinnvoll, doch ist dies keine notwendige Voraussetzung.

Obwohl an verschiedenen Stellen Hinweise zur Vermeidung von Interferenzen gegeben werden, versteht sich das Buch nicht als praktische Anleitung zur Erlernung der jeweils anderen Sprache. Diesbezüglich verweisen wir auf die *Sieben Siebe* von Klein/Stegmann (2000) sowie was das Portugiesische betrifft auf *Kontrastsprache Portugiesisch* von Arntz/Ré (2007).

Für die Erstellung der Landkarte sind wir Miguel Bana e Costa zu Dank verpflichtet; für wertvolle Hinweise danken wir (in alphabetischer Reihenfolge): Andreas Blum, Andreas Dufter, Carmen Gouveia, Miguel Gutiérrez Maté, Markus Ineichen, Rolf Kemmler, Stefan Koch, Jürgen Lang, Jaime da Silva, Lalita de Souza. Für wertvolle Korrektur-hinweise bedanken wir uns bei Thomas Strobel. Für die kritische Durchsicht und die Aufnahme in die Reihe der *Romanistischen Arbeitshefte* danken wir Volker Noll.

Inhaltsverzeichnis

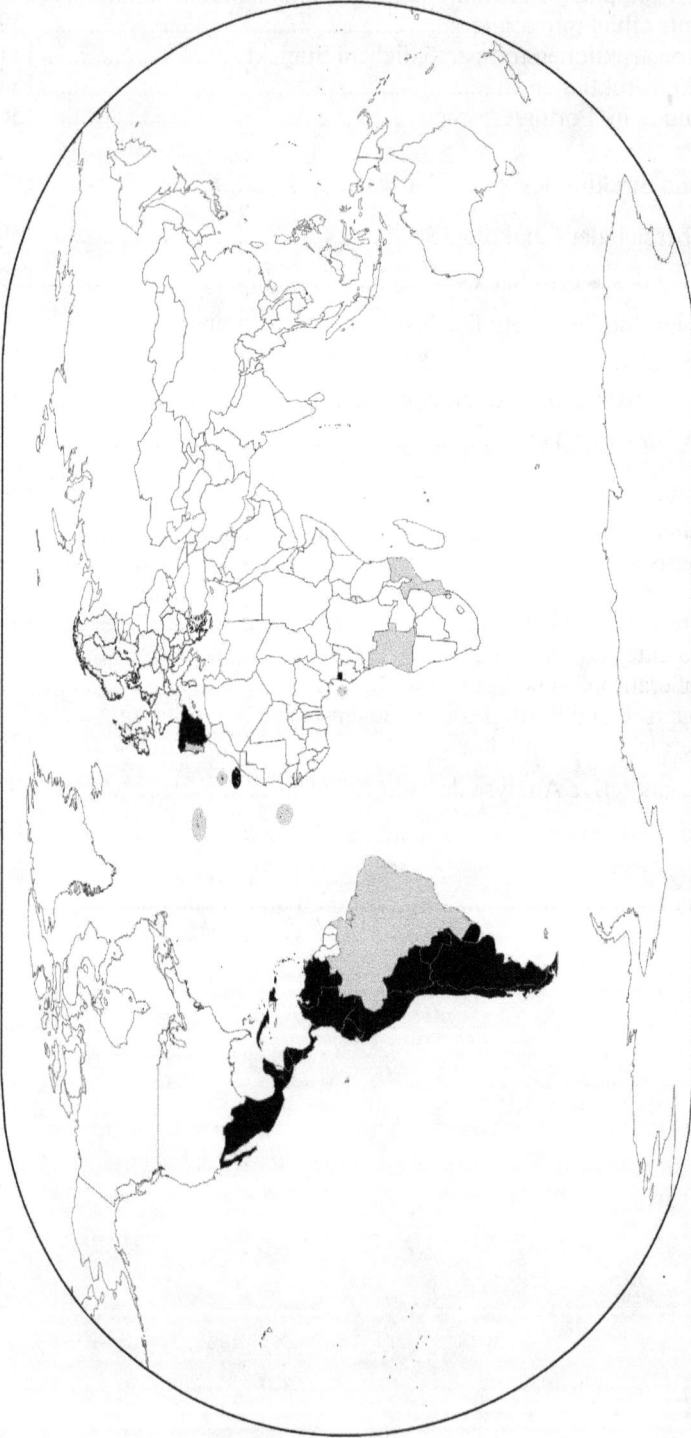

Länder mit Spanisch als offizieller Sprache

Länder mit Portugiesisch als offizieller Sprache

Quelle: freeworldmaps.net

Phonetische Transkription nach API/IPA

Vokale

[a]	sp./ptg. alma
[ɐ]	ptg. fala
[e]	sp. tener, ptg. ter
[ɛ]	sp. teja, ptg. tela
[i]	sp./ptg. pio
[ɨ]	ptg. mil
[o]	sp./ptg. bolo
[ɔ]	sp./ptg. menor
[u]	sp./ptg. subir
[ɐ̃]	ptg. cantar
[ẽ]	ptg. dente
[ĩ]	ptg. pintura
[õ]	ptg. pompa
[ũ]	ptg. assunto

Halbvokale

[w]	sp. cuatro, ptg. quatro
[j]	sp. ley, ptg. pai

Konsonanten

[p]	sp./ptg. picar	[ʤ]	bras. universidade
[b]	sp./ptg. beber	[ʃ]	ptg. cheio
[β]	sp./ptg. hábil	[ʒ]	ptg. beijo
[t]	sp./ptg. título	[ʝ]	sp. ya
[d]	sp./ptg. dar	[h]	asp. hijo
[ð]	sp./ptg. dedo	[m]	sp./ptg. mal
[θ]	sp. hacer	[ɱ]	sp. enfermo
[k]	sp./ptg. cara	[n]	sp./ptg. natural
[g]	sp./ptg. gato	[ɲ]	sp. baño, ptg. banho
[ɣ]	sp./ptg. pagar	[ŋ]	sp./ptg. tango
[x]	sp. hijo	[l]	sp. libro
[χ]	sp. reloj (Variante)	[ɫ]	ptg. mal
[f]	sp./ptg. forma	[ʎ]	sp. llevar, ptg. filha
[v]	ptg. agradável	[ɾ]	sp./ptg. mar
[s]	sp./ptg. subir	[r]	sp./ptg. carro
[s̪]	ptg. passo (prädorsodentale Variante)	[ʁ]	ptg. carro (uvulare Frikativ-Variante)
[s̺]	sp. paso (apikoalveolare Variante)	[ʀ]	ptg. carro (uvulare Vibrant-Variante)
[z]	sp. mismo, ptg. mesa	[ɻ]	bras. mar (retroflexe Variante)
[tʃ]	sp. chico		

Phonetische Transkription nach Böhmer-Ascoli

[ǫ] vlat. *nǫjte (offene Variante)
[ọ] vlat. *rọssju (geschlossene Variante)
[ę] vlat. *cęlu (offene Variante)
[ẹ] vlat. *sẹdja (geschlossene Variante)

1   Die Verbreitung des Spanischen und Portugiesischen in der Welt

1.1   Hispanophonie und Lusophonie

Das Spanische und das Portugiesische zählen beide zu den weltweit am häufigsten gebrauchten Sprachen. Haarmann (2006: 341) gibt für die am häufigsten gesprochenen
Sprachen folgende Rangfolge an: 1. Chinesisch (1210 Mio.), 2. Englisch (573 Mio.), 3.
Hindi (418 Mio.), 4. Spanisch (352 Mio.), 5. Russisch (242 Mio.), 6. Arabisch (209
Mio.), 7. Bengalisch (196 Mio.), 8. Portugiesisch (182 Mio.), 9. Indonesisch (162 Mio.),
10. Französisch (131 Mio.), 11. Japanisch (126 Mio.), 12. Deutsch (101 Mio.). Die angegebenen Sprecherzahlen müssen jedoch u.a. angesichts des Bevölkerungswachstums
inzwischen nach oben korrigiert werden.

Die Erhebung der *native speakers* bereitet nicht unerhebliche Probleme, da
abgesehen von den schwankenden Bevölkerungsstatistiken vor allem in Hispanoamerika
verschiedene Stufen von Zwei- oder Mehrsprachigkeit festzustellen sind. Daneben ist in
vielen Regionen auch eine steigende Tendenz zum Monolingualismus zu beobachten, so
dass gerade durch den Einfluss der Massenmedien sowie Wirtschaft, Schule und
Verwaltung viele Bilinguale (z.B. Maya und Spanisch) ihr indigenes Idiom zugunsten
der jeweiligen europäischen Sprache nach und nach aufgeben bzw. nicht mehr an die
nächste Generation vermitteln (können oder wollen). Hinzu kommt, dass die Sprachgemeinschaften mit noch monolingualen Sprechern nicht-europäischer Sprachen
ebenfalls rapide kleiner werden (Ausnahme: Guaraní in Paraguay; einst relativ stabil:
Quechua im Andenraum). Noch komplizierter ist die Sprachsituation beispielsweise in
den betroffenen afrikanischen Ländern, wo exakte Erhebungen zu den einzelnen
Sprechergruppen nicht immer vorliegen und somit auch der statistische Unterschied
zwischen Spanisch bzw. Portugiesisch als Erstsprache oder als Verkehrssprache oft
verschwimmt.

Um eine gewisse Einheitlichkeit und Übersichtlichkeit bei den z.T. erheblich
abweichenden Statistiken zu gewährleisten, wurden fast alle Zahlen zu den hispano-
phonen bzw. lusophonen Sprechern in den folgenden Tabellen den bei *SIL Inter-
national: Ethnologue. Languages of the World* gesammelten Daten entnommen. Der
Ethnologue tendiert dazu, die regionalsprachlichen Varietäten aufzuwerten, so dass für
Minderheitensprachen im Zweifelsfall höhere Sprecherzahlen angesetzt werden, was zu
Lasten der großen Nationalsprachen geht. Was die Zahlen für den Anteil der modernen
Migranten, also der nicht-indigenen Sprechergruppen angeht, so fällt diese beim
Ethnologue meist eher niedrig aus, da zum einen die zugrunde liegenden Quellen
veraltet sind, zum anderen es per se schwierig ist, Erhebungen nach Sprachzugehörigkeit
zu finden, da der jeweilige nationale Zensus höchstens Migration nach Herkunftsland
erfasst, nicht nach Sprache. In einigen Fällen, wo der *Ethnologue* Lücken aufweist,
wurden die Zahlen aus den unten genannten Internetquellen ergänzt. Die Daten zu den

2

Einwohnerzahlen referieren auf die jeweils nationalen Statistiken, z.B. für Spanien sind diese beim *Instituto Nacional de Estadística* verzeichnet, in Portugal beim *Instituto Nacional de Estatística* (zu weiteren Sprecherzahlen cf. Berschin/Fernández-Sevilla/ Felixberger 2005: 16–37; Endruschat/Schmidt-Radefeldt 2008: 13–21; Noll 2009: 2–9; Kabatek/ Pusch 2011: 25; Ossenkop 2011: 56–61 sowie die Internetseiten *Centro Virtual Cervantes, Grupo España Exterior, Mundoabierto, Observatório da Língua Portuguesa, Imigrantes Somos Todos, Associação de Reencontro dos Emigrantes*).

Tabelle 1: *Hispanophonie und Lusophonie in Europa*

Europa	Gesamt-bevölkerung	Anteil der Hispano-phonen	Anteil der Lusophonen	Staatssprache
Portugal	10,56 Mio.		10 Mio.	Portugiesisch
Spanien	47,15 Mio.	28,2 Mio.	10.500 + 3,17 Mio. Galicisch	Spanisch
(Gibraltar)	29.431	26.131		Englisch
Andorra	85.015	24.600	2.100	Katalanisch Französisch
Frankreich	63,40 Mio.	220.000	750.000	Französisch
Belgien	10,84 Mio.	70.000	80.000	Französisch Niederländisch Deutsch
Luxemburg	511.840		100.000	Französisch Deutsch Letzeburgisch
Deutschland	81,72 Mio.	134.000	78.000	Deutsch
Schweiz	7,86 Mio.	117.000	86.000	Deutsch Französisch Italienisch Romantsch
Vereintes Königreich	62,30 Mio.		17.000	Englisch
Finnland	5,39 Mio.	gering		Finnisch Schwedisch
Norwegen	4,97 Mio.	6.500		Norwegisch
Schweden	9,46 Mio.	35.000		Schwedisch

Tabelle 2: *Hispanophonie und Lusophonie in Amerika (aufgelistet sind alle Länder)*

Amerika	Gesamt-bevölkerung	Anteil der Hispano-phonen	Anteil der Lusophonen	Staatssprache
Kanada	34,50 Mio.	228.580	222.870	Englisch Französisch
USA	312,52 Mio.	22,4 Mio.	1,3 Mio.	Englisch
(Puerto Rico)	3,73 Mio.	3,4 Mio.		Englisch Spanisch
Mexiko	112,34 Mio.	86,2 Mio.		Spanisch
Belize	312.698	80.477		Englisch
Guatemala	14,71 Mio.	4,7 Mio.		Spanisch
Honduras	8,22 Mio.	5,6 Mio.		Spanisch
El Salvador	6,23 Mio.	5,9 Mio.		Spanisch
Nicaragua	5,82 Mio.	4,3 Mio.		Spanisch
Costa Rica	4,56 Mio.	3,3 Mio.		Spanisch
Panama	3,41 Mio.	2,1 Mio.		Spanisch
Bahamas	353.658			Englisch
(Kaimaninseln)	54.878	2.212		Englisch
(U.S.Virgin Islands)	109.750	4.444		Englisch
Kuba	11,24 Mio.	10 Mio.		Spanisch
Jamaika	2,71 Mio.	5.000	8.000	Englisch
Haiti	10,09 Mio.			Französisch frz. Kreolisch
Dominikanische Republik	9,38 Mio.	6,9 Mio.		Spanisch
St. Kitts und Nevis	51.970			Englisch
Antigua und Barbuda	89.138		1.600	Englisch
Dominica	71.685			Englisch
Saint Lucia	166.526			Englisch
Barbados	276.302			Englisch
St.Vincent und die Grenadinen	100.892		200	Englisch
Grenada	110.821			Englisch
Trinidad und Tobago	1,32 Mio.	4.100		Englisch
(Aruba)	106.113	9.700		Niederländisch

Amerika	Gesamt-bevölkerung	Anteil der Hispano-phonen	Anteil der Lusophonen	Staatssprache
(Niederländische Antillen)	283.935	2.100		Niederländisch
Kolumbien	46,22 Mio.	34 Mio.		Spanisch
Venezuela	29,44 Mio.	21,5 Mio.		Spanisch
Guyana	784.899		gering	Englisch
Surinam	529.000		gering	Niederländisch
(frz. Guayana)	225.751			Französisch
Brasilien	190,76 Mio.		163,2 Mio.	Portugiesisch
Ecuador	14,48 Mio.	9,5 Mio.		Spanisch
Peru	29,4 Mio.	20 Mio.		Spanisch
Bolivien	10,43 Mio.	3,5 Mio.		Spanisch
Chile	17,25 Mio.	13,8 Mio.		Spanisch
Paraguay	6,38 Mio.	186.880	636.000	Spanisch Guaraní
Uruguay	3,37 Mio.	3 Mio.	28.000	Spanisch
Argentinien	40,12 Mio.	33 Mio.		Spanisch

Tabelle 3: *Hispanophonie und Lusophonie in Afrika*

Afrika	Gesamt-bevölkerung	Anteil der Hispano-phonen	Anteil der Lusophonen	Staatssprache
Marokko (Sahara/Ceuta/ Melilla)	32,36 Mio.	20.000		Arabisch
Kapverden	491.575		14.817 (Ptg. verbreitet als Zweitspräs.)	Portugiesisch Kapverdisch (ptg. Kreol)
Äquatorial-Guinea	720.000	11.500		Spanisch Französisch
São Tomé und Príncipe	169.000		2.580 (Ptg. verbreitet als Zweitspräs.)	Portugiesisch Sãotomense Principense
Guinea-Bissau	1,52 Mio.		1,28 Mio.	Portugiesisch
Kongo	4,14 Mio.		600	Französisch, u.a.
Malawi	13,08 Mio.		9.000	Englisch, u.a.

Afrika	Gesamt-bevölkerung	Anteil der Hispano-phonen	Anteil der Lusophonen	Staatssprache
Angola	19,62 Mio.		57.600 (1,19 Mio. als Zweitspräs.)	Portugiesisch Bantu-Sprachen
Mosambik	23,05 Mio.		30.000 (1,13 Mio. als Zweitspräs.)	Portugiesisch
Namibia	2,32 Mio.		gering	Englisch
Südafrika	50,58 Mio.		617.000	Englisch Afrikaans

Tabelle 4: *Hispanophonie und Lusophonie in Asien*

Asien	Gesamt-bevölkerung	Anteil der Hispano-phonen	Anteil der Lusophonen	Staatssprache
Israel	7,79 Mio.	60.000 + 100.000 Ladinos		Hebräisch Arabisch Englisch
Oman	2,77 Mio.		gering	
Indien (Goa/Diu)	1.210,19 Mio.		250.000	Hindi, Englisch
China (Macao)	1.339,72 Mio.		2.000	Chinesisch (Mandarin)
Indonesien	237,56 Mio.		gering	Indonesisch
Philippinen	94,01 Mio.	2.658		Filipino Englisch
Ost-Timor	1,07 Mio.		254.000 (fast ausschließlich Zweitsprache)	Tetum Portugiesisch

Die Tabelle führt neben Spanien (inkl. Kanaren und Balearen) und Portugal (inkl. Azoren und Madeira) selbst auch alle Länder an, die aus ehemaligen Kolonien der europäischen Mächte hervorgegangen sind, und in denen Spanisch respektive Portugiesisch Staats-, Amts- oder Verkehrssprache ist. Zusätzlich wurden entgegen der üblichen Vorgehensweise auch diejenigen Länder mit aufgeführt, in denen sich hispanophone bzw. lusophone Sprachgemeinschaften aufgrund der Migration der letzten hundert, insbesondere fünfzig Jahre etabliert haben (Arbeitsmigration, politische Migration etc.). Die diesbezüglichen Zahlen, wenn auch aufgrund von gelegentlich problema-

6

tischer Vermischung der Kategorien ‚ethnische Herkunft' und ‚Sprachvermögen' nicht immer eindeutig, zeigen unmissverständlich, dass diese neu entstandenen Sprachminderheiten mehr Sprecher umfassen als so manches als hispanophon/lusophon charakterisiertes Land (z.B. mehr Lusophone in Frankreich als in Mosambik und mehr Hispanophone in den USA als in vielen anderen Ländern). Inwieweit diese z.T. noch relativ jungen Sprachgemeinschaften stabil bleiben oder dem jeweiligen kulturellen und sprachlichen Druck erliegen, wird sich noch zeigen, jedoch können sie schon ob ihrer Größe nicht ignoriert werden.

Eindeutig der größte Zuwachs von Sprechern des Spanischen und Portugiesischen ist zukünftig auf dem amerikanischen Kontinent zu erwarten, nicht nur wegen des fortschreitenden Rückgangs der einheimischen Sprachen, sondern vor allem durch die Bevölkerungsexplosion, die in diesen Ländern die Sprecherzahlen überdurchschnittlich anwachsen lassen wird.[1]

1.2 Der Varietätenraum des Spanischen und Portugiesischen

In ihren europäischen Ursprungsregionen sind das Spanische und das Portugiesische Teil der *Romania continua*.[2] Die romanischen Varietäten bilden auf der diatopischen Ebene, also auf der Ebene der Dialekte bzw. der regional differenzierten Idiome, ein Kontinuum mit allenfalls weichen Grenzen (Sonderstellung: Rumänisch, Sardisch). Die Iberische Halbinsel, die arealtypologisch zur Westromania zu rechnen ist, beheimatet noch andere Sprachen, die von den Staatssprachen Spanisch und Portugiesisch überdacht werden.

Minderheitensprachen in Spanien sind neben dem nicht-indoeuropäischen Baskischen (insgesamt ca. 700.000 Sprecher: die *Euskadi* umfasst sieben Provinzen, bestehend aus Vizcaya (*Bizkaia*), Guipúzcoa (*Gipuzkoa*), Álava (*Araba*) und Navarra

---

[1] Cf. die Studie von Graddol (2004) mit Schätzungen für das Jahr 2050.

[2] Der von Amado Alonso (1951: 126) eingeführte Begriff *Romania continua* meint die auf der Ebene der Varietäten zu beobachtende Kontinuität, in der die sprachlichen Merkmale sich von Ort zu Ort, von Region zu Region nur graduell verändern. Demgegenüber steht die *Romania discontinua*, also Regionen, die vom sprachlichen Abstand her einen Bruch aufweisen (z.B. Nordfrankreich, Rumänien) (diatopische Interpretation). In einer sekundären Auffassung des Begriffes meint *Romania continua* die Regionen des ehemaligen *Imperium Romanum* (nicht jedoch der schon immer griechischsprachige Osten; Jireček-Linie), die noch latinisiert sind, also dort wo auch heute eine romanische Sprache gesprochen wird, im Gegensatz zu *Romania submersa* (z.B. Nordafrika, Moselromanisch, Dalmatisch etc.) (diachrone Interpretation). Der Begriff ‚Romania submersa' wurde das erste Mal auf dem *Congrès International de Linguistique et de Philologie Romanes* in Trier ins Spiel gebracht (cf. Kremer 1992). Gelegentlich wird auch nochmal zwischen der ‚Romania submersa' (z.B. Dalmatisch) und der *Latinitas submersa* (z.B. Nordafrika, nördl. Rheinland) unterschieden (Kramer 2008: 131).

(*Nafarroa*) in Spanien sowie Basse-Navarre (*Nafarroa Beherea*), Labourd (*Lapurdi*) und Soule (*Zuberoa*) in Frankreich,[3] das Katalanische (ca. 7–9 Mio. Sprecher in den Gebieten: Katalonien, Valencia, Balearen, Roussillon (Frankreich), Andorra (Staatssprache), Alghero auf Sardinien), das Okzitanische (ca. 3.000 Sprecher im Val d'Arán; das Aranesische ist eine Subvarietät des Gaskognischen), das Galicische (ca. 3,2 Mio. Sprecher in den Provinzen La Coruña, Lugo, Pontevedra, Orense und im Grenzgebiet von Asturien, León und Zamora) und das Portugiesische (Sprachinseln in den Provinzen Zamora, Salamanca, Cáceres und Badajoz).[4] Dazu sind noch die ca. 0,3 Mio. Sprecher des Romani (indischer Sprachzweig) zu rechnen, die zwar ebenfalls alteingesessen sind, aber ohne bestimmtes Sprachterritorium (vor allem Andalusien) sowie die „modernen" Immigranten, deren zahlenmäßig stärkste Gruppe neben anderen EU-Bürgern (vor allem Rumänen, Briten, Deutsche und Bulgaren) die Nordafrikaner (v.a. Marokko inkl. Sahara), die Einwanderer aus Hispanoamerika (v.a. Ecuador, Kolumbien, Bolivien, Peru) und die Chinesen bilden.[5]

Das Sprachgebiet Portugals ist demgegenüber sehr einheitlich und kennt keine signifikante Minderheitensprache im klassischen Sinne. An der sprachlich fast deckungsgleichen Staatsgrenze zu Spanien gibt es lediglich kleine spanische (z.B. in der Varietät des Extremeño) und galicische Enklaven sowie im Nordosten die Varietät des Mirandesischen (asturisch-leonesische Basis).[6] Weitere Übergangsvarietäten entlang der spanisch-portugiesichen Grenze sind die Fala de Xálima (galicisch-portugiesische und astur-leonesische Mischvarietät mit gewisser Kastilisierung) und das Olivenza-Portugiesisch (Alentejo-Varietät des Portugiesischen mit kastilischem bzw. extremeñischem Superstrat). Der Großteil der aktuellen Migranten in Portugal kommt aus den ehemaligen Kolonien (v.a. Brasilien, Angola, Kapverden). Durch ihre spezifische Ausprägung des Portugiesischen können diese auch Interferenzen in die europäische Varietät bringen (cf. Radatz/Torrent-Lenzen 2006: 95, 139, 231, 303).

Regionale Varietäten (primäre Dialekte, cf. Kap. 2.1) des Spanischen, die weitgehend im Schwinden begriffen sind, ergeben sich aus der historischen Konstellation auf der Iberischen Halbinsel. Neben dem zur Amts- und Staatssprache erhobenen Kasti-

---

[3] Zum Baskischen (*euskera/euskara*), welches heutzutage eine standardisierte Schriftsprache aufweist (*euskara batua*) und in die Dialekte Laburdisch, Niedernavarrisch, Suletinisch im nördlichen Baskenland (*Iparralde*) sowie Hochnavarrisch, Gipuskoanisch, Biskaisch im südlichen Baskenland (*Hegoalde*) gegliedert ist (Haase 2003: 74–77), cf. z.B. Haase (1992), Schmidt-Riese (2006) und Schlaak (2011).

[4] Zum rechtlichen Status der Minderheitensprachen in Spanien cf. Poggeschi (2002), zur soziolinguistischen Situation in den autonomen Regionen cf. Gugenberger (2003).

[5] Die Bundeszentrale für politische Bildung gibt folgende Immigrantenverteilung für das Jahr 2006 an: 563.000 Marokko, 461.000 Ecuador, 407.000 Rumänien, 275.000 Großbritannien, 265.000 Kolumbien, 150.000 Deutschland, 150.000 Argentinien, 140.000 Bolivien, 116.000 Italien, 105.000 China, 102.000 Bulgarien, 96.000 Peru, 90.000 Frankreich.

[6] Zum Mirandesischen cf. z.B. Angele (2005), Merlan (2005) und die Internetseite *Mirandés na net*. Zur den anderen Varietäten cf. die Literaturangaben in Kap. 2.1.

8

lischen, welches sekundär das Andalusische ausgeformt hat,[7] sind in Resten noch das Aragonesische und das Leonesische vertreten (sowie das Extremeñische und das Murcianische). Das heutige europäische Portugiesisch, welches sich aus dem Galicisch-Portugiesischen entwickelte, kennt nur eine schwache diatopische Ausdifferenzierung in nördliche und zentral-südliche Varietäten sowie in die spezifischen Varietäten auf Madeira und den Azoren.

Die *Romania Nova*, deren Schwerpunkt in Lateinamerika liegt, ist von einem ambivalenten Antagonismus zum ehemaligen kolonialen Mutterland geprägt. Im Falle des Portugiesischen handelt es sich im Wesentlichen um die Beziehung des traditionell prestigeträchtigeren europäischen Portugiesisch (EP) zu dem hinsichtlich der Sprecherzahl weit überlegenen Portugiesischen Brasiliens (BP), welches im Laufe der Geschichte eine eigene Varietät mit diasystematischen Sub-Varietäten und einigen eigenen Normen ausgeprägt hat (z.B. Orthographie bis zur Reform, cf. Kap. 4.4; Standardaussprache).

Die Verwendung der Termini ‚Brasilianisch (*brasileiro*)' bzw. ‚brasilianisches Portugiesisch (*português do Brasil*)' kann politisch konnotiert sein, insofern als mit der Bezeichnung *brasileiro* der Anspruch verbunden sein kann, dass es sich bei der Varietät Brasiliens in Abgrenzung zum Portugiesischen Europas um eine eigenständige Sprache handelt. Da es in vorliegender Untersuchung rein um den varietätenlinguistischen Aspekt geht, sei diese Diskussion ausgeklammert, weshalb neutral auf die Bezeichnungen ‚BP' vs. ‚EP' rekurriert wurde (zur Gewichtung Portugal vs. Brasilien in der Sprachbetrachtung cf. Noll 1999: 1–10; zu Noll 1999 cf. auch immer die erweiterte ptg. Übersetzung Noll 2008).

Im hispanophonen Kontext gibt es eine ähnlich gelagerte Konnotation. Mit der Verwendung von *castellano* und der expliziten Vermeidung von *español* wird aus hispanoamerikanischer Sicht mitunter die Abgrenzung vom Mutterland Spanien betont. Diese Unterscheidung ist jedoch weniger aufgeladen als im portugiesischen Kontext. Beide Begriffe werden im Weiteren wertfrei gebraucht (zur sprachpolitischen Geschichte cf. Bollée/Neumann-Holzschuh 2008: 95–97, 140–147).

Die afrikanischen Varietäten des Portugiesischen, die in starker Konkurrenz mit den jeweiligen indigenen Idiomen stehen, orientieren sich im Wesentlichen an der europäischen Norm.[8]

---

[7] Zum Andalusischen, welches maßgeblich zur Herausbildung der amerikanischen Varietäten beigetragen hat, cf. Narbona/Cano Aguilar/Morillo (2003) sowie die Internetseite *El español hablado en Andalucía (eha)* (http://grupo.us.es/ehandalucia/) der Universität von Sevilla.
[8] Zu den wesentlichen Merkmalen des brasilianischen Portugiesisch cf. Noll (1999, 2008), zu Einheit und Vielfalt des Portugiesischen cf. Große (1996), zu den Varietäten in Afrika cf. Perl/Döll/Dyrba/Endruschat/Gärtner/Hundt/Hut/Leiste/Thiele (1994) und zur Abgrenzung vom Galicischen cf. Pérez Bouza (1996). Zur möglichen Herausbildung eines eigenen Standards in Teilen Afrikas cf. Gonçalves (2010) mit ihrer Studie zum Portugiesischen von Mosambik. Für Angola konstatiert Blumberg (2003: 92), dass man sich offiziell zwar nach der europäischen Norm richtet, die gesprochene Sprache aber zunehmend davon abweicht, nicht

Das Spanische hat, bedingt durch die zahlreichen amerikanischen Staaten, in denen es als Amts- und Verkehrssprache fungiert, eine regionale Differenzierung erfahren, die einerseits einen Gegensatz amerikanisches vs. europäisches Spanisch postulieren lässt, es andererseits mit einer gewissen Berechtigung möglich macht, das Phänomen mit dem Begriff ‚Plurizentrismus' zu charakterisieren (der auch auf die Konstellation Portugal vs. Brasilien angewandt werden kann).[9] Die Varietäten Hispanoamerikas haben durch die jeweils verschiedenen Sub- und Adstratsprachen, denen sie ausgesetzt waren bzw. sind, sowie durch den jeweiligen abgrenzenden staatlichen Rahmen eigene Normen entwickeln können, die aber insgesamt weiterhin stark an der kastilischen orientiert bleiben. Die diatopische Gliederung erweist sich dabei als sehr schwierig, da zum einen flächenübergreifende Daten fehlen und zum anderen Isoglossen für bestimmte Merkmale weder mit den ehemaligen Territorien der Indianersprachen übereinstimmen noch mit den Landesgrenzen der modernen Staaten. Eine sehr grobe Unterscheidung, die für Mittel- und Südamerika getroffen werden kann, ist die an verschiedenen Phänomenen festzumachende Gegenüberstellung von *tierras bajas* und *tierras altas*, also den Küstengebieten bzw. Tieflandzonen und den Bergregionen.[10]

Eine Sonderform bildet das noch in Resten in der Türkei, in Griechenland (Saloniki), Bulgarien und Israel vertretene Judenspanische der Sephardim, welches durch seine erzwungene Isolierung viele ältere Formen des Spanischen bewahrt hat (insgesamt ca. 110.000 Sprecher; cf. Kap. 3.1.2).[11]

Am Rande seien noch die auf spanischer bzw. portugiesischer Basis entstandenen Pidgin- und Kreolsprachen erwähnt. Als die vielleicht am besten beschriebene Kreolsprache ist das Papiamento der ABC-Inseln (ca. 179.000 Sprecher auf den Niederländischen Antillen: Aruba, Bonaire, Curaçao) vor der Küste Venezuelas zu erwähnen, welches den Sonderfall darstellt, auf mehrere europäische Sprachen zurückzugehen (mit folgendem Anteil: Portugiesisch, Spanisch, Niederländisch). Ein rein portugiesischbasiertes Kreol ist beispielsweise das *Crioulo* der Kapverden (cf. Lang 2002), ein spanischbasiertes das *Palenquero* im Norden Kolumbiens (Palenque de San Basilio) (cf. Moñino/Schwegler 2002).[12]

---

zuletzt aufgrund von zahlreichen Lehnwörtern aus dem Kimbundu (Quimbundo), aber auch auf der Ebene der Syntax, wo es Parallelen zum brasilianischen Portugiesisch gibt.

[9] Zum plurizentrischen Spanisch, der Frage nach Konvergenz und Divergenz im heutigen Spanisch siehe z.B. Kabatek/Pusch (2011: 282–287) und vor allem Oesterreicher (2001).

[10] Zur spanischen Varietät in den Vereinigten Staaten cf. Ortiz López/Lacorte (2005) und zu den einzelnen Unterschieden des Spanischen in den verschiedenen Staaten Mittel- und Südamerikas cf. Noll (2009), Izquierdo/Enguita Utrilla (2002) sowie Frago Garcia/Figueroa (2003).

[11] Zum Judenspanischen und seiner Geschichte cf. z.B. Hetzer (2001), Bossong (2008b) und Arnold (2006).

[12] Die Sprecherangaben des Papiamento und des Judenspanischen gehen auf die Daten der Internetseite *Ethnologue* (SIL INTERNATIONAL) zurück. Zu den verschiedenen spanisch-

Eine in der Grenzregion zwischen Uruguay und Brasilien gesprochene Mischvarietät ist das *fronterizo*, welches sich in seinen Merkmalen desto mehr dem Spanischen annähert, je weiter man ins Landesinnere von Uruguay vorstößt (cf. Noll 2009: 2).

Aufgaben

1. Informieren Sie sich über die Minderheitensprachen und -idiome Asturisch, Leonesisch, Katalanisch, Aranesisch, Galicisch und Mirandesisch in den einschlägigen Artikeln des LRL (*Lexikon der Romanistischen Linguistik*), Bände 6.1/6.2 und des HSK (*Handbücher zur Sprach- und Kommunikationswissenschaft*), Bände 23.1/23.2/23.3 zur *Sprachgeschichte* (z.B. Born 1992; Schmid 2006).
2. Skizzieren Sie die Unterschiede in der Sprachlandschaft auf der Iberischen Halbinsel von 1212 und 2012 (z.B. Agostino 2001, Berschin/Fernández-Sevilla/Felixberger 2005).
3. Erarbeiten Sie je fünf sprachliche Merkmale des amerikanischen Spanisch im Gegensatz zum europäischen Spanisch sowie des brasilianischen Portugiesisch im Vergleich zum europäischen Portugiesisch (z.B. anhand von Kubarth 1987, Noll 2008 und Noll 2009).
4. Erläutern Sie den Unterschied zwischen Pidgin- und Kreolsprachen (z.B. Lang 1981, Bartens 1995, Sasse 2001).
5. Konsultieren Sie die entsprechenden Sprachatlanten mit Isoglossen, die die diatopischen Varietäten auf der Iberischen Halbinsel voneinander abgrenzen (z.B. ALPI).
6. Recherchieren Sie mögliche Sprachkontaktphänomene mit dem Baskischen (z.B. Echenique Elizondo 1997, Schmidt-Riese 2006).

---

und/oder portugiesischbasierten Kreolsprachen cf. Bartens (1995), Zimmermann (1999) und speziell zu Papiamento cf. Eckkrammer (2001), Kramer (2004) und Jacobs (2009).

2 Die Diasystematik des Spanischen und Portugiesischen

Eine Sprache wie das Spanische oder das Portugiesische, die gerade dem Lernenden als ein einheitliches und geschlossenes System erscheint, ist in Wirklichkeit ein vielschichtiges und komplexes Konstrukt mit den unterschiedlichsten Ausprägungen.

Die diasystematische Gliederung einer Sprache zur besseren Erfassung ihrer vielfältigen Funktionen und Erscheinungen ist nicht nur einem theoretischen linguistischen Interesse geschuldet, sondern hat auch eine große Bedeutung für die Sprachpraxis, denn nur durch die genaue Kenntnis der diasystematischen Verortung eines sprachlichen Phänomens wird man in der Lage sein, dieses adäquat einzuschätzen und in einer Äußerung verstehen oder anwenden zu können.

In der Diasystematik einer Sprache wird die regionale Variation (Diatopik), die soziale und gruppenspezifische (Diastratik) sowie die stilistische Variation (Diaphasik) erfasst.

> „Die Summe der diatopischen, diastratischen und diaphasischen Varietäten einer Einzelsprache stellt in dieser Hinsicht ein Gefüge von sprachlichen Traditionen und Normen dar: ein Diasystem. Die je spezifische historische Ausprägung des Varietätengefüges wird auch Architektur genannt" (Koch/Oesterreicher 2011: 15).

Für den Bereich der Lexikologie bedeutet dies beispielsweise, dass man zwischen diatopisch, diastratisch und diaphasisch markierten Lexemen unterscheiden kann, wobei diese Charakterisierungen durchaus kombinierbar sind, d.h. ein Wort kann z.B. diatopisch (dialektal) und diastratisch/diaphasisch markiert sein (z.B. *arambol*, umgangssprachlich in Palencia für sp. *balaustrada*; *ferruncho*, in Trás-os-Montes umgangssprachlich für ptg. *ciúme*). Dies ergibt sich aus dem Ineinandergreifen der verschiedenen Dimensionen der Sprachvarietät, die nicht isoliert, sondern als Teile eines Varietätengefüges zu begreifen sind. Das gleiche gilt auch für lautliche (Phonologie) und grammatische (Morphosyntax) Besonderheiten, die unter Umständen ebenfalls diatopisch, diastratisch oder diaphasisch markiert sein können.

Die hochsprachliche Norm einer Sprache ist Teil dieses Systems und spiegelt den unmarkierten Standard wider (sp. *habla culta*, ptg. *língua padrão*). Hinzu kommt entsprechend des verwendeten Mediums bei der Kommunikation, d.h. Schriftlichkeit vs. Mündlichkeit, die diamesische Dimension der Sprache. Man kann also entsprechend bestimmte lexikalische Einheiten, lautliche Phänomene oder grammatische Eigenheiten typischerweise dem schriftsprachlichen oder mündlichen Gebrauch zuordnen. Auch der auf diese Weise gekennzeichnete Anwendungsbereich der Sprache steht in einer Wechselbeziehung mit den anderen diasystematischen Dimensionen, insofern die Bereiche ineinandergreifen, sich überlagern und ergänzen, aber auch voneinander abgrenzen lassen.

2.1 Die diatopische Variation

Was die diatopische Differenzierung anbelangt, so gibt es zwischen dem Portugiesischen und dem Spanischen insofern eine gewisse Ähnlichkeit, als wir es sowohl mit europäischen als auch mit außereuropäischen Varietäten der jeweiligen Sprache zu tun haben. Dabei kann man im Gegensatz zum Französischen für die beiden hier gegenübergestellten Sprachen von einem sogenannten Plurizentrismus sprechen, allerdings in jeweils anderer Ausprägung. Während man für das Portugiesische nach überwiegender Auffassung im Wesentlichen zwei regionale Zentren annimmt, nämlich Portugal (EP) und Brasilien (BP), die je eine eigene Norm konstituieren und damit auch ein jeweils eigenständiges Diasystem der Sprache,[1] sind es im Spanischen, neben Spanien selbst, zahlreiche Länder, die eine jeweils eigenständige nationalsprachliche Norm des Spanischen für sich beanspruchen. Aus einem traditionellen Eurozentrismus heraus fasst man jedoch oft die außereuropäischen Varietäten als *atlantisches* oder *amerikanisches Spanisch* (AS) zusammen, welches man dem *europäischen Spanisch* (ES) gegenüberstellt (cf. Endruschat/Schmidt-Radefeldt 2008: 231–233; Kabatek/Pusch 2011: 286–287).

Der Begriff *atlantisches Spanisch* schließt neben dem amerikanischen Spanisch auch die Varianten der Kanarischen Inseln und Andalusiens mit ein, da diese Regionen zahlreiche sprachliche Gemeinsamkeiten aufweisen. Gemäß der *Andalucismo*-These ist dies auf die Tatsache zurückzuführen, dass die Kolonisierung hauptsächlich durch Auswanderer aus Andalusien getragen wurde (Hauptkriterium *seseo*). In der sogenannten *Antiandalucismo*-These wird jedoch von einer parallelen sprachlichen Entwicklung in Südspanien und den hispanoamerikanischen Gebieten ausgegangen, was u.a. mit der dort wenig homogenen Verteilung von /j/ und /ʎ/ begründet wird. Inzwischen dominiert in der Forschung jedoch eine präzisierte und differenzierte *Andalucismo*-These, bei der der Einfluss nicht nur auf Andalusien zurückgeführt wird, sondern auch die Extremadura miteinbezogen wird (*meridionalismo occidental*) und man in Hispanoamerika unterschiedliche Entwicklungen in den *tierras bajas* (*tierras marítimas*) und den *tierras altas* (*tierras interiores*) annimmt, die mit zwei Phasen des sprachlichen Einflusses zusammenfallen, nämlich bis Mitte des 16. Jh. der Dominanz der Norm von Sevilla und anschließend bis ca. 1800 der vorherrschenden Norm von Madrid. Außerdem wird der südspanische Einfluss chronologisch präzisiert, und zwar insofern als die Siedler nur in den ersten Jahrzehnten vorwiegend aus dem Süden kamen (vor allem aus Sevilla und den Provinzen Huelva und Badajoz). Bis zum Jahr 1600 sah die Verteilung folgendermaßen aus: 53,3% (Andalusien, Extremadura), 15,6% (Neukastilien), 14% (Altkastilien), 5,9% (León). Dabei ist es nicht unerheblich, dass von den insgesamt wenigen

---

[1] Die portugiesischsprachigen Länder und Regionen Afrikas und Asiens orientieren sich bisher im Wesentlichen am europäischen Standard, d.h., es wurde noch keine eigene, vom EP abweichende Sprachnorm institutionalisiert, auch wenn es bestimmte Tendenzen in diese Richtung gibt (cf. Gonçalves 2010).

Frauen ein sehr hoher Anteil aus dem Süden stammte (z.B. 1509-1519: 67%) (Noll 2009: 81). Zahlreiche sprachliche Divergenzen innerhalb der heutigen hispano-amerikanischen Varietäten sowie zwischen diesen und den südspanischen zeigen jedoch, dass im Laufe der Jahrhunderte zahlreiche jeweils eigenständige Entwicklungen statt-gefunden haben, so dass auch die Argumente der *Antiandalucismo*-These nicht von der Hand zu weisen sind (zu einer ausführlichen Diskussion cf. Noll 2009: 78–85).

Aus heutiger Perspektive ist der Einfluss des Andalusischen wohl am ehesten im Lexikon der Karibik sichtbar (cf. Christl 2008: 3127).

Aufgrund dieser breiten regionalen Auffächerung der beiden hier behandelten Sprachen ergeben sich naturgemäß verschiedene Blickwinkel. So wäre beispielsweise ein nur in Mexiko gebräuchliches Lexem aus Sicht der mexikanischen Norm des *castellano* diatopisch unmarkiert, aus europäischer Perspektive hingegen als dem ameri-kanischen Spanisch zugehörig anzusehen und damit nicht dem neutralen Standard zuzurechnen, sondern als regionale Besonderheit konnotiert (z.B. ES *maleta* vs. mex.sp. *velís*). Dennoch sind die meisten lexikalischen Elemente des frequenten Standard-wortschatzes diatopisch nicht markiert, sondern dem überregional gültigen Standard-kastilischen zuzurechnen. Ein an sich dem Standard zugehöriges Wort, wie z.B. *caza*, kann durch eine regionaltypische Aussprache phonologisch trotzdem diatopisch markiert sein (z.B. sp. ES *caza* ['kaθa] vs. AS ['kasa]; *seseo*)[2] (cf. zur Lautentwicklung Kap. 3.2.1).

Für das Portugiesische gilt dies natürlich entsprechend (z.B. ptg. EP *universidade*: [univɐrsi'ðaðə] vs. BP [universi'daʤi]).

Aus dem Bereich der Morphosyntax wäre beispielsweise der unterschiedliche Tempusgebrauch im amerikanischen Spanisch zu nennen. Im Gegensatz zur kontinental-europäischen Varietät wird dort z.T. eher auf das zusammengesetzte Futur (z.B. *voy a trabajar* anstatt synthetisch *trabajaré*) zurückgegriffen, während bei den Vergangen-heitstempora dem *pretérito indefinido* vor dem *compuesto* der Vorrang eingeräumt wird bzw. es in einer anderen Weise verwendet wird als in Europa. Außerdem ist dort mitunter noch die Verwendung der *-ra*-Formen in der Funktion eines Plusquamperfekts festzustellen (z.B. *trabajara* ,er/sie hatte gearbeitet') (cf. Berschin/Fernández-Sevilla/ Felixberger 2005: 226–229) (cf. Kap. 5.11.3.3).

Für eine diatopische Differenzierung im Bereich der Morphosyntax wäre im Portugiesischen beispielsweise die Generalisierung der Voranstellung der klitischen Pro-nomina im BP zu nennen. So kommt dort die Proklise sogar im Imperativ zum Tragen (z.B. *me ajuda, me diga*), während im EP in zahlreichen Kontexten die enklitische

---

[2] Das Phänomen des *ceceo*, also die ausschließliche Aussprache mit interdentalem Frikativ, ist im europäischen Spanisch in Málaga, Granada, Cádiz, Huelva und in Almería verbreitet. In den meisten Regionen Hispanoamerikas (und Teilen Andalusiens) ist die im Standard-spanischen übliche Differenzierung ebenfalls nicht Usus, sondern es herrscht der *seseo* vor, also die ausschließliche Artikulation mit apiko-dentalem Frikativ (Wesch 2009: 163).

Stellung bevorzugt wird (z.B. EP: *chamo-me Maria* vs. BP: *eu me chamo Maria*) (Noll 1999: 206–208).

Was die diatopische Gliederung des Spanischen und Portugiesischen in Europa angeht, so gibt es hier fundamentale Unterschiede, denn das Portugiesische ist prinzipiell dialektal nur schwach differenziert, während in Spanien in einigen Randzonen noch Reste ehemals starker regionaler sprachlicher Eigenständigkeit zu finden sind (cf. Kap. 1.2). Als Dialekt des Spanischen wäre im Nordwesten zunächst das Astur-Leonesische/ Asturisch-Leonesische (*astur-leonés*) zu nennen. Neben Astur-Leonesisch wird dabei als Oberbegriff zur Bezeichnung des gesamten Varietätenkontinuums auch oft nur Leonesisch verwendet (z.B. bei Menéndez Pidal 1990: 9–11; Alvar 2009c: 392), während Asturianisch in erster Linie die Subvarietäten der Region Asturien meint. Leonesisch im engeren Sinne referiert dann auf die westlichen und südwestlichen Varietäten von León, Zamora und Salamanca sowie die Übergangsvarietäten zum Galicisch-Portugiesischen (Mirandesisch) und zum andalusischen Kastilisch (Extre-meñisch). Das Leonesische (*leonés*) (im engeren Sinne) ist nur noch in Resten an der Grenze zum galicisch-portugiesischen Sprachgebiet vorhanden, während es im noch etwas lebendigeren Asturianischen (*asturiano*) Tendenzen zu einer überregionalen Vereinheitlichung der einzelnen *bables* gibt, als standardisierte Schriftsprache auch *llingua asturiana* genannt (cf. *Academia de la Llingua Asturiana*).[3]

In den westlichen Pyrenäen ist der Dialekt des Aragonesischen (*aragonés*) zu verorten. Man spricht auch gelegentlich vom Navarro-Aragonesischen (*navarro-aragonés*), wobei das eigentliche Navarresische bereits zu Beginn des 16. Jh. vom Kastilischen verdrängt worden war (Enguita-Utrilla 2005: 586–587; González Ollé 2009: 305–316), die kastilisch-navarresische Übergangsvarietät *riojano* sogar noch früher (12./13. Jh.) (cf. Alvar 2009a: 95–96). Das Aragonesische hat sich zwischen dem 16. Jh. und 20 Jh. allmählich in die nördlichen Pyrenäentäler zurückgezogen und ist nur noch in wenigen Talschaften lebendig. Übergangszonen ergeben sich für das Aragonesische zum Katalanischen sowie zum Kastilischen. Im letzteren Fall bilden diese jedoch kein geschlossenes Übergangsgebiet, sondern sind eher als eine Kastilisierung (*castellanización*) einzelner Gegenden zu verstehen, mit dem Ergebnis eines unzu-sammenhängenden „'Flickenteppich[s]' unterschiedlichster Kleinräume, die jeweils einen hohen oder niedrigen Transitionsgrad zum Kastilischen aufweisen" (Postlep 2010: 27). Die noch vorhandenen Subvarietäten des Aragonesischen werden in der Regel in folgende dialektale Großräume gegliedert: *aragonés occidental*, *aragonés central*,

---

[3]   Zum Astur-Leonesischen allgemein cf. Born (1992: 693–695) und Borrego Nieto (2009: 139–158), zur Abgrenzung zum Galicischen und den einzelnen Varietäten untereinander (*gallego-asturiano, astur-leonés occidental, astur-leonés central, astur-leonés oriental*) cf. Menéndez Pidal (1990: 19–23), Martínez Álvarez (2009: 119–133), insbesondere die Karte (132) sowie Cano González (1992: 652–655) und Morala (2005: 555–556). Zum Verhältnis von Prestige und der Verbreitung der Minderheitensprachen *asturiano, gallego* und *catalán* cf. Kabatek (2006: 155).

aragonés oriental, aragonés meridional) (cf. Metzeltin/Winkelmann 1992: 9–10, Karte).[4]

Da die beiden Varietäten des Astur-Leonesischen und des Navarro-Aragonesischen einst zusammen mit dem Kastilischen (*castellano*) ein Kontinuum gleichgestellter Idiome des Romanischen auf der Iberischen Halbinsel bildeten, spricht man hierbei von primären Dialekten. Die spanische Nationalsprache ist letztlich das Produkt eines über Jahrhunderte dauernden Ausbauprozesses der regionalen Varietät des Kastilischen und der Überdachung anderer Varietäten. Im Süden findet man hingegen sogenannte sekundäre Dialekte des Spanischen, d.h. Varietäten, die im Zuge der Reconquista auf der Basis des sich ausbreitenden Kastilischen entstanden sind. Hierzu sind vor allem das Andalusische (*andaluz*) und das Kanarische (*canario*) zu rechnen. Hinzu kommt das Murcianische (*murciano*), welches im Osten vom Katalanischen (Valenzianischen) beeinflusst wird und im Osten vom Andalusischen, und das Extremeñische (*extremeño*), das im Norden vor allem vom Leonesischen geprägt ist und im Süden vom Andalusischen.[5] Das Extremeñische und das Murcianische erscheinen dabei weniger als festumrissene, traditionelle Dialektgebiete, sondern vielmehr als eine Ansammlung von lokal verschiedenen Varianten, die innerhalb dieser beiden *Comunidades autónomas* gesprochen werden (cf. Radatz/Torrent-Lenzen 2006: 95–97, 253–254).

Die gelegentlich auch als eigenständige Sprachen propagierten Idiome Aragonesisch und Asturianisch sind durch die jahrhundertelange Vormachtstellung des Kastilischen immer weiter in Bedrängnis geraten und in Bezug auf ihr Territorium und ihre Sprecherzahl erheblich geschrumpft. Bei dem größten Teil der Hispanophonen Spaniens ist dementsprechend keine allzu ausgeprägte diatopische Markiertheit festzustellen, zumindest weitaus weniger als beispielsweise für die Sprecher des Italienischen.

Wie schwierig die Klassifikation eines Idioms als Sprache oder Dialekt ist, was nicht nur am sprachlichen Abstand, sondern auch an der Einstellung der Sprecher festzumachen ist, zeigt eine Umfrage der asturianischen Regierung von 1991. Dabei gaben 36% der 1,1 Millionen Einwohner der autonomen Region an, dass das Asturianische ihre Muttersprache sei, 32% das Spanische, 23% glaubten, sie sprächen eine Mischung aus beidem, und 5% erklärten beide Sprachen zu ihrer Muttersprache (Radatz/Torrent-Lenzen 2006: 34).

Wie so oft bei Minderheitensprachen ist die passive und aktive Beherrschung nicht identisch. Dementsprechend wird für das Aragonesische, dessen Verwendung klar auf den häuslichen und dörflichen Bereich beschränkt ist, eine aktive Sprecherzahl von 8.000–12.000 angegeben, wobei 40.000–60.000 passive Kenntnisse haben sollen. Diese bei Berschin/Fernández-Sevilla/Felixberger (2005: 57–60) angegebene Zahl stammt aus

---

[4]   Zu den sprachlichen Charakteristika und der soziolinguistischen Situation cf. Alvar (2009b: 273–292) sowie Enguita-Utrilla (2008: 82–87) und zur Abgrenzung zum *riojano* und *navarro* cf. Saralegui (1992: 40–43).

[5]   Zum Extremeñischen cf. García Santos (1992) und Álvarez Martínez (2009), zum Murcianischen cf. Muñoz Garrigós (2009).

den 1970er Jahren und scheint angesichts der jüngsten Entwicklung zu hoch angesetzt zu sein. Für das Asturianische sind nach einer Befragung von 1991, in der 44% der Bevölkerung Asturiens angaben, das *bable* zu sprechen, 450.000 Sprecher (passiv und aktiv) anzusetzen.

Neben den primären und sekundären Dialekten gibt es noch eine dritte Stufe diatopischer Markiertheit, und zwar die tertiären Dialekte oder anders ausgedrückt die regionalsprachlichen Varietäten (Regiolekte), die als Basis einen primären oder sekundären Dialekt aufweisen, oder aber eine der Minderheitensprachen wie Katalanisch oder Baskisch, und als Zielsprache den kastilischen Standard haben. Es handelt sich also um ein Sprachregister, das zwischen einer regionalen Basis und der Hochsprache angesiedelt ist und vor allem in der mündlichen Kommunikation zum Tragen kommt.[6]

Für das Kontinuum der portugiesischen Varietäten stellt sich zunächst die Frage nach dem Status des Galicischen (*galego*), welches heutzutage in der autonomen Region Galicien (*Galicia*) in Spanien gesprochen wird.[7] Historisch ergab sich aus der einstigen Einheit der in diesem Gebiet entstandenen romanischen Varietät des Galicisch-Portugiesischen (*galego-português*) durch Verschiebung der politischen Grenzen ein Ablöseprozess, der im ausgehenden Mittelalter zu einer Zweiteilung in Galicisch und Portugiesisch führte. Im Zuge einer Überformung des Galicischen durch das Kastilische einerseits und des Ausbaus des Portugiesischen andererseits entwickelten sich die Idiome dann weiter auseinander. Vor diesem Hintergrund und dem Eigenverständnis der heutigen Sprecher ist es daher eher sinnvoll, von zwei verschiedenen Sprachen zu sprechen, auch wenn der sprachliche Abstand genauso eine Charakterisierung des Galicischen als Dialekt erlauben würde.[8]

In der autonomen Region Galicien sprechen 60% der Bevölkerung Galicisch als Muttersprache und 27% das Kastilische. 97% der Einwohner verstehen das Galicische ausreichend oder gut und 86% aller Ansässigen sprechen es nach eigener Angabe ohne Probleme. 95% derjenigen, die Galicisch als ihre Muttersprache nennen, verwenden dies auch als *lengua habitual* und nur 5% wechseln im Laufe ihres Lebens zum Kastilischen. Hingegen sprechen 16,5% der in Galicien lebenden Kastilier vorwiegend Galicisch (Fernández Rodríguez 2000: 82–84).

---

[6] Man könnte bezüglich der diatopischen Diversifizierung auch von Basilekt (*hablas populares*, primäre und sekundäre Dialekte), Mesolekt (regional gefärbtes Spanisch, tertiärer Dialekt) und Akrolekt (*habla culta*, Standardspanisch) sprechen (Pöll 2002: 151–52).

[7] Gelegentlich ist ‚Galicien'/‚galicisch' auch als ‚Galizien' bzw. ‚galizisch' zu finden, aber dann besteht die Verwechslungsgefahr mit der gleichnamigen Region in der heutigen Ukraine bzw. Polen (ehemaliges Königreich Galizien und Lodomerien (lat. *Galicia et Lodomeria*), welches in der Folge zu Polen gehörte und ab 1772 als Kronland zur K.u.K. Monarchie (Hauptstadt Lemberg, lat. eben auch *Galicia*). Das Galicische Spaniens wird deshalb auch manchmal mit dem Begriff ‚Galegisch' belegt.

[8] Zu einer Diskussion bezüglich der möglichen Kategorisierung des Galicischen als Sprache oder Dialekt cf. Noack (2010: 152).

Im Gegensatz zum Asturianischen oder Aragonesischen hat das Galicische demnach eine ziemlich gefestigte Position (wenn diese auch nicht ganz so stark ist wie beim Katalanischen), wobei es durch die jahrhundertelange Unterdrückung (zuletzt Franco-Diktatur) immer noch vorwiegend die Sprache ist, die man zu Hause, in der Familie und unter Freunden pflegt und nicht so sehr im öffentlichen Leben und Beruf.

Innerhalb Portugals kann man grob zwei größere Gebiete mit regionaler Spezifik unterscheiden, weshalb man einerseits von den nördlichen Dialekten (*dialetos*[9] *portugueses setentrionais*) und den zentral-südlichen Dialekten (*dialetos portugueses centro-meridionais*) spricht, deren Subvarietäten in der Regel nach Landschaften gegliedert sind (z.B. Norden: *minhoto, transmontano*, Zentrum u. Süden: *beirão, ribatejano, estremenho, alto-alentejano, baixo-alentejano, algarvio*). Hinzu kommen die Varietäten der ebenfalls zu Portugal gehörenden Inselgruppen der Azoren (*açoriano*) und Madeiras (*madeirense*).[10] Ein Sonderfall ist das im äußersten Nordosten Portugals gesprochene Mirandesische (*mirandês*),[11] das als eine astur-leonesische Varietät mit portugiesischem Einfluss beschrieben werden kann und das inzwischen mitunter auch als eine eigenständige Sprache angesehen wird.

Die portugiesische Nationalsprache basiert weitgehend auf der südlichen Variante des Portugiesischen mit den Zentren Lissabon und Coimbra und hat sich wahrscheinlich schon im 13. Jh. herausgebildet. Diese frühe Herausbildung einer Normsprache könnte ein Grund für die flache diatopische Differenzierung im Gegensatz zum Spanischen sein.

Entlang der spanisch-portugiesischen Grenze, die seit Jahrhunderten relativ stabil ist und nur von kleineren Verschiebungen betroffen war, sind nichtsdestoweniger einige Sprachenklaven entstanden, da eben die Sprachgrenze nicht hundertprozentig mit der derzeitigen politischen Grenze übereinstimmt. Man spricht hierbei von grenzüberschreitenden Varietäten (*variedades fronteiriças*), zu denen neben dem Mirandesischen, die Varietät der portugiesischen Grenzstadt Barrancos (*barranquenho*), das Olivenza-Portugiesische (*português de Olivença*), die Varietät von Xálima (*fala de Xálima*) und einige Sprachinseln in der spanischen Region Extremadura (Cedillo, Herrera de Alcántara, Valencia de Alcántara) zählen.[12]

Sowohl im Spanischen als auch im Portugiesischen sind die größeren Dialektgebiete in kleinere diatopisch abgrenzbare Zonen unterteilbar (z.B. *andaluz occidental, andaluz oriental* oder *alto-minhoto, baixo-minhoto*), oftmals bis hin zu sehr lokalen Varietäten, den sogenannten *hablas* bzw. *falares* (z.B. *falar de Braga* oder *habla de Granada*) (cf. Kröll 1994b: 545–547; Woll 1994: 385; Endruschat/Schmidt-Radefeldt 2008: 210–212; Radatz/Torrent-Lenzen 2006: 5–6, 33–36, 141, 231, 303).

---

[9] In reformierter Orthographie *dialetos*.
[10] Zu Merkmalen des Madeirensischen und des Azorianischen cf. Mateus (2005).
[11] Zum Mirandesischen cf. auch die aktuelle Studie von Merlan (2005).
[12] Zur *Fala de Xálima* cf. die Studie von Gargallo Gil (1996), zur Varietät von Herrera de Alcántara cf. Vilhena (1996) und zu Olivença cf. Cardoso (1996).

Beim Erlernen des Spanischen oder Portugiesischen ergibt sich bei der Wahl des adäquaten Ausdruckes in einem bestimmten Äußerungskontext meist zunächst das Problem, dass der Lerner aufgrund des angesprochenen Plurizentrismus laut Wörterbuch womöglich mehrere standardsprachliche Lexeme zur Verfügung hat. Für das Portugiesische stellt sich in der Regel konkret die Frage, ob ein Wort aus europäischer Sicht als Brasilianismus (*brasileirismo*) einzustufen ist, d.h., ob hier eine weitgehende oder ausschließliche Verwendung der betreffenden lexikalischen Einheit in Brasilien vorliegt, was bei einer Einbettung in einen europäischen Kontext zu Verständnisschwierigkeiten oder zumindest zu Befremden führen würde (z.B. BP *açougue* vs. EP *talho* ‚Metzgerei' – EP *açougue* ‚Schlachthaus'; BP *bicha* ‚Homosexueller' vs. EP *estar na bicha* ‚Schlange stehen')[13] (Noll 1999: 79).

Während im lusophonen Bereich in dieser Hinsicht in erster Linie nur auf die Opposition EP vs. BP zu achten ist, sind die Lerner des Spanischen oft mit einer noch größeren Auswahl an normgerechten Ausdrücken konfrontiert. Da viele Wörter, die im europäischen Spanisch nicht oder in anderer Bedeutung existieren, in weiten Teilen Hispanoamerikas in gleicher Weise verwendet werden, gibt es durchaus auch die Opposition zwischen einem Amerikanismus (*americanismo*) und der europäischen Entsprechung (*peninsularismo*). Oft sind allerdings Lexeme auf gewisse Gebiete Süd- und Mittelamerikas beschränkt. Dabei kann man jedoch zumindest einige regionale Großräume ausmachen, in denen es dezidierte lexikalische Gemeinsamkeiten gibt: Karibik, Mexiko, Mittelamerika, Andengebiet, La-Plata-Raum, Chile.[14] Nicht selten sind allerdings Wörter auch nur auf ein bestimmtes Land beschränkt und gelegentlich natürlich auch nur auf eine noch kleinräumigere Region (z.B. Kuba, Puerto Rico, Andengebiet von Peru).

Sowohl der Sprecher des Spanischen als auch der des Portugiesischen, und das gilt für *native speakers* wie für Nicht-Muttersprachler, muss sich demnach bewusst sein, in welchem Kontext er sich bewegt, um adäquat kommunizieren zu können. Dabei können prinzipiell zwei Typen von Missverständnissen auftreten:

a) regional verschiedene Wörter mit gleicher Bedeutung: z.B. ‚Avocado' wird in Spanien, der Karibik, Mexiko, Kolumbien und Venezuela durch das Lexem *aguacate* ausgedrückt, in Peru, Chile, Argentinien und Uruguay durch *palta*; ‚Kugelschreiber' entspricht in Spanien, der Karibik, Kolumbien und Venezuela *bolígrafo*, in Mexiko *pluma atómica*, in Peru *lapicero*, in Chile *lápiz de pasta* und in Argentinien und Uruguay *birome*. Im Portugiesischen gäbe es in dieser Hinsicht

---

[13] Das gängige Beispiel *bicha* muss heutzutage insofern revidiert werden, als inzwischen durch den innerportugiesischen Sprachkontakt im EP die Bedeutung ‚Homosexueller' ebenfalls geläufig ist.

[14] Die genannten Großräume decken sich in der Regel mit dem Verbreitungsgebiet supra-regionaler indigener Sprachen (z.B. Maya, Nahua (Náhuatl), Caribe, Arawak, Aimara, Mapuche, Tupí-Guaraní, Quechua, Chibcha) (zu einer Diskussion dieser und weiterer Thesen cf. Noll 2009: 46–53).

beispielsweise die Opposition *elé(c)trico* (EP) vs. *bonde* (BP) ('Straßenbahn'), *comboio* (EP) vs. *trem* (BP) ('Zug') oder *quiosque* (EP) vs. *banca (de jornal)* (BP) ('Kiosk').

b) Wörter, die formal gleich sind, aber regional eine unterschiedliche Bedeutung haben: z.B. hat *pararse* im amerikanischen Spanisch die Bedeutung 'aufstehen', im europäischen hingegen 'stehenbleiben'. Im Portugiesischen bedeutet z.B. *costume* 'Brauch, Sitte, Gewohnheit', im brasilianischen Portugiesisch zusätzlich auch noch 'Kostüm, Anzug', d.h. hier wird eine weitere Teilbedeutung aktualisiert, die es im EP nicht gibt (Berschin/Fernández-Sevilla/Felixberger 2005: 292–293). [15]

Auf der Ebene der Dialekte gilt es zwischen Wörtern zu unterscheiden, die nur in einer bestimmten diatopischen Varietät vorkommen, und solchen, die im Laufe der Zeit in die Standardsprache aufgerückt sind. So kann man beispielsweise in der spanischen Standardsprache zwischen Leonismen (sp. *nalga, feo, tojino, congrio*), Aragonismen (sp. *prenda, pleita, cazata, fuellar*), und Andalusismen (sp. *jaca, jalear, jamelgo, jolgorio, juerga*) unterscheiden (Geckeler 2008: 3114).

Im Portugiesischen sind die diatopischen Unterschiede sehr gering, so dass der Nachweis eines Dialektismus in der Standardsprache umso schwerer fällt.

Da das Diasystem der Sprache prinzipiell ein durchlässiges System ist, kann es immer wieder zu Verschiebungen kommen, d.h., ein zunächst als Amerikanismus oder Dialektismus markiertes Wort kann in die europäische Standardsprache aufgenommen werden und sich von dort aus weiter verbreiten; z.B. könnte ein aus einer indigenen Sprache übernommenes Wort, das zunächst nur in Hispanoamerika gebräuchlich ist, in den europäischen Standard des Kastilischen kommen und von dort aus auch in die anderen spanischen Varietäten der Iberischen Halbinsel gelangen, also über die Standardsprache beispielsweise Teil des andalusischen oder leonesischen Lexikons werden. Umgekehrt könnte auch ein aus dem Leonesischen stammendes Wort in die europäische *habla culta* übernommen werden und sich dann auch in den amerikanischen Regionen verbreiten, oder aber ein in Hispanoamerika übliches Wort geht direkt auf einen dialektalen Ausdruck zurück (z.B. AS: *carozo* 'Obstkern' ursprünglich aus dem Leonesischen).

Für den Lerner des Spanischen und Portugiesischen stellt sich die Frage nach der dialektalen Markiertheit eher seltener und wenn, dann in einer mündlichen Sprech-situation, wo es prinzipiell zu ähnlichen Missverständnissen kommen kann wie bei den amerikanischen und europäischen Varietäten. Aufgrund einer nicht allzu strikten Norm (z.B. im Gegensatz zum Französischen) und einer für den Großteil des Landes nicht übermäßig ausgeprägten dialektalen Gliederung (z.B. im Gegensatz zum Italienischen)

---

[15] Zu einer kurzen tabellarischen Übersicht von regional unterschiedlichen Wörtern mit der gleichen Bedeutung im Spanischen cf. Berschin/Fernández-Sevilla/Felixberger (2005: 292–293) und zu einer Gegenüberstellung von brasilianischen und portugiesischen Lexemen cf. Noll (1999: 79–85).

reduziert sich die Aufgabe für den Lernenden des Portugiesischen und des Spanischen im Wesentlichen darauf, seine Aufmerksamkeit darauf zu richten, ob ein bestimmtes Wort zum europäischen Standard gehört oder typisch für eine amerikanische Varietät ist; Überschneidungen sind dabei natürlich nicht ausgeschlossen. Hinzu kommen einige ebenfalls zu berücksichtigende Charakteristika aus den Bereichen Phonologie und Morphosyntax (z.B. Spanisch: *seseo*, Tempusgebrauch, Anredeformen; Portugiesisch: Affrikaten/Sibilanten, Artikelgebrauch, Stellung der Pronomina, Anredeformen).[16]

In der folgenden Tabelle sei noch einmal eine Übersicht über die großräumigen diatopischen Varietäten der beiden Weltsprachen gegeben. Das Galicische wurde in der Mitte positioniert, da es sowohl Anteil am Portugiesischen als auch am Spanischen hat, genauso wie das Mirandesische am Portugiesischen und Leonesischen.

Tabelle 5: *Diatopische Markierungen*

Diatopische Markierungen		
Spanisch (*castellano*)	**Galicisch** (*galego*)	**Portugiesisch** (*português*)
leonés	**Mirandesisch** (*mirandês*)	*dialetos setentrionais*
asturiano		*dialetos centro-meridionais*
aragonés		*madeirense*
andaluz		*açoriano*
extremeño		*variedades fronteiriças*
murciano		
canario		
español/castellano de... (Peru, Chile, Argentinien, Ecuador, Kuba etc.)	(Amerika)	*português do Brasil*
español/castellano de... (Äquatorial-Guinea, Sahara)	(Afrika)	*português de...* (Mosambik, Angola, Kap Verde, Guinea-Bissau etc.)
español/castellano de... (Philippinen, Israel)	(Asien)	*português de...* (Goa, Ost-Timor, Macau)

In manchen Darstellungen werden als eigentliche Dialekte des Portugiesischen das *mirandês*, das *guadramilês* und das *barranquenho* postuliert,[17] während alle anderen

---

[16] Zu den Anredeformen cf. Arden (2010).

[17] Meistens wird das Guadramilesische (Varietät der Ortschaft Guadramil) jedoch mit dem Sendinesischen (Varietät von Sendim) als Subvarietät des Mirandesischen geführt und die

Varietäten nur als *falares* (Mundarten) bezeichnet werden. In wiederum anderer Klassifikation wird eine Dreiteilung in *dialetos galegos, dialetos portugueses setentrionais* und *dialetos portugueses centromeridionais* favorisiert.

Die mangelnde Ausprägung und Distinktivität der regionalen portugiesischen Varietäten hat immer wieder zu neuen Kategorisierungen geführt. Der erste Versuch zur Gliederung der Dialektlandschaft Portugals ging von Leite de Vasconcelos aus, der 1893 vier Großräume unterscheidet: *dialeto de entre Douro e Minho, dialeto de Trás-os-Montes, co-dialetos raianos (Guadramil, Rionor, Miranda), dialeto das Beiras, dialeto meridional* sowie die kleinräumigen Sondergebiete *Lisboa, Ponte de Sor-Aviz* und *Olivença* (Karte abgedruckt in: Boléo/Silva 1974: 352, anhängend). Die darauf folgende Klassifikation geht auf die Untersuchungen von Boléo von 1942 zurück und wurde mit Silva zuerst 1958 in einer neuen areallinguistischen Karte umgesetzt (abgedruckt in Boléo/Silva 1974: 352, anhängend). Dort unterscheiden Boléo/Silva grob die vier Dialekte *guadramilês, rionorês, mirandês* und *barranquenho* sowie sechs verschiedene *falares*, und zwar *falar minhoto, falar transmontano, falar beirão, falar do Baixo Vouga e Mondego, falar de Castelo Branco e Portalegre* und *falar meridional*. Ein weiterer Versuch die diatopischen Varietäten zu ordnen ging dann von Cintra (1964–1971, Karte 2) aus, der ebenfalls eine Karte entwarf. In dieser Darstellung wird Galicien mit einbezogen, so dass sich drei Großräume ergeben: *dialetos galegos* (*galego ocidental, galego oriental*), *dialetos portugueses setentrionais* (*dialetos transmontanos e alto-minhotos, dialetos baixo-minhotos-durienses-beirões*), *dialetos portugueses centro-meridionais* (*dialetos do centro-litoral, dialetos do centro-interior e do sul*). Vázquez Cuesta/Luz (1988: 58–59) unterscheiden in ihrer Klassifikation nur noch vage die drei Regionen *Norte* (*Minho, Douro, Trás-os-Montes*), *Centro* (*Beiras*), *Sul* (*Estremadura, Ribatejo, Algarve*), wobei das Zentrum als Übergangszone postuliert wird; außerdem verzichten sie auf nähere Kriterien und eine dazugehörige Karte. Kröll (1994b: 548–556) nimmt diese älteren Darstellungen wieder auf und stellt sie anhand einzelner Kriterien gegenüber. In einem Überblick (ohne Karte und weitere Unterteilungsmerkmale) kommen Endruschat/Schmidt-Radefeldt (2008: 211) zu folgender Gliederung: *dialetos galegos, dialetos portugueses setentrionais, dialetos portugueses centro-meridionais, madeirense, açoriano, mirandês, variedades fronteiriças*.[18]

Letztlich bleiben die Einteilungen eine Frage des Verlaufs der Isoglossen, des linguistischen Abstandes, historisch gewachsener soziokultureller Gegebenheiten und der Sprechereinstellung zu Dialekt und Hochsprache. In diesem Sinn sind je nach Gewichtung immer voneinander abweichende diatopische Gliederungen möglich, gerade im Portugiesischen, wo die historisch gewachsenen Sprachlandschaften nicht so klar

---

Varietät des spanischen Grenzortes Barrancos (*barranquenho*) unter die *variedades fronteiriças* subsumiert.

[18] Für das BP kann man dialektal folgende Einteilung vornehmen (v.a. entsprechend der Realisierung des vortonigen /e/ und /o/): nördliche Gruppe: *amazônico, nordestino, baiano*; südliche Gruppe: *mineiro, fluminense, sulista* (cf. Noll 1999: 33–35; Born 2003: 1070, Karte).

verteilt sind wie in Spanien (außer Galicien vs. Portugal) und die *dialetos/falares* sich nur relativ wenig voneinander unterscheiden (Kröll 1994b: 546).

„É mais fácil perguntar em francês ou em italiano literários como se diz determinada frase no ‚patois' local, do que fazer idêntica pergunta num país, como o nosso, em que o investigador e o informador (com excepção de poucos dialectos característicos), falam substancialmente a mesma língua" (Boléo 1974: 27).

Forschungsdesiderate ergeben sich vor allem bezüglich der spanischen und portugiesischen Varietäten in Afrika, aber auch in Brasilien und dem hispanophonen Lateinamerika sind die diatopischen (und diastratisch/diaphasischen) Besonderheiten noch nicht allzu umfassend untersucht worden.

2.2 Die diastratische Variation

Die diastratische Ebene der Sprache referiert auf die soziokulturelle Zugehörigkeit der Sprecher. Ursprünglich als Sprachregister einer bestimmten gesellschaftlichen Schicht (Arbeiterschicht, Bürgertum, Adel/Klerus, *upper class, middle class, working class*, Kastensystem etc.) interpretiert, ist es in heutigen modernen Gesellschaften oft sinnvoller, von Gruppensprachen zu sprechen. Ein Sprecher ist dementsprechend meist Teil verschiedener sozialer Gruppen mit bestimmten sprachlichen Merkmalen. Die klassischen Domänen aus der Soziologie, in denen das Individuum an der Gesellschaft partizipiert, nämlich Familie, Schule, Kirche, Arbeit und Nachbarschaft (sowie u.U. Militär, Universität) kann heutzutage noch durch den Bereich Freizeit (Sport, Hobby) ergänzt werden. Zusätzlich sind auch Parameter wie Alter, soziale Herkunft, Bildungsgrad sinnvoll, wobei es selbstverständlich auch zu Überschneidungen kommen kann. Durch die verschiedenen sozialen Gruppen entstehen bestimmte diastratisch markierte Varietäten oder auch Soziolekte, Jargons, Gruppen- bzw. Sondersprachen, deren besondere Charakteristik sich in überwiegender Form durch ein spezifisches Lexikon auszeichnet. In dieser Hinsicht spricht man demnach von Jugendsprache (ptg. *linguagem dos adolescentes*), Studentensprache (ptg. *gíria dos estudantes*), Soldatensprache (sp. *argot militar*), Zuchthausjargon (sp. *jerga de la delincuencia*) oder von der Sprache sozialer Randgruppen (ptg. *linguagem dos marginais, gírias das subculturas*), zu der auch die Drogenszene gehört. In manchen Bereichen ist dabei die Grenze zwischen einer Gruppensprache als einem bestimmten Jargon (sp. *jerga, jerigonza, argot, germanía, jácara, jacarandina, lenguaje jergal, dialecto social*; ptg. *gíria, jargão, calão, dialeto social*) und einer technischen Fachsprache fließend, wie z.B. bei der Sondersprache des Stierkampfes (sp. *argot taurino*) oder des Sportes (sp. *argot del deporte*).

Kröll (1994a: 355–356) nennt für das Portugiesische folgende soziale Gruppen, die typischerweise in einer Sondersprache kommunizieren: *ladrões, gatunos, meliantes, burlões, mendigos, batoteiros, vagabundos, contrabandistas, estudantes, ciganos.* Letztere sprechen eigentlich eine eigene indogermanische Sprache (Romani), doch ist ihre romanische Umgangssprache mit Entlehnungen angereichert. Manche davon gelangen entlang der Varietätenkette von der Sondersprache der „Zigeuner" bzw. eigentlich Roma („Zigeunersprache" oft pejorativ und mit Gaunersprache gleichgesetzt) in die allgemeine Umgangssprache, wie z.B. ptg. *gajo/gaja.*

Diese von Kröll aufgelistete Einteilung von Gruppen, die größtenteils dem kriminellen Milieu entstammen, scheint eher veraltet zu sein und aus heutiger Sicht fraglich, insbesondere in sprachlicher Hinsicht, da kaum davon auszugehen ist, dass es zu jeder dieser Sondergruppen eine eigene sprachliche Varietät geben würde. Realistischer erscheint es hier, von einem *Lexikon der Delinquenz* auszugehen wie Endruschat/ Schmidt-Radefeldt (2008: 213) es aufführen (wobei das dort parallel aufgeführte *Lexikon der Drogenszene* wohl eher als Teil der ‚Delinquenz' zu sehen wäre). Bekannte Gruppensprachen, die sowohl diatopisch als auch diastratisch markiert sind und zum Substandard gehören, sind das *lunfardo*, ein *español popular* von Buenos Aires, und das *cheli*, die Jugendsprache von Madrid, die im Zuge der *movida madrileña* in den Jahren nach der Franco-Diktatur (1970er, 1980er) entstanden ist, sowie die *lenguaje pasota*, deren Entstehung ebenfalls in diese Zeit fällt (*pasotas* sind in diesem Zusammenhang ‚Aussteiger', ‚Punks'; heutzutage allerdings wird mit *pasota* eher allgemein eine ‚desinteressierte Person' bezeichnet, cf. *pasotismo*) (cf. Rodríguez González 1999: 456; Roggenbuck/Ballero 2010: 253).

Die Bestimmung dieser Varietäten ist oft nicht einfach, wie die Geschichte des *lunfardo* zeigt: Das *lunfardo* taucht zunächst als Unterschichten- und Gaunersprache in Buenos Aires auf (ca. ab Mitte des 19. Jh.) und wird in Zusammenhang mit italienischen Einwanderern (evtl. auf *lombardo* zurückgehend) gebracht. Heutzutage ist es in erster Linie als ein spezifischer Substandard der Stadt bzw. der Region zu sehen (*argot porteño*, *argot rioplatense*) und ist nicht mehr im kriminellen Milieu verankert. Neueste Tendenzen in der Verbreitung dieser Varietät deuten jedoch darauf hin, dass sich das *lunfardo* zu einem *argot nacional* ausdehnt. Das zugrunde liegende Lexikon ist dabei äußerst heterogen und weist zahlreiche Entlehnungen auf: in erster Linie Italianismen, aber auch Anglizismen, Gallizismen, Lusitanismen, Brasilianismen, Hispanismen, Galegismen sowie Entlehnungen aus dem Quechua, dem Mapuche und dem *cocoliche* (Betz 1992: 335–336; Schlaak 2011: 268–270).

Die diatopische und diastratische Ebene ist in vielen Fällen eng miteinander verflochten. So enthält beispielsweise die Umgangssprache Andalusiens sowohl einige *gitanismos* als auch Ausdrücke aus dem Bereich des *flamenco*. Diese wandern gelegentlich entlang der Varietätenkette als diatopisch oder diastratisch markierte Termini in die allgemeine Umgangssprache des Kastilischen, genauso wie manch ein anderes Dialektwort des Andalusischen. In der Folge fällt es oft schwer, ein bestimmtes Wort richtig zuzuordnen, könnte es doch die Kennzeichnung *andaluz, flamenco* oder *gitano* tragen (Betz 1992: 333).

24

Weitere regionale *jergas* des Spanischen wären z.B. *leperaje* (Mexiko um 1900), *pachuco* (Südwesten der USA, 1950er Jahre), *coba* (Bolivien) oder *cocoliche* (italienische Einwanderer Argentiniens) (Betz 1992: 331–336; Sánchez Miret 2008: 2370). Bei derartigen Gruppensprachen bzw. insbesondere bei dem Phänomen ‚Jugendsprache' stellt sich generell die Frage, ob es sich hierbei nicht vorrangig nur um einige lexikalische Spezifika handelt oder ob doch die Sprache auf allen Ebenen betroffen ist und damit von einer selbständigen Varietät innerhalb des Diasystems auszugehen ist.

Die diastratisch niedrigste Schicht des Sprachgebrauchs wird im Portugiesischen oft auch *calão* (von sp. *caló* ‚spanische Zigeunersprache' bzw. *calé* ‚Zigeuner') genannt. Ursprünglich eine spezifische Sondersprache, nämlich die der Zigeuner und bestimmter Berufsgruppen, wurde sie später allgemein zur Sprache der Gauner, ganz ähnlich dem französischen *argot*. Heutzutage wird mit *calão* generell die niedrigste Stufe der mündlichen Kommunikation bezeichnet, meint aber nach wie vor auch die Sprache des kriminellen Milieus oder kann mit negativer Konnotation auch auf Gruppensprachen angewendet werden (z.B. ptg. *calão dos médicos, calão dos jornalistas*). Merkmale dieser Sondersprache sind oft Tabubrüche (im Bereich Sexualität, Blasphemie), andererseits die Erschaffung neuer Euphemismen sowie ein unter Umständen höherer Anteil von Entlehnungen (Anglizismen, Gallizismen), die mitunter weniger integriert sind. Dazu kommt oft ein kryptisches und ludisch-humoristisches Element sowie im Falle eines Fachjargons eine Vielzahl von technischen Ausdrücken.

Im Spanischen hingegen wird mit *caló* nach wie vor in erster Linie auf die Sprache der Zigeuner referiert. Aber wie in Portugal begann in Spanien die *germanía* ab dem 18. Jh., zahlreiche *gitanismos* aufzunehmen, also Wörter aus dem *romaní* bzw. *hispanoromaní*, so dass es auch hier mitunter zur einer Gleichsetzung von Gaunersprache (*jerga de la delincuencia*) und Zigeunersprache kommt, oft auch mit der diatopischen Verortung in Andalusien, so dass die begriffliche Referenz auf gesellschaftliche Milieus und deren gruppensprachliche Ausprägung sich immer wieder überschneiden (*caló, andaluz, flamenco, gitano*). Von wissenschaftlicher Seite gab es deshalb verschiedene Vorschläge zur terminologischen Differenzierung: z.B. *argot/lenguaje jergal* (allg. Substandard) vs. *caló* (Zigeunersprache) vs. *germanía* (Gaunersprache) oder *calé* (Zigeunersprache) vs. *caló* (Gaunersprache) (Boretzky 1992: 15; Sánchez Miret 2008: 2369–2370).

Während im Portugiesischen also mit *calão* sowohl die Sprache der Zigeuner (Roma) als auch der allgemeine Substandard oder ein fachsprachlicher Jargon bezeichnet werden kann, bleibt das spanische Äquivalent *caló* weitgehend auf die ‚Zigeunersprache' beschränkt. Zur Bezeichnung von Gruppen- oder Sondersprachen, auch regionaler Prägung, rekurriert man im Spanischen auf den Begriff *jerga*.

Was das Spanische anbelangt, so scheint es auch, dass sich mehr Sondersprachen herausgebildet haben als im Portugiesischen, was mitunter auch der größeren geographischen Verteilung der Sprache geschuldet ist und andererseits womöglich mit den noch zu bewältigenden Untersuchungen in dieser Hinsicht im Portugiesischen (vor allem im BP) zusammenhängt.

Neben den Gruppensprachen gibt es aber durchaus noch einen nicht immer wirklich präzise zu bestimmenden allgemeinen Substandard, d.h. eine sozial niedrig markierte Sprechweise im Gegensatz zur gehobenen Kommunikation bzw. dem Standard. Wie auch für die Diatopik gilt es dabei zu beachten, dass eine diastratische Markierung für den gesamten Bereich der Sprache gilt, also nicht nur für das Lexikon, sondern auch für die Phonologie und die Morphosyntax. Am einfachsten lässt sich die Markiertheit jedoch zweifellos anhand von lexikalischen Beispielen darstellen.

Die Einordnung des mit den diasystematischen Markern gekennzeichneten Sprach-registers ist dabei mehr als problematisch, da die Grenzen fließend sind, und zwar im Hinblick auf die Diatopik wie auch bezüglich der Diaphasik. Im Spanischen kann beispielsweise eine Kennzeichnung wie *provinciano* oder *rústico* sowohl diatopisch im Sinne einer regionalsprachlichen Verankerung als auch diastratisch im Sinne einer soziolektal niedrig stehenden Varietät verstanden werden. Die Etikettierung einer Sprechweise mit *vulgar* wiederum kann diastratisch genauso wie diaphasisch aufgefasst werden und auch innerhalb eines einigermaßen umrissenen diastratischen Kontinuums ist es schwierig, Marker wie *plebeyo, inculto, popular* und *vulgar* in eine Hierarchie zu bringen.

Zudem ist immer auch von einer möglichen Wanderung der Wörter entlang der Varietätenkette auszugehen. Dabei kann ein sprachliches Element nicht nur von einer diastratisch niedrig markierten Varietät in eine höhere oder in den allgemein *code parlé* aufrücken, sondern sich auch diatopisch verlagern. So sind einige Lexeme der Umgangs-sprache Asturiens (*xíriga*), die z.T. auf baskisches Adstrat zurückgehen, in das *jerga*-Vokabular Mexikos eingegangen (z.B. mex.sp. *morrancho* ‚junger Taschendieb' > xir.ast. *morranchu* ‚kl. Junge' > bask. *morrosko* ‚junger Kerl') (cf. Koch/Oesterreicher 2011: 249–267; Betz 1992: 329–337; Kröll 1994a: 355–357; Pöll 2002: 49–51; Endruschat/Schmidt-Radefeldt 2008: 213–215).

Folgende Tabelle sei als Versuch anzusehen, die verschiedenen Bezeichnungen zur Charakterisierung der diastratischen Ebenen des Portugiesischen und Spanischen in eine vorsichtige Relation zu setzen:

26

Tabelle 6: *Diastratische Markierungen*

Diastratische Markierungen	
Spanisch	**Portugiesisch**[19]
habla culta (gehobener Standard)	*português culto* (gehobener Standard)
Standard	Standard
popular, plebeyo, inculto	*popular*
vulgar	*vulgar, baixo*

Bezüglich einer diastratischen Markiertheit im Portugiesischen seien hier exemplarisch einige Merkmale des Substandards angesprochen. Im Bereich der Morphologie wäre diesbezüglich eine abweichende Pluralendung bei Substantiven festzustellen (z.B. *-ão >* *-ões* (*cristões, irmões*) oder auch nicht Norm gerechte analogische Verbalformen im *pretérito perfeito simples* (z.B. *caber > cube, saber > sube, trazer > truxe*) und im Konjunktiv Präsens (z.B. *dar > deia*).

Ein Phänomen der Morphosyntax, nämlich der Gebrauch von *a gente* (cf. Kap. 5.9.1) anstelle von *nós* zeigt sehr gut die Verschränkungen der diasystematischen Ebenen, denn diese Konstruktion wurde in Portugal ursprünglich am ehesten von den *estratos sociais inferiores* benutzt (ohne Konkordanz: *a gente cantamos*) (diastratisch), ist aber inzwischen auch in einer *linguagem familiar* (diaphasisch) der mittleren oder oberen Gesellschaftsschicht verankert (mit Konkordanz: *a gente canta*). In Brasilien (diatopisch) ist diese Konstruktion in der gesprochenen Sprache noch geläufiger, damit ein Kennzeichen der allgemeinen Nähesprache[20] (*linguagem coloquial*) und nicht weiter markiert (cf. Holtus 1994: 629–632; Weydt 1997: 13–14; Neves 2011: 469–470; Elizaincín 2002: 297–301; Reich 2003: 123–124).

Im Spanischen gibt es ebenfalls einige Normabweichungen, die diaphasisch-diastratisch als markiert gelten können, wie beispielsweise die Verwendung von *pa* an Stelle von *para*, spezifische Verbalformen (z.B. *conducí* anstatt *conduje*, *andara* anstatt *anduviera*, *obtenimos* anstatt *obtuvimos*, *preveyendo* anstatt *previendo* oder *deshacería* anstatt *desharía*) oder Phänomene im Bereich des Pronominalgebrauchs (*leísmo de cosa, laísmo, loísmo*; cf. Kap. 5.12.3) (cf. Wesch 2009: 164–165).

---

[19] Holtus (1994: 625) unterscheidet für das Portugiesische einfach drei soziale Schichten mit ihren jeweiligen Registern, nämlich *estrato social alto, estrato social médio* und *estrato social baixo*.

[20] Zur Opposition Nähesprache vs. Distanzsprache cf. Koch/Oesterreicher (2011: 10–13).

2.3   Die diaphasische Variation

Die diaphasische Variation innerhalb einer Sprache bezieht sich auf die verschiedenen stilistischen Ausprägungen, die je nach Kommunikationssituation auftreten können. Dabei spielt neben der konkreten Situation selbst und deren Anlass vor allem die Art der Kommunikationspartner eine entscheidende Rolle. Diese wiederum können durch Parameter wie Alter, Geschlecht, Herkunft, soziokulturelle Verankerung oder Bildungsgrad charakterisiert werden, was, wie an den bereits erwähnten Kriterien ersichtlich, auf die diastratische Ebene der Sprache verweist, die mit der diaphasischen eng verschränkt ist. Dies zeigt sich unter anderem an den Überschneidungen der diasystematischen Markierungen, die zur Kennzeichnung der entsprechenden Varietäten herangezogen werden.

Die Wahl des Registers oder der Stilebene hängt aber auch von dem gewählten Thema ab, über das Gesprächsteilnehmer kommunizieren wollen. Ein öffentlicher Anlass bringt in der Regel ein höheres Stilniveau mit sich als private Gespräche, sofern die beteiligten Sprecher in der Lage sind, hierbei zu variieren. Sprechern, die normalerweise in einem gehobeneren Register kommunizieren, fällt es in der Regel leichter, ihr Niveau nach unten abzusenken, als solchen, die es gewohnt sind, in einer diaphasisch niedrig markierten Sprachvarietät zu agieren und aus einem bestimmten Grund versuchen, sich eines höheren Registers zu bedienen. Dabei ist allerdings zu beachten, dass gerade der Substandard mit seinen vielen Teilbereichen keineswegs jedem zugänglich ist, zumal er im Gegensatz zum gehobenen Stil nicht fixiert und damit nicht institutionell erlernbar ist.

Die in der Tabelle dargestellten hierarchischen Abstufungen im Spanischen und Portugiesischen sind nicht so klar abgrenzbar, wie es die Übersicht suggeriert. Was man jedoch zweifellos feststellen kann, ist, dass es in beiden Sprachen einen Standard gibt, und zwar sowohl für den mündlichen Gebrauch als auch für die schriftliche Kommunikation, wobei letztere in ihrer Ausprägung als Distanzsprache naturgemäß strengeren Regeln und Normen unterliegt als die mündliche Nähesprache. Weiterhin kann man eine Registerebene ansiedeln, die über der Gebrauchsnorm eines *español estándar* (*normal*) bzw. eines *português não marcado* (bzw. der *língua padrão*) liegt, und einen dann näher zu definierenden jeweiligen Substandard. Spätestens hier wird es schwierig, weiter zu differenzieren, und die Grenzen zwischen den einzelnen diaphasischen Ebenen verschwimmen. Der Übergang von einer neutralen, unmarkierten Normsprache zu einer Umgangssprache über einen familiären Gesprächsstil bis hin zu populärer oder sogar vulgärer Ausdrucksweise ist fließend, so dass eine eindeutige Abgrenzung nicht wirklich möglich ist. Prinzipiell ist aber davon auszugehen, dass das Spanische und das Portugiesische in ihrer diaphasischen Variation ähnlich gegliedert sind, wobei gerade im europäischen Portugiesisch – ganz anders als im brasilianischen Portugiesisch – die diaphasischen und diastratischen Unterschiede eher schwach ausgeprägt sind.

> „Uma descrição sistemática e completa das particularidades linguísticas de cada uma das variedades do diasistema – tal como existe por exemplo para o francês falado, para o *italiano*

d'uso comune, para os componentes sociolectais/diastráticos do romeno ou (em mais modesta amplitude) para as variedades actuais do espanhol – não parece ser possível para o português por dois motivos (actualmente). Por um lado, o estudo actual da investigação sobre as variedades do português não o permite, e, por outro, (possivelmente em consequência do primeiro), a diferença [sic!] entre as diversas variedades do diasistema português não são pronunciadas como as das outras línguas românicas [...]" (Holtus 1994: 627–628).

Jedoch sind auch im Spanischen die Unterschiede nicht ganz so distinktiv wie es unten-stehende Tabelle suggeriert.

„La lengua estándar se diferencia sustancialmente de los dialectos (en el sentido geográfico del término), pero en fenómenos poco relevantes lingüísticamente de las variedades diastráticas y diafásicas" (Hernández 1992: 357).

Abad Nebot (1992: 611) beispielsweise trifft ganz allgemein bei den *variedades socio-culturales* nur die Unterscheidung zwischen *culto* vs. *coloquial/familiar* vs. *popular/vulgar*.

Für den Lerner der einen oder anderen Sprache ist demnach in erster Linie generell darauf zu achten, in welcher Sprechsituation er mit wem über was kommuniziert und, dass er seinen Stil entsprechend anpasst. In der Praxis bedeutet dies vor allem, dass man die diaphasisch markierten Lexeme – und das gilt für die des Substandards genauso wie für die der gehobenen Ausdrucksweise – entsprechend abspeichern und nur unter bestimmten Umständen aktualisieren sollte. Dies ist natürlich auch bei spezifischen syntaktischen Konstruktionen oder lautlichen Realisierungen der Fall.

Tabelle 7: *Diaphasische Markierungen*

Diaphasische Markierungen	
Spanisch	**Portugiesisch**
culto, formal, literario, esmerado	*culto, cuidado, cultivado*
norma de uso	***norma de uso***
habitual, informal, descuidado	*commun, corrente, usual*
familiar, coloquial	*coloquial, familiar*
popular	*popular*
vulgar	*vulgar, baixo, obsceno*

Zuletzt sei nochmals auf den Zusammenhang zwischen den einzelnen Ebenen der Sprache hingewiesen. Dabei ist davon auszugehen, dass eine diatopische Markiertheit auch als diastratisch eingestuft werden kann und eine diastratische als diaphasisch, nicht jedoch umgekehrt. Wenn Sprecher, die einem soziokulturell gehobenen Milieu zuzu-rechnen sind und deren Sprechweise demnach als diastratisch hoch einzustufen ist, diastratisch niedrig markierte Ausdrücke verwenden, so hat das Einfluss auf den Stil ihrer Äußerung (diaphasische Dimension). Genauso können stark regional konnotierte

Ausdrücke als diastratisch niedrig markiert empfunden werden. Im Zuge des Sprachwandels ist es dabei möglich, dass bestimmte Merkmale der Sprache, lautlicher, morphosyntaktischer oder lexikalischer Natur, entlang der Varietätenkette (Reihenfolge: diatopisch, diastratisch, diaphasisch, Standard) aufrücken und somit mit der Zeit eine andere Konnotation oder Markiertheit erhalten bzw. unter Umständen ganz im neutralen Sprachgebrauch aufgehen. Dieses Prinzip der Interaktion der verschiedenen Ebenen der Sprache funktioniert im Portugiesischen genauso wie im Spanischen. Dabei ist allerdings zu beachten, dass die Nationalsprachen mit eigener Norm, also das brasilianische Portugiesisch einerseits und die kastilischen Staatssprachen Hispanoamerikas andererseits, ein je eigenes Diasystem der Sprache haben, mit eigener Diatopik, Diastratik und Diaphasik sowie einer mehr oder minder vom europäischen Standard abweichenden Norm.

Da jedoch die Sprache ein offenes System darstellt, das beständig Veränderungen unterliegt (Sprachwandel), und der Abstand zwischen den einzelnen Ausprägungen nicht so groß ist, gibt es auch einen ständigen Austausch, eine immerwährende gegenseitige Beeinflussung. Diese kann normativ sein, z.B. das Abkommen zur Regelung einer einheitlichen orthographischen Norm zwischen Portugal, Brasilien, Ost-Timor und den PALOP-Staaten (*Países Africanos de Língua Oficial Portuguesa*), oder ungesteuert, wie im Falle der Übernahme hispanoamerikanischer Substandardelemente in das europäische Spanisch. Dieser Austausch setzt natürlich eine supraregionale Kommunikation voraus, was durch Migration (Emigration, Immigration, saisonale Migration wie Arbeit oder Urlaub) und heutzutage vor allem durch die modernen, nicht ortsgebundenen Kommunikationsmöglichkeiten (Bücher, Zeitungen, Zeitschriften, Internet, Kino, Fernsehen) gewährleistet ist (cf. Koch/Oesterreicher 2011: 249–267; Pöll 2002: 49–51; Endruschat/Schmidt-Radefeldt 2008: 215–216).

2.4 Weitere diasystematische Kriterien

Ergänzend zu der bisherigen diasystematischen Gliederung der Sprache in eine diatopische, diastratische und diaphasische Ebene ist der bereits erwähnte Aspekt der Medialität zu berücksichtigen. Da die Art der Kommunikation mit von ihrer Form bestimmt wird, ist zwischen Mündlichkeit und Schriftlichkeit zu unterscheiden, da dies auch unweigerlich Auswirkungen auf das verwendete Register hat. Um diese Abhängigkeit theoretisch möglichst präzise zu erfassen, unterscheidet man zwischen Medium (phonisch/gesprochen vs. graphisch/geschrieben) und Konzeption (sprechsprachlich/Oralität vs. schriftsprachlich/Skripturalität). Die Parameter interagieren dabei, d.h. man kann eine schriftsprachliche Konzeption auch mündlich äußern (z.B. formelle Rede, Vorlesen) und eine sprechsprachliche verschriften (z.B. Gerichtsprotokoll, linguistisches Korpus, Internet (Forum, Chat, Facebook, E-Mail), SMS).[21] Während die Frage des Mediums einer Äußerung eine gegenseitige Ausschlussbeziehung ist (entweder gesprochen oder geschrieben), gilt für die Konzeption eine graduelle Abstufung zwischen einer Nähesprache und einer Distanzsprache, abhängig von den gegebenen Kommunikationsbedingungen (z.B. Öffentlichkeit vs. Privatheit, Grad der Emotionalität, Grad der physischen Distanz) und den angewandten Versprachlichungsstrategien (z.B. Grad des Planungsaufwandes).[22] Das gesprochene Spanisch ist beispielsweise durch Rückversicherungssignale und Tag-Questions wie *no, sabes, mira, te enteraste* und Anredeformen wie *mijita* oder *vieja* gekennzeichnet. Generell gehören zu den Phänomenen der Mündlichkeit auch Fehlstarts in der Kommunikation, Selbstkorrekturen, Satzabbrüche, Hesitationsphänomene, Überbrückungsphänomene, Gliederungssignale, überwiegend parataktischer Satzbau, Passe-partout-Wörter, geringe Informationsdichte, Sprechpausen und Kongruenzschwächen (Inhoffen 1992: 241–242). Für das Portugiesische sind diesbezüglich natürlich äquivalente Phänomene anzusetzen (cf. Scotti-Rosin 1994: 309–310).

Aus diesen Überlegungen heraus ergeben sich typische Merkmale einer mündlichen und schriftlichen Kommunikation, so dass man auch eine zusätzliche Dimension der Sprache postulieren kann, nämlich die diamesische (selten: diamesisch vs. diakonzeptionell).[23] Hierbei bezieht man sich auf universelle Merkmale einer gesprochenen Nähesprache bzw. einer schriftlichen Distanzsprache. Dies äußert sich dann in der mündlichen Nähesprache z.B. durch geringen Planungsaufwand, große Spontaneität, realisiert durch Wiederholungen, Satzabbrüche, vermehrte parataktische Konstruktionen und die Wahl eines entsprechenden, informelleren Vokabulars als in einer vergleichbaren normgerechten, neutralen schriftsprachlichen Situation (Koch/Oesterreicher 2011: 10–19).

Generell sei nochmals darauf hingewiesen, vor allem auch in Bezug auf die Wahl des adäquaten Vokabulars, dass ein als diaphasisch neutral zu bewertender Ausdruck der gesprochenen Sprache unter Umständen in der geschriebenen Sprache einem etwas niedrigeren Niveau zuzuordnen ist, d.h., die diasystematisch jeweilige neutrale Norm für mündliche und schriftliche Kommunikation ist als leicht versetzt zu verstehen und nicht unbedingt deckungsgleich.

Im europäischen Portugiesischen ist der Unterschied zwischen *língua escrita* und *língua falada* nicht so stark wie im Spanischen oder gar im Französischen (*code écrit* vs. *code parlé*). Anders als in Portugal, wo der Unterschied zwischen der *língua falada* und

---

[21] Hierbei ist zu beachten, dass es sich in den hier erwähnten Teilbereichen der Internetkommunikation (und bei SMS) um stark nähesprachliche Mitteilungen handeln kann, aber nicht muss; d.h. man findet abhängig von Kommunikationspartner und der Kommunikationssituation alle nähe- und distanzsprachlichen Zwischenstufen.

[22] Zum Spannungsfeld zwischen Mündlichkeit und Schriftlichkeit im Portugiesischen cf. die Studie von Meisnitzer (2010), zur Mündlichkeit in Brasilien Arden (2010) und allgemein zum gesprochenen Portugiesisch Brauer-Figueiredo (1999).

[23] Diese Differenzierung findet sich beispielsweise bei Endruschat/Schmidt-Radefeldt (2008: 218).

der *língua escrita* kaum zu erfassen ist (bis auf die universell gültigen Merkmale der Nähesprache), weicht das gesprochene BP doch erheblich von der schriftsprachlichen Norm ab (cf. Scotti-Rosin 1994: 310–312). Was die Norm der geschriebenen Distanzsprache angeht, so unterscheidet sich das brasilianische Portugiesisch nur wenig von der Norm des europäischen, wobei vor allem in jüngster Zeit Bemühungen vorangetrieben werden, das brasilianische Portugiesisch als eigene Norm zu etablieren (cf. z.B. die brasilianische Grammatik von Castilho 2010).

Neben dem Begriff der Diamesik (diamesische Dimension der Sprache), der die sprachlichen Phänomene von Mündlichkeit vs. Schriftlichkeit (medial und konzeptionell) umfasst, kamen in der sprachwissenschaftlichen Forschung weitere „dia"-Begriffe auf. So wurden zunächst ausgehend vom Bereich der Lexikographie zusätzliche Bezeichnungen zur systematischen Beschreibung für diasystematische Markierungen geschaffen, was schließlich dazu führte, dass diese Begriffe mitunter auch für die allgemeine linguistische Betrachtung Verwendung fanden. Dabei geht es um eine Gliederung des Lexikons nicht nur unter dem Aspekt der Diatopik, Diastratik und Diaphasik, sondern auch nach Kriterien wie dem Alter der lexikalischen Einheiten (Archaismen vs. Neologismen),[24] d.h. der diachronischen Schichtung des Wortschatzes, vor allem aber zunächst um die verschiedenen Fachsprachen, was man als diatechnischen Aspekt der Sprache bezeichnet. Dieser Bereich umfasst neben den althergebrachten Sondersprachen der einzelnen Berufsgruppen (z.B. Handwerker, Bauern) heute vor allem die stark internationalisierten Wissenschaften und täglichen Lebensbereiche (Wirtschaft, Politik, Recht, Musik, Sport, Technik, Medizin). Je nach gesellschaftlichem oder individuellem Bildungsstand können dabei als diatechnisch markierte Lexeme in die Allgemeinsprache aufrücken. Das Fachvokabular der einzelnen Wissenschaften wird dabei vor allem durch Internationalismen geprägt, meist griechisch-lateinische Wortprägungen oder Anglizismen, die in vielen Sprachen Europas zu finden sind. Das Spanische und Portugiesische unterscheiden sich dabei als Sprachen desselben Kulturraums kaum voneinander (z.B. finden sich in beiden zahlreiche Gallizismen und Kultismen).

Weitere Dimensionen der Sprache können mit den entsprechenden Begriffen aus dem „dia"-Inventar als diafrequent/diafrequentativ (Häufigkeit, Frequenz), diaevaluativ/diakonnotativ (Konnotation, Stil), dianormativ/diaplanerisch (Norm, Sprachpolitik), diatextuell (Textsorten, Diskurstypen), diasituativ (Kommunikationssituation), diaintegrativ (Fremdwörter/Xenismen), diasexuell (Geschlecht der Sprecher), diagenerationell (Alter der Sprecher) bezeichnet werden. Bei der Überstrapazierung dieser Begriffsreihe stellt sich jedoch die Frage, inwieweit hierbei noch sinnvoll abgrenzbare Merkmale zu konstatieren sind und ob es sich dabei wirklich um einzelne Sprachvarietäten handelt (mit Abweichungen in Phonologie, Morphosyntax und im Lexikon) oder eher um einige wenige sprachliche Einzelphänomene, die für einen bestimmten Kontext typisch sind.

---

[24] Zu den Neologismen und Entlehnungen im Portugiesischen cf. Freitas/Ramilo/Soalheiro (2005) und Freitas/Ramilo/Arim (2005).

Vieles wäre auch unter dem Aspekt der Gruppen- und Sondersprachen zu behandeln, also der diastratischen Dimension der Sprache. Für die Lexikographie hingegen mit ihrer praxisorientierten Zielsetzung einer sinnvollen Gestaltung von Wörterbüchern und deren optimaler Benutzbarkeit unterliegen derartige Einteilungskriterien einem ganz anderen Beurteilungsmaßstab.

Besondere Unterschiede für das spanische und portugiesische Lexikon sind in dieser Beziehung nicht auszumachen, so dass für den Lernenden vor allem die richtige Wahl eines je nach Kommunikationssituation adäquaten Ausdruckes zum Problem werden kann, wenn man sich nicht der jeweilig spezifischen Markiertheit bewusst ist. Falls im Wörterbuch entsprechend gekennzeichnet, sollte man deshalb die diasystematischen Markierungen immer mitlernen, wenn die Form oder der Inhalt des Lexems dies nicht schon nahelegt.

Bezüglich nicht standardgeprägter Phänomene aus anderen Bereichen der Sprache (Phonologie, Morphologie, Syntax) ist die Erkennung ihrer Markiertheit durch den Lernenden erheblich schwieriger, da sie meist nicht so eindeutig inventarisiert sind wie im Falle des Lexikons (cf. Koch/Oesterreicher 2011: 247–249; Pöll 2002: 49–51; Endruschat/Schmidt-Radefeldt 2008: 217–226).

Aufgaben

1. Was versteht man unter der Architektur der Sprache nach Coseriu (z.B. Koch/Oesterreicher 2011).
2. Beurteilen Sie die Frage nach der Herausbildung einer eigenen Norm in Brasilien (z.B. Noll 1999/2008; Born 2003).
3. Recherchieren Sie Wörterbücher zum Substandard und überprüfen Sie anhand einiger Stichproben, ob diese Lexeme auch in die allgemeinen Wörterbücher aufgenommen wurden.
4. Vergleichen Sie die sprachlichen Merkmale der Jugendsprache im Spanischen und Portugiesischen (z.B. Rector 1994; Rodríguez González 2002; Schmidt-Radefeldt 2005).
5. Vergleichen Sie die Verschränkungen der diaphasischen und diastratischen Ebene der Sprache in einer anderen romanischen Sprache (z.B. Italienisch, Französisch).
6. Lassen sich die Sprachvarietäten in einer modernen Megacity noch mit dem herkömmlichen Modell der Diasystematik beschreiben (z.B. Ploog/Reich 2006)?

3 Sprachgeschichte

3.1 Externe Sprachgeschichte

3.1.1 Die Herausbildung des Kastilischen und des Portugiesischen

Das Spanische und das Portugiesische gingen aus dem Latein hervor, das seit der Eroberung der Iberischen Halbinsel durch die Römer ab 218 v. Chr. auf fast dem gesamten Gebiet Verbreitung gefunden hatte. Als einzige vorrömische Sprache blieb das nicht-indoeuropäische Baskisch erhalten, das, wenn auch auf einem kleineren Gebiet als früher, bis heute gesprochen wird.

Ausgangspunkte für das Spanische und das Portugiesische waren zwei ursprünglich relativ kleine Sprachgebiete im Norden der Halbinsel, das Kastilische südwestlich der Pyrenäen und das Galicische im äußersten Nordwesten, beide nach der jeweiligen Region, Kastilien und Galicien, benannt. Anders als das in dem Gebiet zwischen Galicien und Kastilien gesprochene Astur-Leonesische sowie das östlich Kastiliens verbreitete Aragonesisch konnten sich Kastilisch und Galicisch im Zuge der Reconquista (s.u.) in großem Umfang nach Süden ausbreiten, was in geringerem Maße auch für das Katalanische an der östlichen Mittelmeerküste gilt. Das Kastilische (sp. *castellano*, ptg. *castelhano*) wurde ab dem 16. Jh. als Nationalsprache Spaniens zunehmend auch als *español* bezeichnet, allerdings zunächst weniger in Spanien selbst als im Ausland, abgesehen von Portugal, wo sich *espanhol* anstelle von *castelhano* erst relativ spät durchsetzte.[1]

Anders stellt sich die Beziehung zwischen Galicisch (sp. *gallego*, ptg. *galego*) und Portugiesisch (sp. *portugués*, ptg. *português*) dar: Durch die Etablierung des Königreichs Portugal (s.u.) entstand eine politische Grenze zwischen dem Norden des Sprachgebiets, der im spanischen Königreich aufging, und dem südlicheren Teil, in dem Portugiesisch zur Nationalsprache wurde. Für die Zeit bis etwa 1350 spricht man noch von einem gemeinsamen Galicisch-Portugiesisch, danach trennt man zwischen der Nationalsprache Portugiesisch mit einem neuen politischen und kulturellen Zentrum im Süden und Galicisch, das zunehmend vom Kastilischen überdacht wurde (zur heutigen Situation cf. Kap. 2.1).

Die Frage, wann, wie und warum sich aus dem zunächst mehr oder weniger homogenen Vulgärlatein[2] (cf. Cano Aguilar 2005: 34–35) deutlich unterschiedliche Varietäten

---

[1] Portugiesische Autoren des 16. Jahrhunderts verstanden *espanhol* noch im mittelalterlichen Sinn, nämlich auf die gesamte Iberische Halbinsel bezogen (cf. Schäfer-Prieß 2010a) (cf. Kap. 6.3.2.1).

[2] Zur Entstehungsgeschichte des Begriffes cf. Lüdtke (2005: 23–45); zur Beziehung zwischen gesprochenem und geschriebenem Latein im frühen Mittelalter Wright (1982); zur

entwickelten, ist in der Vergangenheit für die Iberoromania umfassend diskutiert worden. Folgende Faktoren wurden sowohl für die Lautung als auch für den Wortschatz in Betracht gezogen: 1. Unterschiede in Zeitpunkt und Intensität der Romanisierung: Das kastilische Gebiet wurde später und weniger intensiv romanisiert als die anderen Regionen, auch als die benachbarte Provinz Gallaecia (cf. Lleal 1990: 33–35). 2. Unterschiedliche Romanisierungsströme, einerseits von der südlichen Provinz Baetica aus in nordwestliche Richtung, andererseits vom Ebrobecken (Tarraconensis) aus nach Westen. Dabei werden verschiedene Formen des Lateins angesetzt, die auf unterschiedliche Kultur und/oder regionale Herkunft der Siedler sowie auf die Art und Weise der Romanisierung zurückgeführt werden. Das Galicische wäre danach aus dem archaischeren, kultivierteren Latein der Baetica hervorgegangen, während in Kastilien auch die volkstümlichere, innovativere Varietät der Tarraconensis Einfluss ausgeübt hätte (Rodríguez-Pantoja 2005: 112–113, Bollée/Neumann-Holzschuh 2008: 30–31). 3. Unterschiedliche Substrate[3] bzw. Adstrate (cf. dazu im Detail Kap. 6.3): Sowohl für das Kastilische als auch für das Galicische wird ein keltiberisches Substrat angesetzt, für das Kastilische diskutiert man aber auch einen möglichen Einfluss prä-indoeuropäischer Sprachen, vor allem des Baskischen. Tatsächlich ist über die vorrömische Sprachsituation in Kantabrien sehr wenig bekannt, so dass solche Kontakte schwer nachzuweisen sind. Die häufig keltischem Einfluss zugeschriebenen Lautentwicklungen wie die westromanische Sonorisierung oder die Palatalisierung von lat. [kt] werden jedenfalls von beiden Sprachen geteilt (Bollée/Neumann-Holzschuh 2008: 17–18). Was den Einfluss des Baskischen angeht (Substrat- und Adstratwirkung sind hier schwer zu unterscheiden), so hält er sich auch im Kastilischen, was den Wortschatz angeht, sehr in Grenzen (Bollée/Neumann-Holzschuh 2008: 17–18) und ist bezüglich der kastilischen Lautentwicklung (vor allem $f > h$, cf. Kap. 3.2.1) umstritten.

Auch wenn es plausibel erscheint, dass das Latein der Iberischen Halbinsel zur Zeit des Römischen Reichs regional nicht völlig homogen gewesen sein kann, besteht heute doch weitgehender Konsens dahingehend, dass sich wesentliche Veränderungen erst nach dem Zusammenbruch des Weströmischen Reichs (476 n. Chr.) vollzogen haben, als die zuvor durch die Mobilität innerhalb des Imperiums gegebenen Ausgleichstendenzen weitgehend zum Erliegen kamen und neue politische Gliederungen (Entstehung neuer Reiche), Kontaktsituationen und Bevölkerungsverschiebungen regionale Sonderentwicklungen begünstigten (cf. Herbers 2006: 22–131; Schöntag 2008: 5–10).

In der Völkerwanderungszeit kamen die Bewohner der Iberischen Halbinsel mit verschiedenen germanischen Völkern in Kontakt. Zu nennen wären hier vor allem die Sueben, deren Königreich zwischen 409 und 585 im Nordwesten der Halbinsel (Haupt-

---

Forschungslage cf. Kiesler (2006: 3–14); einzelne wichtige Studien sind außerdem Herman (1990), Coseriu (2008) und Wright (2008).

[3] Zu den Substratsprachen cf. Echenique Elizondo (2003), Echenique Elizondo/Martínez Alcalde (2005), Beltrán Lloris (2005), Correa (2005) und Blázquez (2006). Zur Migration vom Altertum bis zum Mittelalter cf. Schöntag (2008).

stadt Braga) bestand, und die Westgoten, die ab 526 fast die gesamte Iberische Halbinsel in Besitz nahmen und ein Reich mit der Hauptstadt Toledo gründeten. Von der geographischen Verteilung her könnte man theoretisch mit einem speziellen Einfluss des Suebischen auf das Galicische rechnen, muss doch fast zwei Jahrhunderte lang zwischen den Sueben und der dortigen lateinisch sprechenden Bevölkerung Kontakt bestanden haben, doch gibt es dafür keine eindeutigen Belege (cf. Silva Neto 1986: 317; cf. Kap. 6.3.1). Die Präsenz der Westgoten würde ihrem Herrschaftsgebiet gemäß sprachliche Reflexe auf fast der ganzen Halbinsel erwarten lassen. Tatsächlich gibt es sowohl im Spanischen als auch im Portugiesischen eine Reihe von eindeutigen Germanismen, doch ist im Einzelfall oft nicht sicher zu entscheiden, ob sie auf direkten Kontakt mit den Goten, die bei ihrer Ankunft auf der Iberischen Halbinsel schon stark romanisiert gewesen sein dürften, zurückzuführen sind, oder ob sie einen der anderen Eingangswege für Germanismen (vor allem: allgemeine Verbreitung im Vulgärlatein, galloromanische Vermittlung) genommen haben (Berschin/Fernández-Sevilla/Felixberger 2005: 79–80). Der entsprechende Wortbestand jedenfalls ist in beiden Sprachen sehr ähnlich (cf. Kap. 6.3.1).

3.1.2 Muslimische Herrschaft und Reconquista

Im Jahre 711 begann unter Tāriq ibn Ziyād (660–720), Namensgeber von Gibraltar (*Djabal Tāriq*), die islamische Eroberung. Der Westgotenkönig Roderich (*Rodrigo*, 710–711) wurde besiegt, die Iberische Halbinsel in nur drei Jahren fast vollständig erobert. Doch bereits 722 begann in den kantabrischen Bergen mit der mythischen Schlacht von Covadonga unter dem westgotischen Adligen Pelagius (*Pelayo/Pelágio*, 718–737), der das asturische Königreich begründete, die so genannte Reconquista. Aus dem Königreich León, das das asturische ablöste, spaltete sich im 9. Jh. im Südwesten die Grafschaft Portucale[4] ab, um 930 im Südosten die Grafschaft Kastilien, benannt nach

---

[4] Der Name Portugal geht auf die kleine römische Ansiedlung *Cale* mit wahrscheinlich keltischem Ursprung an der Mündung des Douro/Duero (heute: Vila Nova de Gaia) zurück. In den antiken Quellen ist *Cale* nur als Station des *Itinerarium Antonini* (421, 8: *Calem*), durch eine unsichere Stelle bei Sallust (*Hist. fragm.* III, 43: *Cales*) sowie durch Erwähnung bei Hydatius (Bischof von Aquae Flaviae, gest. 468; *Chron.* §175: *ad locum qui Portumcalem appelatur*, §187 *Portucale*, §195 *Portumcale castrum*) überliefert. In suebischer Zeit, ab Ende des 6. Jh., gab es offensichtlich zwei Hafenorte am Douro, nämlich *Portucale Antiquum* bzw. *Portucale castrum antiquum* (heute: Vila Nova de Gaia) und *Portucale Novum* bzw. *Portucale castrum novum* (heute: ptg. Porto/sp. Oporto). Belege für die römische Präsenz ergaben sich erst durch Grabungen am Castelo de Gaia (Vila Nova de Gaia) in den Jahren 1983 (Fund einer römischen Inschrift, von griechischen Münzen (4. und 5. Jh. v. Chr.) und punischer Keramik aus dem 5.–3. Jh. v. Chr.), 1989–1992 und vor allem 1999–2000 (römische Mauerreste 1. Jh. v. Chr.–1. Jh. n. Chr.), ohne dass deshalb der in der Antike wohl

ihren zahlreichen Burgen (*castillos*), die unter Ferdinand I., dem Großen (1035–1065) zum Königreich aufstieg (1035) und nach verschiedenen Phasen der Personalunion schließlich unter Ferdinand III. (1217–1252) das alte Reich Asturien–León vereinnahmen konnte.

Um 1096 übergab Alfons VI. von Kastilien die Grafschaft Portucale seinem Schwiegersohn Heinrich von Burgund, der als fränkischer Kreuzfahrer an der Eroberung Toledos teilgenommen hatte. 1139 erklärte sich dessen Sohn Afonso Henriques zum König von Portugal (Anerkennung durch Kastilien 1143, durch den Papst 1179) (cf. Bernecker/Pietschmann 2008: 9). Beide Königreiche, Portugal und Kastilien-León, konnten ihr Gebiet unter Zurückdrängung der Araber zunehmend erweitern. Für Portugal war die Reconquista mit der Eroberung der Stadt Faro 1249 abgeschlossen, für Kastilien im Wesentlichen mit der Schlacht von Las Navas de Tolosa (1212) und der Eroberung von Sevilla (1248). Das islamische Reich (Al-Andalus) beschränkte sich nun auf das seit 1237 von der arabischen Dynastie der Nasriden beherrschte Königreich Granada, das erst 1492 von den Christen erobert werden sollte (cf. Bossong 2007: 14–21, 123–124). Bei der Wiedereroberung des islamischen Südens hatte das Königreich Kastilien-León den größten Landgewinn zu verzeichnen. Während Portugal nur in einem Streifen etwa von der Breite des ehemaligen Königreichs Galicien nach Süden expandierte und für das Königreich Aragón nach der Eroberung von Murcia (1243) der weitere Weg nach Süden abgeschnitten war, konnte Kastilien-León das gesamte Gebiet zwischen Portugal und Aragón bzw. der Mittelmeerküste einnehmen. Der Expansion der Reiche Portugal, Kastilien-León und Aragón entsprach weitgehend auch die ihrer Sprachen Portugiesisch, Kastilisch und Katalanisch.[5] Das Leonesische, das sich zunächst auch noch nach Süden hatte verbreiten können, musste dann allerdings dem Kastilischen weichen (cf. die Karten bei Cano Aguilar 2005: 57 und 60). Mit der Reconquista verschwanden auch nach und nach die mozarabisch genannten romanischen Varietäten (Ariza 2005: 207 schlägt dafür den Ausdruck *romanandalusí* vor, der sich eindeutig auf die Sprache und nicht auch auf Abstammung oder Religion bezieht; gängig ist im Spanischen auch *romance andalusí*), die sich parallel zu den nördlichen Varietäten im islamischen Reich entwickelt hatten.

In Al-Andalus war zunächst neben dem Arabischen der Eroberer das (Proto-) Romanische weiter gesprochen worden. Als Schriftsprachen fungierten außer dem Latein der Christen, die ihre Religion anfangs weiter ausüben konnten, das Arabische sowie das Hebräische der jüdischen Bevölkerungsgruppe; als Sprechsprache war

---

als *Portus Cale*, *Portus Calis* oder *Portus ad Calem* bezeichnete Ort ganz eindeutig zuzuordnen wäre (cf. Carvalho 2003: 823–825; Alarcão 2005: 304–306).

5   Ramiro II. (1134–1137) verheiratete seine Tochter und Thronerbin Petronilla mit Raimund Berengar IV. (1131–1162), dem Grafen von Barcelona. Seit dieser Heirat im Jahre 1137 waren das Königreich Aragón und die Grafschaft Barcelona unter der so genannten Krone von Aragón in Personalunion verbunden, und zwar unter Wahrung der jeweiligen Selbständigkeit (cf. Herbers 2006: 148). Sprachlich gesehen dominierte in diesem Reich das Katalanische.

Hebräisch allerdings nicht mehr in Gebrauch. Über die mozarabische Sprache ist mangels Quellen wenig bekannt. Die wenigen überlieferten Texte – vor allem die so genannten *jarchas* (ptg. *carjas*, auch *kharjas*, arab. *ḫarǧas*), romanische Schlussstrophen bei der arabischen und hebräischen Gedichtsform der *muwaššaḥāt* (cf. Pountain 2001: 42–51) – lassen oft viel Raum für unterschiedliche Interpretationen, da sie mit arabischen bzw. hebräischen Buchstaben geschrieben sind und die graphische Repräsentation der Vokale daher stark eingeschränkt ist. Arabisch wurde in Spanien noch über das Ende der Reconquista hinaus gesprochen (cf. Salvador Plans 2005: 777), und zwar von zumindest einem Teil der *Mudéjares*, derjenigen Moslems, die, anders als die Juden[6], nach Beendigung der Reconquista auch ohne Konversion zum Christentum noch im Land bleiben durften, bis auch sie 1609–1614 vertrieben wurden (Bossong 2007: 59–65). Die in arabischer Schrift verfassten romanischen Texte bezeichnet man als Aljamiadotexte (Literatur der Morisken, (zwangs)getaufte Moslems, sp. *moriscos*, ptg. *mouriscos*). Sie sind hauptsächlich aus Spanien überliefert, in bescheidenem Umfang auch aus Portugal (Ineichen 1997: 91–92).

Das Arabische hinterließ in den Sprachen der Iberischen Halbinsel mehr Spuren als die germanischen Idiome, wenn auch vermutlich ausschließlich im Wortschatz bzw. marginal in der Wortbildung. Sprachkontaktsituationen ergaben sich im Verlauf der Reconquista zuerst durch die Flucht von Mozarabern aus Al-Andalus in die bereits von den Christen eroberten und teilweise entvölkerten ehemaligen Grenzgebiete (sp *repoblación*/ptg. *repovoamento*), dann durch das Zusammenleben von Christen, Moslems und Juden (sp. *convivencia*/ptg. *convivência*) in den neu eroberten Gebieten weiter im Süden, wo Moslems und Juden zunächst Bleiberecht eingeräumt wurde. Eine dritte Entlehnungssituation ergab sich durch schriftliche Vermittlung, vorrangig durch Übersetzungen arabischer Texte (cf. Corriente Córdoba 2005: 188). Wesentliche Unter-

---

[6] Was die Juden betrifft, so wurden sie mit dem endgültigen Ende der Reconquista 1492 des Landes verwiesen, sofern sie nicht bereit waren, zum Christentum zu konvertieren. Ein Teil von ihnen emigrierte zunächst nach Portugal, wo sie allerdings auf die Dauer auch nicht unbehelligt leben konnten (Vertreibungsedikt 1496, Zwangstaufe 1497). In beiden Ländern, vor allem in Portugal, entstand dadurch ein Kryptojudentum. Diese sogenannten Marranen (sp./ptg. *marranos*) bzw. *conversos* wanderten in der Folgezeit u.a. nach Amsterdam, Hamburg und London aus (cf. Bossong 2008: 70–72). Sie behielten zunächst ein dem Standard nahes Spanisch und Portugiesisch bei und nahmen dann relativ bald die jeweilige Umgebungssprache an. Die Juden, die bereits 1492 Spanien verlassen hatten, fanden vor allem in Nordafrika und im Osmanischen Reich Exil. In diesen Gebieten entwickelte sich eine heute als Judenspanisch bezeichnete Ausgleichsvarietät auf Basis des spätmittelalterlichen Kastilisch, mit Einflüssen des Leonesischen, Aragonesischen und zunehmend der umgebenden Sprachen, vor allem des Türkischen. Bis zum Beginn des 20. Jahrhunderts war das Judenspanische auf dem Balkan noch weit verbreitet, geriet aber als Minderheitensprache zunehmend durch die jeweiligen Nationalsprachen in Bedrängnis. Im 2. Weltkrieg fielen dann viele Sepharden den Verbrechen der Nationalsozialisten zum Opfer. Heute gibt es nur noch wenige und generell zweisprachige Sprecher, die meisten in Israel (Lleal 2005: 1139–1167).

schiede in der Aufnahme von Arabismen lassen sich zwischen dem Spanischen und dem Portugiesischen nicht feststellen (cf. Kap. 6.3.1).

Was die Form des in den eroberten Gebieten verbreiteten Kastilisch und Portugiesisch betrifft, so geht man in beiden Fällen davon aus, dass beim Vordringen nach Süden Augleichsvarietäten entstanden, in denen regionale Unterschiede (die Rolle des Mozarabischen wird hierbei unterschiedlich beurteilt) nivelliert wurden und die sich entsprechend von den Varietäten der jeweiligen Ursprungsregionen, also Galicien und (Alt-)Kastilien, abhoben. In Portugal ergab sich wegen der politischen Abtrennung Galiciens daraus keine Konfrontation, während in Kastilien im 13. Jahrhundert ein Gegensatz zwischen der altkastilischen Norm von Burgos und der neukastilischen der königlichen Residenzstadt Toledo bestand, der zur Zeit Alfons des Weisen in der Schriftsprache durch eine Ausgleichsform (*norma niveladora*, cf. Lleal 1990: 235) aufzuheben versucht wurde. Doch blieb das Altkastilische prägend für die weitere Entwicklung des Kastilischen, wozu die endgültige Verlegung des Königshofs nach Madrid (1591, unter Philipp II.) mit einem massiven Zuzug aus dem altkastilischen Raum entscheidend beigetragen haben dürfte (Berschin/Fernández-Sevilla/Felixberger 2005: 114). Dagegen ist der portugiesische Standard (*língua padrão*) eindeutig südlich geprägt, denn die königliche Residenz und damit das kulturelle Zentrum hatte sich im Zuge der Reconquista von Porto (11. Jh.) zunächst nach Coimbra (12./13. Jh.) und dann weiter nach Lissabon (1260 unter Alfons III.; 1248–1271) verlagert, so dass die Standardsprache, laut Lleal (1990: 162) unter starkem mozarabischen Einfluss, im Raum Coimbra – Lissabon entstand (Silva/Osório 2008: 60–63). Anders als beim Kastilischen übte die nördliche Ursprungsregion wohl keinen Einfluss mehr aus.

Ein weiterer Unterschied zwischen den beiden Sprachgebieten nach dem Ende der Reconquista besteht darin, dass das portugiesische Territorium nach der Vertreibung der Araber bzw. der sprachlichen Assimilation der *Mudéjares* als sprachlich homogen gelten kann; auch eine Konkurrenz zu anderen romanischen Varietäten bestand nicht. In Spanien war nicht nur durch das Königreich von Granada das Arabische länger präsent, sondern im Norden hatten sich auch verschiedene andere Varietäten erhalten (primäre Dialekte des Kastilischen wie Astur-Leonesisch und Aragonesisch sowie Katalanisch, Galicisch und Baskisch), die nun zunehmend vom Kastilischen überdacht wurden.

3.1.3 Die ersten schriftlichen Texte

Während es im frühen Mittelalter in Al-Andalus drei Schriftsprachen gab, wurde im christlichen Norden ausschließlich Latein geschrieben, auch noch zu einem Zeitpunkt, als sich bereits deutliche Unterschiede zwischen dem Latein und der gesprochenen Volkssprache herausgebildet haben müssen. Hinweise darauf finden sich seit dem 9. Jahrhundert in Form von graphischen und grammatischen Abweichungen in lateinischen

Texten, vorrangig Urkunden (Lleal 1990: 136-140). Man spricht hier von *romance primitivo* oder *protoromance*, im Portugiesischen auch von *período proto-histórico* (Silva/Osório 2008: 52–53).

Mit Lleal kann man diesen Zeitraum noch einmal untergliedern in eine frühe Phase mit einem diatopisch noch nicht klar differenzierten Romanisch (*romance primitivo de Hispania*, Lleal 1990: 133, 136–144; cf. Bustos Tovar 2005: 275–276) und eine jüngere Periode (12. Jahrhundert) mit bereits eindeutigen einzelsprachlichen Merkmalen (z.B. *castellano primitivo,* Lleal 1990: 170–171). Zu den Texten des *romance primitivo de Hispania* rechnet Lleal (1990: 140–144) außer Urkunden auch die beiden überlieferten Glossare, die nach ihren klösterlichen Fundorten benannten *Glosas emilianenses* (San Millán de la Cogolla/Rioja, ca. 1. Hälfte 11. Jh.) und *Glosas silenses* (Santo Domingo de Silos/Burgos, ca. 1. Hälfte 11. Jh. (cf. Bustos Tovar 2005: 292–303). Zu dieser Gruppe kann man auch Texte wie die *Nodicia de kesos* von ca. 980 (Kostenaufstellung eines Mönches aus dem Kloster Los Santos Justo y Pastor/León) sowie die ca. 1050 in Aragón entstandene Notariatsurkunde *Particigon que feci Senigor Sango Garcece* (Bustos Tovar 2005: 270) zählen. Andere Texte des 12. Jahrhunderts, die manchmal in diesem Kontext genannt werden, die *Homilies d'Organyà* (Katalonien, Ende 12. Jh.), die mozarabischen *jarchas* (s.o.), der *Fuero de Avilés* (Asturien, ca. 1155) sowie die religiösen Texte *Disputa del alma y el cuerpo* und *Auto de los Reyes Magos*, bei denen unterschiedlich stark ausgeprägte regionale Merkmale erkennbar sind, fallen dagegen nicht mehr in die von Lleal definierte Kategorie.

Für das *castellano primitivo* führt Lleal (1990: 170–171) einige Textbeispiele aus Urkunden des 12. Jahrhunderts an. Während man Texten dieses Typs, bei denen weiterhin diskutiert wird, ob es sich eher um ein fehlerhaftes Latein oder um ein Romanisch im lateinischen Gewand handelt, ansonsten wenig Aufmerksamkeit gewidmet hat und sie in den spanischen Sprachgeschichten höchstens am Rande erwähnt werden, wurde den in Galicien und Nordportugal entstandenen Entsprechungen (man könnte hier analog von *textos galaicos primitivos* reden) in den letzten Jahrzehnten ein beachtliches, auch öffentliches Interesse zuteil, da man, andere Kriterien als etwa Lleal zugrunde legend, unter denjenigen Dokumenten, die relativ stark romanisch geprägt sind, einen ältesten portugiesischen Text hoffte bestimmen zu können. Um dieses Prädikat konkurrieren inzwischen vor allem die *Notícia de Fiadores* (1175), deren Entdeckung bzw. Edition auch medial hohe Wellen schlug, und der *Pacto de Gomes Pais e Ramiro Pais* (1169–1173).[7] In der spanischen Mediävistik scheint dagegen die Suche nach ältesten Texten kaum eine Rolle zu spielen.

Unumstritten kastilische und galicisch-portugiesische Texte liegen aus dem frühen 13. Jahrhundert vor. Für das Portugiesische sind dies das *Testamento de D. Afonso II*

---

[7] Zur noch nicht abgeschlossenen Diskussion um die ältesten portugiesischen Dokumente cf. auch das aktuelle Projekt *Origens do Português: Digitalização, Edição e Estudo Linguístico de Documentos dos Séculos IX–X* (Internet) sowie die Publikationen von Emiliano (2004), Souto Cabo (2004, 2006) und Martins (2007).

40

(1214) und die *Notícia de torto* (1210–1214), für das Spanische wird gelegentlich der Vertrag von Cabreros (1206) genannt (cf. Bollée/Neumann-Holzschuh 2008: 62) sowie auch der *Cantar de Mío Cid*, der zwar aller Wahrscheinlichkeit nach um 1200 entstanden ist (cf. Berschin/Fernández-Sevilla/Felixberger 2005: 82),[8] von dem aber keine zeitgenössische Handschrift bekannt ist; das einzige überlieferte Manuskript des *Cid* wird meist auf das 14. Jahrhundert datiert, obwohl es auch Argumente für einen früheren Entstehungszeitpunkt gibt (cf. die Diskussion bei Riaño Rodríguez/Gutiérrez Aja 1998: 342–339). Die ebenfalls um 1200 entstandenen ersten galicischen *Cantigas* werden im Allgemeinen nicht zu den frühen Texten des Portugiesischen gerechnet, eben aus dem Grund, dass sie erst in jüngeren Sammlungen (*cancioneiros*), von denen die erste aus dem späten 13. Jahrhundert stammt, schriftlich festgehalten wurden. Es ist interessant zu sehen, dass bei recht ähnlicher Textlage und Überlieferungssituation die spanische und die portugiesische Mediävistik deutlich unterschiedliche Einordnungen vornehmen.

Hinsichtlich der literarischen Gattungen verhalten sich das Spanische und das Portugiesische zunächst in gewisser Weise komplementär: Die überlieferte Heldenepik – es handelt sich in erster Linie um den *Cantar de Mío Cid* – ist in kastilischer Sprache verfasst, die höfische Lyrik (*cantigas de amor, cantigas de amigo, cantigas de escárnio e maldizer*, cf. Messner/Müller 1983: 139) in galicisch-portugiesischer, und zwar auch außerhalb des galicischen Sprachgebiets; so sind z.B. die am Hof des kastilischen Königs Alfons des Weisen (s.u.) entstandenen, teilweise ihm selbst zugeschriebenen *Cantigas de Santa Maria* auf Galicisch verfasst. Eine kastilischsprachige Lyrik hingegen fehlt vorerst (cf. Tietz 2011: 40). Ein spezifisch kastilisches Genre ist die Mitte des 13. Jahrhunderts entstandene geistliche Dichtung des *mester de clerecía* (cf. Tietz 2011: 31–32), dagegen schlägt sich der höfische Roman französischer Provenienz ab Ende des 13. Jahrhunderts in portugiesischen Übersetzungen nieder (Saraiva/Lopes o.J. 94–100).[9] Man kann also für diese Zeit mit einer gewissen Berechtigung noch von einer gemeinsamen *literatura peninsular* ausgehen, bei der den verschiedenen Genres verschiedene Sprachen zugeordnet waren (cf. Saraiva/Lopes o.J. 40–41).

Die Sachprosa hingegen entwickelte sich von Anfang an parallel auf Kastilisch und Portugiesisch, wobei jeweils der Königshof eine maßgebliche Rolle spielte. So entstanden am Hof des kastilischen Königs Alfons X. (Alfons der Weise/*Alfonso X, el Sabio*/*Afonso X, o Sábio*, 1252–1284) auf dessen Veranlassung, z.T. auch unter seiner

---

8   Bis vor einiger Zeit ging man mit Menéndez Pidal von einem früheren Entstehungszeitpunkt, ca. 1140, aus. Zur Diskussion um die Datierung cf. Tietz (2011: 28-29).

9   Die *Cantigas* sind zumindest z.T. von der okzitanischen Trobadordichtung beeinflusst, der *Cid* von den französischen *Chansons de geste*, wobei die genauen Umstände dieser Beziehungen weiterhin diskutiert werden (cf. Wiegmann 2003: 177–183). Der *mester de clerecía*, der vom *mester de juglaría* (Spielmannnsdichtung) unterschieden wird, geht ebenfalls auf französische sowie mittellateinische Quellen zurück (Tietz 2011: 31). Allgemein zur frühen spanischen Literatur cf. z.B. Tietz (2011: 1–54), zur portugiesischen Siepmann (2003: 13–25).

Mitwirkung, juristische und historiographische Texte auf Kastilisch (u.a. *Siete Partidas* (Gesetzessammlung), *Primera Crónica General* (Geschichtswerk), *Libro de las Cruzes*, *Libro del Saber de Astronomía*, *Lapidario*), wobei die Tätigkeit der so genannten Übersetzerschule von Toledo eine wichtige Rolle spielte.[10] Am alfonsinischen Hof in Toledo entwickelten sich auch die Normen für das *castellano drecho*, die bereits erwähnte Ausgleichsvarietät.[11] Den zahlreicher werdenden Textzeugnissen, die das Vorrücken der Volkssprache in zuvor dem Latein vorbehaltene Diskurstraditionen widerspiegeln, hat man versucht verschiedene Verschriftungs-/Verschriftlichungstraditionen (*scriptae*) zuzuordnen.[12]

Eine ähnliche Rolle wie Alfons in Kastilien spielte in Portugal etwas später dessen Enkel König *D.*[13] *Dinis* (1279–1325, dt. Dionysius der Landwirt). Dem Vorbild seines Großvaters folgend schuf er ebenfalls ein Umfeld, in dem zahlreiche Prosatexte in portugiesischer Sprache (u.a. *Crónica de Vinte Reis*, *Variante Ampliada da Crónica Geral de Espanha*, *Livro d'Alveitaria*, *Primeyra Partida*, cf. Schöntag 2008: 33–36; Schöntag im Druck)[14] entstehen konnten. Eine Entsprechung zum *castellano drecho* entstand am Hof in Lissabon allerdings nicht, was wohl u.a. darauf zurückzuführen ist, dass eine Ausgleichsnorm angesichts der bereits erwähnten Homogenität des Portugiesischen kaum ein Desiderat darstellte.

Sowohl bei den frühen spanischen als auch bei den portugiesischen Prosatexten handelt es sich, wie bereits angedeutet, sehr häufig um Übersetzungen bzw. Adaptationen fremdsprachiger Texte. Dabei spielt das Lateinische für beide Sprachen eine wichtige Rolle, wogegen arabische Ausgangstexte im Portugiesischen anders als im Kastilischen kaum nachzuweisen sind. Andererseits wurde dort vielfach auf kastilische Vorlagen zurückgegriffen (cf. Schäfer-Prieß/Endruschat/Schöntag 2006: 1416–1419).

Ab wann die iberoromanischen Varietäten, hier speziell das Kastilische und das Galicisch-Portugiesische, als distinkte Varietäten wahrgenommen und benannt wurden, ist nicht genau zu bestimmen. Einer verbreiteten Annahme zufolge wurden zunächst alle volkssprachlichen Varietäten als *romance* bezeichnet, wobei die Abgrenzung vom Latein als wichtiger erachtet wurde als die zwischen verschiedenen romanischen Varietäten; über Zwischenstufen wie *romance castellano* hätten sich dann die Sprachbezeich-

---

[10] Zur Sprachauffassung Alfons' des Weisen cf. Niederehe (1975) und Fernández-Ordóñez (2005) sowie zu den sprachlichen Implikationen der Rechtskodifikationen Kabatek (2005) und Schöntag (2006b).

[11] Zur *ortografía alfonsí* cf. beispielsweise Menéndez Pidal (2005: 536–539).

[12] Zu den *scriptae* cf. Monjour (1995) und Metzeltin (1995a, 1995b); zur Unterscheidung zwischen Verschriftung (medial) und Verschriftlichung (konzeptionell) cf. Oesterreicher (1993), zur Geschichte von Mündlichkeit und Schriftlichkeit cf. Schlieben-Lange (1982).

[13] Das *D.* steht für *Dom* (< lat. DOMINUS) und ist generell Namenszusatz bei Mitgliedern der portugiesischen Königsfamilie; cf. Kap. 5.9.3.

[14] Zu Dionysius und seinem alfonsinischen Erbe in politischer, kultureller und sprachlicher Hinsicht cf. Ackerlind (1990), zu einzelnen sprachlichen Auswirkungen in den juristischen Dokumenten cf. Schöntag (2010: 237–242).

nungen *castellano, português* etc. entwickelt (cf. Alonso 1938: 12–13). Allerdings sind *lenguaje castellano* und *lengua castellana* bereits bei Alfons dem Weisen belegt. Zur Geschichte der Sprachbezeichnung *português* gibt es bisher wenig Erkenntnisse (cf. Schäfer-Prieß 2010a: 219–220). Was die sprachlichen Strukturen des Kastilischen und Portugiesischen angeht, so sind diese im Mittelalter jeweils relativ stabil, so dass zu dieser Zeit keine Tendenzen zur weiteren Auseinanderentwicklung festzustellen sind. Auch für eine Beeinflussung des Portugiesischen durch das Kastilische oder eventuell umgekehrt scheint es keine Anhaltspunkte zu geben.

Dagegen unterlagen beide Sprachen im Mittelalter dem Einfluss des Galloromanischen. Die Kontakte mit dem Französischen und Okzitanischen kamen auf vielfältige Weise zustande (z.B. Jakobsweg, Cluniazensische Reform, dynastische Beziehungen; man beachte auch die starke Präsenz der französischen Literatur) und könnten außer auf den Wortschatz (cf. Kap. 6.3.2.2) im Spanischen auch Einfluss auf die Lautung gehabt haben (cf. Bollée/Neumann-Holzschuh 2003: 66-67)

3.1.4 Der Beginn der maritimen Expansion im 15. Jahrhundert

Dass für die Portugiesen nach Abschluss der Reconquista kein weiterer Landgewinn auf der Halbinsel mehr möglich war, kann als einer der Gründe für den militärischen Angriff auf die nordafrikanische Stadt Ceuta (1415) betrachtet werden, der den Beginn der außereuropäischen maritimen Expansion von der Iberischen Halbinsel aus markiert.[15] Angeregt durch den portugiesischen Infanten Heinrich den Seefahrer (ptg. *Infante D. Henrique*, 1394–1460) und mit der vorrangigen Absicht, neue Handelswege – vor allem den Seeweg nach Indien – zu erschließen, fanden nun Entdeckungsfahrten an der westafrikanischen Küste statt, und in wenigen Jahrzehnten konnten portugiesische Seefahrer Gebiete in Afrika, Asien und Amerika (1427 Azoren, 1488 Kap der Guten Hoffnung, 1498 Indien, 1500 Brasilien) in Besitz nehmen. Die Spanier hingegen waren, anders als die Italiener, bis zum Ende des 15. Jahrhunderts nicht an Entdeckungsreisen beteiligt (Bernecker 2002: 21), wurden aber nach der Entdeckung Amerikas 1492 durch den Genuesen Christoph Columbus, dessen Expedition im Auftrag der spanischen Könige erfolgte, schnell zu einer wichtigen Konkurrenz für die damals dominierende Seemacht Portugal.

---

[15] Eine frühe Expansionsphase im Mittelmeer gab es bereits zuvor durch das Königreich Aragón: 1229–1235 Eroberung der Balearen, 1282 Sizilien, 1311–1319 Athen und Neopatras, 1323 Sardinien. Unter Alfons V. (1416–1458) erreichte das aragonesische Mittelmeerimperium mit der Eroberung des Königreiches Neapel (1443) schließlich seinen Höhepunkt.

Schon 1494 wurde im Vertrag von Tordesillas (im Vertrag von Saragossa 1529 leicht modifiziert)[16] die Aufteilung der überseeischen Interessenssphäre zwischen Spanien und Portugal festgelegt: Portugal erhielt Afrika und Asien zugesprochen, Spanien Amerika, wobei es Portugal allerdings gelang, auch den – erst später offiziell entdeckten – östlichen Teil des amerikanischen Kontinents und damit das spätere Brasilien zu seinem Bereich rechnen zu dürfen. Gemäß dieser Aufteilung etablierten sich in Amerika beide Sprachen, während an den afrikanischen Küsten und im asiatischen Raum in erster Linie das Portugiesische präsent war. Von Westafrika aus verbreiteten sich mit dem zunächst von den Portugiesen dominierten Sklavenhandel auch Kreolsprachen auf portugiesischer Basis (cf. Bartens 1995: 5–6 und Kap. 1.2).

In beiden Sprachen führte der Kontakt mit der Bevölkerung der eroberten Gebiete zu lexikalischen Entlehnungen, wobei erwartungsgemäß im Spanischen in allererster Linie Indianismen zu verzeichnen sind, im Portugiesischen außerdem Wörter afrikanischen und asiatischen Ursprungs. Ein Teil dieser Wörter wurde auch in andere europäische Sprachen vermittelt (cf. Kap. 6.3.2.8).

3.1.5 Spanisch und Portugiesisch zu Beginn der Neuzeit

In den wenigen Jahrzehnten zwischen 1479, Datum der Vereinigung der beiden Königreiche Kastilien-León und Aragón nach der Heirat von Isabella von Kastilien und Ferdinand von Aragón (1469), den Katholischen Königen, und 1512, als der südlich der Pyrenäen gelegene Teil des Königreichs Navarra in das Königreich Kastilien-Aragón inkorporiert wurde, hatte sich die politische Landkarte der Iberischen Halbinsel entscheidend verändert. Statt fünf Königreichen (Portugal, Kastilien-León, Aragón, Navarra und Granada) gab es nun nur noch zwei Staaten, Portugal und Kastilien-Aragón, das den erheblich größeren Teil der Halbinsel einnahm. In der Folgezeit wurde die Bezeichnung ‚Spanien' (Hispania, España, Espagne etc.), die zuvor auf die gesamte Iberische Halbinsel referiert hatte, im Allgemeinen (Portugal ist hier zunächst ausgenommen, cf. Kap. 3.1.1) nur noch für das Königreich Kastilien-Aragón verwendet.

Die maritime Expansion trug nicht nur zu einem wenn auch relativ kurzzeitigen wirtschaftlichen Aufschwung bei, sondern auch dazu, dass beide Länder zu Beginn des 16. Jahrhundert eine bis dahin ungekannte Beachtung im europäischen Ausland erfuhren. Dies gilt für Portugal vor allem für die Regierungszeit König Emanuels I. (D. Manuel, 1495–1525), eine Epoche, die bisweilen als Beginn eines portugiesischen Goldenen Zeitalters (Século de Ouro, s.u.) betrachtet wird (cf. Bernecker/Pietschmann 2008: 17). Spanien gelangte auf den Höhepunkt seiner Macht und internationalen

---

[16] Bereits 1479 wurde im Vertrag von Alcaçovas die Einflusssphäre in Afrika festgelegt worden, Kastilien bekam die Kanaren zugesprochen, Portugal Madeira, die Azoren und alle Entdeckungen südlich des Kap Bojador (Handelsweg nach Indien).

44

Bedeutung, nachdem der Habsburger Karl von Gent[17] 1516 als Karl I. (*Carlos I*) die Thronfolge übernommen hatte und 1519 zum Kaiser des Heiligen Römischen Reichs Deutscher Nation gewählt worden war (Bernecker 2002: 28-30). Als Kaiser war Karl Herrscher über weite Teile Europas, als spanischer König gleichzeitig auch über die eroberten amerikanischen Gebiete und damit über „ein Reich, in dem die Sonne nicht untergeht".[18]

Was das Verhältnis Spaniens und Portugals zueinander in dieser Zeit angeht, so suchte Portugal, das sich in der Schlacht von Aljubarrota gegen Spanien (1385) als selbstständige Nation behauptet hatte, unter D. Manuel mangels anderer Bündnis- optionen eine Annäherung an das Nachbarland, die sich auch in der Heiratspolitik äußerte (Bernecker/ Pietschmann 2008: 47). Unter Karls Sohn Philipp wurden die beiden Länder nach dem Tod des portugiesischen Thronerben Sebastian (*Sebastião*) schließlich 1580 in Personalunion (bis 1640) vereinigt (cf. Messner/Müller 1983: 3–6; Bernecker/Pietschmann 2001: 27–47; Bernecker/ Pietschmann 2005: 129–153).

Beide Länder erlebten Anfang des 16. Jahrhunderts eine blühende Renaissancekultur. Dabei war der italienische Einfluss, dessen Verbreitung auf der Iberischen Halbinsel durch den aragonesischen Hof in Neapel begünstigt wurde, in beiden Ländern wirksam; in Portugal wurde die Renaissancekultur außerdem speziell durch die Entdeckungsreisen geprägt (*Manuelismo*, cf. Bernecker/Pietschmann 2008: 47). Die Zeit etwa ab Mitte des 16. Jahrhunderts bis ca. 1680 gilt später als das Goldene Zeitalter Spaniens (*Siglo(s) de Oro*[19]), vor allem in Bezug auf die reiche literarische Produktion (z.B. Miguel de Cervantes, 1547–1616, Lope de Vega, 1562–1635, Tirso de Molina, 1581/1584–1648, und Pedro Calderón de la Barca, 1600–1681). In Portugal liegt der Schwerpunkt früher (z.B. Gil Vicente, 1465–ca. 1536, Luís de Camões, ca. 1524–ca. 1580); den großen spanischen Dramatikern des 17. Jahrhunderts stehen keine ebenbürtigen portugiesischen Autoren mehr gegenüber.

---

[17] Karl, der in Gent geboren wurde und im Kloster San Gerónimo de Yuste starb, wird in Spanien und Portugal als Carlos I (1516/1519–1556) geführt, ist Enkel des Habsburgers Maximilian I. (1486–1508) (Anspruch auf die Kaiserkrone), Sohn Philipps I., des Schönen (1478–1506, Kg. v. Kastilien 1504–1506) und Johanna der Wahnsinnigen (1479–1555), Tochter des spanischen (aragonesischen) Königs Ferdinand II. (1479–1516).

[18] Bei Friedrich Schiller (1759–1805) in *Don Karlos* (1. Akt, 6. Szene) in zwei Versionen überliefert: „die Sonne geht in meinem Reich nicht unter" (Böckmann/Kluge 1973: 395) aus den *Thalia-Fragmenten* und „die Sonne geht in meinem Staat nicht unter" (Böckmann/Kluge 1973: 54) aus der *Erstausgabe*.

[19] Der Begriff *Siglo de Oro* bzw. *Siglos de Oro* wird uneinheitlich verwendet, sowohl was die Datierung als auch was den Bezug (Politik, Wirtschaft, Kultur, Literatur) angeht. Dabei ist zu beachten, dass das literarische *Siglo de Oro* größtenteils in eine Zeit fällt, in der die politische und wirtschaftliche Bedeutung Spaniens schon wieder deutlich zurückgegangen war. Für Portugal ist gelegentlich für die Zeit zwischen 1495 und 1580 von einem *Século de Ouro* die Rede, jedoch nicht spezifisch als Bezeichnung für eine literarische Epoche.

Zu Beginn des 15. Jahrhunderts waren beide Sprachen als Schriftsprachen fest etabliert. Dies manifestierte sich auch in den Bemühungen um eine volkssprachliche Grammatikschreibung, die durch das geistige Klima der Renaissance begünstigt wurden. Im Jahre 1492 veröffentlichte Antonio de Nebrija die *Gramática de la lengua castellana,*[20] die erste gedruckte Grammatik einer europäischen Volkssprache; 1536 und 1540, und damit ebenfalls noch recht früh im europäischen Vergleich, folgten zwei portugiesische Autoren seinem Vorbild, Fernão de Oliveira mit der *Grammatica da lingoagem portuguesa* (1536) und João de Barros mit der *Grammatica da lingua portuguesa* (1540). Alle drei fanden allerdings zu ihrer Zeit wenig Beachtung (cf. Weinrich 1973: 531–535 zu Nebrija) und auch keine direkten Nachfolger, zumindest nicht im eigenen Land. Was das Spanische betrifft, so erschienen zwar im 16. Jahrhundert weitere Grammatiken, doch bezeichnenderweise nicht in Spanien selbst, sondern zunächst in Ländern, in denen die Spanier politisch präsent waren, nämlich in Flandern (Spanische Niederlande) und in Italien, wo Spanien bzw. Aragón über das Königreich Neapel regierte. Zu nennen wären hier die beiden anonym in Löwen erschienenen Grammatiken *Util, y breve institution, para aprender los principios, y fundamentos de la lengua hespañola* (1555) und *Gramatica de la lengua vulgar de España* (1559) sowie die 1558 in Antwerpen publizierte *Gramatica castellana* von Cristóbal de Villalón und Giovanni Mirandas *Osservationi della lingua castigliana* (Venedig 1566). Etwas später nachzuweisen sind Spanischgrammatiken für Franzosen, Engländer und Deutsche (cf. Ramajo Caño 1987: 232–247; Swiggers 2001: 498–500; Mühlschlegel 2001: 548–549). Die ersten Portugiesischgrammatiken für Ausländer erschienen dagegen erst im fortgeschrittenen 17. Jahrhundert (z.B. die *Ars grammaticae pro lingua lusitana addiscenda* von Bento Pereira von 1672) und lassen den Umkehrschluss zu, dass bis dahin am Portugiesischen im europäischen Ausland kein erkennbares Interesse bestanden hatte.

Ein ähnliches Missverhältnis lässt sich bezüglich der literarischen Produktion auf der Iberischen Halbinsel selbst erkennen: Während die wichtigen portugiesischen Autoren des 16. Jahrhunderts, so Gil Vicente, Sá de Miranda (1481–1558) und sogar der Nationaldichter Luís de Camões Werke in beiden Sprachen verfassten, einige (z.B. Jorge de Montemôr/Montemayor, ca. 1520–1561) sogar ausschließlich auf Spanisch, war in Spanien das Galicische als Sprache der höfischen Dichtung schon seit Ende des 14. Jahrhunderts vom Kastilischen abgelöst worden (cf. Tietz 2011: 59). Die portugiesischen Autoren führten also einseitig die mittelalterliche Tradition der literarischen Mehrsprachigkeit fort (Saraiva/Lopes o.J.: 41), während für die spanischen Dichter inzwischen die Nationalsprache zur alleinigen Literatursprache geworden war.

Mit dem Beginn der Personalunion 1580 nahm laut Saraiva/Lopes (o.J.: 184) die Zweisprachigkeit noch zu und betraf nicht nur die Autoren, sondern offenbar auch das Lesepublikum, wofür u.a. der Umstand spricht, dass in Lissabon zahlreiche spanischsprachige Bücher verlegt wurden, während andererseits Übersetzungen aus der Nach-

---

[20] Dieser Titel wird dem Werk normalerweise zugeordnet, obwohl sich die Benennung in der Originalausgabe nicht findet.

barsprache zu dieser Zeit fast vollständig fehlen (cf. Schäfer-Prieß/Endruschat/ Schöntag 2006: 1419–1420). Dabei sieht es nicht so aus, als wäre Spanisch in Portugal systematisch als Fremdsprache gelernt worden: Die ersten Spanischlehrbücher für Portugiesen stammen aus dem 19. Jahrhundert (cf. Cardoso 1994: 178).

Welche Rolle das Spanische in Portugal zur Zeit der Personalunion außerhalb des literarischen Bereichs spielte, konnte bisher nicht genau ermittelt werden. Es wird angenommen, dass der Hof in Lissabon „kastilianisiert" (Teyssier 2007: 43, III.1.3) war, doch könnte an den ländlichen Adelshöfen weiterhin das Portugiesische vorgeherrscht haben (Vázquez Cuesta o.J.: 85–86). Eine eigentliche Diglossiesituation scheint trotz der Verbreitung des Spanischen als Schriftsprache zu keiner Zeit bestanden zu haben. Wenn auch, wie Lopes/Saraiva (o.J.: 184) bezüglich der literarischen Produktion schreiben, das Portugiesische in dieser Zeit trotz des offiziellen Status, der ihm in der Personalunion gewährt wurde, eher den Rang einer Regional- als einer Nationalsprache einnahm, war offenbar doch, so die Ansicht von Woll (1994: 390), die Stellung des Portugiesischen als Standardsprache und als Sprache des öffentlichen Lebens kaum gefährdet. Stimmen gegen die Dominanz des Spanischen als Schriftsprache wurden schon vor 1580 laut (z.B. António Ferreira, 1528–1569), vor allem dann aber zur Zeit der Personalunion (z.B. Francisco Rodrigues Lobo, 1579–1622 und Fray Luis de Sousa, 1550–1632; cf. Marques 2001: 212–213).

Was den sprachlichen Einfluss des Spanischen auf das Portugiesische, der bei einer derartigen Kontaktsituation zu erwarten gewesen wäre, betrifft, so scheint dieser erstaunlich gering ausgefallen zu sein[21], zumindest was die langfristige Wirkung angeht. Eine der wenigen fundierten Untersuchungen zu diesem Thema, nämlich die Analyse der Sprache in den Werken Gil Vicentes von Teyssier (2005), bringt nur einen sehr geringen Einfluss des Spanischen auf das Portugiesische zutage. Umgekehrt hingegen sind, so Teyssier, die spanischen Texte des Autors voller portugiesischer Interferenzen:

> „Podemos, entretanto, desde já concluir que em Gil Vicente o bilinguismo não provoca qualquer hispanização significativa do português. Salvo alguns casos muito limitados, a influência entre as duas línguas exerce-se sempre em sentido único, do português para o castelhano. O lusismo insinua-se de mil modos no espanhol, enquanto o português se conserva puro e sem misturas" (Teyssier 2005: 495).

Bemerkenswert ist ebenfalls, dass sich gerade in dieser Zeit des engen Kontakts im Spanischen wesentliche morphosyntaktische Veränderungen vollzogen, die das Portugiesische nicht mitmachte und die die beiden Sprachen folglich weiter voneinander entfernten (cf. Kap. 3.2.2). In der Lautung ergab sich bis zum 17. Jahrhundert vor allem eine Auseinanderentwicklung im Bereich der Sibilanten. Danach sind nur noch für das Portugiesische wesentliche Lautveränderungen festzustellen. Vor allem die Abschwächung der unbetonten Vokale sowie die Palatalisierung von s (beide weitgehend auf das EP

---

[21] Zu den lexikalischen Entlehnungen, die in beide Richtungen erfolgten, cf. Kap. 6.3.2.9.

beschränkt) trugen dazu bei, die beiden Sprachen einander unähnlicher zu machen (cf. Kap. 3.2.1).

Das internationale Prestige, das Spanien und das Spanische im 16. Jahrhundert erlangt hatten, manifestiert sich unter anderem in zwei Anekdoten zu Karl V. Die älteste Fassung zur Wertschätzung der verschiedenen Idiome in seinem *Regnum* findet sich in *De locutione* von Girolamo Fabrizi d'Acquapendente: *Unde solebat, ut audio, Carolus V Imperator dicere, Germanorum linguam esse militarem: Hispanorum amatoriam: Italorum oratoriam: Gallorum nobilem.* In einer weiteren, gängigeren Version des gleichen Autors heißt es dann sinngemäß, dass der Kaiser mit Gott Spanisch spricht, mit seinen Freunden Italienisch (bzw. in anderen Versionen: mit Frauen), Französisch, wenn er schmeicheln wolle (bzw. in anderen Versionen: mit Männern, bei Hofe) und Deutsch, wenn er drohen wolle (bzw. in anderen Versionen: mit Soldaten oder mit Pferden) (Weinrich 1980: 264–265). Eine andere Anekdote ist die Antwort des Kaisers an den französischen Botschafter, den Bischof von Mâcon, der seine am römischen Papsthof auf Spanisch gehaltene Rede nicht verstanden hatte: *Señor obispo, entiéndame si quiere, y no espere de mí otras palabras que de mi lengua española, la cual es tan noble que merece ser sabida y entendida por toda la gente cristiana,* überliefert von Pierre de Bourdeille, Seigneur de Brantôme (Weinrich 1980: 267). Die genauen Gründe für die Sprachwahl und die sprachpatriotische Aussage sind allerdings nicht eindeutig zu bestimmen, auch vor dem Hintergrund, dass die Sprache am Hofe Karls V. wohl vorwiegend Französisch war (Weinrich 1980: 267–268; Braselmann 1991: 179, 423–424).

Der Gegensatz zwischen dem selbstbewussten Spanischen und dem marginalisierten Portugiesischen, das nur seine überseeische Verbreitung, die aber offenbar wenig zählte, ins Feld führen konnte, wird auch bei dem zeitgenössischen portugiesischen Autor Duarte Nunes de Leão im 24. Kapitel seiner *Origem da lingoa portuguesa* von 1606 deutlich. Dort heißt es:

> „Os Castelhanos & os affeiçoados a sua lingoa se jactão que por a elegancia & ecellencia della, he comum a muitas nações que a entendem, & fallão como na mesma Hespanha, em Italia, & nos stados de Flandes, & ainda entre Mouros que a tem por sua algemia, & que a Portuguesa tem os limites tam estreitos, que não passa da raia de Portugal, tomando dahi argumento da melhoria de huma, e menoscabo da outra. [...] E manifesto he que como entre todas as nações que no mundo ha, nenhuma se alongou tanto de sua terra natural, como a nação Portuguesa, pois sendo do ultimo occidente, & derradeira parte do mundo, onde (como Plinio diz) os elementos da terra, agoa, aar, fazem sua demarcação, penetrarão tudo o que o mar Oceano cerca, & comsigo levarão sua lingoa. A qual tam puramente se falla em muitas cidades de Africa, que ao nosso jugo são subjectas, como no mesmo Portugal, & em muitas provincias da Ethiopia da Persia & da India, onde temos cidades & colonias [...]" (Leão 1606: 133–137).[22]

---

[22] Die Originalgraphie wurde beibehalten, abgesehen davon, dass heute unübliche Kombinationen von Buchstabe + Tilde aufgelöst und *u* und *v* der heutigen Verwendung angepasst wurden.

3.1.6 Die Entwicklung ab Mitte des 17. Jahrhunderts

Mit dem Ende der Personalunion nahm der kulturelle und sprachliche Einfluss Spaniens auf Portugal stark ab, und auch im europäischen Kontext verlor Spanien, das seit Ende der Regierungszeit Karls V. (1556), abgesehen vom Kolonialreich, wieder ein auf die Iberische Halbinsel beschränktes Königreich war, an Bedeutung. Sowohl Spanien als auch Portugal orientierten sich spätestens ab Ende des 17. Jahrhunderts in kultureller Hinsicht wieder verstärkt an Frankreich. Die französische Aufklärung wurde trotz Zensur in Spanien und Portugal gleichermaßen rezipiert bzw. stieß auch auf Ablehnung. Politisch richtete sich Portugal, das 1762 noch einmal eine spanische Invasion abwehrte, an Großbritannien (Methuenvertrag 1703) aus,[23] während in Spanien 1700 der Bourbone Philipp V. (1700–1746) auf den Thron gelangte. Nach verbreiteter Ansicht trug dieser Dynastiewechsel maßgeblich zur Übernahme von Gallizismen ins Spanische bei, doch ist in dem politisch völlig anders ausgerichteten Portugal zu dieser Zeit – so wie insgesamt in Europa – eine ebenso große Bereitschaft zur Entlehnung aus dem Französischen zu erkennen. In beiden Ländern gab es vor allem ab Beginn des 19. Jahrhunderts Kritik am französischen Einfluss.[24]

Ansonsten lassen sich hinsichtlich der Sprache vor allem in Spanien im 18. Jahrhundert Bemühungen zur institutionellen Standardisierung und Normierung erkennen. 1713 wurde, nach dem Vorbild der Académie Française, in Madrid die Real Academia Española gegründet, der eine wesentliche Rolle dabei zukam. Noch im 18. Jahrhundert erschienen das *Diccionario de Autoridades* (1726–1739), die *Ortografía* (1741/1753) und die *Gramática de la lengua castellana* (1771), die bis heute in entsprechend aktualisierter Auflage normgebende Wirkung haben (nach der Devise der Akademie *Limpia, fija y da esplendor*). Dagegen konnte die 1779 in Lissabon gegründete Academia Real das Sciencias (heute: Academia das Ciências de Lisboa) keine normative Wirkung entfalten, zumal das vollständige Wörterbuch der Akademie, das *Dicionário da língua portuguesa contemporânea* erst 2001 erschien und eine Grammatik bis heute auf sich warten lässt.[25] In Spanien ging mit der Normierung und dem Prestigegewinn des Standards von Madrid eine weitere Marginalisierung der Dialekte und der Regionalsprachen einher, und die ehemalige Wissenschaftssprache Latein wurde ebenfalls – und dies gilt auch für das Portugiesische – auf wenige uni-

---

[23] Die Allianz Portugals mit England geht bereits auf ein Abkommen von 1373 zurück und ist eine der ältesten und konstantesten Bündnisse in Europa, erneuert mit mehreren Verträgen in der Zeit zwischen 1643 und 1815.

[24] Cf. dazu beispielsweise die Polemik in einer portugiesischen Zeitung (Lissabon) von 1812: *Guerra às palavras afrancesadas!* (Boisvert 1983–1985: 243–271) oder die kritischen Bemerkungen von Benito Jerónimo Feijóo (1676–1764) und Antonio de Capmany (1742–1813), die die *pureza* des Spanischen durch die zahlreichen Gallizismen in Gefahr sahen (Bollée/Neumann-Holzschuh 2008: 130).

[25] Das *Dicionário da Academia Real das Ciências* von 1793 blieb einbändig, und zwar nur von *A-* bis *azurrar* (Verdelho 1994: 677).

versitäre Bereiche zurückgedrängt (Hernández González 1992: 410; Wesch 2003: 888; Martínez González/Torres Montes 2003: 857). In beiden Ländern wurde die National-sprache im 18. Jahrhundert offiziell zum Unterrichtsfach (cf. Schäfer 1993: 20–21)

Die napoleonische Ära verlief in beiden Ländern insofern unterschiedlich, als Spanien zwischen 1807 und 1814 von einem Bruder Napoleons, Joseph Bonaparte, regiert wurde (Bernecker 2002: 111–114), während Portugal sich mit englischer Hilfe schnell von der französischen Besetzung befreien konnte. Regiert wurde das Land zwischen 1808 und 1820 von Rio de Janeiro aus, wohin sich der portugiesische Prinz-regent und spätere König Johann IV. vor den napoleonischen Truppen geflüchtet hatte (Bernecker/Pietschmann 2008: 71–72). Die Entwicklung der beiden Länder im weiteren 19. sowie im 20. Jahrhundert verlief in vieler Hinsicht parallel. Das liberale Bürgertum erstarkte und es kam zu mehreren Umstürzen, die später auch von den unteren Be-völkerungsschichten getragen wurden (Spanien 1820, Karlistenkriege: 1. 1833–1840, 2. 1847–1849, 3. 1868–1873, Erste Republik 1873–1874, Zweite Republik 1931–1936, Spanischer Bürgerkrieg 1936–1939; Portugal 1820, 1824, 1836, 1906, Erste Republik 1910–1926), was am Vorabend des 2. Weltkrieges in Diktaturen mündete (Francisco Franco 1936–1975; António de Oliveira Salazar 1932–1968, Zweite Republik/*Estado Novo* 1932–1974), woraus Portugal als Dritte Republik (1974 „Nelkenrevolution") hervorging und Spanien als parlamentarische Monarchie (ab 1975 Juan Carlos I.) (Bernecker/Pietschmann 2005: 239–401).

Sprachgeschichtlich bedeutsam ist der allmähliche Verlust der beiden Kolonialreiche und die Emanzipation der neu entstandenen Staaten, die letztendlich bezüglich der Sprachnorm zu einem Plurizentrismus geführt hat (cf. Kap. 1.2 und 2.1). Für die spanische Sprachlandschaft ist weiterhin von Bedeutung, dass die seit Beginn der Neuzeit vom Kastilischen überdachten Regionalsprachen im 19. Jahrhundert wieder ins Bewusstsein der Öffentlichkeit gerückt wurden.

In Katalonien ließ man bereits 1859 die Tradition des Dichterwettstreits (*Jocs Florals*) wiederaufleben; prägende Figuren der *Renaixença* waren der Dichter Jacint Verdaguer (1845–1902) sowie der Grammatiker und Sprachreformer Pompeu Fabra (1868–1948), der in Zusammenarbeit mit dem 1907 gegründeten *Institut d'Estudis Catalans* die *Normes Ortogràfiques* (1913) erarbeite. In Galicien war die Dichterin Rosalía de Castro (1837–1885) die Galionsfigur des *Rexurdimento*, die mit den *Cantares Galegos* (1863) das erste ganz auf Galicisch verfasste Werk dieser Epoche ver-öffentlichte. Der frühe baskische Nationalismus (*Pizkundea*) hatte seinen berühmtesten Vertreter in dem Journalisten, Dichter und Agitator Sabino Arana Goiri (1865–1903), der selbst eigentlich kastilisch geprägt war (Gugenberger 2008: 56–59). Die Bestrebungen der Regionalsprachen nach mehr Autonomie waren allerdings erst nach dem Ende der Franco-Ära erfolgreich, in der eine besonders repressive Minderheiten-sprachpolitik verfolgt worden war. Zur heutigen Situation der spanischen Regional-sprachen cf. Kap. 2.1., zum Portugiesischen, wo, wie sich aus der Geschichte ergibt, nur ansatzweise eine Minderheitensprachsituation besteht cf. Kap. 1.2 (zum Miran-

50

desischen). Beiden Sprachen gemein ist die immer stärkere Ablösung des Französischen als Geber- und Vermittlersprache von Entlehnungen durch das Englische cf. Kap. 6.3.2.4.

3.2. Interne Sprachgeschichte

Hinsichtlich der Gemeinsamkeiten und Unterschiede in der Entwicklung der beiden aus dem Vulgärlatein der Iberischen Halbinsel hervorgegangenen Varietäten muss vorab zwischen Lautung und Morphosyntax unterschieden werden. Erstere zeigt von den ersten überlieferten Texten an deutliche Divergenzen (obwohl sich beide Sprachen natürlich grundsätzlich noch ähnlicher sind als heute), letztere lässt im Mittelalter erheblich mehr Gemeinsamkeiten als Unterschiede erkennen, wobei die festzustellenden Divergenzen etwa in der Nominal- und Verbalflexion meist in Verbindung mit den spezifischen Lautentwicklungen stehen. Sonstige morphosyntaktische Unterschiede sind größtenteils das Resultat jüngerer Entwicklungen.

Bei der Rekonstruktion von historischem Lautstand und Lautentwicklungen gibt es diverse Diskussionspunkte, auch und gerade bei den jüngeren Entwicklungen, wo man zwar auf geschriebene Texte zurückgreifen kann, die unsichere Beziehung zwischen Schreibung und Lautung jedoch einigen Spielraum für Interpretationen lässt. Für das Portugiesische kommt hinzu, dass die Forschungslage oft eher dürftig ist.

3.2.1 Phonologie

Huber (1933: 18) fasst die Unterschiede, die sich in der Entwicklung aus dem Vulgärlateinischen zum mittelalterlichen Spanisch und Portugiesisch ergeben haben, in einer Tabelle zusammen, die hier formal und inhaltlich unverändert wiedergegeben wird, abgesehen davon, dass die Reihenfolge Portugiesisch – Spanisch umgestellt wurde:

Tabelle 9: *Lautentwicklung vom Latein zum Spanischen bzw. Portugiesischen*

Latein	Spanisch	Portugiesisch	
-ario	*-ero*	*-eiro*	primariu > *primero – primeiro*
au, a + u	*o*	*ou*	auru > *oro – ouro* sapuit > *sope – soube* habuit > *ove (huve) – ouve*
al + Konsonant	*o*	*ou*	salto > *soto – souto*
api	*ep*	*aib*	sapiat > *sepa – saiba*
ĕ	*ie*	*e*	caelu > *cielo – céu* tenet > *tiene – tem* equa > *yegua – égua*
ŏ	*ue*	*o*	bonu > *bueno – bom* corpu > *cuerpo – corpo*
-n-	*n*	Ø	bona > *buena – boa* tenere > *tener – ter*
-l-	*l*	Ø	caelu > *cielo – céu* salire > *salir – sair*
cl-, pl-, fl-	*ll*	*ch*	clamare > *llamar – chamar* planu > *llano – chão* flamma > *llama – chama*
-ct-	*ch*	*it*	factu > *hecho – feito* pectu > *pecho – peito* nocte > *noche – noite*
-nn-	*ñ*	*n*	annu > *año – ano* pannu > *paño – pano*
-ll-	*ll* (= ptg. *lh*)	*l*	caballu > *caballo – cavalo* gallu > *gallo – galo*

Zum Ausfall von *-n-* im Portugiesischen, der laut Williams (1962: 69–70) im 10. Jahrhundert stattfand, ist zu ergänzen, dass dieses *n* (nicht dagegen inlautendes *m* wie z.B. bei *fumar*) zuvor die Nasalierung des vorangehenden Vokals verursacht hatte (Huber 1933: 119); im Galicischen blieb diese Nasalierung nicht erhalten (cf. Lleal 1990: 217). Dadurch waren, ähnlich wie durch den Ausfall des *-l-*, Hiatgruppen entstanden, die im Altportugiesischen offenbar noch durchgehend als solche vorliegen (z.B. aptg. *ũu* < vlat. **unu*, klat. ŪNUS, nptg. *um* [ũ] oder aptg. *vĩo* < vlat. **vinu*, klat. VĪNUM, nptg. *vinho* ['viɲu] (zur Weiterentwicklung dieser Gruppen s.u.).

Ob im Altportugiesischen bereits statt dem zu erwartenden auslautenden *-o* (vlat. *o*, klat. *ŭ*) bei den Maskulina der *o*-Deklination (z.B. sp. *hijo*/ptg. *filho* < vlat. **filju*, klat. akk. FĪLIUM; heutige Aussprache im Spanischen ['ixo], im Portugiesischen ['fiʎu]) oder auch bei der Verbalendung der 1.Ps.Sg.Ind.Präs. *-o* (vlat. **canto*, klat. CANTŌ; nsp. ['kanto], nptg. ['kãntu]) ein *-u* vorlag, so wie es im jüngeren Portugiesisch der Fall ist, ist bis heute nicht eindeutig geklärt. In den neueren Arbeiten (Lausberg 1969: I, 204–205; Vázquez Cuesta/Luz 1971: I, 255–259; Silva Neto 1986: 190–196) besteht Konsens darüber, dass die mittelalterliche Aussprache dieser Endungen, die graphisch überwiegend als <o> repräsentiert sind, wie in den Nachbarvarietäten [o] war. Die Hebung zu [u] sei erst später erfolgt, laut Silva (1996: 56) bis zum 16. Jahrhundert. Teyssier (2007: 70–73, III.4.8) zieht aufgrund metasprachlicher Informationen den Schluss, dass die Aussprache [o] im Portugiesischen bis ins 18. Jahrhundert üblich gewesen sei. Bei einer so späten Datierung wäre allerdings zu erklären, warum auch in Brasilien die Aussprache [u] vorliegt.

Dagegen gehen Huber (1933: 82) und Williams (1962: 120–121) davon aus, dass der Wandel von [o] zu [u] in der Singularendung der maskulinen Nomina und in der 1.Ps.Sg. des Ind.Präs. bereits im Mittelalter stattfand, laut Williams im 12. Jahrhundert. Dieses [u] habe dann die für das Portugiesische charakteristischen Umlautprozesse („u-Umlaut"; cf. Kap 5.1) ausgelöst, die von den Vertretern der ersteren These darauf zurückgeführt werden, dass bei der Endung des Akkusativs der mask. *o*-Deklination im Vulgärlatein einiger Gebiete der Romania, so in Süditalien sowie im Nordwesten der Iberischen Halbinsel, das ursprüngliche lat. Ŭ offenbar noch relativ lang als [u] artikuliert worden sei und nicht wie in allen anderen Kontexten, auch bei den ursprünglichen Neutra der *o*-Deklination, als [o] (cf. Lausberg 1969: I, 204–205).

Die Ansetzung eines *-u* statt eines *-o* für die vlat. Formen des Mask.Sg., wie sie hier im Text vorgenommen wird, entspricht der Rekonstruktion Lausbergs, nach der dieses [u] zunächst auch im Vulgärlatein Kastiliens vorlag. Folgt man Huber und Williams, müsste für die gemeinsame spanisch-portugiesische Basis ein vlat. [o] zugrundegelegt werden.

Die hier aufgeführten Unterschiede zwischen den beiden Sprachen sind z.T. darauf zurückzuführen, dass bereits von der vlat. Ausgangsbasis aus divergente Entwicklungen stattfanden (so bei *-nn-* und *-ll-*, die im Spanischen palatalisiert, im Portugiesischen entgeminiert wurden, und bei intervokalischem *l* und *n*). In anderen Fällen ist eine zunächst gemeinsame Entwicklung in verschiedenen Stadien erhalten geblieben (bei *cl-*, *pl-*, *fl-*, wo das im Spanischen vorliegende [ʎ] im Portugiesischen zu [tʃ] weiterentwickelt wurde, oder bei *-ct-*, wo das Portugiesische mit [jt] den älteren Stand bewahrt, sowie in den Fällen, bei denen ein zunächst entstandenes *ei* und *ou* im Spanischen früh monophthongiert wurden).[26]

Im Kastilischen werden [ɔ] und [ɛ] in der Tonsilbe (und zwar anders als im Französischen und Italienischen auch in geschlossener Silbe) grundsätzlich zu [we] und [je] diphthongiert, sofern der offene Vokal nicht vorher durch palatalen Einfluss

---

[26] Zum Einfluss des Jot (sp. *Yod*) bei der Entwicklung des Spanischen cf. die Tabelle mit den verschiedenen Typen bei Menéndez Pidal (1982: 44, §8), modifiziert wiederaufgenommen z.B. bei D'Agostino (2001: 121).

geschlossen wurde, so wie z.B. bei vlat. *ǫclu (klat. OCULUS) > sp. ojo ['oxo], ptg. olho ['oʎu]). Penny (2006: 68, 2.4.2.2.) führt diese Diphthongierung auf eine allgemeine Längung der betonten Vokale in bestimmten Gebieten der Romania, möglicherweise bedingt durch germanischen Superstrateinfluss, zurück. Diese Längung habe aus artikulatorischen Gründen gleichzeitig zu einer Hebung geführt, so dass es zu einem Zusammenfall der geschlossenen und offenen Qualitäten von o und e gekommen sei. Um die Unterscheidung zu gewährleisten, seien die [ɔ] und [ɛ] zu [wo] und [je] diphthongiert worden (Penny 2006: 69, 2.4.2.2.). Auch Lloyd (1993: 213–214) geht von einer Längung der Vokale aus, die zunächst zu einer semi-diphthongischen Aussprache geführt habe, die unter bestimmten Bedingungen in den einzelnen romanischen Varietäten „übertrieben" worden sei („una ulterior exageración de la vocal con tendencia al diptongo pleno", Lloyd 1993: 213) und so zur Entstehung eines eigentlichen Diphthongs führen konnte. Diese Entwicklung sei im Portugiesischen vollkommen unterblieben (ibid. 214).

Eine engere Verbindung zwischen der Diphthongierung im Spanischen und dem Umlaut im Portugiesischen ergibt sich, wenn man der von Schürr (1970: 98–99) und Lausberg (1969) vertretenen These folgt, nach der eine frühe, möglicherweise gemeinromanische Diphthongierung von [ɛ] und [ɔ] mit den Resultaten ie und uo stattgefunden habe, die durch auslautendes -i und -u (cf. Kap. 5.1) ausgelöst worden sei (Lausberg 1969: 171). In einigen Varietäten, so im Spanischen, wären die Diphthonge dann verallgemeinert worden, was auf eine „frühzeitige Verwischung der Auslautqualitäten" (ibid.) in diesem Gebiet hinweisen könnte. In anderen Gebieten, so im Nordwesten der Iberischen Halbinsel, habe entweder alternativ zur Diphthongierung eine assimilatorische Schließung der offenen Vokale stattgefunden, oder aber geschlossenes [e] und [o] seien die Resultate der Monophthongierung eines älteren ie und uo.[27]

Die unterschiedlichen Entwicklungen der palatalen Konsonantengruppen sowie von inlautendem [l:] und [n:] führten dazu, dass in der modernen Sprachstufe die gleichen Laute in verschiedenen etymologischen Kontexten vorkommen. So entstand in beiden Sprachen ein palataler Nasal [ɲ], jedoch unter unterschiedlichen Voraussetzungen, was dazu führt, dass in Wortpaaren einem [ɲ] im Spanischen ein [n] im Portugiesischen entsprechen kann – und genau umgekehrt:

Tabelle 10: *Palatale Nasale*

Spanisch	Portugiesisch
paño, caña [ɲ]	pano, cana [n]
camino, dinero [n]	caminho, dinheiro [ɲ]

---

[27] Eine detaillierte Darstellung mit umfassenden Literaturangaben findet sich bei Silva Neto (1986: 185–189); cf. Lloyd (1993: 207–214).

Im Spanischen geht das [ɲ] auf geminiertes lat. [n:] zurück, z.B. sp. *paño, caña* (< vlat. *pannu*, klat. PANNUS; vlat. *canna*, klat. CANNA), das im Portugiesischen einfaches [n] ergibt (ptg. *pano, cana*). In sp. *camino* und *dinero* ist vlat. intervokalisches *n* (vlat. *cammínu* (aus dem Keltischen); vlat. *dinárju*, klat. DĒNĀRIUS) erhalten geblieben, im Portugiesischen ist es nach dessen Ausfall zur Entstehung eines [ɲ] gekommen (s.u.).

Ähnliches ist bei [ʎ], das allerdings im Spanischen heute in den meisten Varietäten (außer z.B. in Teilen Spaniens, vor allem im Norden, und einigen Zonen in Hispanoamerika) zu [j] geworden ist (*yeísmo*), zu beobachten (zu einer genaueren Aufschlüsselung cf. Kap. 4.2.7). [ʎ] ist in beiden Sprachen komplementär verteilt: Im Spanischen entstand ein [ʎ] aus geminiertem [l:], das im Portugiesischen ohne Palatalisierung zu [l] vereinfacht wurde (Huber 1933: 246), sowie aus [pl], [kl] und [fl], das sich im Portugiesischen über [tʃ] zu [ʃ] entwickelte (s.o.). Das portugiesische [ʎ], dessen laterale Aussprache erhalten ist, entstand hingegen aus vlat. [lj], das im Kastilischen zu [ʒ] wurde (Penny 2006: 82, 2.5.2.2.) und schließlich über [ʃ] zu [x].

Tabelle 11: *Entwicklung der Lateralkonsonanten*

Spanisch	Portugiesisch
gallo [ʎ] (> [j])	galo [l]
hijo [x]	filho [ʎ]
llorar [ʎ] (> [j])	chorar [ʃ]

Seit dem Ausgang des Mittelalters vollzogen sich einige weitere, nicht immer sicher datierbare Entwicklungen, die das Spanische und Portugiesische voneinander entfernten.

Schon seit dem frühen Mittelalter hat sich wohl partiell im Kastilischen das anlautende *f* vor Vokalen und *j* zu [h] entwickelt, wobei die Graphie <f> zunächst fortgeführt wurde. Laut Penny (2006: 92, 2.5.6.) lag schon im Lateinischen die bilabiale Aussprache [φ] für *f* vor und es bildete sich folgende Distribution heraus, die ca. bis zum 13. Jh. stabil war: [ʍ] vor [w], z.B. *muerte* [ˈʍwerte]; [h] vor allen Vokalen und [j], z.B. *forno* [ˈhorno]; [φ] vor /r/, z.B. *frio* [ˈφrio]. Die von Penny postulierten Allophone [ʍ] und [φ] sollen dann im späten Altspanisch zu [f] zusammengefallen sein (evtl. unter Einfluss von Sprechern des Französischen und Okzitanischen, die diese phonetischen Varianten nicht artikulieren konnten). Das [h] begann, zunächst in Altkastilien, ab dem 15. Jh. ganz auszufallen (Bollée/Neumann-Holzschuh 2008: 110–112), so dass heute einem ptg. *filha, farinha, forno* mit anlautendem [f] ein sp. *hija* [ˈixa], *harina* [aˈrina], *horno* [ˈorno] gegenüberstehen.

Die Gründe für die Entwicklung *f* > *h* > Ø sind nicht unumstritten. Menéndez Pidal (1950: 198–233, §41), der sich diesem Problem in seinen *Orígenes* ausführlich widmet, geht von Aussprachevarianten aus ([f] vs. [h]), die über mehrere Jahrhunderte parallel existiert hätten, abhängig von diatopischen und diastratischen/diaphasischen Faktoren ([f] wäre in diesem Fall die konservative, prestigereichere Variante gewesen), was insofern plausibel ist, als ja auch noch heutige Varietäten (wie z.B. das Leonesische) die Lautung [f] erhalten haben. Weiterhin geht er davon aus, dass in Gegenden, die zum kantabrisch-baskischen Sprachraum gehören (bzw. benachbart sind), schon im Zuge der Romanisierung bzw. Latinisierung der Laut [f] durch [h] ersetzt wurde, da ersterer im Baskischen ursprünglich nicht existierte (Parallele zum Gaskognischen, das ebenfalls initiales [h] aufweist). Bei Wörtern, die dem bildungssprachlichen Einfluss unterlagen, vor allem aus dem kirchlichen Bereich, blieb am ehesten das [f] erhalten (z.B. *fe, feria, fiesta*). Zu einer ausführlichen Gegenüberstellung von Menéndez Pidal und Penny cf. Lang (1998: 103–117) mit einer Karte zur Distribution [f] vs. [h] auf der Iberischen Halbinsel (Erhalt von [f-] auch im Katalanischen und Portugiesischen) sowie zwei Karten bei Menéndez Pidal (1950: 232, Anhang).

Lloyd (1993: 344–360) sieht sowohl die Annahme eines bilabialen Frikativs [φ], der laut Penny bereits als Variante im Lateinischen vorgelegen haben soll, kritisch als auch den baskischen Einfluss, da es einerseits zweifelhaft sei, dass die Baskischsprecher kein [f] aussprechen konnten, und selbst wenn, ob sie dann dieses durch den Laut [h] ersetzt hätten (Pountain 2001: 272 suggeriert hier [b], z.B. klat. (DIĒS) FĒSTA > bask. *besta*); andererseits hat das Navarresische, das ebenfalls einem starken baskischen Einfluss ausgesetzt war, das initiale [f] beibehalten (genauso wie das benachbarte Aragonesische). Zudem hat die Entwicklung *f > h* auch in anderen Regionen der Romania stattgefunden, wo baskisches Substrat bzw. Adstrat ausgeschlossen werden kann (z.B. Kalabrien, Moldawien, Sardinien). Lloyd bringt zusätzlich auch noch interne Gründe ins Spiel ([f] ist im frühromanischen Phonemsystem ein isolierter Laut, ohne stimmhaften Gegenpart), weist aber ausdrücklich darauf hin, dass sich die verschiedenen Erklärungsansätze (baskischer Einfluss, Erhalt von [f] in verschiedenen Schichten und Regionen, interne Entwicklung) nicht gegenseitig ausschließen, sondern in eine adäquate Relation gebracht werden müssen.

Auf ein wahrscheinliches Nebeneinander von [f] und [h] weist auch Blake (1988: 79–82) hin, der anhand der Graphie in den Skriptae zu dem Schluss kommt, dass <ff> immer die Aussprache [f] meint (z.B. *ffecha, ffebrero, alffonso, ffazer*), <h> zunächst [h], später dann [Ø] und <f> sowohl [f] als auch [h] (später [Ø]) widerspiegeln kann.

Was die Opposition im Spanischen zwischen /β/ (< lat. [w] <v>) und /b/ im Anlaut angeht, so ist sie bis Ende des 14. Jhs. neutralisiert, im 15. Jh. dann auch im Inlaut die zwischen /β/ (< lat. [b] und [w]) und /b/ (< vlat. [p]) (Penny 2006: 119, 2.6.1.); im Portugiesischen hingegen – zumindest im südlichen Sprachgebiet und damit im Standard (cf. Teyssier 2007: 57–59, III.4.3) – wird in beiden Positionen weiter zwischen /v/ und /b/ ([b] oder [β]) unterschieden. Anders als im Spanischen entspricht also im Portugiesischen einem graphischen <v> die Lautung [v], während im Spanischen, wie in *vivir*, je nach lautlicher Umgebung ein [b] oder [β] vorliegt:

Tabelle 12: *Die Entwicklung der intervokalischen Labialkonsonanten*

Latein	Spanisch	Portugiesisch
*viβíre/vißére, klat. VĪVERE	[bi'βiɾ] <vivir>	[vi'veɾ] <viver>
*aβére, klat. HABĒRE	[a'βeɾ] <haber>	[ɐ'veɾ] <haver>
*sapére, klat. SAPERE	[sa'βeɾ] <saber>	[sɐ'βeɾ] <saber>

Im Portugiesischen entwickeln sich die durch den Ausfall des intervokalischen *n* ent-standenen Hiatgruppen auf verschiedene Weise weiter: Es können Nasaldiphthonge entstehen, durch Kontraktion auch Nasalvokale, es kann eine dauerhafte Entnasalierung erfolgen oder ein neuer Nasalkonsonant eingeschoben werden. Diese Entwicklungen sind, so Teyssier (2007: 54, III.4.1), in dem meisten Fällen im 15. Jh. abgeschlossen.

Tabelle 13: *Die Entwicklung des intervokalischen* n

Latein	Spanisch	Portugiesisch
*sanu, klat. SĀNUS	sano	são
*ponére, klat. PŌNERE	poner	pôr (aptg. põer)
*lana, klat. LĀNA	lana	lã [lɐ̃] (aptg. lãa)
*luna, klat. LŪNA	luna	lua ['luɐ] (aptg. lũa)
*una, klat. ŪNA	una	uma ['ũmɐ] (aptg. (h)ũa)[28]
*vino, klat. VĪNUM	vino	vinho ['viɲu] < vĩu

(cf. Teyssier 2007: 53–54, III.4.1)

Bei den durch Ausfall von -*l*- sowie von -*d*- (das, anders als *n* und *l*, auch im Spanischen entfiel) bedingten Hiatgruppen wird ähnlich verfahren:

Tabelle 14: *Die Entwicklung von Hiatgruppen*

Latein	Spanisch	Portugiesisch
vlat. *colóre, klat. COLOR, ŌRIS	color	cor
vlat. *cɛlu, klat. CAELUM	cielo	céu
vlat. *sedére, klat. SEDĒRE	ser (asp. seer)	ser (aptg. seer)

Bei den Gruppen *ea* und *eo* erfolgte die Hiattilgung im Portugiesischen generell durch Einfügung eines *j*, Teyssier (2007: 54, III.4.1) zufolge seit dem 16. Jh. So lauten die

---

[28] Laut Teyssier (2007: 54, III.4.1) setzte sich, zumindest der Graphie zufolge, die Form *uma* erst im 18. Jh. durch.

Entsprechungen zu sp. *lleno*, *candela* und *creo* im Portugiesischen heute *cheio*, *candeia* und *creio*.

Ebenfalls auf das 15. Jh. datiert wird der Zusammenfall der portugiesischen Nasalvokale [ã] und [õ] im Auslaut mit dem Nasaldiphthong [ẽw] <ão> (< vlat. *-anu*) (cf. Williams 1968: 176–177 und Silva/Osório 2008: 81).

Tabelle 15: *Nasalvokale im Portugiesischen*

Latein	Altportugiesisch	Portugiesisch
vlat. *pane, klat. PĀNIS	aptg. pã	nptg. pão
vlat. *ratione, klat. RATIŌ	aptg. razõ	nptg. razão
vlat. *mano, klat. MANUS	aptg. mão (zunächst Hiat)	nptg. mão (Diphthong [ẽw]

Wie im Kapitel 5.1 zu sehen sein wird, hat diese Entwicklung Auswirkungen auf die Nominalmorphologie.

Ein weiterer markanter Unterschied zeigt sich bei der Entwicklung der Sibilanten. Deren Bestand war im Mittelalter in beiden Sprachen noch weitgehend identisch: Es gab eine stimmlose und eine stimmhafte prädorsodentale Affrikate ([ts] und [dz]), die apikoalveolaren Frikative [s̺] und [z̺][29] und die präpalatalen Frikative [ʃ] und [ʒ] sowie eine stimmlose präpalatale Affrikate [tʃ]. Diese Laute gehen im Spanischen und Portugiesischen z.T. auf die gleiche lateinische Grundlage zurück und kommen dann in Wörtern mit der gleichen Etymologie vor (s.u), z.T. sind sie aber auch das Ergebnis einzelsprachlicher Entwicklungen. So ist z.B. im Kastilischen ein [ʒ] nicht nur durch die Palatalisierung/Assibilierung von [g] vor palatalen Vokalen entstanden, so, wie es auch im Portugiesischen der Fall ist, sondern auch aus *l* + Palatal in Kontexten, wo im Portugiesischen ein [ʎ] vorliegt (z.B. ptg. *filha*, asp. *fija* [ʒ], nsp. *hija* [x]). Das [tʃ] ist grundsätzlich unterschiedlichen Ursprungs in beiden Sprachen: Im Spanischen geht es auf Vokal + *j* zurück (z.B. *noche* < vlat. **nojte* < **nọcte*, klat. NOX, NOCTIS; ptg. *noite*),

---

[29] Es gibt hier leider viele verschiedene Notationen, wobei nicht nur die Vielzahl der verwendeten diakritischen Zeichen verwirrend ist (z.B. [ʂ, s̺, s̪, ś], [ʐ, ż, z̪, ź]), sondern vor allem der Umstand, dass die hispanistischen Autoren normalerweise die prädorsodentalen/ prädorsoalveolaren Laute markieren, die lusitanistischen hingegen die apikoalveolaren. So lautet das Paar *paço/passo* nach der Entaffrizierung im Altspanischen bzw. Altportugiesischen beispielsweise nach der engl. Version von Penny (2002: 124, 2.6.3.) ['paṣo]/['paso], nach Neumann-Holzschuh (2003: 112) ['paṣo]/['paso] (genauso wie nach der sp. Version von Penny (2006: 124, 2..3.), hingegen nach Teyssier (2007: 60) und nach Monjour (1995: 709) ['paso]/['paśo]. Lloyd (1987: 330–342) allerdings notiert auch ['paso]/['paśo] und Lapesa (2008: 315) ['paso]/ ['paṡo] (Lapesa markiert auch die anderen Sibilanten mit Diakritika: ŝ - [ts], š - [ʃ], ẑ - [dz], ž - [ʒ]). Wir haben hier die Notationsweise nach API übernommen, die sich beispielsweise auch bei Kubarth (2009: 106) findet, d.h., die apikoalveolaren Frikative werden als [s̺] bzw. [z̺] notiert, die prädorsodentalen als [s̪] bzw. [z̪]; fehlen die subkritischen Zeichen, ist dies im Sinne einer weiteren Transkription nicht näher bestimmt.

im Portugiesischen auf die anlautenden Konsonantengruppen [pl], [kl] und [fl], die im Spanischen als [ʎ] erscheinen: sp. *llorar* vs. ptg. *chorar* (aptg. [tʃoˈɾaɾ], heute [ʃuˈɾaɾ], < vlat. **ploráre*, klat. PLŌRĀRE), sp. *llamar* vs. ptg. *chamar* (< vlat. **clamáre*, klat. CLĀMĀRE). Im Inlaut verhält es sich mit der Gruppe *cl* genau andersherum, indem im (Alt-) Spanischen [ʒ] vorliegt, im Portugiesischen dagegen [ʎ]: vlat. **ǫclu* (klat. OCULUS) > sp. *ojo* [ˈoʒo] > [ˈoxo], s.u.; vlat. **ǫclu* > ptg. *olho* [ˈoʎu].

Das portugiesische [tʃ] wurde zu einem nicht genau zu bestimmenden Zeitpunkt (cf. Huber 1933: 87, Williams 1962: 63 und Teyssier 2007: 64–65, III.4.6) im Standard zu [ʃ] und fiel so mit dem älteren [ʃ] (wie bei *baixo* < vlat. **bassju*; asp. *baxo*, nsp. *bajo*) zusammen. In nordportugiesischen Varietäten hat sich die Affrikate teilweise gehalten. Das sp. [tʃ] hat seine Lautung generell nicht verändert.

Was die dentalen Affrikaten betrifft, so geht man im Portugiesischen von einer sehr frühen Entaffrizierung aus (laut Huber 1933: 110 im 13. Jh.; Williams 1962: 60, 67 setzt für das Altportugiesische bereits [s̺] und [z̺] an). Im Spanischen hat sich Penny (2006: 121, 2.6.2.) zufolge die Entaffrizierung erst im 15. Jh. durchgesetzt; für das Altspanische gilt also wohl noch die Aussprache [ts] und [dz]. Indiz dafür könnte die Bewahrung der Affrikate [dz] im Judenspanischen des Balkans, Kleinasiens und Nordafrikas sein (z.B. *ondzi, dodzi*); diese Annahme ist jedoch umstritten (Brunner 2010: 41-42).

Bei dem stimmhaften Präpalatal kann in beiden Varietäten nicht sicher entschieden werden, ob ein Frikativ [ʒ] oder eine Affrikate [ʤ] ausgesprochen wurde (cf. Penny 2006: 121, 2.6.2., Huber 1933: 112 und Williams 1962: 61). Der gemeinsame Sibilantenbestand sieht also zunächst folgendermaßen aus:

Tabelle 16: *Die Entwicklung der Sibilanten: Protospanisch/Protoportugiesisch*

Protospanisch/Protoportugiesisch						
prädorsodentale/ prädorsoalveolare Affrikaten		apikoalveolare Frikative		präpalatale/postalveolare Frikative/Affrikaten		
stimmlos	stimmhaft	stimmlos	stimmhaft	stimmlos	stimmhaft	stimmlos
[ts̺]	[dz̺]	[s̺]	[z̺]	[ʃ]	[(d)ʒ]	[tʃ]

Die Entaffrizierung von [ts], [dz] und möglicherweise [ʤ] findet, wenn auch zu verschiedenen Zeitpunkten, letztlich überall statt. In der weiteren Entwicklung trennt sich dann aber das Portugiesische vom Spanischen, wobei dort noch zwischen Gebieten ohne und mit *seseo* (s.u.) unterschieden werden muss.

Ausschlaggebend für die Auseinanderentwicklung sind zwei unterschiedliche Vereinfachungsprozesse: Im Norden der Iberischen Halbinsel findet bis zum 16. Jh. (Penny 2006: 122, 2.6.2.) eine Entsonorisierung der stimmhaften Sibilanten statt, die zu einer Reduktion auf drei Frikative [s̺], [s̪] und [ʃ] neben dem stabilen [tʃ] führt. Wohl wegen der engen artikulatorischen Nachbarschaft und der damit verbundenen Verwechslungsgefahr verlagert sich dann bis etwa Mitte des 17. Jhs. die Artikulation des [s̺] nach vorn (> [θ]), die des [ʃ] nach hinten (> [x]), womit der heutige Stand erreicht ist.[30]

Tabelle 17: *Die Entwicklung der Sibilanten: Iberische Halbinsel (Norden)*

Iberische Halbinsel (Norden)						
prädorsodentale/ prädorsoalveolare Affrikaten/Frikative > interdentaler Frikativ		apikoalveolare Frikative		präpalatale/ postalveolare Frikative > velarer Frikativ		prä-palatale Affrikate
stimmlos	stimmhaft	stimmlos	stimmhaft	stimmlos	stimmhaft	stimmlos
[ts̪] > [s̪] <c>, <ç> *caça*	[dz̪] > [z̪] <z> *fazer*	[s̺] <s>, <ss> *passo*	[z̺] <s> *casa*	[ʃ] <x> *baxo*	[ʒ] <g>, <j> *gente*	[tʃ] <ch> *noche*
[s̪] <c>, <z>		[s̺] <s>		[ʃ] <x>, <g>, <j>		[tʃ] <ch> *noche*
[θ] <c>, <z> (Graphie von der lautl. Umgebung abhängig) *caza, hacer*		[s̺] <s> *paso, casa*		[x] <g>, <j> (Graphie von der lautl. Umgebung abhängig) *bajo, gente*		[tʃ] <ch> *noche*

Im südlichen Teil der Iberischen Halbinsel muss schon vorher (cf. Lang 1998: 130) ein anderer Vereinfachungsprozess stattgefunden haben. Hier fielen jeweils die beiden stimmlosen und stimmhaften *s* (die dentalen könnten zu diesem Zeitpunkt teilweise auch noch Affrikaten gewesen sein, cf. Penny 2006: 124, 2.6.3.) zu prädorsodentalem [s̪] und [z̪] zusammen. Dieser Stand liegt bis heute im südlichen Teil des portugiesischen Sprachgebiets und damit im Standard vor, während der Norden das apikoalveolare (kastilische) [s̺] bewahrt hat (in Portugal auch *s beirão* genannt):[31]

---

[30] Die Tatsache, dass die Artikulation [ʃ] zu Beginn des 17. Jh. zumindest teilweise noch in Gebrauch war, lässt sich gut an den Adaptionen des Namens des Romanhelden *Don Quijote* belegen (cf. frz. *Don Quichotte*, it. *Don Chisciotto*, d.h., damals sp. [kiˈʃote], heute [kiˈxote]; cf. Penny 2006: 123, 2.6.2).

[31] Zu der Diskussion um die möglichen Gründe, warum sich einerseits ein portugiesischer *seseo* und andererseits ein andalusischer *seseo* entwickelte cf. Brunner (2010: 50–51).

Tabelle 18: *Die Entwicklung der Sibilanten: Iberische Halbinsel (Süden)*

Iberische Halbinsel (Süden)						
prädorsodentale/ prädorsoalveolare Frikative		apikoalveolare Frikative		präpalatale/postalveolare Frikative		prä-palatale Affrikate
stimmlos		stimmlos		stimmlos	stimmhaft	Affrikate
[s̪] <c>, <ç> caça	[z̪] <z> fazer	[s] <s>, <ss> passo	[z] <s> casa	[ʃ] <x> baixo	[ʒ] <g>, <j> gente	[tʃ] <ch> chorar
[s̪] <c>, <ç>, <s>, <ss> caça, passo	[z̪] <z>, <s> fazer, casa			[ʃ] <x> baixo <ch> chorar	[ʒ] <g>, <j> gente	[tʃ] <ch> chorar

Derselbe Prozess fand im Süden auch östlich des portugiesischen Sprachgebiets (Teile Andalusiens und der Extremadura) sowie auf den Kanaren statt, wo aber anschließend zusätzlich wie im Norden die stimmhaften Sibilanten mit den stimmlosen zusammenfielen. Dies führte zu der heute in diesen Gebieten sowie im gesamten hispanoamerikanischen Raum vorliegenden Situation (*seseo*), wobei der Dental in einigen Gebieten Andalusiens als [θ] realisiert wird (*ceceo*):[32]

Tabelle 19: *Die Entwicklung der Sibilanten: Ergebnis in Teilen Andalusiens 'seseo'*

Ergebnis in Teilen Andalusiens (seseo)					
prädorsodentale/ prädorsoalveolare Affrikate/Frikative		apikoalveolare Frikative		präpalatale/postalveolare Frikative > velarer Frikativ	
stimmlos	stimmhaft	stimmlos	stimmhaft	stimmlos	stimmhaft
[ts̪] > [s̪]	[dz̪] > [z̪]	[s]	[z]	[ʃ]	[ʒ]
[s̪]	[z̪]			[ʃ]	[ʒ]
[s̪]				[ʃ] > [x]	

---

[32] Zur Verteilung von *seseo* und *ceceo* in Andalusien sowie den verschiedenen *s*-Realisierungen auf der Iberischen Halbinsel cf. die Karte bei Lang (1998: 135). Zur Diskussion um die Entstehung des *ceceo* (vor oder nach dem *seseo*) bzw. zu den ersten Indizien für dessen Existenz cf. Ariza (1994: 226–231).

Tabelle 20: *Die Entwicklung der Sibilanten: Ergebnis in Teilen Andalusiens ,ceceo*[33]

Ergebnis in Teilen Andalusiens (*ceceo*)					
prädorsodentale/ prädorsoalveolare Affrikate/Frikative > interdentaler Frikativ		apikoalveolare Frikative		präpalatale/postalveolare Frikative > velarer Frikativ	
stimmlos	stimmhaft	stimmlos	stimmhaft	stimmlos	stimmhaft
[ts̪] > [s̪]	[dz̪] > [z̪]	[s̺]	[z̺]	[ʃ]	[ʒ]
[s̪]	[z̪]			[ʃ]	[ʒ]
[s̪]				[ʃ] > [x]	
[θ]				[x]	

Die Schreibung im Portugiesischen orientiert sich weiterhin am alten Lautstand vor dem Zusammenfall der beiden *s*: Trotz gleicher Aussprache schreibt man bis heute *paço* 'Palast' und *passo* (beides ['pasu]) sowie *fazer* und *casa* (beides mit [z]). [ʃ] kann graphisch durch <x> oder <ch> repräsentiert sein (s.o.). Im Spanischen wurde dagegen eine Anpassung an die (nördliche) Lautung vollzogen: [θ] wird, je nach lautlicher Umgebung, also vor palatalem oder velarem Vokal, mit <c> oder <z> wiedergegeben (*hacer*, asp. *fazer*; *caza*, asp. *caça*), [s] grundsätzlich mit <s> (*paso*, asp. *passo*, *casa*, asp. *casa*). Die im Portugiesischen bis heute üblichen Schreibungen <ç> und <ss> wurden im Spanischen also aufgegeben. In den *seseo*-Gebieten des spanischen Sprachraums liegt bezüglich der graphischen Wiedergabe des [s] eine dem Portugiesischen vergleichbare Situation vor: Je nach Etymologie (bzw. nordspanischer Lautung) kann dem Laut [s] ein <s> oder aber ein <c> oder <z> entsprechen: *casa, caza, hacer*. Was den velar gewordenen Frikativ [x] angeht, so wird er im heutigen Spanisch normalerweise durch <g> (vor Palatalen) oder <j> (vor Velaren) wiedergegeben: *gente, jugar*. Die alte Schreibung <x> hat sich noch im Eigennamen *México* (aber adj. *mejicano*, neben *mexicano*) erhalten.

Im Spanischen ist der um 1630 erreichte Lautstand weitgehend stabil geblieben, zumindest was den kastilischen Standard angeht. In den südlichen Varietäten (*español meridional*) haben sich noch besondere Entwicklungen ergeben bzw. etabliert, die auch in Hispanoamerika verbreitet sind (cf. Bollée/Neumann-Holzschuh 2008: 113) und von denen zwei, nämlich die Aussprache des [ʎ] als [j] (*yeísmo*) und die Abschwächung bzw. das Verstummen von in- und auslautendem -*d* inzwischen nicht mehr regional

---

[33] Nicht zu verwechseln ist der Begriff *ceceo* in einem historischen Kontext, der dann verwendet wird, wenn man die damals lautliche Innovation der Differenzierung von [θ] und [s̪] meint, also die heutige Standardunterscheidung, die im 16./17. Jh. die verschiedenen *s*-Varianten ablöste, und eben nicht das heutige Phänomen der Realisierung von [θ], wo im Standard [s] üblich wäre (moderner *ceceo*).

markiert sind, sondern heutzutage die am meisten verbreiteten Aussprachevarianten im europäischen Spanisch darstellen.

Im europäischen Portugiesisch (das BP, das seither lautlich eine eigene Entwicklung nahm, sei hier außer Acht gelassen) haben sich in der Neuzeit noch einige Veränderungen vollzogen.

Teyssier (2007: 63–64, III.4.5) nennt folgende Erscheinungen: Ab dem 17. Jh. ist die Monophthongierung von [ow] zu [o] belegt. Damit ist verspätet der spanische Stand erreicht: *ouro* wird nun ['oɾu] ausgesprochen (sp. ['oɾo] <oro>). Die Graphie <ou> blieb im Portugiesischen erhalten.

Auch die Entaffrizierung von [ʧ] zu [ʃ] wird von Teyssier auf das 17. Jh. datiert, könnte jedoch im Süden auch schon deutlich früher stattgefunden haben (s.o.). Ab dem 18. Jh. ist das sogenannte *chiamento* (oder *chiado*), die Aussprache von [s] als [ʃ] im Silben- und Wortauslaut nachgewiesen, eine evtl. frühere Datierung (16. Jh.) gerät in Konflikt mit der Tatsache, dass in weiten Teilen Brasiliens dieses Phänomen nicht auftritt (cf. Brunner 2010: 61–62).[34]

In dieser Zeit finden sich auch erstmals Hinweise für die Abschwächung der unbetonten Vokale [e] und [o], sowohl im Vorton als auch im Auslaut, zu [i]/[ə] bzw. [u]. Der <o> geschriebene Auslaut könnte allerdings nach anderer Meinung (s.o.) schon im Mittelalter als [u] artikuliert worden sein (s.o.). Ohne auf diesen komplexen Gegenstand näher eingehen zu können, sei festgehalten, dass im heutigen EP unbetontes *e* als [ə], *o* als [u] und *a* als [ɐ] artikuliert wird, während im Spanischen die ursprünglichen Vokale erhalten sind.

Von den sonstigen bei Teyssier angeführten Veränderungen ist im Sprachvergleich vor allem die Aussprache des ursprünglichen [r] von Bedeutung. Sowohl im Spanischen als auch im Portugiesischen bestand von Anfang an in intervokalischer Position eine Opposition zwischen einfachem und mehrfach gerolltem apikalen *r* (*caro* vs. *carro*); im absoluten und relativen Anlaut lag immer [r] vor, im Auslaut immer [ɾ]. Während im Spanischen hier keine Veränderung festzustellen ist, wurde im Portugiesischen seit dem 19. Jh. (Teyssier 2007: 80, III.4.10) von Lissabon ausgehend das [r] zunehmend durch einen uvularen Frikativ [ʀ] ersetzt. Dieser Laut steht artikulatorisch dem sp. [x] nahe, taucht aber in völlig anderen Kontexten auf (cf. Kap. 4.2.7). So sind sich z.B. die beiden auf lat. RUSSEUS zurückgehenden Wörter sp. *rojo* und ptg. *roxo* (mit Bedeutungsveränderung von 'rot' zu 'violett') graphisch sehr ähnlich, und auch die mittelalterliche Aussprache dürfte fast identisch gewesen sein, doch stehen sich in der Lautung heute sp. ['roxo] und ptg. ['ʀoʃu] gegenüber, d.h., das velare und das dentale bzw. palatale

---

[34] Zum *chiamento* in Brasilien siehe Noll (1999: 41–46), der auch eine genaue Karte mit der sehr komplexen Distribution dieses Phänomens bietet (44). Eine Zone mit generellem *chiamento* ist beispielsweise der Großraum von Rio de Janeiro, während ansonsten im Süden des Landes nur [s] und [z] unterschieden werden. Im Norden wiederum sind [s] und [ʃ] je nach Position im Wort und lautlicher Umgebung oft freie oder kombinatorische Varianten.

Element sind vertauscht. Bei den Sprechern der jeweils anderen Sprache kann dies zu Verwirrung führen.

Tabelle 21: *Die Entwicklung von lat. ‚russeus'*

	Spanisch	**Portugiesisch**
vlat.	*rǫssju	*rǫssju
Mittelalter	['roʃo]	['roʃo] oder ['roʃu]
17. Jh.	['roxo]	['roʃu]
ab 19. Jh.		['ʀoʃu]

Anders als die morphosyntaktischen Unterschiede (cf. Kap. 3.2.2) haben sich die lautlichen Divergenzen zwischen Spanisch und Portugiesisch zu verschiedenen Zeitpunkten ergeben, zunächst in der Periode der Herausbildung, dann im 16. Jh. vor allem durch die Auseinanderentwicklung der Sibilanten und schließlich durch die Innovationen des Portugiesischen ab etwa dem 17. Jh. (Vokalabschwächung, Palatalisierung der dentalen Frikative im Silbenauslaut, [r] > [ʀ]). Was den Vergleich des heutigen Vokalismus angeht, so ist er im ES anders als im EP stabil, stattdessen besteht dort eine Tendenz zur Konsonantenabschwächung. In Amerika kommen zwar auch beide Phänomene vor, doch in anderer Verteilung: Vokalabschwächung kennzeichnet die hispanophonen *tierras altas* (Noll 2009: 26), dagegen ist der Vokalismus im BP stabil (Teyssier 2007: 100–101; Noll 1999: 31; cf. Kap. 4.1.3), was auch für die spanischen *tierras bajas* gilt, wo wiederum Konsonantenabschwächung (*relajamiento*) zu verzeichnen ist.

3.2.2 Morphosyntax

Anders als in der Phonologie haben sich in der Morphosyntax die Unterschiede zwischen den beiden Sprachen größtenteils erst nach dem Mittelalter ergeben. Morphosyntaktische Unterschiede zwischen Altspanisch und Altportugiesisch, die nicht direkt in Verbindung mit den einzelsprachlichen Lautwandelprozessen stehen (z.B. die Form der Artikel oder die Plural- und Femininbildung im Portugiesischen (cf. Teyssier 2007: 36–37, III.5.1), sind in der ältesten Sprachstufe kaum auszumachen. Der Bestand an Tempora und Modi und deren Gebrauch stimmt überein, in der noch wenig regulierten Verbalflexion haben sich allerdings, vor allem durch unterschiedliche Analogieprozesse, Differenzen ergeben, von denen der auffälligste wohl die Generalisierung der Endung –*o* für die 3.Ps.Sg. auch der starken Perfekta im Spanischen ist (cf. Kap. 5.11.2.2)

Als eigentlich strukturelle Unterschiede sind der *leísmo* (*de persona*) als spanisches und der flektierte Infinitiv als portugiesisches Spezifikum zu erwähnen. Beide sind bis heute erhalten und beide ohne Entsprechung in der jeweils anderen Sprache (cf. 5.12.3, 5.11.2.2.4).

Vergleicht man die jüngeren Veränderungen in beiden Sprachen (hier anhand der Listen bei Bollée/Neumann-Holzschuh 2008: 114–116 und Teyssier 2007: 81–84, III.5.1), so kann man feststellen, dass es nur relativ wenige gibt, die sich parallel in beiden Sprachen vollzogen haben. Dazu gehört der Ausfall des -d- in der Verbendung der 2.Ps.Pl., die auf das 16. Jh. datiert wird. Zu dieser Zeit wird in beiden Sprachen die bis dahin variantenreiche Verbalmorphologie weitgehend fixiert. Die in mittelalterlichen Texten zu findende Verwendung von *ser* neben *haber/haver* bzw. ptg. *ter* als Hilfsverb zur Bildung zusammengesetzter Tempora gerät außer Gebrauch, ebenso die Verwendung der Adverbien sp. *y*, ptg. *i* (< lat. IBI) und sp. *end(e)*, ptg. *ende* (< lat. INDE) (cf. Penny 2006: 158, 3.4. und Huber 1933: 172, 227). Im Zuge dieser Entwicklung verliert *haber/haver* seine Funktion als Vollverb.

Divergente Entwicklungen lassen sich dagegen in folgenden Fällen feststellen: Im Fall der Possessivkonstruktionen wird, ebenfalls im 16. Jh., im Spanischen die Verwendung des Artikels aufgegeben, im Portugiesischen dagegen die der unbetonten femininen Formen *ma, ta, sa* (cf. Huber 1933: 169). Damit ist der moderne Zustand erreicht (cf. Kap. 5.6). Beide Sprachen entwickeln ein neues System der Anredeformen mit unterschiedlichen Resultaten (cf. Kap. 5.9.3). Was das Verbalsystem betrifft, so wird der Konj.Fut. im Spanischen seit dem 16. Jh. immer ungebräuchlicher, während er im Portugiesischen lebendig bleibt (cf. Kap. 5.11.3.3). Ab dem 17. Jh. werden die *-ra*-Formen im Spanischen nur noch in der Funktion eines Konj.Imp. verwendet, im Portugiesischen dagegen – vorrangig – weiterhin als Plusquamperfekt. Die Mesoklise von Pronomen bei Futur und Konditional ist ab etwa dieser Zeit im Spanischen anders als im Portugiesischen nicht mehr möglich, die Verschmelzungen von Verbformen und klitischen Pronomen (z.B. sp. *hacello* für *hacerlo*) werden im Spanischen zunehmend vermieden, während es im Portugiesischen noch heute *fazê-lo* heißt. Im Portugiesischen beginnt sich *ter* gegenüber *haver* als Hilfsverb für die zusammengesetzten Vergangenheitstempora durchzusetzen, im Spanischen bleibt *haber* ohne Konkurrenz (zur spezifischen Bedeutung des ptg. *pretérito perfeito composto* cf. Kap. 5.11.3.1).

Als Pronomen der 1. und 2.Ps.Pl. etablieren sich im Sp. *nosotros* und *vosotros* statt *nos* und *vos*, die im Portugiesischen erhalten bleiben. Bei den klitischen Objektpronomina, deren Stellung im Altspanischen noch sehr ähnlich der portugiesischen war, verfestigt sich die Proklise bei finiten Verbformen, während im EP je nach Position Enklise oder Proklise vorliegt, wobei vorläufig noch eine gewisse Freiheit gegeben ist. Im 18. Jh. nimmt der Gebrauch des präpositionalen Akkusativs im Portugiesischen immer mehr ab und ist heute, ganz anders als im Spanischen, in den meisten Kontexten ausgeschlossen (s.u.).

Seit dem 18. Jh. sind im Spanischen, so Bollée/Neumann-Holzschuh (2008: 127–128), kaum noch sprachinterne Entwicklungen zu verzeichnen. Das Portugiesische hat seine „klassische" Form bereits um 1600 erreicht (cf. Teyssier 2007: 81–82, III.5.1) und erlebt in der Folgezeit, nach Teyssier (2007: 90, III.5.6) mit einem Schwerpunkt um 1800, nur noch relativ geringe Veränderungen, die fast ausschließlich auf die gesprochene Sprache beschränkt sind (z.B. die Verwendung der Tempora betreffend).[35] Die Schriftnorm bewahrt tatsächlich sehr weitgehend die Strukturen der *língua de Camões*.

Die morphosyntaktischen Unterschiede, die sich heute zwischen dem Spanischen und Portugiesischen feststellen lassen, haben sich also fast ausschließlich im 16. und 17. Jahrhundert ergeben, und zwar in erster Linie dadurch, dass das Spanische in den *Siglos de Oro* noch einige tiefgreifende Veränderungen durchgemacht hat, die es von der mittelalterlichen Form (und damit auch vom Portugiesischen) weiter entfernten und die das Portugiesische nicht mehr ergriffen. Dies ist insofern nicht selbstverständlich, als gerade für diesen Zeitraum, in den auch die Personalunion zwischen Spanien und Portugal (1580–1640) fällt, intensivster Sprachkontakt angenommen werden muss. Die genauen Zusammenhänge wären hier noch zu erforschen.

3.3 Textbeispiele

3.3.1 Übersetzungsvergleich Altspanisch – Altportugiesisch

Eine Gegenüberstellung des Altspanischen und des Altportugiesischen soll anhand eines Auszuges der *Siete Partidas*/*Sete Partidas* vorgenommen werde, so dass Gemeinsamkeiten und Unterschiede beider Sprachen in dieser Phase augenscheinlich werden, aber auch die innerhalb einer Schreibtradition bestehende Variation, da zur damaligen Zeit Nutzen und Zweckgebundenheit einer Übersetzung im Vordergund standen und nicht eine etwaige philologische Texttreue.

Die Gesetzessammlung der *Siete Partidas*, begonnen unter Alfons X. dem Weisen, stellt eine umfassende Kodifikation weltlicher und klerikaler Sachverhalte dar, deren Rezeption noch mehrere Jahrhunderte lang anhielt. In der Folgezeit wurden die *Partidas* erweitert und unterlagen immer wieder Veränderungen. Darüberhinaus wurden auch Übersetzungen ins Katalanische und Portugiesische angefertigt, was ebenfalls zu einer großen Verbreitung beitrug, aber auch zu einer Vielzahl an abgewandelten Versionen, wie man beispielsweise an der Anordnung der Gesetze erkennen kann (cf. Kap. 3.1).

---

[35] Eine Ausnahme stellt bei der Verbalflexion die Ersetzung der 2.Ps.Pl. (*cantáis*) durch die 3.Ps.Pl. dar: (*vocês*) *cantam*. Die 2.Ps.Pl. wird heute auch in der portugiesischen Schriftsprache nur noch archaisierend verwendet (cf. Kap. 5.9.1). Auch das amerikanische Spanisch hat die Formen der 2.Ps.Pl. aufgegeben, im europäischen Spanisch sind sie jedoch noch lebendig.

Titulo XXIII
Ley IIa
Qué cosa es procuración e quáles la deuen dar e a quién

Procuración es derecho de despesas pora comer que deuen dar a los prelados de las eglesias e de los otros logares que uisitaren. E estas procuraciones deuen dar de cada una eglesia o monasterio o otro logar daquellos que han derecho de seer uisitados. Pero, si algunas eglisias fuessen tan pobres que no pudiessen complir cada una dellas por sí a dar la procuración, deuen tantas allegar en uno que lo puedan fazer sin agrauamiento. E deuen dar la procuración, en cada obispado, a su obispo o al que él enuiare que uisite en so logar. E otrossí deuen dar procuraciones/a los arçidianos en sus arçidianadgos e a los arçiprestes en sus arçisprestadgos pero esto se deuerá entender de los logares ó lo han de costumbre. E aun deuen dar procuraciones a cada arçobispo en su prouincia, cuando acaeciere que aya de uisitar por negligencia de los obispos. Pero esto se entiende daquellos obispados ó son negligentes los prelados en castigar sus pueblos e en ordenar las eglesias. E otrossí las deuen dar a los leg(ad)os e a los messageros del Papa, segund que les él mandare por su carta (zit. nach Arias Bonet 1975: 416).

Titolo XXV
Ley primeyra
Que cousa he procuraçõ e quaes a deuẽ dar e a quẽ

Precuraçõ he (de)dereyto de despessas pera comer que deuen dar aos prelados das eigreias e dos outros logares que vissitarẽ. E estas procuraçoens deuẽ dar de cada hũa eygreia ou moesteyro ou outro logar que am dereyto de seer vissitados. Pero sse algũas jgreias fossem tã pobres que nõ podessem conprir cada hũa dellas per ssi pera dar procuraçõ, deuẽ tãtas de chegar en hũu queo possam fazer ssem outorgamẽto. E deuẽ a dar a procuraçõ en cada bispado a sseu bispo ou aaquel que el enuiar que vissite en sseu logo se o bispo nõ poder hy hyr por que seia enbargado per algũa rrazõ dereyta. E outrossy deuẽ dar procurações aos arçediagoos [en] sseus arcediagados. Pero esto sse deue entender dos logares hu am(dam) de custome. E ainda deuẽ dar as procurações a cada arcebispo en ssa prouinça quando acaeçer que aiã de uisitar per negligença dos bispos. Pero esto se entende daquelles bispos que som negligentes ou os prelados en castigar sseus poboos e ordinhar as eygreias. Outrossy deuẽ a dar aos [legados] e aos messegueyros do papa ssegundo que lhys el mandar per sa carta (zit. nach Ferreira 1980: 545–546).

3.3.2 Sprachvergleich Portugiesisch – Spanisch in der frühen Neuzeit

Der folgende Dialog zwischen einem Spanier (Falencio) und einem Portugiesen (Petronio, in moderner EP-Graphie Petrónio, in BP Petrônio) stammt aus dem 1574 in Lissabon erschienenen Buch *Regras que ensinam a maneira de escrever e orthograhia da lingua portuguesa, com hum dialogo que adiante se segue em defensam da mesma lingua* von Pero de Magalhães de (oder *e*) Gândavo (auch: Gandavo). Die Original-graphie wurde mit geringen Änderungen (teilweise Auflösung der Tilde als *n* oder *m*, Worttrennung) beibehalten, der Kursivdruck ergänzt.

Falencio, Castelhano:
[…] agora os quiero prouar en como la nuestra lengua es mas propinqua al latim [sic] que la vuestra con algunos vocabulos que aqui offereceré, conuiene a saber. Dezis *hontem*, nos *hayer*, el latin *heri*. [62]–[63] Dezis *engenho*, nos *ingenio*, el latin *ingenio*. Dezis *dores*, nos *dolores*. Dezis *cores*, nos *colores*. Dezis *calmas*, nos *calores*, el latin *calores*. Dezis *paixões*, nos *passiones*, el latin *passiones*. Dezis *pessoa*, nos *persona*, el latin *persona*. Enfim [sic] otros muchos vocabulos ha en nuestra lengua, que differen muy poco, o quasi nada de la latina, de los quales la vuestra es muy remota, como en estos os tengo mostrado. […]

Petronio, Portugues:
[...] ainda vos prouarey que a nossa he mais chegada ao latim que a vossa, como se pode ver em outros muitos vocabulos nossos de que a vossa tambem se desuia: alguns delles são estes que se seguem. Vos dizeis *lengua*, nos *lingua*, o latim *lingua*. Dizeis *pluma*, nos *penna*, o latim *penna*. Dizeis *temprano*, nos *cedo*, o latim *cito*. Dizeis *lexos*, nos *longe*, o latim *longe*. Dizeis *años*, nos *annos*, o latim *annos*. Dizeis *daño*, nos *damno* [mod.port. *dano*], o latim *damno*. Finalmente que se quantos me occorem vos quisesse aqui dizer, seria cousa infinita de nunqua acabar, porque (como digo) a mayor parte dos vocabulos pronunciaes com aspirações, por onde fica vossa lingua muito mais remota, & desuiada do latim que a nossa: & se não vedeo nestes que agora vos direy. Vos dizeis *hembra*, nos *femia* [mod.ptg. *fêmea*], o latim *femina*. Dizeis *hierro*, nos *ferro*, o latim *ferro*. Dizeis *hiel*, nos *fel*, o latim *fel*. Dizeis *hado*, nos *fado*, o latim *fato*. Dizeis *huir*, nos *fugir*, o latim *fugere*. Dizeis *hazer*, nos *fazer*, o latim *facere*. [64]–[65]
[Porque] alem de as aspiraçoes que vsais vos corromperem (como ja disse) a semelhança que a vossa lingua podia ter com a Latina, tendes nella muitas syllabas que se dobrão per duas letras vogaes, que o latim nem nós nunqua vsamos: como he *tierra*, *suerte*, *muerte*, *fuerte*, *luengo*, *cierto*, & outros infinitos vocabulos, nos quaes a nossa segue o latim, & não descrepa delle cousa alguma, & a vossa totalmente parece que nelles se esmerou em se desuiar delle, como se desta maneira ficasse mais perfecta. [69] (Gândavo 1574: 62–69)

68

Aufgaben

1. Stellen Sie die verbalmorphologischen Unterschiede im oben angeführten Textvergleich zu den *Siete Partidas* heraus.
2. Zeigen Sie anhand von fünf ‚halbgelehrten' Wörtern des Kastilischen/Portugiesischen deren „eigentliche" lautgeschichtliche Entwicklung auf (z.B. Penny 2006, Teyssier 2007).
3. Informieren Sie sich über die sprachgeschichtliche Bedeutung Alfons des Weisen (z.B. Niederehe 1975), auch für Portugal (z.B. Kabatek 2005).
4. Erarbeiten Sie je zehn Lexeme des mittelalterlichen Wortschatzes, die in den heutigen Sprachen Spanisch und Portugiesisch nicht mehr Teil des Lexikons sind (z.B. aus: *Cancioneiro, El Cid*).
5. Vergleichen Sie die altspanisch und die altportugiesische Situation in Bezug auf die heutigen Allophone des bilabialen Phonems /b/ (z.B. Barbosa 1994c, Lang 1998, Penny 2006, Kubarth 2009).
6. Welche der in dem Dialogauszug von Pero de Magalhães de Gândavo aufgeführten Divergenzen können mit den in Kap. 3.2.1 genannten unterschiedlichen Lautentwicklungen erklärt werden? Was lässt sich auf dem Textausschnitt hinsichtlich des epochenspezifischen Sprachbewusstseins (dazu z.B. Bahner 1977: 100–117) erschließen?

4   Die Phonemsysteme

Die folgende Übersicht zum Vokal- und Konsonantensystem des Spanischen und Portugiesischen soll und kann keineswegs eine exhaustive Beschreibung des jeweiligen Phoneminventars sein, sondern beschränkt sich im Wesentlichen auf die Herausarbeitung der Unterschiede. Bei der Darstellung der charakteristischsten phonologischen, aber auch phonetischen Merkmale soll entsprechend der gesamten Ausrichtung die jeweilige europäische Standardvarietät in den Vordergrund gerückt werden, ohne dass es dabei an Hinweisen zu bekannten Phänomenen außereuropäischer, insbesondere amerikanischer Provenienz mangeln wird.

4.1   Die Vokalsysteme

4.1.1   Das spanische Vokalsystem

Bei der kontrastiven Betrachtung der spanischen und portugiesischen Vokale zeigt es sich, dass trotz der engen genealogischen und typologischen Verwandtschaft in diesem Bereich erhebliche Unterschiede festzustellen sind.

   Das spanische Vokalsystem stellt sich dabei als äußerst reduziert dar, und zwar sowohl im Vergleich zum Portugiesischen als auch zum Lateinischen.

Tabelle 21: *Das spanische Vokalsystem*

Öffnungsgrad/ Artikulationsort	palatal	zentral	velar
geschlossen	i		u
mittel	e		o
offen		a	

Im Spanischen gibt es fünf Vokalphoneme, die man nach Artikulationsort (palatal: am harten Gaumen – *palatum*, zentral: Mittelstellung, velar: am weichen Gaumen – *velum*) und Artikulationsart bzw. Öffnungsgrad (geschlossen vs. offen vs. mittel) unterscheidet: /u/, /o/, /a/, /e/ und /i/ (cf. Hidalgo Navarro/Quilis Merín 2004: 122; Berschin/Fernández-Sevilla/Felixberger 2005: 129–130; Blaser 2011: 40).

Aus einer Vielzahl von lautlichen Realisierungen der Sprecher werden die Phoneme mit Hilfe strukturalistischer Abstraktion (Kommutationsprobe) ermittelt. Dabei ergeben sich für das spanische Vokalsystem beispielhaft folgende Minimalpaarkombinationen, die eine Aufteilung in die bereits genannten fünf Vokalphoneme rechtfertigen: *piso – peso – puso – poso – paso*. Weitere häufiger vorkommenden Aussprachetendenzen, also Varianten, die nicht nur individueller Natur sind, sondern Teil einer diasystematisch verortbaren Gruppe, werden als kombinatorische Varianten (Allophone) eingestuft. Die phonetische Realisierung der einzelnen Vokale wird bei /e/, /i/, /o/, /u/ meistens als Gegensatz zwischen offen vs. geschlossen charakterisiert (z.B. *perro* vs. *pecho*, *rico* vs. *chico*, *gorra* vs. *boda*, *lujo* vs. *tubo*), während bei /a/ eine velare und eine palatale Variante angesetzt wird (z.B. *bajo* vs. *calle*).

Die Opposition ‚geschlossen vs. offen' ist bei den phonetischen Varianten von /i/ und /u/ als besonders gering anzusetzen (Navarro Tomás/Haensch/Lechner 1970: 41). Die ursprünglich schon von Navarro Tomás (1985: 36; 1. Aufl. 1918) angenommenen Distributionskriterien für offene und geschlossene Vokale werden inzwischen aufgrund der mangelnder Gesetzmäßigkeit ihres Auftretens und eines eigentlich sehr geringen Unterschiedes im Öffnungsgrad der spanischen Vokale nicht mehr in dieser Form aufrechterhalten (Blaser 2011: 40–43).

Hinzu kommt noch bei allen Vokalen das Phänomen der *relajación* (‚Vokal-erschlaffung'), d.h der Abbau der Klangfarbe, insbesondere bei schnellem Sprechen am Wortende, wobei die Verschleifung nicht soweit geht wie beispielsweise im Französischen (*e muet*) oder im Portugiesischen (s.u.) (cf. Navarro Tomás/Haensch/ Lechner 1970: 42; Navarro Tomás 1985: 46–62; Berschin/Fernández-Sevilla/Felixberger 2005: 129–130; Blaser 2011: 22–31).

Geschlossenes [e] und [o] kommen beide nur in offener Silbe vor (z.B. *teme, tomo*). Die offenen Varianten dieser Vokale, also [ɛ] und [ɔ], treten in geschlossener Silbe auf (z.B. *verde, costa*), vor /x/ sowie vor und nach /r/ auf (z.B. *queja – hoja, guerra – torre*). Diese offenen Allophone sind außerdem auch bei fallenden Diphthongen zu beobachten (z.B. *peine – boina*).

An dieser Stelle soll exkursorisch das Problem der Definition von Diphthongen angesprochen werden, da diese in der Literatur nicht immer einheitlich behandelt werden. So kann laut (Bußmann 2002: 167) ein Diphthong allgemein als eine „Vokalfolge mit Gleitbewegung der Artikulationsorgane [definiert werden], sodass sich auditiv zwei Lautphasen unterscheiden lassen, z.B. [ae] und [aɔ] in dt. [ˈʔaenbaɔm] *Einbaum*" oder mit Pompino-Marshall (2003: 228) anders ausgedrückt „Als Diphthonge werden die vokoiden Silbenkerne bezeichnet, die auditiv nicht durch eine gleich bleibende sondern eben gerade durch eine sich ändernde Vokalqualität gekennzeichnet sind."

Die weitere Differenzierung der Diphthonge kann nach verschiedenen Kriterien erfolgen:

„Ist der Öffnungsgrad in der zweiten Phase eines Diphthongs größer als in der ersten, so heißt er ‚fallend', andernfalls ‚steigend', vgl. steigendes [aɔ] in dt. *Bau* mit fallendem [oa] in frz. *bois* ‚Wald'. In anderer Terminologie heißt ein Diphthong ‚fallend', wenn seine erste Phase mit stärkerem Druck der pulmonalen Luft gebildet wird als die zweite; andernfalls heißt er ‚steigend'" (Bußmann 2002: 168).

Pompino-Marshall (2003: 229) rekurriert auf die erste von Bußmann angeführte Definition mit dem Kriterium des Öffnungsgrades und führt außerdem noch eine dritte Art von Diphthongen ein:

„Terminologisch unterscheidet man zwischen den schon genannten *schließenden/steigenden Diphthongen*, die mit einer Artikulationsbewegung zu geschlosseneren, d.h. mit höherer Zungenlage verbundenen Vokalen gebildet werden, *öffnenden/fallenden Diphthongen*, denen die entgegengesetzte Artikulationsbewegung entspricht (z.B. im Bairischen [lɪ̯ap] *lieb*, [gʊ̯at] *gut*) sowie den *zentralisierenden Diphthongen* mit einer Artikulationsbewegung hin zu zentralen Vokalen [...] (vgl. z.B. [uːɐ] *Uhr* [...])."

In der (Ibero-)Romanistik ist es hingegen Usus, dass man einen Diphthong vereinfachend definiert als Kombination aus Vokal + Halbvokal/Halbkonsonant (z.B. (Berschin/ Fernández-Sevilla/Felixberger 2005: 132). Dufter (2011) hingegen sieht das Kriterium prinzipiell im Öffnungsgrad (jedoch entgegen der oben aufgeführten eher germanistischen Tradition mit umgekehrter Zuordnung, d.h. ‚steigend' entspricht größerem Öffnungsgrad, nicht ‚schließend'):

„Bei den Diphthongen unterscheidet man steigende und fallende. Steigende Diphthonge (sp. *diptongos crecientes*) zeichnen sich artikulatorisch durch eine Zunahme des Öffnungsgrades vom ersten zum zweiten Vokalsegment aus, wodurch auch die perzipierte Schallfülle beziehungsweise die phonologische Sonorität während der Artikulation des Diphthongs zunehmen. Für fallende Diphthonge (sp. *diptongos decrecientes*) gilt das Umgekehrte. Alle sechs möglichen Vokalverbindungen kommen bei steigenden Diphthongen vor (/ie/, /ia/, /io/, /ue/, /ua/, /uo/), wobei /uo/ jedoch selten ist. Auch bei den fallenden Diphthongen treten fünf der sechs möglichen Verbindungen häufiger auf (/ei/, /ai/, /oi/, /eu/, /au/), während /ou/ marginal bleibt. [...] Phonetisch tendieren bei den steigenden und fallenden Diphthongen die hohen Vokalsegmente zur Realisierung als Gleitlaut oder Approximant, so dass in vielen stärker phonetisch ausgerichteten Transkriptionen auch [j] und [w] statt [i̯] und [u̯] zur Notation des Lautwertes der zweiten Segmente von sp. *pienso* und *puedo* verwendet werden" (Dufter 2011: 176).

Bei den Diphthongen unterscheidet man also für das Spanische zwischen steigenden ([wa] – *agua*, [we] – *Cuenca*, [wo] – *antiguo*, [ja] – *democracia*, [je] – *tiempo*) und fallenden ([aw] – *causa*, [ew] – *Europa*, [jo] – *radio*, [aj] – *aire*, [ej] – *seis*, [oj] – *soy*). Der fallende Diphthong [ow] tritt nur in Fremdwörtern auf, beispielsweise in dem katalanischen Lehnwort *bou* oder aber in satzphonetischen Verschleifungen, z.B. *lo usó* – [lɔw'so] (Berschin/ Fernández-Sevilla/Felixberger 2005: 132).

Nicht immer kann man jedoch eindeutig festlegen, ob zwei aufeinanderfolgende Vokale als Diphthong realisiert werden oder als zwei unterschiedliche Laute in verschiedenen Silben. So ist wie in den Beispielen von *viuda* und *huida* ([ju] vs. [iu]; [wi] vs.

72

[ui]) der Gebrauch manchmal schwankend, während bei Latinismen meist keine diphthongische Aussprache zugelassen wird: z.B. *afectuoso*, *diablo*.

Das Spanische kennt nicht nur Diphthonge, sondern auch Triphthonge, nämlich [jaj] – *despreciáis*, [jej] – *despreciéis*, [waj] – *continuáis*, [wej] – *continuéis*. Triphthonge bestehen dabei, wie an den Beispielen ersichtlich, immer aus der Kombination ‚Halbvokal + Vokal + Halbvokal'.

Ob nun beim Aufeinandertreffen von mehreren Vokalen ein Diphthong oder ein Triphthong realisiert wird, hängt neben den bereits genannten Beschränkungskriterien, auch von der Sprechgeschwindigkeit (Allegro- vs. Lentoformen) ab, insbesondere dann, wenn die Vokalakkumulation über die Wortgrenze hinausgeht (z.B. [jaw] – *justicia humana*) (cf. Quilis/Fernández 1972: 65–73; Berschin/Fernández-Sevilla/Felixberger 2005: 132–133; Blaser 2011: 44–46).

Im Spanischen gibt es auch nicht-silbenbildende Halbvokale bzw. Halbkonsonanten als Varianten zu /i/ und /u/, d.h. je nachdem, ob das vokalische oder das konsonantische Element stärker in den Vordergrund rückt, differenziert man auch in der Notationsweise: [i̯], [u̯] vs. [j], [w] (z.B. *aire* ['ai̯ɾe], *aula* ['au̯la] vs. *piedra* ['pjeðɾa], *cuatro* ['kwatɾo])[72] (Lamíquiz 1989: 94; Blaser 2011: 45).

In der Regel erfahren die Varianten keine phonologische Wertung, da in ähnlicher Umgebung auch [i] bzw. [u] realisiert werden. Ein Argument für den Phonemstatus von [j] wäre jedoch die existierende Opposition zu anderen Konsonanten wie [ʎ], z.B. *cayó* vs. *calló* (Dietrich/Geckeler 2007: 74).

4.1.2 Das portugiesische Vokalsystem

Das Portugiesische weist ein breiter gefächertes Vokalsystem auf, mit Phonemoppositionen, die es im Spanischen nicht gibt. Das Inventar besteht dabei aus acht bedeutungsunterscheidenden Phonemen, die mit den entsprechenden Minimalpaaren belegt werden können: /i/, /e/, /ɛ/, /a/, /ɐ/, /ɔ/, /o/, /u/. Beispiele für Oppositionen, die im Spanischen nicht distinktiv sind, sondern den freien oder kombinatorischen Varianten zuzurechnen sind, wären: *pê* ‚Buchstabe p' vs. *pé* ‚Fuß' (/e/ vs. /ɛ/), *amámos* ‚wir

---

[72] Die angesprochenen Laute sind artikulatorisch insofern den Vokalen zuzuordnen, als die ausströmende Luft auf kein Hindernis stößt, wie es bei den Konsonanten der Fall ist. Andererseits sind sie aber auch nicht silbenbildend, was als Grundeigenschaft von Vokalen angesehen wird. Zu einer positionellen Distribution der Halbvokale/Halbkonsonanten siehe Quilis (1979: 7) und Spicher/Sweeney/Pelayo Coutiño (2008: 83), die zwei Phoneme mit je drei Allophonen annehmen: /i/ ([i], [j], [i̯]); /u/ ([u], [w], [u̯]). Allgemein zu dieser Diskussion siehe auch Berschin/Fernández-Sevilla/Felixberger (2005: 133, 137).

liebten' vs. *amamos* ‚wir lieben' (/a/ vs. /ɐ/), *avó* ‚Großmutter' vs. *avô* ‚Großvater' (/ɔ/ vs. /o/) (Barbosa 1983: 54, 58, 69).[73]

Tabelle 22: *Das portugiesische Vokalsystem*

Öffnungsgrad/ Artikulationsort	palatal	zentral	velar
geschlossen	i		u
halbgeschlossen	e	ɐ	o
halboffen	ɛ		ɔ
offen		a	

Ein prägnantes Phänomen des europäischen Portugiesisch ist die Reduktion der Oralvokale [e], [a] und [o] in unbetonter Stellung zu [ə]/[ɨ], [ɐ] und [u]. Diese Reduktion kommt sowohl im Vorton (z.B. *pegar* [pə'ɣaɾ], *pagar* [pɐ'ɣaɾ], *morar* [mu'ɾaɾ]) als auch im Nachton, also auch im absoluten Auslaut vor (z.B. *parte* ['paɾtə], *jura* ['ʒuɾɐ], *gato* ['gatu]). Im Vorton sind jedoch von dieser Regel ausgenommen: Vokale vor velarem /l/ + Konsonant (z.B. *saltar*), Vokale vor einem Konsonantennexus bei gelehrten Wörtern (z.B. *aspecto, hospital*), Vokale, die durch Kontraktion entstanden sind (z.B. ptg. *padeiro* < apg. **paadeiro*) und Vokale in Komposita oder abgeleiteten Bildungen (z.B. *sozinho, perfidamente*) (cf. Teyssier 1984: 23–24; Noll 1999: 31).

Während Mateus/Andrade (2000) die Reduktion von [e] nur mit [ɨ] wiedergeben und Cunha/Cintra (1992: 39) nur mit [ə], unterscheiden Krenn/Mendes (1971: 13-15) beide Laute und geben dabei folgende Distribution an: [ə] wird in einsilbigen Wörtern realisiert (z.B. *de, que, me*), im Infinitiv Präsens (z.B. *secar*) und in den Formen des Indikativ Präsens (z.B. *secamos*) sowie zwischen bestimmten Konsonanten (*p-r, f-r, qu-r, f-l, s-g*, z.B. *superior, ferida, querida, feliz, seguido*; hier sehr abgeschwächt [ᵊ]). Im unbetonten Auslaut wird ebenfalls [ᵊ] artikuliert oder das *e* fällt ganz aus (z.B. *estudante, onde*). Das Verhalten des portugiesischen Schwa-Lautes zeigt gewisse Parallelen zu dem des französischen:

---

[73] Die Opposition /a/ vs. /ɐ/ ist in Portugal generell nur schwach ausgelastet. Cf. dazu auch die Analyse von Barbosa (1999: 118-138) nach Silbenstruktur und Betonung, die zeigt, dass in den meisten Kontexten ein Archiphonem /A/ anzusetzen ist. In Brasilien ist diese Opposition komplett aufgehoben, d.h. EP *amámos* vs. *amamos* fällt zu *amamos* (BP) zusammen, so dass im BP den beiden Varianten [a] vs. [ɐ] nur der Status von Allophonen zukommt (Noll 1999: 29–30).

„Die Realisierung von finalem /e/ im EP ist ähnlich komplex wie die Behandlung des *e instable (e caduc)* im modernen Französischen, die Verhältnisse im EP sind allerdings im Unterschied zum Französischen in ihrer Vielschichtigkeit noch nicht beschrieben worden" (Barme 2009:321-322).

Der Laut [ɨ] hingegen wird bei *e* im Anlaut vor [ʃ] oder [ʒ] (z.B. *estar, esboço*) realisiert, bei der Vorsilbe *ex* (z.B. *exacto, excitação*) (cf. Kap. 4.4) und in satzphonetischer Position bei *e* + Vokal (z.B. *sete horas*). Sowohl [ə] als auch [ɨ] findet man bei unbetontem *e* vor Vokal (z.B. *teatro, real*) und bei unbetontem *e* in anlautender Silbe (außer vor [ʃ] oder [ʒ]), wie z.B. *editor, elegante*.

Analog zum Spanischen gibt es auch im Portugiesischen die zwei nicht-silbenbildenden Laute [j] und [w] (z.B. *pai, pau*), die aber immer als Halbvokale (Gleitlaute, *glides*) gewertet werden (cf. Kap. 4.2.2).[74]

Einen besonderes Charakteristikum des Portugiesischen sind die zahlreichen Nasalvokale. Da sie jedoch abhängig von ihrer lautlichen Umgebung realisiert werden und nicht bedeutungsdifferenzierend sind, wird ihnen in der Regel kein Phonemstatus zuerkannt, sondern sie werden als Varianten geführt: z.B. *pinto* [ĩ], *tempo* [ẽ], *campo* [ẽ], *ponto* [õ], *mundo* [ũ].[75] Im Spanischen kann es unter Umständen, vor allem bei nachlässiger Aussprache, ebenfalls zur Realisierung von Nasalvokalen kommen (vor Nasalkonsonanten), diese sind jedoch schwächer nasaliert als im Portugiesischen (in API jedoch unterschiedslos dargestellt, z.B. sp. *soñar* [sõ'ɲaɾ]).

Differenzierter ist im Portugiesischen auch das System der Diphthonge und Triphthonge, die sich aus dem größeren Vokalinventar und der stärker ausgeprägten Nasalität ergeben: steigende Oraldiphthonge (*hiato* [ja], *piano* [jɐ], *quieto* [jɛ], *viola* [jɔ], *miolo* [jo], *gémeo* [ju], *quatro* [wa], *aguarela* [wɐ], *moeda* [wɐ], *moer* [we], *quota* [wɔ], *aquoso* [wo], *tranquilo* [wi]), steigende Nasaldiphthonge (*quando* [wẽ], *aguentar* [wẽ], *fiando* [jẽ], *ruim* [wĩ]), fallende Oraldiphthonge (*pai* [aj], *sei* [ɐj], *papéis* [ɛj], *boi* [oj], *doi* [ɔj], *ruivo* [uj], *mau* [aw], *céu* [ɛw], *meu* [ew], *viu* [iw]), fallende Nasaldiphthonge (*pão* [ẽw], *bem* [ẽj], *põe* [õj], *muito* [ũj]) sowie Oral- und Nasaltriphthonge (*saguão* [wãw], *sagões* [wõj]). Bei der Notation der Nasaldiphthonge werden mitunter auch die Gleitlaute als nasaliert dargestellt, also z.B. *irmão* [ẽw̃] oder *homem* [ẽj] (cf. Barroso 1999: 117–138; Mateus/Andrade 2000: 17–23, 130–134; Mateus/Falé/Freitas 2005:

---

[74] Diese werden mitunter auch als [i̯] und [u̯] notiert, wobei wir hier für das Portugiesische der Notation [j] und [w] folgen.

[75] Stellvertretend für die heute gängigere Meinung, dass die Nasalvokale im Portugiesischen keinen Phonemstatus haben, sei hier Mateus/Andrade (2000: 21) zitiert: „We assume that, *underlyingly, there are no nasal vowels in Portuguese*. At the underlying level, we will treat them as sequences of oral vowel plus nasal segment." Cf. dazu auch Barbosa (1994a: 135) und Endruschat/Schmidt-Radefeldt (2008: 84–86).

Bei Krenn/Mendes (1971: 33) werden hingegen folgende „Nasalvokal-Phoneme" aufgeführt: [ĩ], [ẽ], [ẽ], [õ] und [ũ], bei Barbosa (1983: 81) hingegen [ĩ], [ẽ], [ɛ̃], [ã], [õ], [ɔ̃], [ũ] und bei Moutinho (2000: 17) wiederum [ĩ], [ẽ], [ẽ], [õ] und [ũ]. Zu einer diesbezüglichen Diskussion siehe auch Barbosa (1983: 81–104) und Ramos (2005: 344).

175–177; Endruschat/Schmidt-Radefeldt 2008: 75–78; Kubarth 2009:37). Zum Phänomen der Vokalharmonie im Portugiesischen cf. Kap. 5.1 und 5.2.

4.1.3 Regionale Spezifika

Zieht man regionale Besonderheiten für das Spanische in Betracht, so ist das ES
betreffend für das Vokalsystem vor allem die gut dokumentierte andalusische Varietät
von Interesse. Für das Ostandalusische (*andaluz oriental*) sind seine offenen Vokale
charakteristisch, die zusätzlich zu den geschlossenen vorkommen. In wortauslautender
Position bewirkt das ausgefallene *-s* eine Öffnung des dann im Auslaut stehenden
Vokals (Plural, Verbalflexion): z.B. *toro* ['toro] vs. *toros* ['tɔrɔ] (Vokalharmonie), *ama*
[ama] vs. *amas* [amạ]. Nur hier ist der Öffnungsgrad phonologisch distinktiv. Als
kombinatorische Varianten kommen die offenen Vokale auch nach [h] bei folgendem *s,
r, l, j, y* und *z* vor: z.B. *isla* ['ịhla] oder *perla* ['pɛhla]. Aufgrund der Positionsbeschrän-
kungen und regionalen Schwankungen ist die Frage nach dem Phonemstatus der
einzelnen Laute umstritten, so dass schon verschiedene Vokalsysteme postuliert wurden
(cf. Mondéjar 1991: 150–151) bzw. ein eigenes in Abrede gestellt wurde. Im West-
andalusischen (*andaluz occidental*) wird, wie im Ostandalusischen, das auslautende *-s*
aspiriert oder fällt meistens ganz aus, wobei der Vokal nicht geöffnet wird, sondern
entweder eine mittlere Stellung einnimmt oder mitunter auch geschlossen sein kann, so
dass der Plural nur durch den Kontext deutlich wird, also z.B. *niños > niñoh > niñọ*
(*Andalucía oriental*) vs. *niños > niñoh > niño* (*Andalucía occidental*). In einem Gebiet
am Schnittpunkt der Provinzen Sevilla, Málaga und Córdoba gibt es das Phänomen, dass
auslautendes *-as* zu *-eh* wird (z.B. *casa > caseh*), wobei das *e* relativ offen ist. Andalusien ist in dieser Hinsicht also sehr heterogen (Mondéjar 1991: 149–153; Jiménez
Fernández 1999: 19–21; Sinner 2011: 67–68) (cf. auch die Karte bei Jiménez Fernández
1999: 21).

Ein Beispiel für eine andere Abweichung im Gebrauch der Vokale wäre die von
Sprechern des Quechua und Aymara ausgehende Tendenz zur Reduzierung des Vokal-
paradigmas, da diese Sprachen ein Inventar von nur drei Vokalen aufweisen. Im Spanischen der Andenregion (*tierras altas*) ist daher mit diesbezüglichen Interferenzen zu
rechnen, wobei unbetontes [e] mit [i] und [u] mit [o] alterniert, so dass bei einem Teil
der Sprecher diese Oppositionen nicht aufrechterhalten werden (z.B. *pedir* [pi'ðiɾ],
suspiro [sos'piro]). Diese abweichende Aussprache ist allerdings sozial markiert. In
anderen Regionen Hispanoamerikas (z.B. Mexiko, Puerto Rico, Costa Rica) wiederum
kommt es gelegentlich, ähnlich wie im Portugiesischen, zur Hebung des auslautenden
[o] zu [u] (z.B. *poco* ['poku]) und des auslautenden [e] zu [i] (z.B. *leche* ['letʃi]) (cf. Noll

2009: 27–28; Berschin/Fernández-Sevilla/Felixberger 2005: 140–142; Hualde 2005: 121, 128–135).[76]

Regionale Unterschiede in der lautlichen Realisierung sind auch im Portugiesischen zu finden. Beispielhaft sei hier das Verhalten der unbetonten Vokale herausgegriffen, die in Brasilien abweichend vom europäischen Standard ausgesprochen werden:

> „So, keeping [a] apart, it may be said that the distinction between low and mid vowels is neutralized in unstressed position in both varieties: they are realized as mid in BP, and as high in EP; only [i] and [u] are found in word-final position in BP" (Mateus/Andrade 2000: 20).

Während im europäischen Portugiesisch /e/ in unbetonter Stellung, sowohl im Vorton als auch im Auslaut, als [ə] oder [ɨ] ausgesprochen wird (cf. Kap. 4.1.2) und /o/ immer als [u] (z.B. *forçar* [fuɾ'saɾ]), ist im brasilianischen Portugiesisch die Realisierung von der vor- bzw. nachtonigen Stellung abhängig, d.h. /e/ wird im Süden als [e] und im Norden als [ɛ] artikuliert (z.B. *selar* [se'laɾ] bzw. [sɛ'laɾ]); nachtonig wird *e* als [i] realisiert (z.B. *sele* ['sɛli]). Analog wird /o/ im Süden vortonig als [o] und im Norden als [ɔ] artikuliert (z.B. *forçar* [foɾ'saɾ], [fɔɾ'saɾ]), während die nachtonige Aussprache [u] ist (z.B. *forço* ['fɔɾsu]). Im BP ist die lautliche Unterscheidung von [ɐ] und [a], die im EP bedeutungsdifferenzierend ist, nur allophonisch (cf. Palma Caetano/Mayr/Plachy/Ptacek 1986: 275–276; Noll 1999: 30–31; Mateus/Andrade 2000: 17–23).[77]

Entsprechend den aufgezeigten Unterschieden im Vokalismus, der im Portugiesischen vielfältiger und komplexer ist als im Spanischen, haben Lusophone in der Regel weniger Probleme bei der Erlernung des Spanischen als dies umgekehrt der Fall ist.

4.2 Die Konsonantensysteme

Die Unterschiede im spanischen und portugiesischen Inventar der konsonantischen Phoneme betreffen hauptsächlich die Frikative und Liquide. Einige Laute sind besonders charakteristisch für die jeweilige Sprache: Im spanischen Standard sind dies hauptsächlich der Interdental [θ], das vorherrschende stimmlose apikoalveolare [s̺], der besonders stark artikulierte Vibrant [r], die Affrikate [tʃ] und der frikative Rachenlaut [x], während im Portugiesischen die präpalatalen Frikative [ʃ] und [ʒ] sowie der velare Lateral [ɫ] und der inzwischen weitverbreitete uvulare Frikativ [ʁ] auffällig sind.

---

[76] Trotz der natürlich vorkommenden Variationen im gesamten Verbreitungsgebiet des Spanischen, ist das Vokalsystem im Vergleich mit anderen Sprachen relativ stabil: „Vowel qualities are remarkable stable among Spanish dialects. […] This is no doubt in part due to the simplicity and symmetry of the system." (Hualde 2005: 128)

[77] Zur älteren kontrastiven Forschung cf. z.B. die Darstellung von Nascentes (1919), insbesondere die Kapitel zum *Vocalismo* (Nascentes 1919: 18–32) und zum *Consonantismo* (Nascentes 1919: 33–72).

Tabelle 23: *Das spanische Konsonantensystem*

	bilabial		labiodental		interdental		dental		alveolar		palatal		velar		uvular	
Stimmbeteiligung	–	+	–	+	–	+	–	+	–	+	–	+	–	+	–	+
Okklusive	p	b					t	d					k	g		
Frikative		[β]	f		θ	[ð]			s̺	[z̺]		j	x	[ɣ]		[χ]
Affrikate											tʃ					
Nasale		m		[ɱ]				[n̪]		n		ɲ		[ŋ]		
Laterale										l		ʎ				
Vibranten einfach										ɾ						
Vibranten multipel										r						
Approximanten												[j]		[w]		

Tabelle 24: *Das portugiesische Konsonantensystem*

Stimmbeteiligung	bilabial +	bilabial −	labiodental +	labiodental −	interdental +	interdental −	dental +	dental −	alveolar +	alveolar −	palatal +	palatal −	velar +	velar −	uvular +	uvular −
Okklusive	b	p					d	t					g	k		
Frikative	[β]		v	f	[ð]		z̪	s̪			ʒ	ʃ	[ɣ]		[ʁ]	
Affrikate																
Nasale	m								n		ɲ		[ŋ]			
Laterale									l		ʎ		[ɫ]			
Vibranten einfach									ɾ							
Vibranten multipel									r						[ʀ]	
Approximanten											[j]		[w]			

4.2.1 Okklusive

Bezüglich der Verschlusslaute (Okklusive) ist für beide Sprachen eine weitgehende Übereinstimmung in der Artikulation zu konstatieren, d.h die beiden Reihen der stimmlosen und stimmhaften Laute, also [p], [t], [k] und [b], [d], [g], werden in etwa gleich ausgesprochen und sind außerdem phonologisch distinktiv. Die Spirantisierung der bereits stimmhaften Verschlusslaute [b], [d], [g] zu [β], [ð], [ɣ] in intervokalischer Stellung (Allophone) ist in beiden Sprachen zu beobachten, wobei die Intensität der Spirantisierung im Spanischen größer ist. Entsprechend dieser Verteilung ergeben sie beispielsweise für das Phonem /b/ zwei zugeordnete Allophone, nämlich [b] und [β] (Hidalgo Navarro/Quilis Merín 2004: 152–153). Die spanischen Okklusive im Wortinneren vor Konsonant können gelegentlich in ihrer phonetischen Realisierung geschwächt werden (z.B. *atlas* ['aðlas], *actor* [aɣ'tɔɾ]) oder ganz schwinden (z.B. *doctor* [do'tɔɾ]. Im letztgenannten Beispiel nähert sich das Spanische in der Aussprache somit dem Portugiesischen an (cf. ptg. *doutor* [do'tor]) (cf. Navarro Tomás/Haensch/Lechner 1970: 60–70; Barbosa 1983: 165–171; Quilis 2003: 51–52, 60–61; Endruschat/Schmidt-Radefeldt 2008: 75–78; Berschin/Fernández-Sevilla/Felixberger 2005: 139; Blaser 2011: 47).

4.2.2 Frikative

Bei den Frikativen bestehen wesentliche Unterschiede, und zwar sowohl in phonetischer als auch in phonologischer Hinsicht. Weitgehende Übereinstimmung kann man in der Aussprache des Phonems /f/ konstatieren, doch die Wertigkeit im phonologischen System ist nicht identisch, da im Portugiesischen eine Opposition stimmlos vs. stimmhaft existiert (/f/ vs. /v/, z.B. *estafa* vs. *estava*), die es im Spanischen nicht gibt. Die allophone Variante zu /b/, nämlich [β], ist in beiden Sprachen präsent und tritt vor allem intervokalisch (auch wortübergreifend) und vor /ɾ/ auf, z.B. sp./ptg. *lobo, abrir*.[78] Letztlich wird in beiden Sprachen [b] nur wortinitial nach Pause (nicht intervokalisch) und am Silbenbeginn (nicht intervokalisch) realisiert.

Eine Minimalpaarkombination, die nur das Portugiesische kennt, ist die der Phoneme /s/ und /z/ (z.B. *caça* vs. *casa*). Das heutige Spanisch hingegen weist [z] nur als allophone Variante aus (vor stimmhaftem Konsonant als Variation von /s/, z.B. *rasgo*), da der Fokus auf der phonologischen Opposition /s/ vs. /θ/ liegt (z.B. *casa* vs. *caza*). Das /s/ wird im kastilischen Spanisch normalerweise apikoalveolar realisiert [s̠] ([ś]), im

---

[78] Nach homorganem Konsonant wird jedoch [b] artikuliert, z.B. *Alhambra* [a'lambra] (Berschin/Fernández-Sevilla/Felixberger 2005: 138).

Portugiesischen hingegen prädorsodental/prädorsoalveolar [s̪] (wie im amerikanischen Spanisch und in Teilen Andalusiens).

Beiden Sprachen ist dagegen wieder gemeinsam, dass sie als Allophone zu /d/ den Laut [ð] besitzen, der intervokalisch und vor /ɾ/ realisiert wird, während [d] nur im absoluten Anlaut und nach /n/ und /l/ vorkommt (z.B. sp./ptg. *dar, conde, balde* vs. *lado, adrenalina*) (cf. Cartagena 1989: 52–53; Quilis 1999: 245–275; Endruschat/Schmidt-Radefeldt 2008: 76, FN 86).

Eine Besonderheit des Spanischen ist das Phonem /x/ (z.B. *majo, reloj*) mit seinen in Kastilien freien Allophonen, dem stimmlosen, velaren Reibelaut [x] und dem stimmlosen, uvularen [χ] sowie dem im Süden auftretenden [h] (Kubarth 2009: 110).

Navarro Tomás/Haensch/Lechner (1970: 78) präzisieren dazu, dass die Aussprache von [x] vor /a/, /o/, /u/ eher uvular sei, vor /e/, /i/ postpalatal und ansonsten velar (siehe dazu auch die Übersicht bei Canellada/Kuhlmann Madsen 1987: 36). Zu den phonetischen Varianten [x] vs. [χ] vs. [h] in verschieden diatopischen Varietäten des Spanischen cf. Hammond (2001: 223–224). Im chilenischen Spanisch gibt es noch die Variante [ç], die vor Vorderzungenvokalen auftritt, z.B. *mujer* [mu'çer] (Kubarth 2009: 110). Ein Phonem /x/ gibt es im Portugiesischen zwar nicht, doch die Laute [x], [χ] und [h] treten vor allem im brasilianischen Portugiesisch als allophonische Varianten der Phoneme /r/ und /ɾ/ auf (s.u.) (cf. Noll 1999: 51). Zum uvularen Frikativ [ʁ] im EP cf. Kap. 4.2.6.

Eine weitere Besonderheit des Spanischen ist der stimmhafte palatale Frikativ /ʝ/ (z.B. *ya*),[79] der im wesentlichen zwei Varianten aufweist, nämlich [ʝ] und [d͡ʝ], die nur bedingt komplementär verteilt sind, wobei tendenziell [d͡ʝ] nach Pause, Nasal oder Lateral vorkommt (z.B. sp. *conyugal* [kond͡ʝu'ɣal]), während [ʝ] in allen anderen lautlichen Umgebungen (z.B. sp. *mayo* ['maʝo]) (Kubarth 2009: 107–108).[80] Zum damit zusammenhängenden Problem der phonologischen Wertung des Gleitlautes [j] cf. Kubarth (2009: 89–93), der folgende komplementäre Verteilung für die verwandten Laute [d͡ʝ], [ʝ], [j] und [i] angibt: [d͡ʝ] (zwischen Pause und Vokal, z.B. *ya* [d͡ʝa], *hielo* ['d͡ʝelo] sowie zwischen heterosyllabischem Nasal/Lateral und Vokal, z.B. *enyesar* [endʝe'saɾ]); [ʝ] (intervokalisch, z.B. *mayo* ['maʝo], *leyes* ['leʝes]); [j] (zwischen isosyllabischem Konsonant und Vokal, z.B. *pie* [pje], *teniente* [te'njeṉte] sowie zwischen Vokal und heterosyllabischen Konsonant/Pause, z.B. *aire* ['ajɾe], *ley* [lej]); [i] (im Silbengipfel und betont auch vor Vokal, z.B. *mis* [mis], *mio* ['mio]). Im Portugiesischen ist der phonologische Status des Approximanten [j] zwar auch umstritten (zur Diskussion cf. Barbosa 1983: 183–186), es werden aber weniger Zwischenstufen angenommen: [j], [ʝ], [i]. Die Nuancen in einem Kontinuum zwischen Halbkonsonant und Konsonant dürften allerdings realiter schwer festzustellen sein, d.h. der Unterschied zwischen sp. *mayor*

[79] Oft auch als [y] notiert, insbesondere in den spanischen Handbüchern.
[80] Cf. außerdem die diesbezüglichen Ausführungen bei Navarro Tomás/Haensch/Lechner (1970: 75–76), Alarcos Llorach (1974: 152–160) und Berschin/Fernández-Sevilla/Felixberger (2005: 137; dort die Notation [ŷ], [y], [j], [i̯] [i]).

[ma'jɔɾ] und ptg. *maior* [mɐ'jɔɾ] ist minimal, wenn er nicht sowieso einer unterschiedlichen Notationstradition geschuldet ist.

Eine Variante zu dem velaren Okklusiv [g] ist der Frikativ [ɣ], der wie andere Allophone auch in allen Positionen außer dem absoluten Anlaut und außer nach homorganem Konsonant (z.B. *tango* ['taŋgo], cf. Berschin/Fernández-Sevilla/ Felixberger 2005: 138) realisiert wird (z.B. sp./ptg. *lago, amargo*). Eine phonologische Opposition von Sibilanten, die es nur im Portugiesischen gibt, ist das stimmhafte /ʒ/ und das stimmlose /ʃ/, die in einigen Minimalpaaren mit verschiedener Distribution aufeinandertreffen: z.B. *haja* vs. *acha* (intervokalisch), *já* vs. *chá* (anlautend) oder *rasga* vs. *rasca* (vor Konsonant) (cf. Navarro Tomás/Haensch/Lechner 1970: 65; Hora 2000: 23–25; Mateus/Andrade 2000: 12–14; Ferríz Martínez 2001: 232–236, Blaser 2011: 47–48).[81]

4.2.3 Affrikaten

Im Bereich der Affrikaten ist, was die Phoneme angeht, für die europäischen Standardvarietäten nur ein Vorkommen im Spanischen zu verzeichnen, und zwar das Phonem /tʃ/, welches aufgrund seiner monophonematischen Wertung auch oft durch /c/, /ĉ/ oder /č/ dargestellt wird (z.B. *macho*). Allophonisch gibt es im Spanischen noch [dj] als Variante zu /j/ (z.B. *ya*) (s.o.) sowie regional [ʤ] (Amazonastiefland von Peru). Im brasilianischen Portugiesisch sind die Allophone [ʤ] und [tʃ] von /d/ und /t/ (vor [i], z.B. *cidade, noite*) (s.o.) hervorzuheben, die u.a. dieser Varietät ihre spezifische lautliche Prägung verleihen (cf. Navarro Tomás/Haensch/Lechner 1970: 78; Noll 1999: 29, 46–49; Mateus/Andrade 2000: 11–14; Iribarren 2005: 236–237; Blaser 2011: 48; Kubarth 2009: 90).[82]

4.2.4 Nasale

Das System der spanischen und portugiesischen Nasalkonsonanten ist auf phonologischer Ebene identisch, jedoch weist das Spanische noch einige zusätzliche phonetische Varianten auf, die das Portugiesische nicht kennt. Beiden Sprachen gemein sind die Phoneme /m/, /n/ und /ɲ/ (z.B. sp. *cama, cana, caña*; ptg. *gama, gana, ganha*). Eine allophone Variante zum Phonem /n/, die auf regressiver Assimilation, d.h. auf dem Einfluss

---

[81] Mateus/Falé/Freitas (2005: 162) postulieren diesbezüglich ein Archiphonem /S/ mit den zugehörigen Einzelphonemen /z/, /ʃ/ und /s/.
[82] Zur unterschiedlichen Notationsweise bei den einzelnen Autoren einschlägiger Phonologiehandbücher cf. Blaser (2011: 48) und Berschin/Fernández-Sevilla/Felixberger (2005: 137).

82

des nachfolgendes Lautes beruht, ist in beiden Sprachen die Realisierung durch [ŋ] vor den velaren Okklusiven [k] und [g]; z.B. ptg. *brincar, manga*, sp. *concluir, tango*. Ein weiterer Effekt, der sich auf die Artikulation des Phonems /n/ auswirkt, wird durch den labiodentalen Konsonanten [f] ausgelöst. Dieses Phänomen tritt nur im Spanischen auf (z.B. *confuso* [koɱˈfuso]), da im Portugiesischen in diesem Fall die vokale Nasalierung den Konsonanten „überdeckt" (z.B. *confuso* [kõˈfuzu]). Ebenfalls nur im Spanischen anzutreffen ist die auf dem gleichen Prinzip beruhende Realisierung von /n/ vor dem interdentalen Konsonanten [θ]: z.B. *manzana* [manˈθana] (mit leichter Nasalierung des Vokals). Die Dentalisierung des Nasalkonsonanten durch regressive Assimilation ist wiederum beiden Sprachen gemeinsam, so dass beispielsweise sp./ptg. *montar* als [n̪] realisiert wird, also sp. [mɔn̪ˈtaɾ] und ptg. [mõn̪ˈtaɾ] (cf. Quilis 1979: 15; Krenn/Mendes 1971: 18; Hora 2000: 19–20; Quilis 2003: 37; Berschin/Fernández-Sevilla/Felixberger 2005: 132–133).

4.2.5 Laterale

Die Laterale im Portugiesischen bilden ein abgestuftes Dreierschema ([l] alveolar, [ʎ] palatal, [ł] velar), wobei wie im Spanischen nur die alveolar-palatale Opposition phonematisch ist, was folgende Minimalpaare ergibt: z.B. sp./ptg. *cala* vs sp. *calla*/ptg. *calha*. Für beide Sprachen gilt, dass /l/ und /ʎ/ nur intervokalisch und im absoluten Anlaut vorkommen können (z.B. ptg. *lhe*, sp. *llana*; ptg. *malha*, sp. *malla*; sp./ptg. *labio/lábio*, sp./ptg. *ala*). Im Silbenauslaut und im absoluten Auslaut vor Konsonant gilt für das Spanische die Realisierung [l] und für das Portugiesische [ł] (cf. *dark l* im Englischen oder *l* im Ripuarischen), welches allophon zu /l/ ist (z.B. sp. *caldo* [ˈkaldo], *cal* [kal]; ptg. *caldo* [ˈkałdu], *cal* [kał]) (cf. Navarro Tomás 1970: 84–85; Krenn/Mendes 1971: 17, Hora 2000: 7). Zum Phänomen des *yeísmo* cf. Kap. 4.2.7.

4.2.6 Vibranten

Was schließlich die Vibranten angeht,[83] so sind hier beide Sprachen phonologisch parallel strukturiert, d.h. es besteht die bedeutungsunterscheidende Opposition zwischen /ɾ/ und /r/, also dem apiko-alveolar artikulierten, einfachen geschlagenen Laut (engl. *tap*, *flap*, ptg. *tepe*, *flepe*, *vibrante simple*, sp. *vibrante simple*) und dem mehrfach gerolltem [r] (engl. *trill*, ptg. *vibrante múltipla*, sp. *vibrante múltiple*): z.B. sp. *pero* vs. *perro* oder

---

[83] In Anlehnung an die übliche Notation der API verwenden wird hier für die Transkription des einfachen Vibranten das Symbol [ɾ] und für den multiplen Vibranten das Symbol [r]. In romanistischen Handbüchern verbreitet ist sonst auch die Notation [rr] oder [r̄] für API [r].

sp./ptg. *caro* vs. *carro* (sp. ['kaɾo] vs. ['karo], ptg. ['kaɾu] vs. ['karu]/['kaʀu]). Wie an den Beispielen ersichtlich, konkurrieren beide Phoneme im intervokalischen Bereich, am Wortanfang und in bestimmten Positionen im Silbenanlaut wird jedoch nur [r] realisiert (z.B. sp./ptg. *rosa, honra*), während am Wortende nur [ɾ] vorkommen kann (z.B. sp./ptg. *mar*). Andere Lautumgebungen werden ebenfalls durch den einfachen Vibranten abgedeckt (z.B. sp./ptg. *parar, norte, atributo*). Die phonetische Realisierung ist in beiden Sprachen nicht unbedingt so deckungsgleich wie die phonologische Distribution. So ist die Artikulation des multiplen /r/ im Spanischen mitunter noch stärker ausgeprägt als im Portugiesischen Zungenspitzen-[r], das allerdings im EP nicht mehr von der Mehrheit der Sprecher realisiert wird. In großen Teilen des Sprachgebietes wurde es von Lissabon ausgehend durch ein uvulares-*r* ersetzt, das als Vibrant [ʀ] oder als Frikativ [ʁ] oder [χ] (cf. Kap. 3.2.1) (cf. Krenn/Mendes 1971: 7; Mateus 1982: 71–95; Barbosa 1983: 187–189; Canellada/ Kuhlmann Madsen 1987: 38; Mateus/Andrade 2000: 15–17, Hall 2000: 13–14).[84]

4.2.7 Regionale Spezifika

Ergänzend soll nun noch auf einige regionale Besonderheiten hingewiesen werden, die vor allem die amerikanischen Varianten der jeweiligen Sprache betreffen, ohne dass damit insbesondere beim Spanischen die nationalen und regionalen Besonderheiten abgedeckt werden könnten. Da einige Phänomene ihren Ausgangspunkt im entsprechenden europäischen Diasystem haben, ist die kurze Zusammenschau auch in diesem Rahmen durchaus sinnvoll.

Abweichungen sind vor allem im Bereich der Frikative zu beobachten. So gilt, wie oben aufgezeigt, im kastilischen Standard (*español septentrional*) die Phonemopposition /s/ vs. /θ/. Das als *ceceo* bekannte Phänomen, also die Neutralisation dieser Opposition zu /θ/, findet sich vor allem in Südandalusien (Provinz Cádiz, Provinz Sevilla außerhalb der Städte und um Huelva und Málaga sowie in Almería). Das Pendant zum *ceceo*, nämlich der *seseo*, also die Neutralisation der Standarddifferenzierung zu /s/, hat sich außer in einigen Gebieten Andalusiens, in Teilen der Extremadura, der Provinzen Alicante und Murcia sowie auf den Kanarischen Inseln in fast ganz Mittel- und Südamerika durchgesetzt. Außerdem ist er bei manchen Spanischsprechern Kataloniens zu beobachten, während er im Baskenland, wo es in der Unterschicht partiell ehemals einen apikalen *seseo* gab, heute wohl eher nicht mehr festzustellen ist (cf. Sinner 2011: 69–70).

Andalusien ist in dieser Hinsicht ein sehr komplexes Gebilde von kleinräumigen Gebieten mit reinem *ceceo*, reinem *seseo* und der kastilischen Standarddifferenzierung

---

[84] Noll (1999: 50) konstatiert eine von Lissabon ausgehende Verbreitung von [ʀ] oder [x].

84

zwischen [s] und [θ], wobei hier neben die diatopische Variation auch eine diastratisch/ diaphasische tritt, vor allem in den größeren Städten. Dabei gilt der *seseo* traditionell als prestigereicher (Kennzeichen des Stadtdialektes von Sevilla) als der ländlich konnotierte *ceceo*, wenn nicht in formellen Situationen mancherorts der Standarddifferenzierung der Vorzug eingeräumt wird (Brunner 2010: 58–60; Kubarth 2009: 105–106).

Was die Realisierung des *s*-Lautes angeht, so gibt es eine Übereinstimmung in der prädorsoalveolaren bzw. prädorsodentalen Aussprache [s̪] zwischen den spanischen *seseo* Gebieten und dem Portugiesischen, während ansonsten, also auch im spanischen Standard, apikoalveolares [s̺] artikuliert wird (cf. Quilis 1999: 283–286; Noll 2009: 29–30, Berschin/Fernández-Sevilla/Felixberger 2005: 140).[85]

Die phonetische Variationsbreite in Register und Region des spanischen Sibilanten /s/ stellt sich bei genauerer Analyse jedoch noch komplexer dar und ist beispielhaft für die Flexibilität der Sprache in der Realisierung von Lauten (Phonetik) und der notwendigen systematischen Abstraktion (Phonologie) sowie für die regionale Vielfalt, die sich nicht auf Europa vs. Amerika reduzieren lässt.

> „El fonema fricativo linguoalveolar sordo /s/ (ort. <s>) puede aparecer en cualquier posición de la cadena hablada. En español se producen varias articulaciones de este fonema […]. Las más extentidas son las *apicoalveolar*, con el ápice de la lengua contra los alveolos y la lengua en forma cóncava; la *predorsoalveolar*, con el predorso de la lengua contra los alveolos y la lengua en forma convexa; la *coronal*, cuya constricción se forma entre el ápice de la lengua en posición plana y, por último, la *predorsodentoalveolar*, articulación en la que el predorso de la lengua se apoya en la base de los incisivos superiores. Cada una de estas variantes principales presenta una extensión geográfica distinta tanto en España como en Hispanoamérica" (Hidalgo Navarro/Quilis Merín 2004: 161).

Auf der anderen Seite ist das BP mit seiner typischen Realisierung von [s] und [z] am Silbenende oder Wortende dem Spanischen näher als das europäische Standardportugiesisch, welches in diesen Fällen die präpalatalen Laute realisieren würde: z.B. *barcos* (BP ['baɾkus], sp. ['baɾkos], EP ['baɾkuʃ]) oder *mesmo* (BP ['mezmu], sp. ['mizmo], EP ['meʒmu]) (Noll 1999: 41–46).[86]
Im Spanischen kann auslautendes [s] regional geschwächt werden oder sogar ausfallen (z.B. Andalusien: cf. Kap. 2.1).

Ein im Spanischen sehr verbreitetes sprachliches Phänomen ist der sogenannte *yeísmo* [ʝ], der vor allem, wenn auch nicht flächendeckend, in Iberoamerika (auch Zonen mit *lleísmo* [ʎ], *žeísmo* [ʒ] und *šeísmo* [ʃ]), aber auch in Spanien zu beobachten ist. Kastilischer Standard (Norm) ist die Opposition /ʝ/ vs. /ʎ/ (*lleísmo*), jedoch wird diese in

---

[85] In Teilen Südamerikas kann auch eine apikodentale Aussprache des /s/ verzeichnet werden (Navarro Tomás/Haensch/Lechner 1970: 73). Noll (2009: 29) verweist noch auf die koronale Variante [s̄], die partiell in einigen Regionen Mittelamerikas, im Norden Venezuelas, in Bolivien und Argentinien vorkommt.

[86] Zu den Dialektmerkmalen des europäischen Portugiesisch siehe Mateus/Falé/Freitas (2005: 164–167) inkl. der dort abgedruckten Karte mit den *dialetos portugueses setentrionais* und *centro-meridionais*.

großen Teilen der hispanophonen Welt (Andalusien; Hispanoamerika: außer in den östlichen Anden von Peru, Teilen Boliviens und Paraguays) neutralisiert, so dass ausschließlich [j̑] artikuliert wird, wodurch auch das Phoneminventar entsprechend reduziert wird. Auch in Spanien ist dieses Phänomen inzwischen so weit verbreitet, dass es von den Sprechern kaum noch negativ beurteilt wird. Die Aussprache [ʎ] ist inzwischen selten geworden (außer z.B. bei den Spanischsprechern in Katalonien cf. Sinner 2011: 69 und z.T. im Südosten Spaniens), auch wenn gelegentlich schulsprachlich die Opposition /j̑/ vs. /ʎ/ nach wie vor gelehrt wird und es noch Sprecher gibt, die sie (vor allem) in gehobener Sprechsituation aufrechterhalten.

Kubarth (2009: 115–116) beschreibt nach aktuellen Studien die Situation dergestalt, dass das ehemals diatopisch (Andalusien) und diastratisch (Substandard, *español popular*) markierte Phänomen inzwischen längst in der Hauptstadt angekommen sei und diese vollständig zu einer *yeísta*-Zone geworden sei. Schon in den 1950er Jahren hätten nur noch Akademiemitglieder das /ʎ/ aufrechterhalten. Den *yeísmo* höre man sogar z.T. auch in nördlicheren Regionen, wie dem altkastilischen Burgos. *Lleísta*-Sprecher findet man hingegen noch im Umland von Madrid sowie in den nördlichen Provinzen der Iberischen Halbinsel (auch das Phonem /j̑/ des *yeísmo* hat die Allophone [j̑] und [dj̑]) (s.o.).

Ein weiteres regional auftretendes Phänomen des Spanischen ist der *žeísmo* (vor allem in Argentinien und Uruguay), der zur Folge hat, dass z.B. die Opposition in *calló* vs. *cayó* als [ka'ʒo] aufgehoben wird. Das in dieser Funktion erscheinende [ʒ] kommt auch als desonorisierte Variante [ʃ] vor, so dass durch deren ausschließliche Realisierung (z.B. [ka'ʃo]) die Erscheinung des *šeísmo* zu konstatieren ist, die gerade in Argentinien an Prestige gewonnen hat (Noll 2009: 29–31).[87]

Wiederum treten hier Laute in regionalen Varianten des Spanischen auf, die das Portugiesische als Standardphoneme kennt, wenn auch z.T. in anderer Funktion. Im Portugiesischen Brasiliens ist das Inventar der Affrikaten um die Laute [tʃ] und [ʤ] erweitert. Im Vergleich zum europäischen Standard bedeutet dies, dass vor [i] die Konsonanten [t] und [d] palatalisiert werden, was zu einem Hauptcharakteristikum der brasilianischen Aussprache führt (z.B. *cidade* [si'daʤi], *noite* ['nojtʃi]) (Noll 1999: 46–49).

Im Bereich der Laterale gibt es im brasilianischen Portugiesisch die Tendenz silbenauslautendes [ł] zu [u] zu vokalisieren, wie z.B. in *Brasil* [bɾaziu] (cf. Cartagena 1989: 62–67; Noll 1999: 53–55; Berschin/Fernández-Sevilla/Felixberger 2005: 140–141; Blaser 2011: 95).

Eine ebenfalls für das BP typische Aussprache betrifft die Elision des auslautenden Vibranten, also z.B. bei *amar* [a'max] [a'ma]. Dies wiederum deckt sich mit einem Phänomen im europäischen Substandard des Spanischen, wo dergleichen zu beobachten ist,

---

[87] Marginal sind die auf die obengenannte Opposition zurückgehenden Realisierungen von [ʒ] vs. [j̑] in der Provinz Santiago de Estero (Argentinien) und [ʎ] vs. [dj̑] (Noll 2009: 31).

wobei der Ausfall des *r* mitunter durch eine Öffnung des Vokals kompensiert wird (z.B. *hablar* [aˈβlą], *mujer* [muˈxɛ] anstatt [muˈxeɾ]) (Noll 1999: 52; Blaser 2011: 93).

Bei detaillierter diatopischer und diastratischer Aufgliederung des portugieschen /r/ ergeben sich nicht weniger als sieben Artikulationsarten, die anhand einer auszugsweisen Auflistung von Silva (1999: 51) aufgezeigt werden soll, der außer dem europäischen Portugiesisch exemplarisch drei brasilianische Sprachregionen herausgreift:[88]

Tabelle 25: *Varianten des* r *im Portugiesischen*

Beispiel	Portugal	Rio de Janeiro	Belo Horizonte	Caipira
caro/prato	[ɾ]	[ɾ]	[ɾ]	[ɾ]
carro/rua	[r]/[ʀ][89]	[x]	[h]	[ʀ]
mar	[ɾ]	[x]	[h]	[ɹ][90]
corda	[ɾ]	[ɣ]	[ɦ]	[ɹ]

Charakteristisch für das BP ist in erster Linie die weitere Velarisierung des apikoalveolaren [ɾ], und zwar sowohl intervokalisch und im Anlaut ([r] > [x] > [h]), als auch in anderer Stellung ([ɾ] > [x] > [ɣ]) (Noll 1999: 50).

Aber auch in den amerikanischen Varietäten des Spanischen gibt es weitere allophone Realisierungen des graphischen <r>/<rr> bzw. von Standardkastilisch [ɾ]/[r]. Noll (2009: 32–33) und Berschin/Fernández-Sevilla/Felixberger (2005: 141–142) führen dazu folgende Phänomene an: Punktuell in verschiedenen Gegenden Süd- und Mittelamerikas (z.B. Mexiko, Ecuador, Peru, Costa Rica, Chile, Paraguay, Teilen Argentiniens außerhalb der La-Plata-Region) sowie in einigen Dialektzonen Spaniens kommt es zur Assibilierung von [r] (z.B. *carro* [ˈkaʒo]) (oft nicht nur diatopisch, sondern auch diastratisch markiert). Eine Affrizierung im Konsonantennexus -*tr*- ist ebenfalls vereinzelt zu beobachten (z.B. *otro* [ˈotʃo]). In Puerto Rico kann außerdem eine Velarisierung von [r] beobachten werden, die eine phonetische Realisierung von [ʀ] oder [x] zur Folge hat. In anderen Regionen des gleiches Landes sowie in Teilen Guatemalas und Mexikos existiert auch die retroflexe Variante [ɹ], die in der Verbindung -*tr*- auftritt (z.B. *tres* [tɹes]).

Bei den Okklusiven gibt es im Spanischen vor allem im Bereich der frikativen Allophone, die in intervokalischer Position auftreten, starke Tendenzen zu weiterer Abschwächung, beim /d/ bis hin zur Elision (z.B. *bebo* [ˈbeβo], *dedo* [ˈde�{ð}o], *buscado*

---

[88] Cf. dazu auch die bei Hora (2000: 28) aufgezeigten Allophone.

[89] Silva (1999: 51) notiert in diesem Fall prinzipiell [ř], was in der hier benutzten Notationsweise [ʀ] entspricht. Die Aussprachevariante [r] des EP ist bei Silva nicht berücksichtigt. Zur Variation der Vibranten im EP cf. Mateus/Rodrigues (2005).

[90] Diese Variante wird auch als *r-caipira* bezeichnet und ähnelt dem amerikanischen retroflexen *r*; gesprochen wird es vor allem im Süden der Provinz São Paulos, aber auch in der Stadt selbst (Noll 1999: 51).

[bus'kao], *mago* ['maˠo],). Diese Entwicklung ist im europäischen Raum vor allem in Andalusien und auf den Kanaren zu beobachten. Das Portugiesische geht diesbezüglich nicht so weit, es bleibt bei den Allophonen [β], [ð] und [ɣ]. In den brasilianischen Varietäten bleiben hingegen die stimmhaften Okklusive [b], [d], [g] intervokalisch meistens erhalten (Noll 1999: 55; Blaser 2011: 93).

Bei der lautlichen Realisierung des Phonems /d/ in Wortendstellung gibt es im Spanischen zusätzlich noch die Variante einer spirantisierten Übergangsstufe, d.h. für die Aussprache von beispielsweise *Madrid* können folgende, diasystematisch unterschiedlich markierte Artikulationsarten verzeichnet werden: [ma'ðɾið], [ma'ðɾið], [ma'ðɾiθ], [ma'ðɾiθ] und [ma'ðɾi] (Blaser 2011: 93).[91]

4.3   Satzphonetik und Suprasegmentalia

Eine Besonderheit des Portugiesischen betrifft den Bereich der Satzphonetik. Wie beispielsweise auch im Französischen sind im Portugiesischen auf der Ebene des Satzes bzw. bei Äußerungen, die über ein Wort hinausgehen, sogenannte Sandhi-Regeln wirksam. Es handelt sich dabei um eine lautliche Angleichung (Assimilation) von Wörtern bzw. von Morphemen, die in der linearen Abfolge, im Zuge einer Äußerung, aufeinandertreffen (externes Sandhi). Dieses herkömmliche als *ligação* (frz. *liaison*, dt. Ligatur) bezeichnete Phänomen umfasst folgende Ausspracheregeln:

- Folgt auf wortauslautendes [ʃ] ein vokalinitiales Wort, so wird der Laut in dieser Position zu [z] (z.B. *os amigos*).
- Trifft auslautendes [ʃ] auf einen stimmhaften Konsonanten im nächsten Wort, so erfolgt eine Sonorisierung zu [ʒ] (z.B. *depois de*).
- Ist die wortübergreifende Position der stimmhaften Okklusive [b], [d], [g] intervokalisch, so werden sie wie auch in wortinterner intervokalischer Stellung ebenfalls frikativ (z.B. *o barro, a dália, a garrafa*).
- Unbetonte Vokale im Auslaut werden häufig elidiert, wenn das nächste Wort wieder mit Vokal beginnt (z.B. *ele é*).
- Elidiert werden auch Vokale, die sich satzübergreifend in intervokalischer Stellung befinden (z.B. *Diga a verdade!*).
- Realisierung von auslautendem Nasalkonsonant bei folgendem Konsonant (z.B. *um país*) (cf. Nogueira 1958: 86–87; Krenn/Mendes 1971: 31–33; Palma Caetano/Mayr/ Plachy/Ptacek 1986: 260; Endruschat/Schmidt-Radefeldt 2008: 92).

---

[91]   Für das hispanoamerikanische Spanisch stellt Noll (2009: 33) auch noch eine Variante mit auslautendem [t] fest (z.B. bei *verdad*), welches als emphatisch aufgefasst wird.

88

Das Spanische kennt wie das Portugiesische auch verschiedene Arten der Verschleifung, also Reduktion oder gar Elision von Lauten, insbesondere am Wortende, die bei schnellem und wenig deutlichem Sprechen auftreten. Desgleichen gibt es beim Aufeinandertreffen von Wörtern phonetische Veränderungen (wie im Portugiesischen), z.B. *ese vino* ['βino], *ese dedo* ['ðeðo] oder *ese gato* (anstatt ['bino], ['deðo], ['gato]), ohne dass jedoch dabei ein Sandhi-Regelwerk wie im Portugiesischen zu erstellen wäre (cf. Quilis 2003: 47–50; Berschin/Fernández-Sevilla/Felixberger 2005: 138).

Vokalkontraktionen über die Wortgrenzen hinweg wie in ptg. *Diga a verdade!* gibt es im Spanischen ebenfalls. Dabei kann es von einem eher fließenden Übergang (ohne Pause) (z.B. *tiene éxito*) bis hin zur Synalöphen (sp. *sinalefas*) kommen, z.B.: *llega a Africa* zu *lleg*[a]*frica*) (Kubarth 2009: 96–97).[92]

Im Bereich der suprasegmentalen Phonetik verhalten sich das Spanische und das Portugiesische sehr ähnlich. Beide Sprachen tragen ihren Wortakzent bevorzugt auf der vorletzten Silbe, der Paenultima.

Nach der Auszählung von Delattre (1965: 28–30) sind 74–80% des spanischen Wortschatzes der zwei- bis viersilbigen Wörter Paroxytona, alle anderen verteilen sich auf Oxytona (Wortakzent auf der letzten Silbe, der Ultima) und Proparoxytona (Wortakzent auf der vorvorletzten Silbe, der Antepaenultima). Endruschat/Schmidt-Radefeldt (2008: 79) nehmen diesbezüglich eine sehr ähnliche Verteilung für das Portugiesische an. Die Akzentuierung eines Wortes hängt generell von der Tonhöhe, der Intensität und der Quantität (Dauer) des Akzentes ab.

Eine weitere wichtige prosodische Gliederung einer Äußerung erfolgt durch den Satzakzent, d.h. die mögliche Hervorhebung bestimmter Satzelemente durch nachdrückliche Betonung (Thema-Rhema-Gliederung). Die Art eines Satzes, also sowohl sein Aufbau (parataktische bzw. hypotaktische Gliederung, kurz, lang, etc.) als auch seine Funktion (Aussagesatz, Fragesatz, Ausrufesatz, Aufforderungssatz), sind mit bestimmten Intonationsmustern (Satzmelodie) verknüpft. Mit Hilfe der Intonation (steigend, fallend, gleichbleibend) lassen sich aber auch Gefühlsäußerungen wie Zweifel, Ärger, Freude, Überraschung oder Angst ausdrücken, wobei sie im Spanischen und Portugiesischen nicht wie in den sogenannten Tonsprachen (z.B. Mandarin, Thai, Schwedisch) phonologisch relevant ist.

Quilis (1988: 64–65) listet die Intonation betreffend 13 Unterschiede zwischen dem Spanischen und dem Portugiesischen auf; darunter ein anderes Intonationsmuster beim Aussagesatz, welches beim Spanischen durch ein stärkeres Abfallen am Ende der Einheit gekennzeichnet ist und beim Ausrufesatz, der im Portugiesischen vergleichsweise weniger schnell und mit Verzögerung abfällt.

Zum Bereich der Suprasegmentalia ist schließlich noch die Pausenstruktur (Pause, Junktion) zu rechnen, durch die eine Äußerung entsprechend sinnstiftend gegliedert wird, und die auch bedeutungsdifferenzierend sein kann (z.B. sp. *y responsable* vs.

---

[92] Bei einer Vokalkontraktion im Wortinnern spricht man von Synärese, z.B. sp. *leer* [ler] anstatt normalerweise mit Hiat [le'er].

irresponsable oder *No, vamos a trabajar* vs. *No vamos a trabajar*), so dass sich Unterschiede in beiden Sprachen schon aufgrund der verschiedenen semantischen und phonetischen Einheiten ergeben (cf. Navarro Tomás/Haensch/Lechner 1970: 24–26, 107–112; Canellada/Kuhlmann Madsen 1987: 63–154; Mateus 1990: 189–217; Quilis 1992: 62–68, Barbosa 1994b: 143–148, Brauer-Figueiredo 1999: 48–50; Berschin/ Fernández-Sevilla/Felixberger 2005: 146–149; Blaser 2011: 107–109).[93]

4.4   Orthographie

Eine Gegenüberstellung des Spanischen und Portugiesischen bezüglich der jeweiligen Graphem-Phonem- und Phonem-Graphem-Beziehung zeigt bei beiden Sprachen eine relativ hohe Deckungsgleichheit. Im Vergleich zu anderen Sprachen wie z.B. dem Englischen oder Französischen kommen diese beiden romanischen Sprachen, insbesondere das Spanische, einer phonemischen Schrift (z.B. IPA/API) sehr viel näher und erfüllen in gewissem Umfang die allgemeine Forderung, dass ein Laut einem schriftlichen Zeichen entsprechen sollte.[94]

Vergleicht man das Spanische und das Portugiesische hinsichtlich ihres jeweiligen Grapheminventars, so zeigen sich nur Unterschiede in Bezug auf die Digraphe und die Grapheme mit Diakritika. Neben dem auch im Deutschen gültigen lateinischen Alphabet, bestehend aus 26 Buchstaben bzw. Einzelgraphemen, gibt es folgende Spezifika:

- im Spanischen: Digraphe: <ch>, <gu>, <ll>, <qu>, <rr>; Graphe mit Diakritika: <ñ> (Tilde), <ü> (Trema), wobei vor der Reform (s.u.) als *letras* im engeren Sinne nur <ch>, <ll> und <ñ> zählten, so dass das spanische Alphabet früher aus insgesamt 29 Buchstaben bestand (seit 1994 sind es 27: <ch>, <ll> sind eingereiht); <k> und <w> kommen nur in Fremdwörtern vor (z.B. *kaki, windsurf*) (Weißkopf 1994: 11).
- im Portugiesischen: Digraphe: <ch>, <gu>, <lh>, <mm> (selten, z.B. *comummente*), <nh>, <nn> (selten, z.B. *connosco*), <qu>, <rr>, <ss>; Graphe mit Diakritika: <ã>, <õ>, <ü> (vor der Orthogaphiereform im BP) sowie <ç>; es werden seit dem

---

[93]   Zur Vertiefung aktueller Forschungsthematiken in der spanischen Phonologie cf. u.a. die Sammelbände von Gil Fernández (2000) und Martínez-Gil/Colina (2006); für das Portugiesische cf. u.a. Frota (2000) und Giangola (2001) sowie die dort aufgeführte Literatur. Zur Prosodie im Speziellen cf. z.B. Quilis (1992) und Barbosa (1994b).

[94]   Hierbei handelt sich allerdings prinzipiell nur um eine von vielen Funktionen eines Schriftsystems, denn es gilt sowohl die Produzenten wie auch die Rezipienten-Bedürfnisse zu erfüllen und im Sinne eines kollektiven Gedächtnisses auch konservatorische Aufgaben zu übernehmen, d.h. alte Texte durch Nicht-Veränderung der Schrift möglichst lange lesbar zu halten.

Acordo Ortográfico da Língua Portuguesa (1990) üblicherweise 26 Buchstaben des Alphabets angenommen, da nun die nur in Fremdwörtern vorkommenden Buchstaben <k>, <w> und <y> (z.B. *ketchup, yoga, wagneriano*) dazugerechnet werden.[95] Die portugiesischen Entsprechungen zu sp. <ch>, <ll> und <ñ>, nämlich <ch>, <lh> und <nh> zählten nie als eigene Buchstaben im Wörterbuch, sondern sie sind unter <c>, <l> und <n> eingeordnet, so wie es inzwischen für das Spanische üblich ist.

Die aktuelle Rechtschreibung des Spanischen stützt sich im Wesentlichen auf die *Ortografía de la lengua española* (OLE), die unter Mitarbeit der 22 Akademien der hispanophonen Länder im Jahr 1999 veröffentlicht und 2010 nochmals leicht reformiert wurde (Ankenbauer 2011: 183).

Der gesamte Text der letzten Orthographiereform und die einzelnen Neuerungen bezüglich der aktuell gültigen Schreibweise sind im Überblick auch auf der Webseite der Real Academia Española unter *Ortografía de la lengua española* (online, Zugriff am 16.08.2011: http://www.rae.es) nachzulesen. Ein Novum wäre beispielsweise, dass die Demonstrativpronomen zur Unterscheidung von den Demonstrativbegleitern keinen Akzent mehr erhalten (z.B. *este es tonto*; vorher: *éste es tonto* vs. *este libro*), die Eliminierung des Akzents bei einsilbigen Wörtern mit Diphthong oder Triphthong (z.B. *fie, guion, liais, truhan*) sowie die graphische Integration von einigen Fremdwörtern (z.B. *balé* statt *ballet*, *pádel* statt *paddle*, *cuórum* statt *quorum*).

Die aktuelle portugiesische Orthographie beruht auf dem 1990 geschlossenen Abkommen (*Acordo Ortográfico da Língua Portuguesa*), welches 1991 in Portugal und 1995 in Brasilien ratifiziert wurde, wozu es 1998 und 2004 ein *Protocolo Modificativo ao Acordo Ortográfico* und ein *Segundo Protocolo Modificativo ao Acordo Ortográfico* gab, die sich jedoch nur auf das Datum und die Modalitäten des Inkrafttretens bezogen. Brasilien setzte die Übereinkunft bereits am 1.1.2009 um, Portugal erst am 1.1.2012. Die sonstigen Staaten der *Comunidade dos Países de Língua Portuguesa* (CPLP) haben ebenfalls zugestimmt, die Reform zu übernehmen und der größte Teil der Länder hat die Übereinkunft bereits umgesetzt. Von der Orthographiereform betroffen sind ca. 220 Millionen Menschen in den CPLP-Ländern (cf. Kemmler 2010). Das jahrelange Ringen um eine Einigung ist dabei immer vor dem Hintergrund zu sehen, dass letztlich nur max. 1–2% des jeweiligen Wortschatzes betroffen sind.[96] Zu den wichtigen Änderungen

---

[95] Die Aussprache von <w> ist bei deutschen Lehnwörtern wie *wagneriano* oder *wertheriano* [v], bei englischen Entlehnungen wie *western, windsurf* oder *workshop* [w], <y> wird als [i] artikuliert und <k> als [k]. Fremdwörter mit diesen Graphemen werden jedoch auch häufig graphisch an die portugiesische Aussprache adaptiert, z.B. *Nova-Iorque, iate, faquir* (cf. Krenn/Mendes 1971: 1).

[96] Zu den vollständigen Texten des Orthographie-Abkommen cf. *Acordo Ortográfico da Língua Portuguesa* (1990) (online, Zugriff am 21.02.2012: http://www.priberam.pt/docs/AcOrtog90. pdf) sowie den Überblick zu den verschieden Übereinkünften seit 1911 im *Portal da Língua*

gehört der Ausfall von stummen Konsonanten, wie sie bisher im europäischen Portugiesisch üblich waren (z.B. *contrato* statt *contracto*), und der Wegfall des Trema auf dem <u>, wie es bis zur Reform in Brasilien Usus war (z.B. *linguística* statt *lingüística*).

Die Akzentsetzung erfolgt im Spanischen ausschließlich mit Hilfe des Akuts, der mit allen Vokalen kombinierbar ist (z.B. *él, mí, compró, ánimo, fúnebre*). Bei einigen einsilbigen Wörtern hat der Akzent rein bedeutungsdifferenzierende Funktion (z.B. *él* vs. *el*), bei mehrsilbigen wird eine von der allgemeinen Betonungsregel abweichende Wortakzentuierung angezeigt (z.B. *canto* vs. *cantó, termino* vs. *término* vs. *terminó*). Im Portugiesischen überwiegt zwar auch der Akut (z.B. *sábado, médico, óculo, realístico, açúcar*), aber es finden auch der Zirkumflex (z.B. *argênteo, cônsul, cânfora*) und selten der Gravis (z.B. *à*) Verwendung, wobei ein offener Tonvokal durch *acento agudo* markiert wird und ein geschlossener durch den *acento circunflexo*. Der Gravis zeigt heutzutage nur noch eine Vokalkontraktion an (z.B. *a+a = à; a+aquela = àquela*) (Weißkopf 1994: 9–13, 172–178; Blaser 2011: 73–81).[97]

Ansonsten sind die Prinzipien der Akzentsetzung im Spanischen und Portugiesischen recht ähnlich. Allerdings finden sich Unterschiede bei Diphthongen bzw. Hiatgruppen (z.B. sp. *María* vs. ptg. *Maria*, sp. *Mario* vs. ptg. *Mário*, bei jeweils gleicher Betonung).

In beiden Sprachen gibt es einige Abweichungen von der grundsätzlichen Phonem-Graphem-Entsprechung: Bei den Vokalen ist das Spanische hinsichtlich der Grapheme <a>, <e> und <o> eineindeutig bzw. monovalent. Aus der Phonem-Graphem-Perspektive sind die Phoneme /a/, /e/ und /o/ als monographematisch einzuordnen (z.B. *amar, lobo, perder*). Eine Abweichung gibt es bei dem Phonem /i/, welches polygraphematisch ist, und zwar dadurch, dass sowohl das Graphem <i> (z.B. *libro*) als auch das Graphem <y> (z.B. *soy*) für diese Aussprache stehen kann (sofern man hier [i] und [j] als Allophon von /i/ wertet; cf. Kap. 4.1.1). Aus der Sicht der Graphem-Phonem-Beziehung wiederum ist zwar das <i> eineindeutig, jedoch das <y> polyphonematisch, im Sinne der phonologischen Repräsentation von /i/ und /j/ (z.B. *y* ‚und' vs. *ayer*). Das spanische Phonem /u/ mit den Allophonen [u] und [w] wird prinzipiell durch das Graphem <u> dargestellt, nur bei dem Digraphen <gu> vor *e* und *i* wird das Trema verwendet, um artikuliertes *u* [w] vom rein graphischen <u> zu unterscheiden (Blaser 2011: 74–77) (z.B. *guerra* vs. *cigüeña, guiño* vs. *pingüino*).

Hier ist das Spanische mit dem brasilianischen Portugiesisch bis zur aktuellen Rechtschreibreform konform gewesen, während das europäische Portugiesisch diese Unterscheidung auch vor dem neuen Orthographieabkommen nicht machte. Aktuell gilt also für EP/BP die Schreibweise ohne Trema, z.B. *linguístico*.

Portuguesa (online Zugriff am 21.02.2012: http://www.portaldalinguaportuguesa.org/?action =acordo).

[97] Zu spezifischen Aspekten der spanischen Orthographie cf. beispielsweise Teschner (1999), Moreno (2006), Ankenbauer (2011), zum Portugiesischen cf. Veloso (2007), Kemmler (2001, 2009), Gonçalves (2003).

Im Portugiesischen ist die Phonem-Graphem-Beziehung aufgrund der größeren Anzahl von Vokalphonemen komplexer; bei Berücksichtigung der Graphem-Laut-Beziehung ergibt sich eine noch vielschichtigere Relation zwischen Schreibung und Lautung. Hervorzuheben gegenüber dem Spanischen ist dabei besonders die abweichende Aussprache in unbetonter Stellung, die sich in der Graphie nicht niederschlägt: <a> als [ɐ], <o> als [u] und <e> als [ə] oder [ɨ] (cf. Kap. 4.1.2, dort auch Beispiele).

Die Graphemkombination <ou> wird im Portugiesischen zumeist als [o] ausgesprochen (z.B. *louro*). Zur Schreibung der Nasalvokale siehe unten (cf. auch Kap. 5.1.1). Die Nasaldiphthonge und -triphthonge werden ebenfalls entweder durch Diakritika oder durch die Verbindung mit Nasalkonsonanten angezeigt (z.B. *mãe, limões, bem*) (Krenn/ Mendes 1971: 9–25; Moutinho 2000: 16–18).

Bezüglich des Konsonantensystems gibt es ebenfalls einige Unterschiede, die die Relation zwischen orthographischer Darstellung und phonologischer/phonetischer Realisierung betreffen.

Das Spanische und das Portugiesische verhalten sich hinsichtlich der Phoneme /p/, /f/ /t/ und /d/ weitgehend identisch, da diese monographematisch immer durch <p>, <t>, <d>, <f> wiedergegeben werden und diese Grapheme monophonematisch zu werten sind.[98] Die Laute sp./ptg. [r] und ptg. [ʀ] können je nach Kontext mono- oder digraphematisch wiedergegeben werden, der Laut sp./ptg. [ɾ] ist hingegen monographematisch (zum Problem der *r*-Laute cf. Kap. 4.2.6, 4.2.7). Gemeinsan ist beiden Sprachen, dass <h> ([Ø]) nicht ausgesprochen wird. Unterschiede finden sich in folgenden Punkten.

Der Laut [b] ist im Standardportugiesischen eineindeutig dem Graphem <b> zuzuordnen, im Spanischen allerdings durch drei Grapheme, nämlich <b>, <v> und <w> repräsentiert (z.B. *bebida, vida, wáter*). Die Schreibung <v> entspricht dagegen im Portugiesischen dem Laut <v> (z.B. sp. *vida* [b] vs. ptg. *vida* [v]).

Für die Aussprache des stimmlosen Okklusivs [k] gilt in beiden Sprachen die Regel <c> vor *a, o, u* und <qu> vor *e, i* und für das stimmhafte [g] analog <g> vor *a, o, u* und <gu> vor *e, i*. Der Diphthong [kw] wird hingegen im Portugiesischen immer durch <qu> und im Spanischen durch <cu> repräsentiert (z.B. sp. *cuando* vs. ptg. *quando*). Zum Gebrauch von <gü> bzw. <gu> siehe oben. Geschriebenes <g> vor *e, i* wird im Spanischen als [x] ausgesprochen und im Portugiesischen als [ʒ] (z.B. bei sp./ptg. *gente*).[99]

---

[98] Dies gilt nur für die Phonem-Graphem-Phonem-Relation, denn allophonische Varianten wie die oben besprochene Sonorisierung oder Spirantisierung von /d/ sind auf der Ebene der Graphem-Phon-Ebene anzusiedeln, die noch mehr Abweichungen beinhaltet, vor allem wenn man noch diasystematische Varianten berücksichtigt.

[99] Geschriebenes <c> und <p> vor <c>, <ç> oder <t> werden in der Regel nicht ausgesprochen, wurden aber im EP bis zur neuesten Rechtschreibreform beibehalten, während sie im BP schon früher nicht mehr graphisch realisiert wurden (z.B. EP (alt) *acção* vs. BP/EP (neu) *ação* oder *baptizar* vs. *batizar*).

Für den nur im Spanischen existierenden Laut [θ] ist die Regel <c> vor *e, i* und <z> vor *a, o, u* bestimmend (z.B. *cinco, zapato*). Im Portugiesischen wird das graphische <z> als stimmhaftes [z] ausgesprochen (z.B. *zero*). Während im Spanischen <s> für [s] und die kombinatorische Variante [z] stehen kann (cf. Kap. 4.2.2), gibt es für das geschriebene <s> in der portugiesischen Aussprache vier distributorisch bedingte Realisierungsmöglichkeiten: [s] (z.B. *saco*), [z] (z.B. *casa*), [ʃ] (z.B. *lápis*), [ʒ] (*desde*); auch der Digraph <ss> und das Sonderzeichen <ç> repräsentieren die Aussprache [s] (z.B. *massa, caça*).

Geschriebenes <x> ist im Spanischen je nach Position unterschiedlich zu realisieren. Im Anlaut wird in der Regel [s] artikuliert (z.B. *xilófono*), im Auslaut [ks] bzw. [ɣs] (z.B. *fénix*); im Inlaut variiert die Aussprache in Abhängigkeit von der lautlichen Umgebung. Wenn <x> intervokalisch auftritt, so ist die Realisierung meist [ks]/[ɣs] (z.B. *taxi*), es kann aber auch gelegentlich mit [s] wiedergegeben werden (z.B. *exacto*); Ausnahme sind dabei einige Toponyme, bei denen [x] gesprochen wird (z.B. *México, Texas, Oaxaca*) (cf. Kap. 3.2.1). Vor Konsonant ist die Aussprache ursprünglich [ks], heute aber üblicherweise [s] (z.B. *explicar*) (Blaser 2011: 80–81).

Im Portugiesischen kann das Graphem <x> noch mehr unterschiedliche Laute repräsentieren. Zunächst einmal steht <x> wie im mittelalterlichen Spanisch und Portugiesisch für den präpalatalen Frikativ [ʃ], z.B *baixo, deixar*. In Kultismen wird wie im Spanischen <x> entweder als *s*-Laut oder als [ks] (z.B. *táxi, tóxico, axioma*) ausgesprochen, allerdings mit nicht immer identischer Distribution. Im Portugiesischen gibt es die Verteilung [z] (bei <ex> + Vokal) wie z.B. *existência* [iz] und intervokalisch [s] (z.B. *máximo*). Die Graphemverbindung <ex> + Konsonant wird entweder als [iʃ] (z.B. *excepção*) oder als [eiʃ]/[eiz] (nur bei dem Präfix *ex-* ,ehemalig', z.B. *ex-ministro*) artikuliert.

Unterschiedlich ist in beiden Sprachen auch die Realisierung von <ch>, das portugiesisch als [ʃ] (z.B. *chuva*) auszusprechen ist und spanisch als [tʃ] (z.B. *chocolate*). Die Laute [ʎ] und [ɲ] werden jeweils durch ptg. <lh> (z.B. *filho*), sp. <ll> (z.B. *calle*) und ptg. <nh> (z.B. *ninho*), sp. <ñ> (z.B. *niño*) wiedergegeben.

Bei den Nasalkonsonanten herrscht im Spanischen ein weitgehend monovalentes Verhältnis vor, und zwar sowohl in der Phonem-Graphem- als auch in der Graphem-Phonem-Relation.[100] Im Portugiesischen entsprechen sich <n>, <m> und /n/, /m/, wenn kein Vokal vorausgeht (z.B. ptg. *carne, alma*). In allen anderen Fällen zeigt ein <m> bzw. <n> eine Nasalierung des vorangehenden Vokals an, wobei der folgende Nasalkonsonant nicht zwangsläufig verschwinden muß (z.B. bei <n>, <m> intervokalisch) (cf. Kap. 4.1.2). Im Silbenauslaut ist der Konsonant normalerweise nicht mehr hörbar, sondern zeigt nur die Nasalierung des Vokals an, die auch durch eine Tilde auf dem Vokal dargestellt werden kann, allerdings im modernen Portugiesisch nur bei *a* (z.B. *som, lenço, lã*) (zur Graphematik des Sp. und Ptg. allgemein cf. Krenn/Mendes 1971: 9–

---

[100] Bei satzphonetischen Realisierungen kann es Abweichungen geben: z.B. *un bombo* [um 'bombo] (Quilis 1979: 15). Zu allen anderen Fällen wie *confuso* [koɱ'fuso] (cf. Kap. 4.2).

25; Moutinho 2000: 16–18; Masip 2000: 20–76; Chacón Berruga 2006: 60–132; Blaser 2011: 74–77).

Eine noch abschließend zu erwähnende Besonderheit betrifft die Zeichensetzung im Spanischen, die außer dem üblichen Inventar von Punkt, Komma, Doppelpunkt und Anführungszeichen obligatorisch gedoppelte Frage- und Ausrufezeichen beinhaltet (z.B. *¿Qué?* oder *¡Estudia más!*) (Berschin/Fernández-Sevilla/Felixberger 2005: 156–157).

Aufgaben

1. Vergleichen Sie die Regelungen zur Aussprache von graphisch <x> im Spanischen bei Blaser (2011) mit anderen Handbüchern zur Phonologie.
2. Gleichen Sie die phonetischen Varianten, die bei Silva (1999) in den Überblickstabellen angegeben sind, mit Handbüchern zum europäischen Portugiesisch ab und arbeiten Sie die Unterschiede heraus (evtl. unter Zuhilfenahme von Noll 1999).
3. Arbeiten Sie heraus, welche Laute diasystematisch stabil sind und in welchen Bereichen es besonders viele Abweichungen gibt – erst bei den Vokalen, dann bei den Konsonanten (Spanisch – Portugiesisch).
4. Stellen Sie aus der angegebenen Literatur die verschiedenen Standpunkte zur phonologischen Relevanz der Nasalvokale im Portugiesischen gegenüber (im Überblick z.B. Ramos 2005).
5. Machen Sie sich über die in der Hispanistik verwendeten phonetischen Notationssysteme kundig und arbeiten Sie die Unterschiede im Vergleich zum API/IPA-System heraus (z.B. Lapesa 2008; Kubarth 2009).
6. Versuchen Sie einige der praktischen Aufgaben in den Übungsbüchern von Borrego Nieto/Gómez Asencio (1997) und Masip (2000) und bewerten Sie deren didaktischen Nutzen.

5   Morphosyntax

5.1   Substantive

5.1.1   Numerus

Die Unterscheidung in Singular- und Pluralformen erfolgt in beiden Sprachen nach dem gleichen Prinzip, allerdings sind die Ableitungsregeln im Portugiesischen aufgrund der spezifischen Lautentwicklungen komplexer als im Spanischen.

Substantive können im Spanischen und Portugiesischen vokalisch oder konsonantisch auslauten. In der ersten Gruppe finden sich Wörter der lat. *a*- und *o*-Deklination sowie die Wörter aus der konsonantischen Deklination, die das auslautende -*e* bewahrt haben (z.B. sp./ptg. *casa, gato, parte*), in der zweiten Gruppe die Wörter der konsonantischen Deklination, die das -*e* verloren haben (z.B. sp./ptg. *mar*). Die erste Gruppe bildet den Plural auf -*s*, die zweite normalerweise auf -*es*, wobei wie in der gesamten Romania die Formen des lateinischen Akkusativ Plural fortgesetzt werden. Außer den Pluralallomorphen -*s* und -*es* gibt es in beiden Sprachen außerdem ein Nullallomorph (cf. Schpak-Dolt 1999: 32; Lüdtke 2005b: 43; Schpak-Dolt 2010: 15), nämlich bei einem Teil der Wörter der zweiten Gruppe, die im Singular auf -*s* enden. Es handelt sich dabei hauptsächlich um Paroxytona und Proparoxytona; bei den Wörtern mit Endbetonung wird der Plural von wenigen Ausnahmen abgesehen auf -*es* gebildet, z.B. sp./ptg. *el país/o país – los países/os países*. Die Substantive auf -*s*, bei denen die Betonung nicht auf der Auslautsilbe liegt und die den Plural mit Nullallomorph bilden, sind häufig Gräzismen (z.B. sp./ptg. *atlas*) oder sonstige Entlehnungen (z.B. ptg. *alferes* < ar. *al-fāris*, sp. *alférez, alféreces*, ptg. *pires* ‚Untertasse' < malaiisch *pirins*), da die erbwörtliche Entwicklung aus dem Lateinischen nur sehr selten zu diesem Resultat geführt hat. Festzustellen ist noch ein Unterschied bei den Gräzismen, deren Etyma auf -*is* enden: Das Spanische führt die griechische Endung fort und bildet den Plural mit Nullallomorph (sp. *la/las crisis, el/los análisis* etc.), im Portugiesischen dagegen haben die entsprechenden Wörter die (vermutlich aus dem Französischen übernommene) Endung -*e* (ptg. *crise, análise*) und entsprechend einen *s*-Plural (ptg. *as crises, as análises*).

Unterschiedlich in beiden Sprachen ist auch die Pluralbildung bei den Substantiven, die auf (oralen) Diphthong ausgehen: Im Spanischen lautet hier die Pluralendung -*es* (der auslautende Halbvokal wird also als Konsonant gewertet), im Portugiesischen dagegen -*s*: sp. *rey, reyes* – ptg. *rei, reis*.

Die Nominalflexion im Spanischen ist in hohem Maße regelmäßig. Im Portugiesischen dagegen haben die Nasalgruppen, der Ausfall von intervokalischem *l* und der Erhalt des vlat. *u* der Endung des Akkusativ Singular zu besonderen Entwicklungen geführt.

So können die auf *-ão* auslautenden Substantive den Plural auf *-ões*, *-ães* oder *-ãos* bilden, was sich dadurch erklärt, dass die altportugiesischen Nasalvokale [ã] und [õ] im Auslaut ([an] und [on] in den spanischen Entsprechungen) in der zweiten Hälfte des 15. Jahrhunderts mit dem Nasaldiphthong *ão* [ẽw] (< vlat. *-anu*) zusammengefallen sind (cf. Williams 1968: 176–177 und Silva/Osório 2008: 81). Da im Spanischen keine Nasalierung stattfand, verhalten sich dort die Wörter auf *-ón*, *-an* bzw. *-án* und *-ano* bei der Pluralbildung völlig regelmäßig.

Tabelle 26: *Pluralbildung bei Nasalendungen*

Portugiesisch		Spanisch	
Singular	**Plural**	**Singular**	**Plural**
razão (< *ratione > aptg. [ra'zõ])	razões (< *rationes)	razón	razones
pão (< *pane > aptg. [pã])	pães (< *panes)	pan	panes
mão (< *manu)	mãos (< *manos)	mano	manos

Man kann also aus der Pluralform des Spanischen die des Portugiesischen ableiten und umgekehrt. Beim Singular hingegen lässt die portugiesische Lautung *-ão* keinen eindeutigen Rückschluss auf die spanische Entsprechung zu.

Bei den auf Nasalvokal endenden portugiesischen Substantiven gibt es noch eine graphische Besonderheit zu berücksichtigen: Das <m> der Singularformen auf <-em>, <-im>, <-om>, <-um> (z.B. ptg. *bem, fim, tom, atum*) wird im Plural zu <n>: *bens, fins, tons, atuns*); bei der Schreibweise mit Tilde (<ã>) wird einfach das *-s* angehängt: ptg. *maçã – maçãs*. Ausgesprochen wird in beiden Fällen der Nasalvokal bzw. -diphthong + [ʃ]: [mɐ'sẽʃ], [bẽjʃ]. Für die spanischen Entsprechungen *manzanas* und *bienes* gelten die üblichen Regeln.

Bei den auf *-l* auslautenden Substantiven ist dieses *l* im Plural, da in intervokalischer Position stehend, entfallen, so dass letztendlich Diphthonge (bzw. bei betontem *-il* ein *-i*) entstanden sind: ptg. *capital – capitais, hotel – hotéis, fóssil – fósseis, barril – barris* (cf. Silva 1993: 21–22).

Eine Aussprachebesonderheit, die sich graphisch nicht niederschlägt, liegt im Portugiesischen bei einer Reihe von auf *-o* auslautenden Substantiven vor, die ein ursprünglich offenes *o* (vlat. ǫ) in der Tonsilbe haben. Dieses wird in den Singularformen als [o] ausgesprochen, in den Pluralformen als [ɔ].

Tabelle 27: *Die Entwicklung von lat. Ŭ in der Auslautsilbe*

Latein	Vulgärlatein	Portugiesisch	Spanisch
PORCUM (Akk.Sg.) von PORCUS (Mask.)	*pǫrcu >	['poɾku] *porco*	['pweɾko] *puerco*
PORCŌS (Akk.Pl.)	*pǫrcos >	['pɔɾkuʃ] *porcos*	['pweɾkos] *puercos*
COLLUM (Neutr.) (Nom./Akk.Sg.)	*cǫllo >	['kɔlu] *colo*	['kweʎo] *cuello[1]*
COLLA (Nom./Akk.Pl.)	*collos >	['kɔluʃ] *colos*	['kweʎos] *cuellos*

Die Schließung des Tonvokals geht offenbar auf die Umlautwirkung eines auslautenden -*u* zurück, das, so Lausberg (1969: I, 204), in der Akkusativendung der maskulinen *o*-Deklination (lat. PORCUM) statt des nach dem Quantitätenkollaps zu erwartenden *o* vorlag und das vielleicht von der Nominativendung, für die Lausberg vlat. -*us* statt -*os* ansetzt (lat. PORCUS), übertragen wurde. Für diese Interpretation spricht unter anderem, dass die Metaphonie bei den ursprünglichen Neutra der *o*-Deklination (wie bei lat. COLLUM s.o.) nicht eingetreten ist. Nach Lausberg (1969: I, 171) lag dieses [u] zunächst auch im Vulgärlatein Kastiliens vor und könnte dort für die Diphthongierung verantwortlich sein (cf. Kap. 3.2), sei aber früher als im Westen nach [o] ausgeglichen worden.

Insgesamt ist bei der Pluralbildung zu beachten, dass die lautliche Übereinstimmung zwischen den beiden Sprachen erheblich geringer ist als die graphische. Durch die Aussprache des *s* im vorkonsonantischen Silben- und Wortauslaut als [ʃ], zusätzlich zu den Vokalveränderungen in der Auslautsilbe ([a] > [ɐ], [o] > [u], [e] > [ə]), entfernt sich das Portugiesische weiter als das Spanische vom Lateinischen und auch von der graphischen Repräsentation. So sind z.B. die Pluralformen von *gato, casa* und *mar* in beiden Sprachen graphisch identisch (*gatos, casas* und *mares*), doch steht in der Aussprache dem spanischen ['gatos], ['kasas] und ['maɾes] ein portugiesisches ['gatuʃ], ['kazɐʃ] und ['maɾəʃ] gegenüber.

Es gibt in beiden Sprachen bei der Pluralbildung eine Reihe von Sonderfällen, die in den jeweiligen Grammatiken aufgeführt sind (z.B. GRAE 2009: I, 130–160, § 3.2.3.4; Cunha/Cintra 1984: 180–189).

---

[1] Hier ergibt sich ein *falscher Freund*, nämlich sp. *cuello* ['kweʎo] ‚Hals' vs. ptg. *coelho* ['kweʎu] ‚Kaninchen'; hingegen sp. *conejo* ‚Kaninchen', ptg. *colo* ‚Hals'.

5.1.2 Genus

Substantive im Spanischen und Portugiesischen können maskulin oder feminin sein. Wie allgemein in den romanischen Sprachen ist das Neutrum bis auf einige Reste verloren gegangen; die Wörter mit neutralem Genus wurden entweder in die Klasse der Maskulina (z.B. klat. VĪNUM, vlat. *vinu > sp. (el) vino, ptg. (o) vinho oder klat. TEMPUS, vlat. *tempu > sp. (el) tiempo, ptg. (o) tempo) oder nach dem Plural auf -a in die der Feminina (z.B. klat. FOLIUM, vlat. *folja > sp. hoja/ptg. folha) integriert. Die Endung -a der femininen a-Deklination wurde später v.a. bei Personenbezeichnungen auch auf Substantive übertragen, die ursprünglich für Maskulinum und Femininum eine einzige Form hatten („einendig"). Dies geschah in den verschiedenen romanischen Sprachen in unterschiedlichem Ausmaß und zu unterschiedlichen Zeitpunkten; noch in jüngster Zeit haben sich hier durch die Einführung neuer femininer Berufsbezeichnungen Innovationen ergeben. Im frühen Altspanischen konnte z.B. señor (< *senjóre, lat. SENIOR) außer ‚Herr' auch ‚Herrin' bedeuten (Penny 2006: 151, 3.2.2.2.2.), für ptg. senhor gilt dies bis ins 16. Jh. (cf. Silva 1993: 18–19). Daneben existierten aber auch schon früh die analogischen Formen señora/senhora, die sich schließlich durchgesetzt haben. Im modernen Spanisch und Portugiesisch herrscht hinsichtlich dieser Analogiebildungen eine hohe Übereinstimmung.

Bei den Wortpaaren mit einer maskulinen und einer femininen Form wird also das Femininum normalerweise auf -a gebildet, während das Maskulinum entweder auf -o oder auf Konsonant enden kann: sp. alumno, alumna; profesor, profesora; ptg. aluno, aluna; professor, professora). Es gibt außerdem in beiden Sprachen noch eine Reihe anderer Ableitungssuffixe für feminine Personenbezeichnungen (-es(s)a, -ina etc.); cf. dazu GRAE (2009: I, 92–94, § 2.3j–ñ) und Cunha/Cintra (1984: 192–195).

Was die Unterschiede zwischen Spanisch und Portugiesisch bei der Ableitung auf -a angeht, so sind in erster Linie wiederum die Wörter mit Nasal in der Auslautsilbe betroffen: Bei den spanischen Maskulina auf -ón (< vlat. *-óne) und -ano (< vlat. *-anu) folgt die Femininbildung den allgemeinen Ableitungsregeln, bei den portugiesischen Entsprechungen ist die Beziehung zwischen maskuliner und femininer Form komplizierter. Ähnlich wie bei der Pluralbildung stehen auch hier einer generalisierten maskulinen Endung -ão verschiedene feminine gegenüber: Geht -ão auf *-anu zurück, hat das Femininum normalerweise -ã, das nach Nasalierung, Verlust des n (aptg. -ãa) und Beseitigung des Hiats regulär aus -ana entstanden ist (Huber 1933: 49). Bei *-ọna zu mask. *-ọne hat sich durch reguläre Entwicklung -oa ergeben (Nasalierung, Verlust des n, Entnasalierung, cf. Huber 1933: 49, 56); die Lautung -ona ist möglicherweise auf kastilischen Einfluss zurückzuführen.

Tabelle 28: *Die Entwicklung von vlat. -anu/-ana, -ǫne/-ǫna*

Vlat. Suffix	Vlat.	Sp. mask.	Ptg. mask.	Vlat.	Sp. fem.	Ptg. fem.
*-anu/ *-ana	*germanu[2]	hermano	irmão	*germana	hermana	irmã
*-ǫne/ *-ǫna	*patrǫne	patrón	patrão	*patrǫna	patrona	patroa
	*solitariǫne	solterón	solteirão	*solitariǫna	solterona	solteirona

Ebenfalls wie bei der Singular-Plural-Opposition besteht auch bei den zweigeschlecht-lichen Wortpaaren im Portugiesischen teilweise Varianz hinsichtlich des Öffnungs-grades des Tonvokals *o*. Wiederum wurde das offene ǫ des Vlat. in den maskulinen Formen durch den auslautenden Hochzungenvokal *u* zu geschlossenem [o] umgelautet, während es bei den auf *-a* auslautenden femininen Entsprechungen offen blieb. So ergibt sich aus vlat. **sǫcru* > ptg. *sogro* mit [o], aus vlat. **sǫcra* > ptg. *sogra* mit [ɔ], im Plural liegt bei beiden Genera die offene Qualität vor. Im Spanischen erfolgte in beiden Fällen Diphthongierung des ǫ (sp. *suegro, suegra*).

Eine Reihe von etymologisch verwandten Wörtern hat im Spanischen und Portu-giesischen unterschiedliches Genus (cf. Vázquez Cuesta 1971: II, 13–15). Die Substan-tive mit dem aus dem Französischen (*-age*) entlehnten Suffix sp. *-aje*, ptg. *-agem* sind im Spanischen generell maskulin, im Portugiesischen dagegen bereits im Mittelalter feminin geworden (cf. Silva 1993: 18). So stehen sich z.B. sp. *el viaje, el garaje, el paisaje* und ptg. *a viagem, a garagem, a paisagem* gegenüber. Einige weitere Wörter mit unterschiedlichem Genus sind:

Tabelle 29: *Lexeme mit unterschiedlichem Genus im Spanischen und Portugiesischen*

Spanisch	Portugiesisch
el análisis	a análise
el árbol	a árvore
el color[3]	a cor
la costumbre	o costume
el dolor	a dor
el equipo	a equipa/equipe
la leche	o leite
la miel	o mel

---

[2] Für den Schwund des anlautenden *g-* werden unterschiedliche Erklärungen gegeben, vgl. Penny (2006: 86–87, 2.5.2.3.) und Huber (1933: 112).

[3] Bis zum *español clásico* war *color* feminin (cf. DPD 2005: 143).

100

Spanisch	Portugiesisch
la nariz	o nariz
el orden (,Ordnung, Reihenfolge'; sonst fem.)	a ordem (in allen Bedeutungen fem.)
el origen	a origem
la protesta	o protesto
el puente[4]	a ponte
la risa	o riso
la sal	o sal
la sangre	o sangue

Die Gründe für diese Divergenzen sind unterschiedlich: In zwei Fällen (lat. LAC, MEL) handelt es sich etymologisch um Neutra, die offensichtlich in unterschiedliche Klassen übergegangen sind. In anderen Fällen fand entweder im Spanischen oder im Portugiesischen im Laufe der Sprachgeschichte ein Genuswechsel statt, der sich im Einzelfall nicht immer begründen lässt (zum Ptg. cf. dazu Gouveia 2004). Bei *protesta/protesto*, *risa/riso* und *sonrisa/sonriso* handelt es sich um unterschiedliche deverbale Ableitungen. Die Möglichkeit der regressiven Derivation (oder Nullsuffigierung nach Schpak-Dolt 1999: 83) besteht in beiden Sprachen (zum Ptg. cf. Cunha/Cintra 1984: 104), wobei jeweils die Endvokale *-o*, *-a* und *-e* möglich sind, ohne dass dabei eindeutige semantische Unterschiede erkennbar wären. Laut Schpak-Dolt (1999: 83) sind die Ableitungen auf *-o* und *-e* im Spanischen am produktivsten, doch liegt gerade bei den drei bei Duarte (2005: 16) angeführten Formen *protesta, risa* und *sonrisa* im Spanischen *-a* vor, im Portugiesischen dagegen *-o* (*protesto, riso, sorriso*).

Unterschiedliches Genus in den beiden Sprachen haben weiterhin die Namen der Buchstaben (z.B. sp. *la a* vs. ptg. *o a*).

5.2   Adjektive

Sowohl im Spanischen als auch im Portugiesischen wird die aus dem Lateinischen übernommene Unterscheidung zwischen ein- und mehrendigen Adjektiven prinzipiell fortgesetzt. Bei den zweiendigen geht die maskuline Form auf *-o* aus (lat. *o*-Deklination), die feminine auf *-a* (*a*-Deklination), z.B. sp./ptg. *largo – larga*[5]. Per Analogie haben auch eine Reihe von Wörtern, die im Lateinischen der konsonantischen Deklination angehörten, die *-a*-Endung für die feminen Formen übernommen (cf. Kap.

---

[4]   Regional auch in Spanien sowie Hispanoamerika *la puente*, cf. Noll (2009: 101).
[5]   Was die Semantik betrifft, so handelt es sich hier um *falsche Freunde* (cf. Kap. 6.5): Die primäre Bedeutung von sp. *largo* ist ,lang', die von ptg. *largo* ,breit'. Das gleiche gilt für das weiter unten aufgeführte Beispiel sp. *poltrón* ,faul' und ptg. *poltrão* ,feige'.

5.1.2), so dass einem *-a* im Femininum statt einem *-o* im Maskulinum auch ein Konsonant gegenüberstehen kann, so z.B. bei sp. *francés, francesa* – ptg. *francês, francesa* (klat. -ENSIS, vlat. *-ẹse*) oder sp. *trabajador, trabajadora* – ptg. *trabalhador, trabalhadora* (klat. -OR, -ŌRIS, vlat. *-ǫre*). Diese Analogiebildungen sind in beiden Sprachen wiederum nicht durchgehend erfolgt – Wörter wie z.B. *feliz, fácil* oder *popular* sind einendig geblieben – und, wie bei den betroffenen Substantiven, nicht zum gleichen Zeitpunkt. Sowohl im Altspanischen (cf. Penny 2006: 154, 3.3.1.) als auch im Alt-portugiesischen (cf. Huber 1933: 145) sind die analogischen Formen in den frühen Texten noch sporadisch und setzen sich erst in der frühen Neuzeit endgültig durch. Hinsichtlich der Plural- und Femininbildung gilt grundsätzlich das oben für die Substantive Gesagte. Die Pluralbildung erfolgt durch Anfügen von *-s* bzw. *-es*, je nachdem, ob der Auslaut im Singular vokalisch oder konsonantisch ist. Die femininen Formen sind durch *-a* markiert. Lautet die Endung des Mask.Sg. im Portugiesischen *-ão*, kann der Plural auf *-ãos* (ptg. *são, sãos*; sp. *sano, sanos*), *-ões* (ptg. *poltrão, poltrões*; sp. *poltrón, poltrones*) oder *-ães* (ptg. *alemão, alemães*; sp. *alemán, alemanes*) gebildet werden. Die feminine Entsprechung zu *-ão* lautet *-ã* (ptg. *são, sã*; *alemão, alemã*) oder *-oa, -ona* (ptg. *beirão, beiroa*; *poltrão, poltrona*).

Bei den Adjektiven mit etymologischem offenen [ɔ] erfolgt im Portugiesischen im Mask.Sg. wiederum eine Hebung zu geschlossenem [o], während das *o* sowohl im Mask.Pl. als auch im Fem.Sg. und Pl. offen bleibt: [ˈnovu], [ˈnɔvɐ], [ˈnɔvuʃ], [ˈnɔvɐʃ]. Dieser Mechanismus hat sich auch auf einige Adjektive übertragen, die ein geschlossenes *o* in der Tonsilbe hatten. Hier bleibt das *o* nur im Mask.Sg. geschlossen, in den anderen Formen öffnet es sich zu [ɔ], wie bei *formoso*: [fuɾˈmosu], [fuɾˈmɔzɐ], [fuɾˈmɔzuʃ], [fuɾˈmɔzɐʃ]. Im Spanischen sind hier keine Auffälligkeiten festzustellen; Tonvokal (*hermoso*) bzw. -diphthong (*nuevo*) bleiben unverändert.

Als Besonderheit ist zu vermerken, dass es im Portugiesischen anders als im Spanischen bei den maskulinen Formen keine stellungsbedingten Varianten des Typs *bueno* – *buen, malo* – *mal, grande* – *gran, primero* – *primer* etc. gibt. Die Formen lauten immer gleich: *bom, mau, grande, primeiro* etc..

Die Komparative werden grundsätzlich in beiden Sprachen auf die gleiche Weise gebildet, nämlich mit *más* bzw. *mais* (< klat. MAGIS). Daneben haben sich verschiedene synthetische Komparative erhalten, von denen die meisten aber analytische Konkurrenzformen haben (z.B. klat. INFERIOR: sp./ptg. *inferior* vs. sp. *más bajo*/ptg. *mais baixo*). Verbindlich ist die synthetische Form nur bei sp. *bueno*/ptg. *bom* (sp. *mejor*/ptg. *melhor*), bei sp. *malo*/ptg. *mau* (sp. *peor*/ptg. *pior*)[6] und – nur im Portugiesischen – bei *grande* (*maior*), wo im Spanischen die Formen *más grande* und *mayor* nebeneinanderstehen; ptg. **mais grande* entspricht also nicht der Norm:

---

[6] In bestimmten Kontexten (im Sinne von ‚bondadoso' und ‚gustoso') ist auch *más bueno* bzw. *más malo* möglich (cf. DPD 2005: 103, 411).

Su casa es más grande que la mía.
A sua casa é maior (do) que a minha.

Als Vergleichspartikel kommt im Portugiesischen *do que* neben *que* auch in den Kontexten vor, in denen im Spanischen nur *que* üblich ist, nämlich vor nominalen, adverbialen und präpositionalen Ausdrücken (cf. Reumuth/Winkelmann 2006: 171, § 140 und Hundertmark-Santos Martins 1998: 32). Die Konstruktion mit *do que* ist im Portugiesischen sehr gängig.

5.3   Artikel

5.3.1   Definiter Artikel

5.3.1.1 Form

Der definite Artikel entwickelte sich in beiden Sprachen aus den Formen des lateinischen Demonstrativums *ille*, doch ist die gemeinsame Herkunft der heutigen Formen aufgrund unterschiedlicher Lautentwicklungen nicht mehr ohne Weiteres zu erkennen:

Tabelle 30: *Die Entwicklung des Artikels*

	Latein	Spanisch		Portugiesisch	
		Singular	Plural	Singular	Plural
maskulin	klat. ILLUM, ILLŌS vlat. *ęllu, *ęllos	el	los	o [u]	os [uʃ]
feminin	klat. ILLAM, ILLĀS vlat. *ęlla, *ęllas	la/el	las	a [ɐ]	as [ɐʃ]
neutrum	klat. ILLUD vlat. *ęllo	lo	∅	∅	∅

Aufgrund der vortonigen Stellung ging der Anlaut der *ille*-Formen, der im ältesten Kastilisch noch belegt ist, verloren, außer im Spanischen bei dem maskulinen Singular *el* (die Variante *ell* mit [ʎ] wird im Mittelspanischen aufgegeben, cf. Bollée/Neumann-Holzschuh 2008: 115), bei dem stattdessen der Auslautvokal ausfiel. Die Form *ęlla* wurde vor Konsonant zu *la* (vlat. *ellá muliere* > sp. *la mujer*), vor Vokal dagegen zu *el*, um das Aufeinandertreffen zweier Vokale zu vermeiden, z.B. bei vlat. *ęlla agua* > nsp. *el agua*. Seit dem 16. Jh. steht fem. *el* nur noch vor betontem *a*, in den anderen Kontexten wurde es durch *la* ersetzt: *la amiga, la obra* (Penny 2006: 172–173, 3.5.3.2.).

Das Spanische hat neben den maskulinen und femininen Formen eine neutrale Form des Artikels herausgebildet (zur Grammatikalisierung cf. Stark/Pomino 2010), bei der wie in den sonstigen Formen des Paradigmas die zweite Silbe von vlat. *ẹllu (hier klat. ILLUD) fortgesetzt wurde. Sie steht vor substantivierten Adjektiven, Partizipien etc. (cf. GRAE 2009: I, 1073–1086, § 14.9a– 14.10j) und besitzt keine formale Entsprechung im Portugiesischen, da dort die Entwicklung von vlat. *elló ausgehend in gleicher Weise wie beim maskulinen Artikel verlief, der im Portugiesischen in den betreffenden Kontexten steht:

> lo importante vs. o importante
> lo primero vs. o primeiro

Lo ohne Begleiterfunktion kommt in verschiedenen Wendungen (Phraseoschablonen, cf. Palm 1995: 68) vor, die im Portugiesischen unterschiedliche Entsprechungen haben (cf. Reumuth/Winkelmann 2006: 69, § 38), z.B.:

Tabelle 31: *Der Gebrauch des neutralen Artikels* lo *im Spanischen*

Spanisch	Portugiesisch
Lo de tu hermano no me extraña.	Aquilo do teu irmão não me admira.
un partido de fútbol de lo más aburrido (que he visto/que se pueda imaginar)	um jogo de futebol do mais aborrecido que já vi/que se possa imaginar
Hay que ver lo feliz que es.	Tem de/que se ter em conta quanto/como é feliz. Há que ver o quão feliz é!
¡Lo simpática que es tu novia!	Como a tua namorada/noiva é simpática! Que simpática que é a tua namorada!

Die *l*-losen Formen im Portugiesischen sind dadurch zu erklären, dass der übliche Ausfall des intervokalischen [l] nicht nur innerhalb eines Wortes, sondern auch in Wortgruppen stattfinden konnte, beispielsweise in Konstruktionen wie *vejo-los livros* oder *toda-la casa* (Williams 1962: 140) und in den häufigen Fügungen mit den Präpositionen *de* und *a*, die für Huber (1933: 124) die einzige Grundlage darstellen:

Tabelle 32: *Die Entwicklung der kontrahierten Formen aus Präposition + Artikel I*

Vulgärlatein	Portugiesisch	Vulgärlatein	Portugiesisch
*de ẹllu (> *deo)	> do	*de ẹlla	> da
*ad ẹllu	> ao	*ad ẹlla (> aa)	> a

Solche aus Präposition und Artikel kontrahierten Formen gibt es im Spanischen – bei Erhalt des [l] – nur für die Präpositionen *a* und *de* beim Mask.Sg.: *al, del*. Im Falle von

104

ptg. *pelo, pela* ist das *-l* erhalten, da es in dem zugrunde liegenden **por lo* nicht intervokalisch stand. Stattdessen wurde hier das *-rl-* zu *-ll-* assimiliert und dann vereinfacht (Huber 1933: 126).

Tabelle 33: *Die Entwicklung der kontrahierten Formen aus Präposition + Artikel II*

	mask.sg.		mask.pl.		fem.	
	sp.	ptg.	sp.	ptg.	sp.	ptg.
a + Art.	al	ao	[a los]	aos	[a la(s)]	à(s) [a], [aʃ]
de + Art.	del	do	[de los]	dos	[de la(s)]	da(s)
en/em + Art.	[en el]	no	[en los]	nos (= em os)	[en la(s)]	na(s)
por + Art.	[por el]	pelo	[por los]	pelos	[por la(s)]	pela(s)

Die so entstandenen Divergenzen zwischen den beiden Sprachen können vor allem vom Spanischen aus und vor allem in schriftlichen Texten zu Verwechslungen führen: Der portugiesische Artikel *o* ist homograph (wenn auch nicht homophon) mit der spanischen Konjunktion *o* ‚oder' (ptg. *ou* [o]), der feminine Artikel *a* ist homograph mit der spanischen Präposition *a*, die es allerdings im Portugiesischen als Homonym zum femininen Artikel ebenfalls gibt.

Vom Spanischen her fehlinterpretiert werden können außerdem ptg. *no* (homograph mit sp. *no* ‚nein, nicht', ptg. *não*), *nos* (sp. *nos* Objektpronomen 1.Ps.Pl., so auch im Ptg.) und *dos* (sp. *dos* ‚zwei', ptg. *dois*). Die Verwechslungsgefahr besteht vor allem in der geschriebenen Varietät; in der gesprochenen Sprache unterscheiden sich sp. [no] und ptg. [nu], sp. [nos] und ptg. [nuʃ] sowie [dos] vs. [duʃ] erkennbar voneinander.

Als Besonderheit des Portugiesischen ist noch zu vermerken, dass das Wort *rei* ‚König' außer mit der Form *o* auch mit *el* und Bindestrich stehen kann: *el-rei D. (= Dom < lat.* DOMINUS) *Duarte*. Es handelt sich hier offenbar um einen Kastilianismus, der sich isoliert erhalten hat (Williams 1962: 142).

5.3.1.2 Gebrauch

Ein auffallender Unterschied im Gebrauch des definiten Artikels besteht bei den Eigennamen. Vornamen werden im EP regelmäßig mit definitem Artikel verwendet, während dies im Spanischen selten vorkommt und dort diastratisch bzw. diaphasisch oder auch diatopisch markiert ist; Vázquez Cuesta/Luz (1971: II, 129) sprechen für das Spanische von einem *vulgarismo*. Einem spanischen *María ha llegado* steht also im Portugiesischen normalerweise *A Maria chegou* gegenüber.

Was den Artikelgebrauch bei geographischen Bezeichnungen angeht, so gibt es in beiden Sprachen, wie im Deutschen, jeweils Namen mit und ohne Artikel, wobei im Portugiesischen die Artikelverwendung bei Ländernamen häufiger ist und in den Grammatiken üblicherweise als Norm gilt, während in spanischen Grammatiken die Formen mit Artikel als Abweichungen aufgeführt werden. Bei Städtenamen steht der Artikel jeweils nur in einigen wenigen Fällen, für die Namen der Kontinente gilt, dass sie im Spanischen ohne (abgesehen von *la Antártida*), im Portugiesischen mit Artikel gebraucht werden.

Hinsichtlich der Ländernamen fällt auf, dass im Spanischen, wo die artikellose Form als Norm gilt, gerade die Namen vieler hispanoamerikanischer Länder mit Artikel stehen (*el Perú, el Ecuador, la Argentina* etc.; cf. Reumuth/Winkelmann 2006: 65, § 36), während im Portugiesischen die Bezeichnungen der lusophonen Länder *Portugal, Cabo Verde, Angola, Moçambique, São Tomé e Príncipe* und *Timor* (nicht aber *o Brasil* und *a Guiné-Bissau*) artikellos verwendet werden und somit jeweils als Ausnahmen gelten.

5.3.2 Indefiniter Artikel

Der indefinite Artikel hat sich aus dem lat. Zahlwort ŪNUS, ŪNA entwickelt. Die Formen im Spanischen (*un, unos, una, unas*) und Portugiesischen (*um, uns, uma, umas*) unterscheiden sich vor allem hinsichtlich der Nasalierung, die im Portugiesischen zu den Formen *um* [ũ] (< *ũu* < *unu) und ['ũmɐ] (< *ũa* < *una; cf. Huber 1933: 57) geführt hat. Der Ausfall des *-o* beim Mask.Sg. im Spanischen kann anders als im Portugiesischen nicht durch Kontraktion erklärt werden, sondern wird wie bei *primer, san* (zu *santo*) etc. auf die Stellung im Vorton zurückgeführt (cf. Penny 2006: 175, 3.6.1. und 75, 2.4.3.2.). Im Fem.Sg. wird im Spanischen wie beim definiten Artikel das *-a* vor Substantiven, die mit betontem *a* anlauten, elidiert: sp. *un área* (f.). Auch im Portugiesischen erfolgt eine Elision des auslautenden [ɐ] von *uma*, die sich aber graphisch nicht niederschlägt: *uma área* [ũm'arjɐ].

In Verbindung mit den Präpositionen *de* und *em* gibt es im Portugiesischen wie beim definiten Artikel kontrahierte Formen, die das Spanische hier nicht kennt:

Tabelle 34: *Kontrahierte Formen des unbestimmten Artikels im Portugiesischen*

Spanisch	Portugiesisch
[de un, de una]	dum, duma etc.
[en un, en una]	num, numa etc.

Daneben sind aber auch unverbundenes *de um, em uma* etc. möglich.

5.4 Zahlwörter

Hinsichtlich der Morphologie der Zahlwörter ist zu bemerken, dass das Portugiesische nur eine einzige maskuline Form für ‚eins' kennt, *um*, während im Spanischen neben der Vollform *uno* eine apokopierte Form *un* (vor maskulinen Substantiven) existiert (cf. Kap. 5.3.2). In beiden Sprachen wird bei ‚eins' zwischen Maskulinum und Femininum unterschieden: sp./ptg. *un(o) – una, um – uma*. Bei ‚zwei' hingegen ist die Genus-differenzierung auf das Portugiesische beschränkt:

Tabelle 35: *Zahlwörter*

	Spanisch		Portugiesisch	
	mask.	**fem.**	**mask.**	**fem.**
‚eins'	un hombre	una mujer	um homem	uma mulher
‚zwei'	dos hombres	dos mujeres	**dois** homens	**duas** mulheres

Ansonsten ist das Wortmaterial identisch, und die Zusammensetzung der Zahlen ab 21 erfolgt nach sehr ähnlichen Prinzipien, bis hin zur identischen Verteilung von sp. *cien, ciento* und ptg. *cem, cento*. Allerdings fehlt im Spanischen z.T. die Konjunktion *y*, wo im Portugiesischen *e* steht, nämlich bei Einern und Zehnern nach Hundertern. 101 ist im Spanischen *ciento uno*, im Portugiesischen *cento e um*, die Jahreszahl 1999 wird sp. *mil novecientos noventa y nueve*, ptg. *mil novecentos e noventa e nove* ausgesprochen.

5.5 Demonstrativa

5.5.1 Adjektivische Formen

Beide Sprachen haben ein dreigliedriges System von Demonstrativa. Dabei wird traditionell *este* (< lat. ISTE) der 1. Person, *ese/esse* (< lat. IPSE) der 2. und *aquel* (< lat. ILLE) der 3. Person zugeordnet.

Ein vergleichbares System bestand auch im klassischen Latein, wo die drei Positionen von HIC, ISTE und ILLE eingenommen wurden (Rubenbauer/Hofmann 1995: 229–230). Auf der Iberischen Halbinsel bleibt dieses also, anders als etwa im Französischen, grundsätzlich erhalten, allerdings mit verändertem Wortmaterial: Latei-nisch HIC setzt sich nicht fort, ISTE rückt in die erste Position, die zweite wird von Fort-setzungen von lat. IPSE (‚selbe(r)') eingenommen. In der dritten Position bleibt ILLE erhalten, wird aber mit **accu*, der iberoromanischen Variante von lat. ECCE (‚da, siehe da') verstärkt.

Wie die Possessiva und die Indefinita können die Demonstrativa in adjektivischer oder substantivischer Funktion (Pronomen) vorkommen.

Bei den adjektivischen ist zu beachten, dass bei *este* und *ese/esse* die Formen des Mask.Pl. im Spanischen auf *-os*, im Portugiesischen auf *-es* enden: *estos* vs. *estes*, *esos* vs. *esses*. Eigentlich wäre dieses *o* in beiden Sprachen in allen Formen des maskulinen Paradigmas zu erwarten, denn es müsste vlat. *ẹstu, *ẹstos* zugrunde liegen. Aus nicht genau geklärten Gründen (cf. Penny 2006: 171, 3.5.3.1.) hat hier eine Ersetzung durch die *e*-Endung (wohl nach dem Personalpronomen *el/ele* < vlat. *ẹlle*, klat. ILLE, n.s.mask.) stattgefunden, die im Portugiesischen konsequenter durchgeführt wurde als im Spanischen, so dass auch bei ptg. *aquele* der Pl.Mask. auf *-es* ausgeht (*aqueles*), im Spanischen dagegen ohne analogischen Ausgleich auf *-os* (*aquellos*).

Die femininen Formen sind in beiden Sprachen morphologisch identisch und weisen nur die auch bei den Maskulina anzutreffenden Unterschiede auf, die auf divergente Lautentwicklungen, z.B. *aquella(s)* vs. *aquela(s)* bzw. Graphietraditionen, z.B. *esa(s)* vs. *essa(s)* zurückzuführen sind.

Zur Aussprache der portugiesischen Formen ist noch anzumerken, dass hier wiederum Vokalharmonie festzustellen ist, allerdings in etwas anderer Weise als bei den Substantiven und Adjektiven, denn Mask.Sg. und Pl. haben die gleiche Qualität des Tonvokals: *este,-s* ['eʃtə], ['eʃtəʃ] vs. *esta, -s* ['ɛʃtɐ] ['ɛʃtɐʃ], entsprechend *esse, essa* und *aquele, aquela*). Hier hat keine Hebung eines [ɛ] durch auslautendes *-u* stattgefunden, da im Vulgärlateinischen in allen drei Fällen ein geschlossenes *ẹ* vorliegt. Vielmehr handelt es sich um eine jüngere, analogische Entwicklung (cf. dazu Huber 1933: 52 und Vázquez Cuesta/Luz 1971: I, 259).

Wie beim indefiniten Artikel gibt es auch bei den Demonstrativbegleitern im Ptg. kontrahierte Formen mit *de* und *em*, z.B. *deste* (neben *de este), naquela* (neben *em aquela). Aquele* wird in Verbindung mit der Präposition *a* zu *àquele* (Aussprache [a'kelə] vs. [ɐ'kelə], entsprechend *aquela* [ɐ'kɛɫɐ] vs. [a'kɛɫɐ].

108

Tabelle 36: *Adjektivische Demonstrativa*

Spanisch			
Singular		Plural	
Maskulin	Feminin	Maskulin	Feminin
este	esta	estos	estas
ese	esa	esos	esas
aquel	aquella	aquellos	aquellas
Portugiesisch			
Singular		Plural	
Maskulin	Feminin	Maskulin	Feminin
este	esta	estes	estas
esse	essa	esses	essas
aquele	aquela	aqueles	aquelas

5.5.2 Substantivische Formen

Das Inventar der Demonstrativa in substantivischer Funktion entspricht grundsätzlich dem in adjektivischer, doch gibt es in beiden Sprachen außer den maskulinen und femininen Formen zusätzliche neutrale Formen ('dieses (hier/da)': sp. *esto, eso, aquello*, ptg. *isto, isso, aquilo* (die genauen Umstände der Entwicklung des Tonvokals im Portugiesischen zu *i* sind ungeklärt, cf. Williams 1962: 158 und Vázquez Cuesta/Luz 1971: I, 257–259).

Was die Graphie angeht, so trugen vor der letzten Rechtschreibreform die maskulinen und femininen Formen im Spanischen in substantivischer Verwendung einen graphischen Akzent: *¿Qué libro prefieres? – Prefiero ése* (heute: *Prefiero ese*). Im Portugiesischen wurden die beiden Formen nie graphisch unterschieden *Que livro preferes? – Prefiro esse.*

5.6 Possessiva

Bei den Possessiva verhält es sich – man kann schon sagen: ausnahmsweise – so, dass die Situation im Spanischen komplizierter ist als im Portugiesischen: Im Portugiesischen gibt es nur eine Formenreihe, während sich im Spanischen volle (betonte) und verkürzte (unbetonte) Formen gegenüberstehen. Dies ist nicht wie z.B. im Französischen das Resultat zweier unterschiedlicher Entwicklungen aus dem Latein in betonter und unbetonter Position, sondern ergibt sich aus einer Kürzung der Langformen im Altspanischen in der Position vor dem Substantiv (Penny 2006: 167–168, 3.5.2.). Eine solche Entwicklung hat im Portugiesischen nur bei den femininen Formen stattgefunden (cf. Huber 1933: 169) und sich nicht ins moderne Portugiesisch fortgesetzt (Teyssier 2007: 82, III.5.1).

Tabelle 37: *Possessiva*

Spanisch				Portugiesisch	
unbetont		betont			
mask.	fem.	mask.	fem.	mask.	fem.
mi(s)		mío(s)	mía(s)	meu(s)	minha(s)
tu(s)		tuyo(s)	tuya(s)	teu(s)	tua(s)
su(s)		suyo(s)	suya(s)	seu(s)	sua(s)
nuestro(s)	nuestra(s)	nuestro(s)	nuestra(s)	nosso(s)	nossa(s)
vuestro(s)	vuestra(s)	vuestro(s)	vuestra(s)	vosso(s)	vossa(s)
su(s)		suyo(s)	suya(s)	seu(s)	sua(s)

Im Portugiesischen werden die gleichen Formen in adjektivischer und substantivischer Funktion verwendet: *O meu livro é interessante. Como é o seu?*

Im Spanischen kann substantivisch nur die betonte Form stehen (wobei die Formen der 1. und 2. Pl. sowieso homonym mit den betonten sind), adjektivisch sind beide möglich. Die Verteilung der Formen ist so, dass die Kurzformen vor dem Substantiv stehen (*mi amiga, sus alumnos*), die Langformen jedoch – in bestimmten syntaktischen Kontexten – dahinter (*una amiga mía, algunos alumnos suyos*). Im Portugiesischen kann die einzige Form je nach Kontext sowohl vor als auch nach dem Substantiv stehen: *a minha amiga – uma amiga minha; os seus alunos – alguns alunos seus*). Grundsätzlich kann im Portugiesischen anders als im heutigen Spanisch der vorangestellte Possessivbegleiter sowohl mit als auch ohne Artikel stehen (cf. Kap. 3.2.2). Im EP ist, anders als im BP, die Konstruktion mit Artikel allerdings die weitaus üblichere.

In beiden Sprachen besteht die Möglichkeit, die Besitzanzeige durch eine nachgestellte Präpositionalgruppe auszudrücken bzw. zu präzisieren. Im Spanischen kann dabei das Substantiv vom Possessivpronomen oder vom definiten Artikel begleitet sein (z.B. *he encontrado su/la llave de él*, Reumuth/Winkelmann 2006: 79–80, § 47), im Portugiesischen steht generell der Artikel (cf. Gärtner 1998: 172). Die Possessivbegleiter der 3.Ps. können sich grundsätzlich sowohl auf die angesprochene Person als auch auf eine dritte beziehen. Dies gilt vor allem für die Gebiete, in denen die 2.Ps.Pl. außer Gebrauch gekommen ist und wo daher die Tendenz besteht, die Possessivbegleiter auf den ersteren Kontext zu beschränken und bei Bezug auf dritte Personen die Präpositionalgruppen zu verwenden, die zudem eine Numerus- und Genusunterscheidung ermöglichen (cf. GRAE 2009: I, 1339, § 18.1f).

5.7 Indefinita

Man kann für beide Sprachen bei den Indefinita einerseits eine Unterscheidung zwischen variablen und invariablen Formen, andererseits zwischen substantivisch und adjektivisch gebrauchten vornehmen. Die Gruppen überschneiden sich.

Bei den Indefinita, die sowohl adjektivisch als auch substantivisch gebraucht werden (cf. Reumuth/Winkelmann 2006: 86–87, § 52), ist das Wortmaterial in beiden Sprachen grundsätzlich dasselbe und die Formen von der jeweils anderen Sprache her leicht zu identifizieren: sp./ptg. *alguno – algum* (< lat. ALIQUIS ŪNUS[7]), *ninguno – nenhum* (< lat. NEC ŪNUS), *otro – outro* (< lat. ALTER), *poco – pouco* (< lat. PAUCUS ‚klein', im Pl. ‚wenige') etc. Wie beim indefiniten Artikel fehlt bei ptg. *algum, alguns* und *nenhum, nenhuns* das *-o*, was ebenfalls auf Nasalisierung und Kontraktion zurückzuführen ist (cf. Kap. 5.3.2); die entsprechenden Feminina lauten *alguma(s)* und *nenhuma(s)*. Dem substantivisch verwendeten sp. *cualquiera* (*cual* + 3.Ps.Konj.Präs. von *querer*) entspricht ein ptg. *qualquer* ohne *-a*; im Spanischen findet sich die Form *cualquier* nur in adjektivischer Verwendung vor dem Substantiv. Bei *otro/outro* ist zu beachten, dass es im Spanischen anders als im Portugiesischen nie mit dem indefiniten Artikel steht (cf. Duarte 2005: 32): sp. *Quiero otro trabajo*. – ptg. *Quero (um) outro trabalho*.

Unterschiede im Formenbestand finden sich bei den nur substantivisch verwendeten Indefinita: sp. *nadie*, ältere Form *nadi* ‚niemand' geht auf lat. (HOMO) NĀTUS ‚geborener (Mensch)' zurück; die Endung *-i* ist entweder unter dem Einfluss von lat. QUĪ entstanden (cf. Penny 2006: 174, 3.5.5) oder es liegt der lat. Plural NĀTĪ zugrunde (cf. DRAE 2001: II, 1563). Das gleichbedeutende ptg. *ninguém* hingegen ist in Analogie zu *alguém* (< vlat. *aliquem*, sp. *alguien*) aus vlat. *necquem* entstanden. *Algo* ‚etwas' (< lat. ALIQUOD) existiert zwar in beiden Sprachen, steht aber im europäischen Portugiesisch in Konkurrenz zu *alguma coisa, qualquer coisa* sowie *uma coisa*, die stark lexikalisiert sind: *Perdeste alguma coisa?* entspricht dt. ‚Hast du etwas [und nicht: ‚irgendeine Sache'] verloren?'. Portugiesisch *algo* rechnet Hundertmark-Santos Martins (1998: 93) (im EP) der gehobenen Sprache zu. Im Spanischen dagegen ist *¿Has perdido algo?* unmarkiert.

Portugiesisch *outrem* ‚jemand anders' (Endung in Analogie an *quem, alguém, ninguém*) hat keine direkte Entsprechung im heutigen Spanisch[8], wo es durch *otro* oder *otra persona* wiedergegeben wird. Des Weiteren ist auf das ausschließlich substantivisch gebrauchte *tudo* ‚alles' im Portugiesischen hinzuweisen, dessen Tonvokal durch das *u* im Auslaut (vlat. *tǫtu*) von [o] zu [u] gehoben wurde, während die adjektivischen Formen diese Entwicklung nicht durchgemacht haben (cf. Huber 1933: 56, Williams

---

[7]   Im Asp. war *algun(o)* auch noch die substantivische Form (‚jemand'), wurde aber seit dem 15. Jh. von *alguien* verdrängt.

[8]   Im Altspanischen gab es noch die dem ptg. *outrem* entsprechende Form *otrien* (neben *otri* und *otrie*, cf. Penny 2006: 174, 3.5.5.), die sich aber nicht fortsetzte.

1962: 99 und Vázquez Cuesta/Luz 1971: I, 257). Die entsprechende spanische Form lautet *todo*.

5.8 Interrogativa

Der Wortbestand ist sowohl bei den substantivisch als auch bei den adjektivisch gebrauchten Interrogativa identisch: sp./ptg. *cuál – qual* (< lat. QUĀLIS) ‚welch/e/r', *quién – quem* (< lat. akk. QUEM) ‚wer', *cuánto – quanto* ‚wie viel' (< lat. QUANTŌ), *qué – que* ‚was' (< lat. QUID). Ptg. *quem* besitzt anders als sp. *quién* keine Pluralform. Im Portugiesischen wird statt *que* sehr häufig *o que*, mit vorangestelltem maskulinen Artikel, verwendet:

> sp. *¿Qué quieres ser cuando seas grande?*
> ptg. *O que queres ser quando fores grande?*

Sehr frequent und stark grammatikalisiert ist im Portugiesischen die Umschreibung mit *é que*, die an die französische *est-ce que*-Umschreibung erinnert und im Spanischen nicht üblich ist (cf. Gärtner 1998: 639–640): *O que é que queres ser quando fores grande?*

Die Interrogativa haben abgesehen von sp. *cuyo* – ptg. *cujo* (< lat. CŪIUS) ‚dessen' die gleichen Formen wie die Relativpronomen (cf. Kap. 5.10). Dabei wird im Spanischen wiederum eine graphische Unterscheidung vorgenommen: Als Interrogativa tragen die Formen einen Akzent, als Relativpronomen nicht. Eine solche Unterscheidung fehlt im Portugiesischen. *Que* schreibt sich allerdings mit Zirkumflex, wenn es allein oder am Satzende steht: *O quê?* ‚Was?'. Dies gilt auch für ptg. *porque/porquê*, wobei erstere Form homonym mit der Konjunktion *porque* ‚weil' ist. Im Spanischen sind Interrogativum und Konjunktion dagegen sowohl lautlich, als auch graphisch unterschieden: sp. *porque* ‚weil' (wie im Ptg.), aber *por qué* ‚warum'. Auffällig ist, dass im Portugiesischen das interrogative *que* mit Artikel verwendet wird, im Spanischen dagegen *que* in seiner Funktion als Relativpronomen, wobei die jeweils andere Verwendung ausgeschlossen ist:

Tabelle 38: *Der Gebrauch von* que

Spanisch	Portugiesisch
¿Qué dices?	O que (é que) dizes?
el asunto del que he hablado	o assunto de que falei

Bei den Interrogativadverbien, deren Bestand in beiden Sprachen ebenfalls weitgehend übereinstimmt, ist auf die unterschiedlichen Entsprechungen zu ‚wo' und ‚woher' hinzuweisen:

Tabelle 39: *Die Versprachlichung von ‚wo' und ‚woher'*

	Spanisch	Portugiesisch
‚wo'	¿Dónde vives?	Onde vives?
‚woher'	¿De dónde vienes?	Donde vens?

In beiden Sprachen hat eine Ersetzung des lat. UBI, das im Altspanischen und Alt-portugiesischen noch als *o* bzw. *u* vorkommt, durch *onde* (lat. UNDE) mit der ur-sprünglichen, im Mittelalter noch präsenten Bedeutung ‚woher' stattgefunden. Während im Portugiesischen dieses Stadium erhalten ist und *donde* entsprechend ‚von wo, woher' bedeutet, ist der Prozess im Spanischen ein weiteres Mal vollzogen worden, so dass *dónde* heute die Bedeutung ‚wo' hat und ‚woher' durch *de dónde* ausgedrückt wird.

5.9 Personalpronomen

5.9.1 Subjektpronomen

Grundsätzlich gelten für den Gebrauch des Subjektpronomens im Spanischen ähnliche Bedingungen wie im Portugiesischen. In beiden Sprachen sind (anders als im Fran-zösischen oder auch im Deutschen und Englischen) Subjektpronomen nicht obli-gatorisch (finite Verbformen können auch ohne explizites Subjekt einen Satz bilden), sondern werden nur in bestimmten Kontexten verwendet, nach traditioneller Ansicht dann, wenn Emphase oder Kontrast ausgedrückt werden sollen. Im Portugiesischen gilt dies allerdings wohlgemerkt nur für die europäische Varietät.[9]

Die romanischen Subjektpronomen der 1. und 2. Person sind aus den lateinischen Personalpronomen hervorgegangen. In der 3. Person liegt, wie beim definiten Artikel, das Demonstrativum lat. ILLE zugrunde, doch hier im Nominativ, was die Formen der 3. Ps.Sg. sp. *él*, ptg. *ele*, die nicht wie der Artikel auf den Obliquus vlat. **ęl(l)o*, klat. ILLUM, sondern auf ein vlat. **ę(l)le*, klat. ILLE zurückgehen, erklärt. Dass Personal-pronomen und Artikel im Mask.Sg. im Spanischen trotzdem gleich lauten (im modernen Spanisch allerdings graphisch unterschieden werden, indem das Pronomen einen Akzent erhält), ist dem Umstand geschuldet, dass beim Artikel das ehemals vorhandene *-o* ausgefallen ist (cf. Kap. 5.3.1.1). Bei den Pluralformen sind unterschiedliche Analogien

---

[9] „Das brasilianische Portugiesisch hat (im Unterschied zum europäischen Portugiesisch) weitgehend den Status einer Null-Subjekt-Sprache verloren und sich, als Korrollar in dieser Entwicklung, zu einer eher rigiden, dem Französischen ähnlichen, SVO-Sprache entwickelt [...]" (Meyer-Hermann 2003: 449; cf. Barme 2000: 24–25). Die Bemerkung von Duarte (2005: 27) „Los hablantes de portugués suelen utilizar los pronombres sujeto mucho más que los hablantes de español" trifft also nicht auf das EP zu.

eingetreten: Im Spanischen wurde bei *ellos* die Endung des Akk.Pl. übernommen, wie sie in den sonstigen nominalen Formen vorlag (cf. Penny 2006: 159, 3.5.1.). Portugiesisch *eles* ist dagegen in Analogie an den Singular umgeformt worden.

Der auffälligste Unterschied im heutigen Inventar der Subjektpronomen findet sich bei der 1. und 2. Ps.Pl., wo das Spanische seit dem Ende des Mittelalters (cf. Penny 2006: 159, 3.5.1.) die aus dem Lateinischen übernommenen Formen *nos* und *vos* mit *otros* erweitert hat – laut Penny (2006: 164, 3.5.1.1.) deshalb, weil *vos* zwischenzeitlich zur zunächst höflichen Anrede an eine einzelne Person geworden war (in Hispanoamerika ist *vos* regional als Anredeform erhalten geblieben (*voseo*), cf. Noll 2009: 99–100), während sie im Portugiesischen als einfache Formen erhalten blieben:

Tabelle 40: *Die Subjektpronomina*

Latein	Spanisch	Portugiesisch
klat. EGŌ, vlat. *eo	yo	eu
klat. TŪ	tú	tu
klat. ILLE, ILLA, vlat. *ẹl(l)e, *ẹl(l)a	él, ella	ele, ela
klat. NŌS	nosotros, nosotras	nós[10]
klat. VŌS	vosotros, vosotras	(vós)
klat. ILLŌS, ILLĀS, vlat. *ẹl(l)os, *ẹl(l)as	ellos, ellas	eles, elas

Hinsichtlich des Gebrauchs der 2. Ps.Pl. lässt sich feststellen, dass *vós* im Portugiesischen, anders als *vosotros* im europäischen[11] Spanisch, nur noch in marginalen Kontexten verwendet und im Normalfall durch *vocês* (bzw. eine nominale Anredeform) + 3. Ps.Pl. bzw. durch die alleinige Verbform der 3.Ps.Pl. ersetzt wird (cf. Hundertmark-Santos Martins 1998: 80). Statt *nós* wird in der 1.Ps.Pl. nähesprachlich auch *a gente* + 3. Ps.Sg. gebraucht (ibid. 81). Im BP ist dies unmarkiert nähesprachlich und sehr frequent, im EP hingegen weniger üblich und deutlich markiert.

Bei den Anredeformen zeigen sich überhaupt grundlegende Unterschiede zwischen den beiden Sprachen sowie auch zwischen den verschiedenen diatopischen Varietäten derselben Sprache; diese werden in Kap. 5.9.3 gesondert behandelt.

---

[10] Der Akzent dient der graphischen Unterscheidung vom Objektpronomen und dem Amalgam *nos* (= *em os*). In der Aussprache liegt einerseits, beim Subjektpronomen, [nɔʃ], andererseits, beim Objektpronomen und dem Amalgam, [nuʃ] vor.

[11] Im amerikanischen Spanisch (sowie im westlichen Andalusien und partiell auf den Kanaren) ist, analog zum Portugiesischen, *vosotros* durch *ustedes* + 3. Ps.Pl. ersetzt worden (GRAE 2009: I, 1255, § 16.15q).

114

5.9.2 Objektpronomen

Sowohl im Spanischen als auch im Portugiesischen treten Objektpronomen in betonter und unbetonter Form auf. Die betonten Formen stehen nach Präpositionen, die unbetonten in allen anderen Kontexten. Bei den unbetonten Formen erfolgt in der 3. Ps.Sg. und Ps.Pl. eine Differenzierung hinsichtlich ihrer Funktion als indirektes oder direktes Objekt (Dativ und Akkusativ).

Was die betonten Formen angeht, so ist in beiden Sprachen die 3.Ps.Sg. und Pl. in nicht reflexiver Verwendung mit den Subjektpronomen identisch: sp. *para él/ellos, ella(s)* vs. ptg. *para ele(s), ela(s)*, sp. *para nosotros, vosotros* vs. ptg. *para nós, vós*. Die 1. Ps.Sg. lautet sp. *mí*, ptg. *mim* [mĩ] (< lat. MIHI), die 2. Ps. sp./ptg. *ti* (< lat. TIBI), die 3. Ps. reflexiv sp. *sí*, ptg. *si* (< lat. SIBI) (cf. Kap. 5.9.3). Die unetymologische Nasalierung in der 1. Ps. im Portugiesischen erfolgte wahrscheinlich unter dem Einfluss des anlautenden Nasalkonsonanten.

Die unbetonten Formen, bei denen nicht nach direktem und indirektem Objekt unterschieden wird, sind die der 1. und 2. Ps.Sg. und Pl. Dort haben die lateinischen Akkusativformen MĒ, TĒ, NŌS und VŌS auch die Funktion der Dativfomen MIHI, TIBI, SIBI, NŌBIS und VŌBIS übernommen. Sie werden im Spanischen und Portugiesischen fast unverändert fortgesetzt,[12] abgesehen davon, dass im Spanischen in der 2. Ps.Pl. das anlautende *v-* ([b], [β]) im späten Altspanisch verloren gegangen ist (cf. Penny 2006: 161, 3.5.1.). Es ergibt sich also die Form sp. *os* ‚euch', die homograph mit ptg. *os* (3.Ps.Pl.Mask., dir.Obj.) sowie auch mit dem portugiesischen maskulinen Pluralartikel ist: sp. *No os veo.* ‚Ich sehe **euch** nicht', ptg. *Não os vejo* ‚Ich sehe **sie** nicht.' In der Anrede liegt hier – aus Zufall – partiell die gleiche Bedeutung vor, da im Portugiesischen im Plural ohnehin die 3.Ps. verwendet wird (cf. Kap. 5.9.3) und deshalb *Não os vejo* ebenfalls ‚Ich sehe euch nicht' heißen kann (allerdings nur auf maskuline Gruppen bezogen), obwohl eine andere Form und Entwicklung zugrunde liegt. Doch grundsätzlich können hier von beiden Sprachen aus Missverständnisse auftreten.

In der 3. Person Sg. und Pl. wird, außer beim Reflexivum sp./ptg. *se* (< lat. SĒ), zwischen Dativ und Akkusativ bzw. indirektem und direktem Objekt unterschieden. Die Formen des indirekten Objekts (vom lat. Dativ abgeleitet) lauten sp. *le(s)*, ptg. *lhe(s)* – < lat. ILLĪ(S). Die Formen des direkten Objektpronomens der 3. Ps. sind, von den unten genannten Ausnahmen abgesehen, im Portugiesischen identisch mit denen des definiten Artikels: *o, a, os, as*; für das Spanische gilt dies für alle außer dem Mask.Sg. (Artikel *el* vs. Pronomen *lo*).

In beiden Sprachen können – wenn auch in sehr unterschiedlicher Verteilung, (cf. Kap. 5.9.2) – die Klitika vor der Verbform stehen (proklitisch) oder dahinter (enklitisch). Im Spanischen lauten die Formen in beiden Stellungen gleich. Im Portugiesischen dagegen richtet sich in enklitischer Position die Form der direkten Objekt-

---

[12] In der Aussprache der etymologisch und graphisch identischen Formen bestehen heute allerdings deutliche Unterschiede: sp. [me], [te] vs. ptg. [mə], [tə]; sp. [nos] vs. ptg. [nuʃ].

pronomen nach dem Auslaut der Verbform: Endet diese auf Nasal, folgen die Allomorphe *no(s), na(s)*, endet sie auf *r, s* oder *z*, die Allomorphe *lo(s), la(s)*, wobei der Auslautkonsonant des Verbs entfällt. In beiden Fällen erklärt sich die besondere Entwicklung dadurch, dass das *l* (zunächst) erhalten blieb, weil es, anders als bei vokalisch auslautenden Verbformen, nicht in intervokalischer Position stand. Im ersteren Fall ging es dann durch progressive Assimilation verloren (vlat. **claman(t) (ẹl)lu* > ptg. *chamamno;* cf. Huber 1933: 123–124), in letzterem (vlat. **clamar (ẹl)lu* > *chamá-lo*, mit regressiver Assimilation des *r*; cf. Huber 1933: 151) ist es bis heute erhalten. Man vergleiche folgende Formen:

Tabelle 41: *Die klitischen Objektpronomen I*

Spanisch	Portugiesisch enklitisch	Portugiesisch proklitisch
(yo) lo llamo (yo) no lo llamo	(eu) chamo-**o**	(eu) não o chamo
(ellos) lo llaman (ellos) no lo llaman	(eles) chamam-**no**	(eles) não o chamam
(yo) voy a llamarlo (yo) lo voy a llamar (yo) no voy a llamarlo (yo) no lo voy a llamar	(eu) vou chamá-**lo**	(eu) não vou chamá-**lo**

Auffällig sind die Unterschiede auch bei der Kombination von Dativ- und Akkusativformen. Im Spanischen werden indirekte und direkte Formen unverbunden hintereinander gestellt, wobei in der 3.Ps.Sg. und Pl. das *le* durch ein *se* ersetzt wurde (dazu Penny 2006: 162, 3.5.1.), das vom Portugiesischen aus sowohl mit dem Reflexivpronomen *se* als auch mit der Konjunktion *se* (sp. *si*, ‚wenn') verwechselt werden kann. Andererseits sind die im Portugiesischen entstandenen kontrahierten Formen (vlat. **me (ẹl)lu* > **meo* > *mo*; vlat. **ẹlli (ẹl)lu*, lat. ILLĪ ILLUM, > **ʎelu* > **ʎeu* > *lho*, cf. Williams 1962: 154) vom Spanischen her nicht ohne Weiteres ableitbar.

116

Tabelle 42: *Die klitischen Objektpronomen II*

Spanisch	Portugiesisch enklitisch	Portugiesisch proklitisch	
(no) me lo (la, los, las) dio	deu-**mo** (-ma, -mos, -mas)	não **mo** deu	,er/sie hat es mir (nicht) gegeben'
(no) te lo (la, los, las) dio	deu-**to** (-ta, -tos, -tas)	não **to** deu	,hat es dir (nicht) gegeben'
(no) se lo (la, los, las) dio	deu-**lho** (-lha, -lhos, -lhas)	não **lho** deu	,hat es ihm/ihr (nicht) gegeben'
(no) nos lo (la, los, las) dio	deu-**no-lo** (-no-la, no-los, no-las)	não **no-lo** deu	,hat es uns (nicht) gegeben'
(no) os lo (la, los, las) dio	[deu-**vo-lo** (-vo-la, vo-los, vo-las)]	[não **vo-lo** deu]	,hat es euch (nicht) gegeben'
(no) se lo (la, los, las) dio	deu-**lhos** (-lha, -lhos, -lhas)	não **lhos** deu	,hat es ihnen (nicht) gegeben'

5.9.3 Anredeformen

Beide Sprachen haben zunächst das lateinische *tu* übernommen sowie die spätlateinische Verwendung des Plurals *vos* als Distanzform im Singular, wobei *vos* die Pluralbedeutung (Nähe und Distanz) ebenfalls beibehielt (vergleichbar dem frz. *vous*). Das sowohl in altspanischen als auch altportugiesischen Texten als Distanzform verwendete *vos* wurde mit der Zeit zur vertrauten Anredeform und in der Neuzeit von nominalen Ausdrücken abgelöst, die zunächst wiederum eine höfliche Distanz ausdrücken sollten (cf. Penny 2006: 164–165, 3.5.1.1.). Von diesen setzte sich in beiden Sprachen eine Entsprechung zu dt. ,Euer Gnaden' durch, nämlich sp. *vuestra merced*, das zu *usted* verkürzt wurde, und ptg. *vossa mercê*, woraus sich u.a. die Form *você* entwickelte. Im Spanischen ist *usted* bis heute Distanzform geblieben. Im AS allerdings hat der Plural *ustedes* die Form *vosotros* ersetzt (*tratamiento unificado*), so dass in der 3. Ps.Pl. keine Unterscheidung zwischen Nähe und Distanz gemacht wird.

In einigen Gebieten Hispanoamerikas wird statt der vertrauten Anrede im Singular *tú* die ehemalige Distanzform *vos* verwendet; man spricht hier von *voseo*. Verbunden wird *vos* mit einer Verbform, die sich wie die 2.Ps.Pl. aus der asp. Form *cantades* entwickelt hat, allerdings mit Monophthongierung. So entspricht einem *tu cantas* in *tuteo*-Gebieten in *voseo*-Gebieten *vos cantás* (daneben auch *vos cantáis* sowie die 2.Ps.Sg. *cantas*). Im ES ist *cantáis* (mit *vosotros* statt *vos*) weiterhin 2.Ps.Pl., während in den Gebieten mit *tratamiento unificado* die Pluralanrede in der 3.Ps.Pl. erfolgt: *ustedes cantan*. Verbreitet ist der *voseo* schwerpunktmäßig in den *tierras bajas*.

„Der *voseo* existiert in diversen Varianten in ganz Hispanoamerika, vor allem in den Tiefenebenen und an den Meeresküsten. In den Hochländern war generell der Einfluss von KS stärker, dort hat sich die Form *tu* [sic!] für die neutral-familiäre Anrede gehalten. Die soziale Akzeptanz des *voseo* ist je nach Region unterschiedlich. In vielen Ländern gilt er als rustikal bis vulgär und wird in der Literatur vermieden. In den Ländern am Rio de la Plata ist dies anders; vor allem in Argentinien gehört der *voseo* untrennbar zu nationalen Sprachform, er wird manchmal geradezu als als Symbol der argentinischen Identität interpretiert" (Bossong 2008a: 97).

Auch im Portugiesischen ist *vos* (2.Ps.Pl.) außer Gebrauch geraten. Die Anrede wird analog zum AS durch *vocês* + 3.Ps.Pl. ersetzt. Anders als sp. *usted* blieb ptg. *você* keine Distanzanredeform, sondern wurde in dieser Funktion ein weiteres Mal durch neue nominale Formen ersetzt, von denen *o senhor, a senhora* grammatikalisiert wurden.

Es besteht also heute im europäischen Spanisch eine Differenzierung zwischen dem informellen *tú* und dem formellen *usted*, im europäischen Portugiesisch vorab zwischen *tu, você* und *o senhor/a senhora*. Tatsächlich ist jedoch das System der portugiesischen Anredeformen viel differenzierter (cf. Strobel 2005: 38–47).[13]

Eine sehr wichtige Rolle spielen nämlich im EP die nominalen Anredeformen (zum BP cf. Head 1976), die im Spanischen wie auch im Deutschen oder Französischen nur marginal vorkommen. Dabei kann, wie gesagt, nur *o senhor/a senhora* als grammatikalisiert gelten; ansonsten handelt es sich um eine offene Klasse von Vornamen, Nachnamen, Titeln, Berufs- und Verwandtschaftsbezeichnungen etc., z.B. *a Dona Maria, o doutor, a colega, a tia*. Letztere (europa-)portugiesische Eigenart kann bei Hispanophonen zu ebensolcher Verwirrung führen wie bei Germanophonen:[14] *A colega já almoçou?* kann sich zwar grundsätzlich auf eine nicht anwesende dritte Person beziehen, ist aber auch die Anrede an eine anwesende zweite Person (hier also eine Kollegin) und entspricht einem spanischen *¿(Tú) ya has almorzado?* bzw. *¿(Usted) ya ha almorzado?* und dem Deutschen *Hast du/Haben Sie schon zu Mittag gegessen?*

Die Unterscheidung zwischen Nähe und Distanz kann bei diesem System (von den möglichen Anreden *tu, você* und *o senhor/a senhora* also abgesehen) nur auf lexikalischer Ebene zum Ausdruck gebracht werden, z.B. *A Maria/a Dona Maria/o Carlos/o senhor Gomes/a doutora/o senhor engenheiro/a mãe/o tio quer um café?* Im Plural: *As meninas/os colegas querem um café?* Nachnamen, Titel oder Namensergänzungen wie *dona, senhor, senhora* drücken natürlich eine größere Distanz aus als der alleinige Vorname.

---

[13] Es gibt eine Fülle von Literatur zu diesem Thema; cf. z.B. für das Portugiesische die entsprechenden Angaben bei Johnen (2006: 73–97) und die Studie von Merlan (im Druck), für das Spanische den Sammelband von Hummel/Kluge/Vázquez Laslop (2010).

[14] Formal vergleichbar sind im Deutschen Konstruktionen des Typs *Hat die Dame noch einen Wunsch?*, im Spanischen *¿Desea algo más la señora?*, die allerdings auf marginale Kontexte beschränkt sind (cf. Johnen 2006: 74).

Tabelle 43: *Die Anrede im Portugiesischen*

Portugiesisch (Anrede)			
a Maria	a Dona Maria	a senhora Dona Maria	a doutora Maria
o Paulo	o senhor Paulo	o senhor Gomes	o doutor Gomes

Auch bei Anredesätzen gilt, dass – ebenso wie im Spanischen – ein explizites Subjekt häufig fehlt: *Já almoçaste? Já almoçou?*

Es ist im Portugiesischen anders als im Spanischen unüblich, weibliche Personen mit *senhora* + Familienname zu bezeichnen. Auch im öffentlichen Leben wird vorzugsweise der Vorname, kombiniert mit (*senhora*) *Dona* oder einem Titel verwendet, z.B. *a professora* (*D.*) *Filomena,* während man im Spanischen *la profesora Gómez* sagen würde.

Man beachte, dass es sich bei den Personenbezeichnungen im Portugiesischen nicht um eigentliche Vokative handelt (wie in der spanischen Fassung des folgenden Satzes), sondern dass sie als Subjekt des Satzes fungieren:

„Ali estão os livros. A Maria pode ir buscar o seu.
’Allí están los libros. Puedes ir a buscar el tuyo, María'" (Vázquez Cuesta/Luz 1971: II, 46).

Vom Vokativ unterscheiden sie sich auch durch die Verwendung des definiten Artikels. Außerdem wird die vokativische Anrede im Portugiesischen sehr häufig mit einem vorangestellten *ó* ([ɔ], nicht wie der maskuline Artikel [u]) markiert: ó Maria! ó sr. Doutor! (cf. Hundertmark-Santos Martins 1998: 336).

Neben diesen nominalen Formen kommen aber, wie gesagt, auch *tu* + 2.Ps.Sg., zwischen vertrauten Personen, sowie *você* + 3.Ps.Sg. vor. Der Gebrauch von *tu* ist schon allein wegen der Konkurrenz zu den nominalen Formen und zu *você* relativ eingeschränkt. Das spanische *tú* hingegen steht nur in Konkurrenz zu *usted* und hat dabei in den letzten Jahrzehnten noch stark an Boden gewonnen, so dass es heute, anders als dt. *du* oder französisch *tu*, beispielsweise auch als – nicht markierte – Anredeform zwischen einander unbekannten Erwachsenen verwendet wird (Bossong 2008a: 98), im Baskenland wohl noch häufiger als in den anderen Regionen Spaniens (GRAE 2009: I, 1253, § 16.15l). Ein derartiger Gebrauch von ptg. *tu* ist unüblich.

Der Status von *você* im EP ist besonders schwer zu bestimmen (cf. Hammermüller 1993). Es kann in bestimmten Gruppen, z.B. unter Studenten, als reziproke Anrede dienen (wo es in Konkurrenz zu *tu* sowie den nominalen Anreden steht), wobei sich der Gebrauch ausbreitet (Johnen 2006: 75), was häufig mit dem vor allem durch *telenovelas* vermitteltem brasilianischen Einfluss in Zusammenhang gebracht wird, doch wird es traditionell auch in nicht-reziproken Anredeverhältnissen für den hierarchisch niedriger stehenden Gesprächspartner verwendet (cf. Hundertmark-Santos Martins 1998: 371), weswegen ausländischen Sprechern bisweilen zur Vorsicht geraten wird: „Você wird nie als Anrede an eine ältere oder sozial höher stehende bzw. vorgesetzte Person verwendet!" (Gärtner 1998: 235). Der Plural *vocês* hingegen ist auch in Portugal unmarkiert (cf. Kap. 5.9.1) und ersetzt generell die veraltete Anrede *vós*.

Anders als sp. *Don* (abgekürzt *D.*), das sich von einem Namenszusatz für hochgestellte Persönlichkeiten zu einer allgemeinen Respektsanrede entwickelt hat (DRAE 2001: 573), ist ptg. *Dom* (*D.*), weiterhin für die Angehörigen des Hochadels und den ranghohen Klerus reserviert. Die Namen der Könige stehen immer mit ‚D.': *D. Duarte, D. João V* etc. Dagegen wird die feminine Form *Dona* (*D.*) im Portugiesischen heute umfassend und für Frauen aller sozialen Schichten verwendet, während sich sp. *Doña* (*D^a., Dña.*) wie seine maskuline Entsprechung *Don* auf Personen bezieht, die als sozial höher stehend betrachtet werden bzw. ganz allgemein eine sehr respektvolle Anrede verdienen (z.B. *Don Francisco, Doña María*). Nicht selten wird im Spanischen *Don* und *Doña* auch mit diminutiven oder hypokoristischen Namensformen gebraucht (z.B. *Doña Manolita, Don Paco*), und zwar zum Ausdruck von Zuneigung und Vertrautheit bzw. in informeller Situation (GRAE 2009: I, 1258, 16.16e).

Hinzuweisen ist noch auf die Verwendung des betonten Reflexivpronomens *si* nach Präpositionen: „*Chegou uma carta para si! (para o Sr., para a senhora, para você)*" (Hundertmark-Santos Martins 1998: 88), auch in der verbundenen Form *consigo* wie bei *Queria falar consigo* (Bossong 2008a: 73). Im Spanischen ist eine derartige Ersetzung von *usted* nicht möglich: *¡Ha llegado una carta para usted! Quería hablar con usted.*

5.10 Relativpronomen

Der Bestand an Relativpronomen (weitgehend identisch mit dem der Interrogativa, cf. Kap. 5.8) sowie auch ihr Gebrauch weisen wiederum große Gemeinsamkeiten auf. Ein Unterschied zwischen den beiden Sprachen besteht darin, dass es im Portugiesischen keine Entsprechung zu *el que/la que* gibt, das im Spanischen vor allem nach einsilbigen Präpositionen Verwendung findet. In dieser Funktion steht im Portugiesischen bei Personen normalerweise *quem* oder – eher distanzsprachlich – *o/a qual,* bei nicht-menschlichen Bezugswörtern *que. Quien* und *el/la cual* sind auch im Spanischen möglich. Ptg. *quem* hat anders als sp. *quien* keine Pluralform.

120

Tabelle 44: *Der Gebrauch der Relativpronomina*

Spanisch	Portugiesisch
los estudiantes con **los que** hablamos	
los estudiantes con **quienes** hablamos	os estudantes com **quem** falámos
los estudiantes con **los cuales** hablamos	os estudantes com **os quais** falámos
los asuntos de **los que** hablamos	os assuntos de **que** falámos

Ausschließlich als Relativpronomen dienen *cuyo – cujo* (cf. Kap. 5.10), das allerdings in beiden Sprachen auf den Distanzbereich beschränkt ist.

5.11   Verb

5.11.1 Der Bestand an Tempora und Modi

In diachronischer Perspektive ist zunächst zwischen den aus dem Lateinischen weitergeführten synthetischen Formen und den analytischen Neubildungen zu unterscheiden. In beiden Fällen ist die Entwicklung im Spanischen und Portugiesischen bis zum Mittelalter parallel verlaufen. Danach haben sich einige Unterschiede ergeben: Im Portugiesischen hat sich beim zusammengesetzten Perfekt und Plusquamperfekt die Form mit dem Hilfsverb *ter* (< lat. TENĒRE) anstelle von *haver* (< lat. HABĒRE) durchgesetzt (im Altportugiesischen und teilweise darüberhinaus koexistieren beide Formen). Im Spanischen fand bei der *-ra*-Form (Typus *cantara*) später ein Funktionswechsel vom Plusquamperfekt Indikativ zum Konjunktiv Imperfekt statt und der so genannte Konjunktiv Futur, der die Formen des lateinischen Futur II und des formal fast identischen Konjunktiv Perfekt fortsetzt, wurde, von einigen Resten abgesehen, aufgegeben.

Was die Klassifizierung synthetisch vs. analytisch angeht, so sind das heute synthetische (einfache) Futur und der Konditional historisch gesehen analytische Formen (*cantaré/cantarei* < lat. CANTĀRE HABEŌ bzw. *cantaría/cantaria* < lat. CANTĀRE HABĒBAM, cf. Kap. 5.11.3.3), was sich noch an der mesoklitischen Stellung der Pronomina im europäischen Portugiesischen erkennen lässt (z.B. ptg. *dar-lho-ia* ‚ich würde es ihm/ihr geben' < lat. DARE ILLĪ ILLUM HABĒBAM (cf. Kap. 5.9.2); sp. *se lo daría*). Die Mesoklise war auch im Altspanischen üblich, sofern man hier angesichts der üblichen Getrenntschreibung (asp. *dargelo he*, nsp. *se lo daré*) überhaupt von „Meso"klise sprechen kann. Sie wurde aber bis zum 17. Jh. (cf. Penny 2006: 163, 3.5.1.) durch die Proklise ersetzt, wie es auch im BP der Fall ist.

Nicht unproblematisch ist auch die Unterscheidung zwischen analytischen Verbformen und Periphrasen. Ob eine Form in den Grammatiken als analytische Verbform oder als Periphrase klassifiziert wird, hängt von verschiedenen Faktoren ab (Grad der Grammatikalisierung, Grammatiktradition), weshalb die Grenzen fließend sind: So wird in den Konjugationstabellen des Spanischen und Portugiesischen das so genannte synthetische Futur i.A. als einzige Form des Futurum imperfectum angeführt, wogegen die Formen mit *ir* (sp. *voy a cantar* vs. ptg. *vou cantar*) unter die Verbalperiphrasen fallen.

Die folgenden Tempora und Modi sind die, die üblicherweise in den Grammatiken des Spanischen und Portugiesischen aufgeführt werden, exemplifiziert jeweils an der ersten Person des regelmäßigen Verbs *cantar* sowie des unregelmäßigen *hacer/fazer*. Hinsichtlich der Benennung der Tempora und Modi gibt es einige Unterschiede zwischen den beiden Sprachen, doch auch innerhalb derselben Sprache, vor allem im Spanischen, wo neben Varianten der traditionellen, auf die lateinische Grammatik zurückgehenden Terminologie auch die 1847 von Andrés Bello eingeführten Ausdrücke Verbreitung gefunden haben (cf. Rojo/Veiga 1999: II, 2883). Diese werden in der folgenden Tabelle wie in der GRAE (2009 I, z.B. 254–55, § 4.15) zusammen mit den traditionellen Termini angeführt. Für das Portugiesische werden die Bezeichnungen von Cunha/Cintra (1992) übernommen.

Tabelle 45: *Finite Verbformen (Indikativ)*

Finite Formen (Indikativ)				
	sp.	**ptg.**	**sp.**	**ptg.**
synthetisch				
Präsens Presente	canto	canto	hago, haces	faço, fazes
Imperfekt Pretérito imperfecto/Copretérito Pretérito imperfeito	cantaba	cantava	hacía	fazia
Einfaches Perfekt Pretérito perfecto simple/Pretérito[15] Pretérito perfeito	canté	cantei	hice	fiz
Einfaches Plusquamperfekt Pretérito mais-que-perfeito	–	cantara	–	fizera
Futur I Futuro Futuro simple/Futuro do presente	cantaré	cantarei	haré	farei

---

[15] Verbreitet ist auch die Bezeichnung (*pretérito*) *indefinido*, die aber in den heutigen Grammatiken eher vermieden wird.

Finite Formen (Indikativ)				
	sp.	**ptg.**	**sp.**	**ptg.**
analytisch				
Zusammengesetztes Perfekt Pretérito perfecto compuesto/ Antepresente Pretérito perfeito composto	he cantado	tenho cantado	he hecho	tenho feito
Plusquamperfekt Pretérito pluscuamperfecto/Antecopretérito Pretérito mais-que-perfeito composto	había cantado	tinha cantado	había hecho	tinha feito
Pretérito anterior Pretérito anterior/Antepretérito	hube cantado	–	hube hecho	–
Futur II Futuro compuesto /Antefuturo Futuro do presente composto	habré cantado	terei cantado	habré hecho	terei feito

Tabelle 46: *Finite Verbformen (Konjunktiv)*

Finite Formen (Konjunktiv)				
	sp.	**ptg.**	**sp.**	**ptg.**
synthetisch				
Präsens Presente	cante	cante	haga	faça
Imperfekt Pretérito imperfecto/Pretérito Pretérito imperfeito	cantara (cantase)	cantasse	hiciera (hiciese)	fizesse
Futur Futuro simple/Futuro Futuro	(cantare)	cantar	(hiciere)	fizer

Finite Formen (Konjunktiv)				
	sp.	ptg.	sp.	ptg.
analytisch				
Perfekt Pretérito perfecto compuesto/Antepresente Pretérito perfeito	haya cantado	tenha cantado	haya hecho	tenha feito
Plusquamperfekt Pretérito pluscuamperfecto/Antepretérito Pretérito mais-que-perfeito	hubiera (hubiese) cantado	tivesse cantado	hubiera (hubiese) hecho	tivesse feito
Futur II Futuro compuesto /Antefuturo[16] Futuro composto	(hubiere cantado)	tiver cantado	(hubiere hecho)	tiver feito

Tabelle 47: *Finite Verbformen (Konditional)*

Finite Formen (Konditional)				
	sp.	ptg.	sp.	ptg.
Konditional I[17] Condicional simple/Pospretérito Futuro do pretérito	cantaría	cantaria	haría	faria
Konditional II Condicional compuesto/Antepospretérito Futuro do pretérito composto.	habría cantado	teria cantado	habría hecho	teria feito

Imperativ

Beim bejahten Imperativ werden in der 2.Ps.Sg. und Pl. die lateinischen Imperativformen fortgeführt, wobei im Portugiesischen die 2.Ps.Pl. nur noch marginal vorkommt: sp. *¡cantad!* – ptg. *cantai!*, ersetzt durch Konj.Präs. *cantem!*, ‚singt!'. In allen anderen Kontexten, also in allen Personen außer der 2. Ps.Sg. und im europäischen Spanisch auch der 2.Ps. Plural sowie grundsätzlich bei Verneinung werden die Formen des Konjunktiv Präsens verwendet. Die 1. Ps.Pl. ist laut Hundertmark-Santos Martins (1998: 168) im Portugiesischen auf die Distanzsprache beschränkt (Ersatz durch Umschreibungen). Dies gilt tendenziell auch für das Spanische (z.B. *¡vamos a empezar!* anstelle von *¡empecemos!*) (cf. Reumuth/Winkelmann 2006: 235, § 185).

---

[16] Traditionell wird hier auch der Terminus *futuro perfecto* verwendet.
[17] Der Konditional wird in den auf Spanisch und Portugiesisch verfassten Grammatiken meist nicht als eigener Modus gerechnet, sondern als zum Indikativ gehörig.

124

Tabelle 48: *Infinite Verbformen*

Infinite Formen				
	sp.	ptg.	sp.	ptg.
Partizip Perfekt Participio Particípio	cantado	cantado	hecho	feito
Gerundium Gerundio Gerúndio	cantando	cantando	haciendo	fazendo
Infinitiv Infinitivo Infinitivo impessoal	cantar	cantar	hacer	fazer

Der sogenannte persönliche oder flektierte Infinitiv des Portugiesischen wird in den Grammatiken unter den infiniten Formen aufgeführt, obwohl er deren grundlegendes Merkmal, die Person nicht zu kennzeichnen, nicht teilt. Vom syntaktischen Verhalten jedoch ist er den infiniten Formen zuzurechnen, indem er, außer in elliptischen Äußerungen, nur zusammen mit einem konjugierten Verb erscheinen kann (zur Formenbildung s.u.).

5.11.2   Formenbildung

5.11.2.1 Konjugationsklassen

In beiden Sprachen werden drei Konjugationsklassen unterschieden, mit den Infinitivendungen auf *-ar, -er* und *-ir*. Die Infinitive der 3. Konjugationsklasse des Lateinischen (-ĔRE) sind, anders als im Französischen, Italienischen und auch im Katalanischen, weder im Spanischen noch im Portugiesischen erhalten geblieben. Die entsprechenden Verben sind im Portugiesischen üblicherweise in die 2. Klasse (lat. -ĒRE) übergegangen, im Spanischen teilweise auch in die 4. Klasse (lat. -ĪRE). Daraus ergeben sich Differenzen wie sp. *vivir* vs. ptg. *viver* (< lat. VĪVĔRE) oder sp. *decir* vs. ptg. *dizer* (< lat. DĪCĔRE).

Einen Sonderfall stellt im Portugiesischen das Verb *pôr* (lat. PŌNĔRE) mit seinen präfixalen Ableitungen (*compor, dispor* etc.) dar.[18] Diese Verben werden der *-er*-Klasse zugerechnet. Der abweichende Infinitiv *pôr* erklärt sich erneut durch die Nasalisierung

---

[18] Hierbei ist zu beachten, dass alle Ableitungen von *pôr* anders als das Simplex keinen Akzent tragen (z.B. *dispor*).

des Tonvokals, dem Ausfall des intervokalischen *n* von vlat. **poner̦(e)* mit anschließender Entnasalierung (*poer*) und Kontraktion (cf. Huber 1933: 67).

Insgesamt aber wirken sich die Nasalierung und der *l*-Schwund im Portugiesischen bei der Verbalflexion weniger aus als bei der Nominalflexion. Unterschiede zwischen den beiden Sprachen ergeben sich hier eher durch unterschiedliche Analogiebildungen sowie durch Diphthongierung im Spanischen und Vokalharmonie im Portugiesischen.

5.11.2.2 Bemerkungen zur Verbalflexion

Es werden im Folgenden nur einige ausgewählte Bereiche behandelt, in denen auffällige systematische Unterschiede hinsichtlich der Formenbildung zwischen den beiden Sprachen feststellbar sind.

5.11.2.2.1 Präsens

Die Formen des Ind. und Konj.Präs. weisen, was die Endungen angeht, große Gemeinsamkeiten und auch große Nähe zum Latein auf. Unterschiede ergeben sich allerdings im Vokalismus des Verbstammes:

Tabelle 49: *Die Entwicklung der Verbformen im Präsens*

Indikativ (Präsens)					
probar < vlat. **probáre*, klat. PROBĀRE			querer < vlat. **quaer̦ére*, klat. QUAERĔRE		
sp.	**ptg.**	**vlat.**	**sp.**	**ptg.**	**vlat.**
pruebo	provo	**pró̦bo*	quiero	quero	**quaero*
pruebas	provas	**pró̦bas*	quieres	queres	**quaeres*
prueba	prova	**pró̦bat*	quiere	quer	**quaeret*
probamos	provamos	**probámos*	queremos	queremos	**quaer̦émos*
probáis	(prováis)	**probátes*	queréis	(quereis)	**quaer̦étes*
prueban	provam	**pró̦bant*	quieren	querem	**quaerent*

Indikativ (Präsens)		
dormir < vlat. dormíre, klat. DORMĪRE		
sp.	**ptg.**	**vlat.**
duermo	durmo	*dǫrm(j)o
duermes	dormes	*dǫrmes
duerme	dorme	*dǫrmet
dormimos	dormimos	*dormímos
dormís	dormis	*dormítes
duermen	dormem	*dorment

Wie man an den hier gewählten Beispielen sehen kann, führte im Spanischen der Umstand, dass die Diphthongierung von [ɛ] und [ɔ] nur in betonter Silbe erfolgte, zu Stammabstufung im Präsensparadigma, und zwar durchgehend bei Verben der 1. und 2. Konjugation, die im Vlat. den Tonvokal ę oder ǫ hatten (sie gelten in den Grammatiken als unregelmäßig), aber per Analogie auch bei einer Reihe solcher, bei denen geschlossenes [e] oder [o] vorlag (z.B. sp. *nevar* < vlat. **neváre*, klat. NINGERE, sp. *mostrar* < vlat. **mostráre*, klat. MŌNSTRĀRE) (Zauner 1921: 76–77). In anderen Fällen blieben ę und ǫ wie eigentlich zu erwarten auch in den betonten Formen monophthongisch (z.B. sp. *poner*, s.o., oder sp. *llegar* < vlat. **plecáre*, klat. PLICĀRE ‚falten'), so dass keine Stammabstufung auftritt. Es gibt heute also im Spanischen Verben mit *e* und *o* als Tonvokale des Stammes, bei denen in den stammbetonten Form des Ind. und Konj.Präs. Diphthonge vorliegen, und solche, bei denen das nicht der Fall ist.

Auch im Portugiesischen kann der Wechsel von stamm- und endungsbetonten Formen eine Variation des Tonvokals bedingen. Grundsätzlich (Ausnahmen sind Fälle, in denen der Tonvokal Ergebnis einer Kontraktion nach Konsonantenausfall ist, z.B. bei *pregar* < vlat. **preegar*, klat. PRAEDICĀRE; Teyssier 2007: 51) entspricht einem betonten [a] in offener Silbe ein unbetontes [ɐ], einem [o] und [ɔ] ein [u] und einem [e] und [ɛ] ein [ə] in unbetonter Silbe: ptg. *falo* ['falu] – *falamos* [fɐ'lɐmuʃ], *provo* ['prɔvu] – *provamos* [pru'vɐmuʃ], *devo* ['devu] – *devemos* [də'vemuʃ].

Diese Variation wird graphisch nicht wiedergegeben. In den stammbetonten Formen des Präsensparadigmas der ptg. Verben auf -ar sind *e* und *o* immer offen, auch wenn vlat. ę und ǫ zugrunde liegen.

In der 2. Konjugation sind im Spanischen keine Besonderheiten zu vermerken. Im Portugiesischen gilt wiederum, dass in betonter Silbe bei *e* und *o* der Quantitätenunterschied aufgehoben wurde: Unabhängig von der Etymologie liegt in der 2. und 3.Ps.Sg.Ind.Präs. die jeweils offene Qualität vor, in der 1.Ps.Sg. dagegen die geschlossene: (z.B. ptg. *movo* ['movu], *moves* ['mɔvəʃ] (lat. MOVĒRE, Tonvokal vlat. ǫ), ptg. *coso* ['kozu] *coses* ['kɔzəʃ], Tonvokal vlat. ǫ, lat. CŌNSUIS). Der Grund für die geschlossene Qualität der Tonvokale in der 1.Ps. ist unklar. Wenn man nicht wie Williams (1962: 209) annimmt, dass das auslautende -*o* im 12. Jh. bereits -*u* gewesen sei und den Tonvokal umgelautet habe, muss man an eine Hebung durch ein nachfolgendes *j* (cf. klat. MOVEŌ, vlat. **mǫvjo*) denken (cf. Schürr 1970: 98–99), wobei allerdings das unterschiedliche Verhalten der Verben der 2. und der 4. Konjugation zu klären wäre.[19] In der Graphie findet dieser Qualititätenunterschied keinen Niederschlag.

In der 3. Konjugation wirkt sich in beiden Sprachen der Einfluss des *j* in der 1.Ps.Sg. (z.B. vlat. **sęrvjo*, klat. SERVIŌ, vlat. **dǫrmjo*, klat. DORMIŌ) metaphonisch aus und bedingt eine Hebung von ę und ȩ zu *i* sowie von ǫ und ǫ zu *u*. Im Portugiesischen sind diese Verhältnisse noch erkennbar und auch graphisch repräsentiert, im Spanischen hat z.T. ein Ausgleich nach der 1. Ps. stattgefunden (z.B. bei sp. *servir, pedir, recibir, cubrir*), z.T. nach den diphthongierten Formen des Paradigmas (z.B. bei sp. *sentir, mentir, dormir*). Es stehen sich also heute beispielsweise gegenüber:

Tabelle 50: *Die Verbformen von* servir *und* dormir *im Präsens*

servir (Indikativ Präsens)		dormir (Indikativ Präsens)	
sp.	**ptg.**	**sp.**	**ptg.**
sirvo	sirvo	duermo	durmo [u] (wegen Umlaut)
sirves	serves	duermes	dormes [ɔ]
sirve	serve	duerme	dorme [ɔ]
servimos	servimos	dormimos	dormimos [u] (wegen Vorton)
servís	(servis)	dormís	(dormis) [u] (wegen Vorton)
sirven	servem	duermen	dormem [ɔ]

Das *j*, das die Veränderungen in der 1.Ps.Ind.Präs. mancher Verben induzierte, war auch in den Paradigmen des Konjunktivs wirksam, sofern kein analogischer Ausgleich stattfand. Für das Vulgärlateinische sind Formen wie vlat. **sęrvjat*, klat. SERVIAT (von SERVĪRE) anzusetzen, was erklärt, weshalb im Ptg. bei Umlaut in der 1.Ps.Sg.Ind.Präs. auch der Konjunktiv diesen Vokalismus hat: (*eu*) *durmo*, (*que*) (*tu*) *durmas*, (*eu*) *sirvo*, (*que*) (*tu*) *sirvas* etc. Das gleiche Prinzip liegt auch bei einigen Verben vor, bei denen das *j* keinen bzw. nicht nur Umlaut, sondern Veränderungen im Konsonantismus bewirkt hat, z.B. *ter, pôr*: (*eu*) *tenho, ponho*, (*que*) (*eu*) *tenha, ponha* etc.. Im Spanischen fand vermutlich zunächst eine vergleichbare Entwicklung statt (cf. Penny 2006, 202, 3.7.8.1.1), doch liegen schon im Altspanischen die analogischen Formen mit -*g*- (*tengo, pongo*) vor. Dieses *g* geht auf die 1.Ps.Sg. von Verben zurück, deren Stamm im Vlat. auf *k* oder Kons. + [g] endete (vlat. **dicō* > sp. *digo*, dagegen *dices* etc. mit asp. [ts]); vlat.

---

[19]   Neue Untersuchungen liegen zu diesem Problembereich leider nicht vor.

spargo > asp. *espargo*, nsp. analogisch *esparzo*) und wurde, z.T. erst am Ende der altspanischen Zeit, auf eine Reihe anderer Verben übertragen (Penny 2006: 207–208, 3.7.8.1.3.). Das *g* ist also weder bei *tener* und *poner* noch beispielsweise bei *hacer*, *oír* und *caer* etymologisch und fehlt im Portugiesischen, wo diese Analogie nicht eingetreten ist. Spezifisch spanisch ist die Alternanz bei der Gruppe der Verben, deren Infinitiv auf *-acer*, *-ecer*, *-ocer* oder *-ucir* ausgeht: Sie bilden die 1.Ps.Ind. und den Konj. mit *-zc-*. Hier liegt allerdings kein *j*-Einfluss vor, sondern die je nach lautlichem Kontext unterschiedliche Entwicklung der lat. Gruppe *-sk-*, die anders als im Portugiesischen vor *o* und *a* erhalten blieb, vor Palatalen dagegen zu [ts] und schließlich zu [θ] wurde (cf. Penny 2006: 209, 3.7.8.1.3.). Die portugiesische Form *posso* geht auf lat. POSSUM zurück, der Konj. *possa* etc. laut Williams (1962: 228) auf lat. POSSIM, das die Konjunktivendungen der 2. Konjugation übernahm. Sp. *puedo* ist dagegen regelmäßig (vlat. **pọt(j)o* vom Infinitiv vlat. **potẹre*, klat. POSSE; cf. Penny 2006: 223, 3.7.8.1.5.). Es folgt eine Auswahl von Verben, bei denen in mindestens einer Sprache bei der 1.Ps.Sg. Ind.Präs. und dem Konj.Präs. der Stamm eine andere Form hat als in den sonstigen Formen des Ind.Präs.:

Tabelle 51: *Unterschiedliche Konjugationstypen im Spanischen und Portugiesischen im Indikativ und Konjunktiv Präsens*

Spanisch			Portugiesisch		
Infinitiv	1.Ps.Sg. Ind.Präs.	1.Ps.Sg. Konj.Präs.	Infinitiv	1.Ps.Sg. Ind.Präs.	1.Ps.Sg. Konj.Präs.
abweichender Stammauslaut im Spanischen – im Portugiesischen regelmäßig					
caer	caigo	caiga	cair	caio	caia
conducir	conduzco	conduzca	conduzir	conduzo	conduza
conocer	conozco	conozca	conhecer	conheço	conheça
nacer	nazco	nazca	nascer	nasço	nasça
ofrecer	ofrezco	ofrezca	oferecer	ofereço	ofereça
salir	salgo	salga	sair	saio	saia
abweichender Stammauslaut im Spanischen und Portugiesischen					
hacer	hago	haga	fazer	faço	faça
oír	oigo	oiga	ouvir	ouço	ouça
poner	pongo	ponga	pôr	ponho	ponha
tener	tengo	tenga	ter	tenho	tenha
valer	valgo	valga	valer	valho	valha
venir	vengo	venga	vir	venho	venha

Spanisch			Portugiesisch		
Infinitiv	1.Ps.Sg. Ind.Präs.	1.Ps.Sg. Konj.Präs.	Infinitiv	1.Ps.Sg. Ind.Präs.	1.Ps.Sg. Konj.Präs.
abweichender Stammauslaut im Portugiesischen – im Spanischen regelmäßig					
perder	pierdo	pierda	perder	perco	perca
poder	puedo	pueda	poder	posso	possa
ver	veo	vea	ver	vejo	veja

Unregelmäßige Präsensformen haben auch die Verben *ser, estar, haber/haver, ir* und *dar*, wobei die Unterschiede zwischen den Sprachen im Indikativ gering sind. Zu erwähnen wäre die 2.Ps.Präs. von *ser*, die im Spanischen (*tu*) *eres*, im Portugiesischen dagegen *és* lautet. Sp. *eres* geht zurück auf vlat. **ẹres*, klat. ERIS, die 2.Ps.Sg. Futur von *esse(re)* (die Diphthongierung unterbleibt vermutlich wegen unbetonter Stellung, cf. Penny 2006: 221, 3.7.8.1.5.), ptg. *és* dagegen auf klat. ES, 2.Ps.Sg.Präs. von klat. ESSE bzw. vlat. **essere*. In der 3.Ps. stehen sich sp. *es* und ptg. *é* gegenüber.[20] Bei *ser, estar, ir* und *dar* hat das Spanische in der 1. Ps. *-oy* [oj], das Portugiesische *-ou* [o]: sp. *soy, estoy, voy, doy*[21] vs. ptg. *sou, estou, vou, dou*. Bei *haber/haver* ist zu bemerken, dass es nur im Spanischen mit *hay* eine spezielle betonte Form für die Bedeutung ‚es gibt' gibt; in der Funktion als Hilfsverb lautet die Form *ha*. Im Portugiesischen steht *há* in allen Kontexten (wobei es als Hilfsverb sowieso nur eine marginale Rolle spielt). Es heißt also im Spanischen z.B. ***Hay** muchos ratones*, im Portugiesischen ***Há** muitos ratos*.

Im Konjunktiv weisen die Formen sp. *sea* und ptg. *seja* (vlat. < **sẹdja*, klat. SEDEAM, von SEDĒRE ‚sitzen')[22] von *ser* sowie sp. *haya* und ptg. *haja* (< vlat. **abja*, klat. HABEAM) nur geringe Unterschiede als Resultate verschiedener Lautentwicklungen auf. Bei *estar* und *ir* weichen die Formen deutlich voneinander ab und sind von der jeweils anderen Sprache her kaum identifizierbar: Der Konj.Präs. von *estar* lautet im Spanischen *esté* (vlat. **esté*, klat. STEM), im Portugiesischen *esteja* (in Analogie zu *seja*; die aptg. Form lautete noch *esté*; Williams 1962: 223). Im Konj.Präs. von *ir* ist es das Portugiesische, das die lateinischen Formen VĀDAM, VĀDĀS etc. direkt fortsetzt (*que*

---

[20] Die Verbform ptg. *é* dt. ‚ist', wird in älteren Texten üblicherweise mit unetymologischem *h* geschrieben <he>, um sie von der Konjunktion *e* dt. ‚und' zu unterscheiden. Damit ist sie homograph mit der 1.Ps.Sg. des spanischen Hilfsverbs *haber*, was zu Verwechslungen führen kann.

[21] Die Herkunft des *y* in diesen Formen ist nicht eindeutig geklärt. Vielleicht handelt es sich, wie bei *hay* angenommen wird, um das Adverb asp. *y* ‚dort' (< lat. IBI), das angefügt wurde (Penny 2006: 225, 3.7.8.1.5.).

[22] Die vlat. Verben **essere* ‚sein' und **sedére* ‚sitzen' sind im Spanischen und Portugiesischen in einem einzigen Verb *ser* (asp./aptg. *seer*) ‚sein' zusammengefallen. Die Bedeutung ‚sitzen' wird in beiden Sprachen durch *estar sentado* ausgedrückt.

(*eu*) *vá*, *que* (*tu*) *vás* etc.), während die spanische Entsprechungen in Analogie an Formen wie *haya* entstanden sind (Penny 2006: 203, 3.7.8.1.1.).

5.11.2.2.2 Einfaches Perfekt

In beiden Sprachen lässt sich, wie im Lateinischen und in den anderen romanischen
Sprachen, beim synthetischen Perfekt, das auf das lateinische Präteritum Perfectum
(Typus CANTĀVĪ, FĒCĪ) zurückgeht, zwischen schwacher (regelmäßiger) und starker
(unregelmäßiger) Perfektbildung unterscheiden. Schwache Perfekte kamen im Lateinischen in der 1., 2. und 4. Konjugation vor, der Typus DĒLĒVĪ der 2. Konjugation wurde
jedoch im Romanischen nicht weitergeführt (Lausberg 1972: 255). Die regelmäßigen
Perfekte der Verben auf *-er* im Spanischen und Portugiesischen werden auf das sogenannte *-dẹdi*-Perfekt, das aus lateinischen reduplizierenden Formen des Typs VĒNDIDĪ
entstanden ist (Lausberg 1972: 257), zurückgeführt.

Die Bildung der schwachen Perfektformen verläuft im Spanischen und Portugiesischen sehr ähnlich. Beide Sprachen entfernen sich wenig vom Vulgärlateinischen:

Tabelle 52: *Die Entwicklung der starken Perfektformen*

lat.	sp.	ptg.	lat.	sp.	ptg.
klat. CANTĀVĪ vlat. *cantai	canté	cantei	klat. DORMĪVĪ vlat. *dormí	dormí	dormi
klat. CANTĀVISTĪ vlat. *cantasti	cantaste	cantaste	klat. DORMĪVISTĪ vlat. *dormisti	dormiste	dormiste
klat. CANTĀVIT vlat. *cantáut	cantó	cantou	klat. DORMĪVIT vlat. *dormíut	durmió	dormiu
klat. CANTĀVIMUS vlat. *cantámos	cantamos	cantámos	klat. DORMĪVIMUS vlat. *dormímos	dormimos	dormimos
klat. CANTĀVISTI vlat. *cantastes	cantasteis	(cantaste)	klat. DORMĪVISTIS vlat. *dormestes	dormisteis	(dormiste)
klat. CANTĀVERUNT vlat. *cantaront	cantaron	cantaram	klat. DORMĪVĒRUNT vlat. *dormíront	durmieron	dormiram

lat.	sp.	ptg.
klat. VĒNDIDĪ vlat. *vendę́di > *vendę̣i	vendí	vendi
klat. VĒNDIDISTĪ vlat. *vendesti	vendiste	vendeste
klat. VĒNDIDIT vlat. *vendę̣it	vendió	vendeu (analog zur den anderen Klassen, cf. Lausberg 1972: 257)
klat. VĒNDIDIMUS vlat. vendemos	vendimos (Endung -imos per Analogie, cf. Lausberg 1972: 257)	vendemos
klat. VĒNDIDISTIS vlat. *vendestes	vendisteis	(vendestes)
klat. VĒNDIDĒRUNT vlat. *vendę́ront	vendieron	venderam

Zu konstatieren ist im Spanischen die analogische Endung -eis der 2.Ps.Pl. in allen drei Konjugationen. Im Altspanischen lag hier noch *cantastes, dormistes/durmistes, vendistes* vor. Bei der 3.Ps.Sg.Perf. der Verben auf -ir hat sich im Spanischen der Akzent verschoben, aus einem fallenden Diphthong ist ein steigender geworden. Die Verben auf -er haben sich an die auf -ir angepasst (sp. *vendiste, vendimos* etc.), im Portugiesischen sind dagegen die ursprünglichen Endungen (ptg. *vendeste, vendemos*) erhalten. Der Diphthong ie in der 3.Ps.Pl. geht nach Lausberg (1972: 257) noch auf das ursprünglich offene ę zurück, das im Portugiesischen geschlossen wurde (ptg. *venderam* und auch *vendeste* haben [e]).

Der Wechsel des Stammvokals von o zu u kommt im Spanischen nur bei den beiden Verben *dormir* und *morir* vor, wo sich die vor j entstandenen Formen mit u durchgesetzt haben (Penny 2006: 219, 3.7.8.5.1.).

Als stark werden die Perfektbildungen bezeichnet, die, zumindest in einigen Formen des Paradigmas, stammbetont sind. Sie gehen auf lateinische Formen zurück, die per Reduplikation, mit -si, mit Ablaut sowie mit -ui gebildet wurden (cf. Rubenbauer/ Hofmann 1995: 67). Die Details der jeweiligen Entwicklungen im Spanischen und Portugiesischen darzustellen, ist hier nicht möglich. Es soll nur an einem Beispiel (lat. FĒCĪ, Ablautperfekt von FACERE) gezeigt werden, welche grundsätzlichen Unterschiede bestehen bzw. bestehen können:

Tabelle 53: *Die Entwicklung von lat.* FĒCĪ *als Beispiel für ein starkes Perfekt*

Latein	Spanisch	Portugiesisch
klat. FĒCĪ, vlat. *fęci	hice	fiz
klat. FĒCISTĪ, vlat. *fecęsti	hiciste	fizeste [fi'zɛʃtə]
klat. FĒCIT, vlat. *fecet	hizo	fez
klat. FĒCIMUS, vlat. *fecímos	hicimos	fizemos [fi'zɛmuʃ]
klat. FĒCISTIS, vlat. *fecęstes	hicisteis	fizestes [fi'zɛʃtəʃ]
klat. FĒCĒRUNT, vlat. fecęront	hicieron	fizeram [fi'zɛrẽw]

In beiden Sprachen bedingte das auslautende -*i* der 1. und 2.Ps.Sg., dass das *ę* des Stammes zu *i* geschlossen wurde. Im Spanischen wurde dieses *i* auf den gesamten Stamm übertragen, während im Portugiesischen in der 3.Ps.Sg., in der keine Umlaut-bedingungen bestanden, das *e* erhalten wurde. Es gibt im Portugiesischen weitere Perfekte, bei denen sich die 1. und 3. Ps.Sg. durch den Tonvokal unterscheiden: ptg. (*eu*) *fui* – (*ele, ela*) *foi* von *ser* und *ir*; (*eu*) *tive* – (*ele, ela*) *teve* von *ter*; (*eu*) *pude* – (*ele, ela*) *pôde* von *poder*; (*eu*) *pus* – (*ele, ela*) *pôs* von *pôr*. In anderen Fällen (z.B. ptg. *disse* von *dizer* und *quis* von *querer*) sind die Formen der 1. und 3.Ps. identisch, *disse* wegen des Tonvokals *i*, *quis* wegen analogischen Ausgleichs (cf. Williams 1962: 232).

Im Spanischen wurde in Analogie an die Endung der schwachen Verben in der 3.Ps.Sg. ein -*o* angefügt. Dies gilt für alle starken Verben außer *ser* und *ir*, bei denen die 3.Ps. *fue* lautet, z.B. sp. (*él, ella*) *tuvo* von *tener* (ptg. *teve*), *pudo* von *poder* (ptg. *pôde*), *puso* von *poner* (ptg. *pôs*), *supo* von *saber* (ptg. *soube*), *hubo* von *haber* (ptg. *houve*), *dijo* von *decir* (ptg. *disse*), *quiso* von *querer* (ptg. *quis*).

Zu den Endungen ist noch zu bemerken, dass das *e* in den portugiesischen Formen der 2.Ps.Sg. und des gesamten Plurals ein offenes [ɛ] ist, anders als bei den schwachen Verben, wo es [e] ausgesprochen wird: ptg. *comeste* [ku'meʃtə] vs. *fizeste* [fi'zɛʃtə] etc.. Lausberg (1972: 259) führt dies ebenso wie die Diphthongierung in der 3.Ps.Pl. im Spanischen, die ebenfalls ein [ɛ] voraussetzt, auf den Einfluss des -*dędi*-Perfekts zurück, Williams (1962: 197) dagegen sieht die Öffnung durch die Akzentverlagerung auf die Paenultima (vlat. **fécerunt > *fecérunt*), bei der kurzes *ě* zu offenem *ę* wurde, bedingt.

Es kann festgehalten werden, dass sich im Spanischen durch die erwähnten Analogieerscheinungen eine größere Regelmäßigkeit mit weniger ambiguen Formen ergeben hat als im Portugiesischen. Gerade bei den frequenten unregelmäßigen Verben sind die Formen des Perfekts oft nicht von der jeweils anderen Sprache her erschließbar (z.B. sp. *tuvo* vs. ptg. *teve*).

5.11.2.2.3 Der Konjunktiv Futur

Die Formen des so genannten Konj.Fut. gehen auf zwei ursprünglich verschiedene Paradigmen zurück, nämlich das des lateinischen Futurum exactum (Futur II), Typus AMĀVERŌ, und das des Konjunktivs Perfekt (lat. AMĀVERIM), die im Lateinischen abgesehen von der 1.Ps.Sg.Präs. formengleich waren (lat. AMĀVERIS, AMĀVERIT etc.) (Lausberg 1972: 218). Im Vulgärlateinischen sind die beiden Kategorien zusammengefallen. Die Formen im Portugiesischen werden von der 3.Ps.Pl. des Perfekts ohne die Endung -am abgeleitet. Diese Ausgangsform ist bei den regelmäßigen Verben identisch mit dem Infinitiv, weshalb sich Formengleichheit mit dem flektierten Infinitiv ergibt. Bei den unregelmäßigen Verben (Beispiel ptg. *fazer*, sp. *hacer*) unterscheiden sich hingegen die beiden Paradigmen (zur weiteren Entwicklung und heutigen Verwendung cf. Kap. 5.11.3.2).

Tabelle 54: *Die Entwicklung von lat.* CANTĀRE *und* FACERE *im Konjunktiv Futur*

Latein	Spanisch	Portugiesisch
klat. CANTĀVERŌ, CANTĀVERIM, vlat. *cantáro/-em	cantare	cantar
klat. CANTĀVERIS, vlat. *cantáres,	cantares	cantares
klat. CANTĀVERIT, vlat. *cantáret	cantare	cantar
klat. CANTĀVERIMUS, vlat. *cantáremos	cantáremos	cantarmos
klat. CANTĀVERITIS, vlat. *cantáretes	cantareis	(cantardes)
klat. CANTĀVERINT, vlat. *cantárent	cantaren	cantarem

Latein	Spanisch	Portugiesisch
klat. FĒCERŌ, FĒCERIM, vlat. *fecéro/-em (zur Qualität des *e* cf. 5.11.2.2)	hiciere	fizer [fiˈzɛɾ]
klat. FĒCERIS, vlat. *fecéres	hicieres	fizeres
klat. FĒCERIT, vlat. *fecéret	hiciere	fizer
klat. FĒCERIMUS, vlat. *fecéremos	hiciéremos	fizermos
klat. FĒCERITIS, vlat. *fecéretes	hiciereis	fizerdes
klat. FĒCERINT, vlat. *fecérent	hicieren	fizerem

5.11.2.2.4 Der flektierte Infinitiv im Portugiesischen

Der flektierte Infinitiv gilt als besonderes Charakteristikum des Portugiesischen. Tatsächlich kommt er in den anderen romanischen Standardsprachen, auch in alten Texten, nicht vor, allerdings im benachbarten Galicischen und Altleonesischen sowie in Varietäten des Sardischen und im Alt-Neapolitanischen (Schulte 2007: 171). Was seine Herkunft betrifft, so sind die Meinungen bis heute geteilt. Einer Annahme zufolge werden die Formen des lateinischen Konj.Imp., Typus AMĀREM, fortgesetzt (z.B. Lausberg 1972: 207; Wireback 1997: 544); alternativ wird eine Übertragung der Endungen des Konj.Fut., Typus AMĀVERŌ/AMĀVERIM, auch auf die Infinitive der starken Verben, als Grundlage angenommen (cf. Schulte 2007: 263; zur Diskussion auch Williams 1962: 182–184). In beiden Fällen ergibt sich folgende formale Rekonstruktion:

Tabelle 55: *Die Entwicklung des flektierten Infinitivs im Portugiesischen*

Latein	Portugiesisch	Latein	Portugiesisch
vlat. *cantáre/*cant-áro	cantar	vlat. *cantáremos klat. CANTĀRĒMUS (zur Akzentverschiebung cf. Williams 1962: 170)	cantarmos
vlat. *cantáres	cantares	vlat. *cantáretes	cantardes
vlat. *cantáre(t)	cantar	vlat. *cantárent	cantarem

Die Formen des flektierten Infinitivs sind folglich bei den regelmäßigen Verben gleichlautend mit denen des Konj.Fut., was, da beide in ähnlichen Kontexten vorkommen, zu Unklarheiten führen kann. Bei den Verben mit starkem Perfekt lassen sich die Formen dagegen auseinanderhalten:

Tabelle 56: *Der flektierte Infinitiv im Portugiesischen*

Portugiesisch		
Flektierter Infinitiv		
para (eu)	cantar	fazer
para (tu)	cantares	fazeres
para (ele, ela)	cantar	fazer
para (nós)	cantarmos	fazermos
para (vós)	cantardes	fazerdes
para (eles, elas)	cantarem	fazerem

Konjunktiv Futur		
se (eu)	cantar	fizer
se (tu)	cantares	fizeres
se (ele, ela)	cantar	fizer
se (nós)	cantarmos	fizermos
se (vós)	cantardes	fizerdes
se (eles, elas)	cantarem	fizerem

Zur typologischen Einordnung des flektierten Infinitivs cf. Körner (1983), zur Verwendung cf. Kap. 5.12.5.

5.11.3   Der Gebrauch der Tempora und Modi

5.11.3.1 Das einfache und zusammengesetzte Perfekt

Das zusammengesetzte Perfekt wird im Portugiesischen nicht nur anders gebildet als im Spanischen (und den meisten anderen romanischen Sprachen),[23] nämlich mit dem Hilfsverb *ter* anstelle von *haver*, sondern es unterscheidet sich auch hinsichtlich des Gebrauchs. In Anlehnung an die Perfekttypen von Comrie (1976: 56) lassen sich folgende Kontexte unterscheiden, in denen in einer der beiden Sprachen – in ihren europäischen Standardvarietäten[24] – ein zusammengesetztes Perfekt verwendet wird.

Tabelle 57: *Der Gebrauch des zuammengesetzten Perfekts*

Kontext	Spanisch	Portugiesisch	
resultativ	**PPC** María ha llegado.	**PPS** A Maria chegou.	‚Maria ist (gerade) angekommen.'
hodernial (perfect of recent past)	**PPC** He visto a tu hermano esta mañana.	**PPS** Vi o teu irmão esta manhã.	‚Ich habe heute morgen deinen Bruder gesehen.'

---

[23] Zur Entstehung des romanischen und spezifisch spanischen Perfekts cf. z.B. Jacob (1994), Squartini (1998), Detges (1999) und Squartini/Bertinetto (2000).

[24] Im spanischen Sprachgebiet gibt es beim Gebrauch der beiden Perfekte große geographische Unterschiede. In einigen amerikanischen Varietäten (Noll 2009: 38–39) liegt eine ähnliche Verteilung von PPS und PPC wie im Portugiesischen vor. Zwischen EP und BP sind im Tempusgebrauch keine auffälligen Unterschiede festzustellen.

Kontext	Spanisch	Portugiesisch	
experientiell	**PPC** He vivido dos años en Francia.	**PPS** Vivi dois anos na França.	‚Ich habe zwei Jahre in Frankreich gelebt.'
persistent-imperfektiv (perfect of persistant situation)	**Präsens** (Verlaufsform) Estoy trabajando mucho últimamente.	**PPC** Tenho trabalhado muito ultimamente.	‚Ich arbeite viel in letzter Zeit.'

Wie man sieht, verhalten sich die beiden Sprachen grundsätzlich komplementär: Resultatives, experientielles und hoderniales (s.u.) Perfekt (als onomasiologische Konzepte) sind im Spanischen am ehesten durch PPC (*pretérito perfecto compuesto*) repräsentiert, wogegen dieser Gebrauch im Portugiesischen ausgeschlossen ist: Dort muss in diesen Kontexten PPS (*pretérito perfeito simples*) stehen, auch beim Ausdruck eines Resultats bzw. wenn die Handlung gerade im Moment abgeschlossen ist: **João tem chegado* ist keine mögliche Entsprechung für *Juan ha llegado*. Andererseits ist die Verwendung als *perfect of persistant situation*, die für das portugiesische PPC typisch ist (Gärtner 1998: 23; Hundertmark-Santos Martins 1998: 120–121),[25] beim spanischen PPC nur bedingt möglich und wiederum auch varietätenabhängig: Die GRAE (2009: I, 1727–1728, § 23.7o) nennt eine Reihe von Beispielen aus dem amerikanischen Spanisch, bei denen die Handlung bzw. der Zustand zum Sprechzeitpunkt noch fortbesteht (*Así ha sido hasta ahora* ‚So ist es bis jetzt (gewesen).' *¿Cómo has estado?* ‚Wie geht es dir?' als Grußformel in Mexiko). Im europäischen Spanisch jedoch ist diese Verwendungsweise wenig ausgeprägt.

Der Gebrauch des portugiesischen PPC zeigt offensichtliche Gemeinsamkeiten mit dem des englischen *present perfect* (*I have lived*) und des *present perfect continuous* (*I have been working*), bei dem Comrie (1976: 62) eine Kombination von perfektischem und progressivem Aspekt sieht, wofür er auch das portugiesische Beispiel *tenho estado trabalhando* (EP *tenho estado a trabalhar*) anführt. Doch auch ohne Verlaufsperiphrase hat das PPC im Portugiesischen eine eindeutige zusätzliche aspektuelle Markierung, die allerdings unserer Ansicht nach mit ‚imperfektiv', also durativ/iterativ, besser zu charakterisieren ist als mit ‚progressiv'. Ein ‚imperfektives Perfekt' ist, wie Comrie bemerkt, kein Widerspruch:

> „The perfect links a present state to a past situation, whether this past situation was an individual event, or a state, or a process not yet completed, so that there is nothing in the definition of the perfect to preclude combination with the imperfective or progressive" (Comrie 1976: 62).

---

[25] Zum portugiesischen PPC cf. die Studien von Campos (1997a, 1997b).

Wie und wann die besondere Bedeutung des portugiesischen PPC entstanden ist, wird seit langem diskutiert, ohne dass ein eindeutiges Ergebnis erzielt worden wäre. Es ist nicht endgültig zu entscheiden, ob es sich, wie von Alarcos Llorach (1947: 136) und Harris (1982: 49) angenommen, bei der spezifischen Bedeutung des portugiesischen PPC um einen Archaismus handelt, d.h., dass das Portugiesische ein älteres Entwicklungsstadium zwischen resultativer und perfektischer Bedeutung, das auch die anderen romanischen Sprachen in vorliterarischer Zeit durchlaufen hätten, bewahrt hat, oder ob das Portugiesische später einen Sonderweg eingeschlagen hat. Letztere Annahme wird von Squartini und Bertinetto (Squartini 1998; Squartini/Bertinetto 2000) sowie von Wigger (2005: 121) vertreten. Auch die Meinungen darüber, welche Rolle *ter* (< lat. TENĒRE, ursprünglich ‚halten') als Hilfsverb spielt, sind geteilt. Zwar scheint es auf den ersten Blick suggestiv, dass die imperfektive Bedeutung durch ein Hilfsverb *ter*, das, wenn auch nicht mehr die Bedeutung ‚halten', so doch eventuell eine stärker statische Bedeutung als *haver* hatte, diese Entwicklung verursacht haben könnte (cf. Wigger 2005: 35). Doch weist Squartini (1998: 167–179, 188–189) zurecht darauf hin, dass bei den HABĒRE-Perfekten im mexikanischen Spanisch (s.o.) und im Sizilianischen eine vergleichbare Bedeutung vorliegt, die Verwendung von *ter* also keine notwendige Bedingung für die Herausbildung eines imperfektiven Perfekts darstellt. Weitgehender Konsens besteht heute darüber, dass die früher verbreitete Annahmen, der spezifische Gebrauch sei erst im 19. Jh. aufgekomme, nicht haltbar ist, sondern dass spätestens im 16. Jh. der heutige bereits üblich war.[26]

Was die temporale Verwendung des PPC im Spanischen angeht, so ist die Abgrenzung vom PPS in Kontexten der nahen Vergangenheit ein häufig diskutiertes Thema. Die nahe Vergangenheit (*recent past*) kann für die europäische Standardvarietät präziser als hoderniale Vergangenheit beschrieben werden. Damit ist gemeint, dass die besprochene Handlung im Allgemeinen am Tag der Äußerung stattgefunden haben muss. Dies trifft auf die temporale Verwendung des *perfecto compuesto* im europäischen Spanisch nach Ausweis verschiedener Studien (cf. Berschin 1976; Kempas 2006) in hohem Maße zu. Es hat sich also, anders als z.B. im Französischen, keine prähoderniale Verwendung der zusammengesetzten Form etabliert. Ein Satz wie *Ayer he ido a ver a mi abuela* (Kempas 2006: 15) wurde von Informanten aus Madrid und Zaragoza mit großer Übereinstimmung als inkorrekt qualifiziert. Dass ausgerechnet in Santiago de Compostela, wo man wegen des möglichen Einflusses des Galicischen erst recht einfaches Perfekt erwarten würde, die Mehrheit der Befragten das zusammengesetzte Perfekt in diesem Satz für korrekt hält, kann nur als Hyperkorrektur gewertet werden.

In den meisten amerikanischen Varietäten wird auch in hodernialen Kontexten das einfache Perfekt verwendet (GRAE 2009: I, 1729–1730, § 23.8a) Insofern steht der Gebrauch im mexikanischen Spanisch dem im Portugiesischen erheblich näher als dem in Madrid.

---

[26] Da auch das Galicische ein imperfektives *tenere*-Perfekt hat, käme auch ein deutlich früherer Zeitpunkt für die Herausbildung in Betracht.

5.11.3.2 Konjunktiv und Konditional

Eine Auseinanderentwicklung der beiden Sprachen hat sich im Bereich der Konjunktiv-
und Konditionalformen vor allem durch zwei Veränderungen im Spanischen ergeben,
nämlich durch den weitgehenden Wegfall des Konj.Fut. und den Funktionswandel der
-ra-Formen. In beiden Sprachen ist zudem ein Eindringen der Imperfektformen in diesen
Bereich festzustellen, allerdings in unterschiedlichem Ausmaß: Im EP wird nähesprachlich in allen Kontexten der Konditional durch das Imperfekt ersetzt. Im Spanischen ist dies nur gelegentlich der Fall, wobei es schwierig ist, die kontextuellen,
diaphasischen und eventuell diatopischen Bedingungen genauer zu bestimmen (cf.
Rojo/Veiga 1999: II, 2915). Ähnliches gilt für die Verwendung der -ra-Formen in
Konditional-Kontexten (GRAE 2009: I, 1804, § 24.2c und 1807, § 24.2m), die im
Portugiesischen natürlich nicht zu beobachten ist. Grundsätzliche Übereinstimmung
zwischen den beiden Sprachen besteht bezüglich des Modus im konjunktivischen Haupt-
und Nebensatz, in dem übrigens der so genannte Konjunktiv Futur nicht auftaucht (s.u.).
Schematisch lassen sich die heute zu registrierenden Abweichungen in etwa folgen-
dermaßen darstellen:

Tabelle 58: *Der Gebrauch des Konjunktiv und Konditional*

Spanisch	Kontext	Portugiesisch
(hiciere) haga	1. nach Relativadverbien	fizer
	2. in bedingenden Relativsätzen	
(hiciere) [hace]	3. Protasis Realis	
	4. nach *cuando*/*quando*	
haga	5. verneinter Imperativ, Imperativ bei *usted*/*você* etc.	faça
	6. konjunktivischer Haupt- und Nebensatz (Gegenwart bzw. Zukunft)	
haya hecho	7. konjunktivischer Nebensatz (resultativ)	tenha feito
hiciese hiciera	8. konjunktivischer Nebensatz (Vergangenheit)	fizesse
	9. Protasis Potentialis	
haría (hiciera) hacía	10. Apodosis Potentialis	faria fazia
	11. Attenuation	

Spanisch	Kontext	Portugiesisch
hubiese hecho hubiera hecho	12. Protasis Irrealis 13. konjunktivischer Nebensatz (Vorvergangenheit)	tivesse feito
hubiera hecho habría hecho había hecho	14. Apodosis Irrealis	teria feito tinha feito

Tabelle 59: *Beispiele zum Gebrauch des Konjunktiv und Konditional*

	Spanisch	Portugiesisch
1.	Hazlo como quieras.	Faz como quiseres.
2.	Quiere casarse con una mujer que tenga dinero.	Quer casar com uma mulher que tiver dinheiro.
3.	Si vienes, podemos salir juntos.	Se vieres, podemos sair juntos.
4	Cuando vengas, empezaremos a cocinar.	Quando vieres, começamos a cozinhar.
5.	No lo digas./Siéntese, por favor.	Não o digas./Sente-se, por favor.
6.	Quiero que lo hagas.	Quero que o faças.
7.	No creo que lo haya hecho.	Não creio que o tenha feito.
8.	Quería que lo hiciera/hiciese.	Queria que o fizesse.
9.	Si tuviera/tuviese dinero, me compraría/compraba una casa.	Se tivesse dinheiro, compraria/comprava uma casa.
10.	Si tuviera/tuviese dinero, me compraría/compraba una casa.	Se tivesse dinheiro, compraria/comprava uma casa.
11.	Querría/querría/quisiera preguntar algo.	Querria/queria perguntar alguma coisa.
12.	Si hubiera/hubiese tenido dinero, me habría/hubiera/había comprado una casa.	Se tivesse tido dinheiro, teria/tinha comprado uma casa.
13.	No creí que lo hubiera/hubiese hecho.	Não cri que o tivesse feito.
14.	Si hubiera/hubiese tenido dinero, me habría/hubiera/había comprado una casa.	Se tivesse tido dinheiro, teria/tinha comprado uma casa.

Konjunktiv Futur

Die sowohl in spanischen als auch in portugiesischen Grammatiken übliche Einordnung der Formen des Typs *hiciere/fizer* (cf. Kap. 5.11.2.2) in die Kategorie Konjunktiv ist insofern nicht ganz unproblematisch, als sie gerade nicht in den typischen Konjunktivkontexten verwendet werden (cf. Schäfer 1995). Dort stehen, wie hier in 6., 7., 8. und 13. in beiden Sprachen Konj.Präs., Konj.Perf., Konj.Imperf. und Konj.Plqperf.

Während der Konjunktiv Futur im Portugiesischen, sowohl in Portugal als auch in Brasilien, völlig lebendig ist, wurde er im Spanischen seit dem Ende des Mittelalters zunehmend durch andere Formen (meist Konj.Präs., im realen Bedingungssatz jedoch Ind.Präs., cf. Satz 3.; cf. Rojo/Veiga 1999: II, 2923) ersetzt. In formelhaften Wendungen sowie gelegentlich in der Rechtssprache kann im Sp. auch heute noch der Konj.Fut. verwendet werden.

Tabelle 60: *Der Gebrauch des Konjunktiv Futur im Spanischen (Relikte)*

Spanisch	Portugiesisch
Sea como sea. Sea como fuere.	Seja como for.
Quedarán prohibidas las prácticas de precios que tuvieren por objeto asegurar a determinados usuarios una posición privilegiada (GRAE 2009: I, 1813, § 24.3f).	Ficarão prohibidas as práticas que tiverem por objeto assegurar a determinados usuários uma posição privilegiada.

Im Portugiesischen wird durch die Verwendung des Konj.Fut. im Bedingungssatz ausgedrückt, dass die Erfüllung der Bedingung in der Zukunft liegt, so wie im zweiten Satz der folgenden Tabelle: „Wenn du (dann) hier wohnst…"; in den anderen Fällen steht der Ind. Präs.. Im Spanischen kann, wie auch in den anderen romanischen Sprachen oder im Deutschen, diese Differenzierung nicht (mehr) vorgenommen werden:

Tabelle 61: *Der Gebrauch des Konjunktiv Futur (Konditional- und Temporalsätze) I*

Spanisch	Portugiesisch
Si vives aquí puedo acompañarte.	Se vives aqui posso acompanhar-te.
Si vives aquí voy a te mostrar todo.	Se viveres aqui vou mostrar-te tudo.

In Temporalsätzen mit *cuando/quando* lässt sich dagegen in beiden Sprachen durch die Modussetzung (Ind. oder Konj.Präs. und Konj. Fut.) eine zukünftige Handlung von einer gewohnheitsmäßigen unterscheiden: ‚(immer) wenn ich heimkomme' vs. ‚wenn ich (dann) heimkomme':

Tabelle 62: *Der Gebrauch des Konjunktiv Futur (Konditional- und Temporalsätze) II*

Spanisch	Portugiesisch
Cuando llego a casa no hago absolutamente nada.	Quando chego a casa não faço absolutamente nada.
Cuando llegue a casa voy a intentarlo.	Quando chegar a casa vou tentar.

Die Formen auf *-ra* und auf *-se*

Die Formen des Typus *cantara*, die in beiden Sprachen fast identisch sind, gehen auf die des lateinischen Indikativ Plusquamperfekt (lat. CANTĀVERAM) zurück. Die Bedeutung Vorvergangenheit ist im Altspanischen und Altportugiesischen die übliche, doch gibt es in beiden Sprachen auch bereits Belege für die Verwendung in der Apodosis des Bedingungssatzes mit potentialer Bedeutung. Dieser Gebrauch dehnte sich im Spanischen im *Siglo de Oro* auch auf die Protasis aus und ist, so Dietrich (1987: 129) „vom 17. Jahrhundert an so weit verallgemeinert, dass die *-ra*-Form als Äquivalent für den Konjunktiv Imperfekt in allen seinen Verwendungsweisen gelten kann." Im Portugiesischen fand diese Entwicklung nicht oder nur in geringem Umfang statt, d.h., die Funktion eines Indikativ Plusquamperfekt blieb bis heute erhalten (zumindest in der Distanzsprache), und die übliche Form der Konj.Imp. ist die auf *-se*. Die *-ra*-Formen tauchen also im heutigen Spanisch und Portugiesisch meist in völlig verschiedenen Kontexten auf und werden entsprechend unterschiedlich klassifiziert, im Spanischen als Konjunktiv Imperfekt (in Konkurrenz zu den *-se*-Formen des Typs *cantase*), im Portugiesischen als Plusquamperfekt Indikativ und folglich in Konkurrenz zum zusammengesetzten Plusquamperfekt (*tinha cantado*). Die synthetische Form ist, wie gesagt, weitgehend auf die portugiesische Distanzsprache beschränkt. Im Spanischen kam die Verwendung der *-ra*-Form mit indikativischer Bedeutung in den *Siglos de Oro* außer Gebrauch, wurde aber später wieder in die Literatursprache übernommen und findet sich auch in heutigen journalistischen und essayistischen Texten (Rojo/Veiga 1999: I, 1806). Im Portugiesischen wurden, möglicherweise unter kastilischem Einfluss, die *-ra*-Formen in früheren Jahrhunderten auch in der Funktion eines Konjunktiv Imperfekt verwendet (cf. Dias 1959: 190–191, § 256); heute gilt dieser Gebrauch als veraltet, abgesehen von einigen feststehenden Wendungen (*melhor fora*, es wäre besser (gewesen)', *tomara (que)*; *quem me dera* ‚wenn ich doch') (Hundertmark-Santos Martins 1998: 126). Die *-se*-Form ist folglich im heutigen Portugiesisch anders als im Spanischen die prototypische Form des Konj.Imp. Im Spanischen besteht in diesem Kontext eine Tendenz zur alleinigen Verwendung der *-ra*-Form (cf. Rojo/Veiga 1999: I, 1803).

142

5.11.3.3 Das einfache und zusammengesetzte Futur

In den Konjugationstabellen der spanischen und portugiesischen Grammatiken wird traditionell als einziges Futur I (*futurum imperfectum*) das sogenannte synthetische oder einfache Futur des Typs *cantaré/cantarei* angesetzt. Die Formen gehen auf eine lat. Konstruktion mit Infinitiv und dem Ind. Präs. von HABĒRE zurück (CANTĀRE HABEŌ, CANTĀRE HABĒS) etc. und sind in weiten Teilen der Romania verbreitet.

Hinsichtlich des Grammatikalisierungsprozesses, der zur futurischen Bedeutung geführt hat, besteht in der Literatur weitgehend[27] Konsens darüber, dass die Ausgangsform CANTĀRE HABEŌ ursprünglich eine obligative Bedeutung hatte (‚ich habe zu singen', ‚ich muss singen'), aus der sich bis zum Einsetzen der romanischen Überlieferung eine nachzeitige entwickelte.

Im Portugiesischen ist dieser Grammatikalisierungs- bzw. Reanalyseprozess bis heute nicht vollständig abgeschlossen, denn es können, wie auch noch im Altspanischen, Pronomen zwischen Infinitiv und Endung gestellt werden, weswegen es auch nicht ganz zutreffend ist, hier von einem synthetischen Futur zu sprechen:

> Ptg. *dar-lho-ei* ‚Ich werde es ihm geben'
> Asp. *dargelo he*; nsp. *se lo daré*
> Lateinische Rekonstruktion: DARE ILLŌ ILLUM HABEŌ

Was den Gebrauch in den beiden Sprachen angeht, so stimmen die Beschreibungen in den Grammatiken im Wesentlichen überein: Das einfache Futur dient prototypisch dem Ausdruck der Nachzeitigkeit, als weitere Verwendungsweisen werden der Ausdruck der Wahrscheinlichkeit (*futuro de probabilidad, de conjetura* etc.) sowie eine imperativische Funktion (*futuro de mandato* etc.) genannt (cf. GRAE 2009: I, 1769, 23.14d–f; Cunha/Cintra 1984: 457–458).[28]

Allerdings weisen die portugiesischen Grammatiken übereinstimmend darauf hin, dass das Futur in der gesprochenen Sprache (präziser wäre: in der Nähesprache) sehr selten Verwendung findet; es werde durch Präsens oder Periphrasen (s.u.) ersetzt, womit übrigens auch die Kontexte für die mesoklitischen Pronomen entfallen. Die häufige Verwendung von Periphrasen anstelle des einfachen Futurs wird auch für das Spanische, insbesondere das amerikanische, registriert, doch scheint das -*ré*-Futur im Spanischen insgesamt lebendiger zu sein als im Portugiesischen. Dies gilt auch oder gerade für die epistemische Verwendung, die im Portugiesischen offenbar auch in der Distanzsprache auf einige wenige Verben, an erster Stelle *ser*, beschränkt ist. Einem Satz wie *Luis trabajará ahora en la empresa de su padre* (GRAE Manual 2010: 448, § 23.7.2a) kann

---

[27] Zu alternativen Erklärungen cf. Schäfer-Prieß (1999: 99–101).
[28] Nach Bybee (z.B. Bybee/Perkins/Pagliuca 1994: 300–301) handelt es sich bei der imperativischen Verwendung um sprecherorientierte Modalität, beim *futuro de probabilidad* um epistemische. Zum Spanischen cf. Schäfer-Prieß 1998: 185–192).

im Portugiesischen wohl unter keinen Umständen ein *Luís trabalhará agora na empresa do seu pai* entsprechen.

Von den Periphrasen, die zum Ausdruck der Nachzeitigkeit dienen, nehmen die mit *ir* gebildeten (sp. *ir a hacer*, ptg. *ir fazer*; man beachte, dass im Sp. anders als im Ptg. und auch im Französischen der Infinitiv mit der Präposition *a* angeschlossen wird) die wichtigste Position ein. Sie haben sich erst in der Neuzeit herausgebildet[29] und werden in den Grammatiken oft nicht als eigentliche Futurformen klassifiziert, sondern als Periphrasen mit beispielsweise intentionaler oder ingressiver Bedeutung. Die GRAE (2009: II, 2114, § 28.2c) rechnet sp. *ir a* + Inf. zu den Periphrasen „en las que predominan los rasgos temporales", die GRAE Manual (2010: 536, § 28.1.4c) zu den *perífrasis tempoaspectuales*. Über die Unterschiede im Gebrauch im Vergleich mit dem einfachen Futur ist, was das Spanische angeht, schon viel diskutiert worden (cf. Schäfer-Prieß 1998: 185–186). Konsens besteht hinsichtlich der diatopischen Variation – die Periphrase ist im AS noch weiter verbreitet als im ES – und auch hinsichtlich der Diaphasik – die Periphrase gilt als stärker nähesprachlich. Bezüglich der semantischen Unterschiede werden der *ir*-Periphrase Eigenschaften wie Gegenwartsbezug oder Intentionalität zugeschrieben, die jedoch nicht als strikte Kriterien gelten können. Was die modale Verwendung angeht, so ist der epistemische Gebrauch bei der *ir*-Periphrase höchstens in Ansätzen zu beobachten, der sprecherorientierte dagegen möglich.[30]

Eine weitere Periphrase, die in beiden Sprachen zum Ausdruck der Nachzeitigkeit dienen kann, hat sich wie das so genannte synthetische Futur aus der Kombination von HABĒRE und dem Infinitiv des Vollverbs entwickelt, allerdings in anderer Form: Aus HABEŌ DE CANTĀRE entstanden sp. *he de cantar* und ptg. *hei-de-cantar*. Bei diesen Periphrasen ist anders als beim einfachen Futur die obligative (deontische, nach Bybee agensorientierte) Bedeutung, abhängig von Kontext, Satztyp und auch der grammatischen Person, noch präsent (cf. Schäfer-Prieß 1999: 102–103). Sp. *he de cantar* war als Futurperiphrase in den Texten des Siglo de Oro sehr verbreitet. Heute ist es laut GRAE (2009: II, 2146–2147, § 28.6) charakteristisch für das amerikanische Spanisch, während es im ES selten verwendet wird (cf. Gómez Torrego 1988: 76). Im EP ist *hei-de-cantar* in futurischer Bedeutung weiterhin gebräuchlich (cf. Hundertmark-Santos Martins 1998: 218–219), wobei Details zu Frequenz, Diaphasik und Diatopik ermittelt werden müssten. Im BP findet die Periphrase mit *haver de* normalerweise weder in obligativer noch in futurischer Bedeutung Verwendung.

---

[29] Die Entwicklung von Futurformen aus Konstruktionen mit Bewegungsverben (‚gehen' oder ‚kommen') ist ein weltweit sehr verbreiteter Grammatikalisierungspfad (cf. z.B. Ultan 1978: 110). Die genauen Umstände der Herausbildung im Spanischen und Portugiesischen wären noch zu klären.

[30] Zu sonstigen modalen Funktionen der spanischen *ir*-Periphrase cf. Schäfer-Prieß (1998: 192–197). Zur portugiesischen *ir*-Periphrase fehlen diesbezüglich detailliertere Informationen.

5.11.3.4 Verbalperiphrasen

Beide Sprachen haben einen großen Bestand an modalen und aspektuellen Periphrasen (cf. dazu für das Spanische García Fernández/Carrasco Gutiérrez 2006, für das portugiesische Schemann/Schemann-Dias 1983), die sich nur teilweise entsprechen. Ohne hier einen umfassenden Vergleich vornehmen zu können, sei auf einige offensichtliche Unterschiede hingewiesen:

Verlaufsperiphrase mit *estar*: Die in beiden Sprachen sehr verbreitete Verlaufsperiphrase wird im Spanischen mit Gerundium gebildet (sp. *estoy trabajando*), im europäischen Portugiesisch dagegen mit *a* + Infinitiv (ptg. *estou a trabalhar*). Es handelt sich im EP um eine Innovation, die in der Bildung dem im Deutschen regional verbreiteten *ich bin am* oder *beim Arbeiten* entspricht. Die früher wie im Spanischen übliche Konstruktion mit Gerundium (ptg. *estou trabalhando*) hat sich im brasilianischen Portugiesisch erhalten, ist aber im EP ungebräuchlich geworden.

Sonstige aspektuelle Periphrasen: Lexikalische Unterschiede liegen bei sp. *seguir*/ptg. *continuar* (‚etwas weiter(hin) tun') und sp. *volver*/ptg. *voltar, tornar* ‚etwas wieder tun' vor:

Tabelle 63: *Aspektuelle Verbalperiphrasen*

Spanisch	Portugiesisch
Sigue trabajando en la empresa.	Continua a trabalhar na empresa.
El equipo volvió a ganar.	A equipa voltou/tornou a ganhar.

Modale Periphrasen: Dem sp. *tener que* entsprechen im Portugiesischen die Periphrasen *ter que* und *ter de*, die synonym verwendet werden. Eine Unterscheidung zwischen *deber* und *deber de* – ersteres dient zum Ausdruck einer Verpflichtung, letzteres einer Vermutung – wird im Portugiesischen nach der Standardgrammatik nicht gemacht; nähesprachlich ist allerdings auch *Deve de estar em casa* möglich:

Tabelle 64: *Modale Verbalperiphrasen*

Spanisch	Portugiesisch
Debe pagar sus deudas.	Deve pagar as suas dívidas.
Debe **de** estar en casa.	Deve estar em casa.

Ptg. *ficar* als Periphrase- und Kopulaverb: Im Portugiesischen hat sich das Verb *ficar* zu einer Konkurrenz zu *estar* als Periphraseverb sowie zu *estar* und teilweise *ser* in Kopulafunktion entwickelt. *Ficar* bedeutet ursprünglich ‚bleiben' (*fica aqui* ‚er/sie/es bleibt hier', sp. *se queda aquí*), außerdem ‚werden' (*ficou doente*, ‚er/sie wurde krank', sp. *se puso enfermo/-a*), hat aber inzwischen in vielen Fällen einfach die Bedeutung ‚sein, sich befinden'. Man müsste also den Bereich, der im Spanischen *ser* und *estar* umfasst, im Portugiesischen eigentlich zwischen *ser*, *estar* und *ficar* aufteilen, was allerdings in den Grammatiken normalerweise nicht geschieht. Als Kopulaverb kann *ficar* die Funktion von *estar* übernehmen, als Vollverb in der Bedeutung ‚sich befinden' die von *ser*:

Tabelle 65: *Der Gebrauch von ptg.* ficar

Spanisch	Portugiesisch (EP)
Está trabajando.	Está a trabalhar. Fica a trabalhar.
Está triste.	Está triste. Fica triste.
La estación está cerca del centro.	A estação é perto do centro. A estação fica perto do centro

Zu den Futurperiphrasen und ihren Verwendungsweisen cf. Kap. 5.11.3.3.

5.12 Bemerkungen zur Syntax

5.12.1 Präpositionaler Akkusativ

Schon seit frühester Zeit[31] besteht in den iberoromanischen Varietäten die Möglichkeit, ein direktes Objekt mit der Präposition *a* (< lat. AD) zu markieren, so dass es formal einem indirekten Objekts entspricht. Penny (2006: 140–141, 3.2.1.) führt dies auf die relativ freie Satzgliedstellung im Altspanischen zurück, die zu Unklarheiten führen konnte, und dies vor allem, wenn es sich sowohl beim Subjekt als auch beim Objekt um Personen handelte.

Ende des *Siglo de Oro*, so Penny (2006: 140, 3.2.1.), war der präpositionale Akkusativ im Spanischen dann bei persönlichen Objekten obligatorisch (zu präzisieren wäre: bei definiten persönlichen Objekten, s.u.). Die Beschreibung seines Gebrauchs in einer spanischen Grammatik des frühen 17. Jahrhunderts lässt sich grundsätzlich auch auf die heutige Sprache anwenden:

---

[31] Laut Bossong (2008a: 91) ist ein präpositionaler Akkusativ bereits im Mozarabischen (mit *mibi*, Entsprechung zu sp. *mí* und ptg. *mim*) belegt.

„En cosas animadas, por la mayor parte, se pone la preposición, como *sirvo a Pedro...* en cosa sin alma, están sin ella, como *amo la verdad, leo los libros*" (Jiménez Patón 1614, *apud* Ramajo Caño 1987: 111).

Bossong (2008a: 40) betrachtet den präpositionalen Akkusativ als eine Ausprägung der von ihm so genannten differentiellen Objektmarkierung (DOM), die in ähnlicher Form in verschiedenen nicht verwandten Sprachen vorkommt. Nach dem Abbau der Kasusflexion habe sich in manchen romanischen Varietäten ein neues System entwickelt, in dem typische Subjekte (mit den Kennzeichen ‚menschlich' und ‚definit'), wenn sie in Objektfunktion vorkamen, mit dem *a* des indirekten Objekts (im Rumänischen mit der Präposition *pe*; zum Vergleich zwischen Spanisch und Rumänisch cf. Stark (2011) markiert wurden:

> „Objekte werden differenziert nach bestimmten semantischen Kriterien, die auf der universalen Belebtheitsskala einerseits, der Definitheit andererseits beruhen. Im Spanischen muss es heißen: *veo a Juan* „ich sehe Hans", denn der Eigenname *Juan* [bzw. dessen Referent] ist belebt, menschlich und automatisch definit; hingegen heißt es *veo una casa* „ich sehe ein Haus", denn „ein Haus" ist unbelebt und indefinit" (Bossong 2008a: 40).

Die Verwendung der Präposition ist also heute im Spanischen obligatorisch bei definiten Objekten (auch betonten Pronomen, wie bei *no he visto a nadie*), die auf bestimmte Personen referieren, also nach Bossong ganz oben auf der Belebtheits- und Definitheitsskala stehen. Nicht definite Objekte mit menschlichem Referenten werden dagegen ohne *a* konstruiert: Bei sp. *Busco un médico* vs. *Busco a un médico* z.B. liegt der Unterschied darin, dass im ersten Fall ein beliebiger, im zweiten Fall ein bestimmter Arzt gesucht wird (Bossong 2008a: 91–92). Der Gebrauch hat sich im Laufe der Zeit z.T. auch auf Abstrakta ausgedehnt (GRAE 2009: II, 2636–2637, § 34.8r–p).

Im heutigen Portugiesisch spielt der präpositionale Akkusativ nur eine marginale Rolle. Außer mit den betonten Personalpronomen, mit *quem, ambos, todos, os dois, três* etc. sowie bei *um ao outro* und in einigen Fällen zur Vermeidung syntaktischer Ambiguitäten (Hundertmark-Santos Martins 1998: 273–274; Gärtner 1998: 122–123) steht das direkte Objekt, auch wenn es sich auf bestimmte Personen bezieht, ohne *a*: ptg. *Vejo os meus filhos* vs. sp. *Veo a mis hijos*. Die Verwendung der Präposition bei Verben des Gefühlsausdrucks, vor allem *amar* und vor allem in Kombination mit *Deus*, wird unterschiedlich bewertet. Laut Cunha/Cintra (1992: 143) kommt der präpositionale Akkusativ allgemein bei „verbos que exprimem sentimentos" vor, laut Gärtner (1998: 122) und Bossong (2008a: 68) steht *Deus* als direktes Objekt immer mit *a*. Hundertmark-Santos Martins (1998: 273) ordnet diese Verwendung der Literatur- und speziell der Bibelsprache zu, Mateus/Brito/Duarte/Faria (1989: 164) sprechen im Zusammenhang mit *amar a Deus* von „certas expressões feitas". Der Gebrauch ist also semantisch stark restringiert, andererseits diaphasisch markiert.

Im Altportugiesischen war die Verwendung des präpositionalen Akkusativs auf ähnliche Kontexte beschränkt wie im heutigen Portugiesisch, d.h., seine Verwendung syntaktisch motiviert. Ab dem 15. Jahrhundert lässt sich dann ein dem Spanischen und folglich dem Prinzip der DOM entsprechender Gebrauch feststellen, zunächst ausschließlich bei *Deus*, ab 1600 auch bei Personenbezeichnungen (Delille 1970: 43). Ob diese Verwendung, die in den Texten des 17. Jahrhunderts ihren Höhepunkt erreichte und im 18. Jh. relativ schnell wieder zurückging, außerhalb bestimmter Textsorten überhaupt etabliert war, muss dahingestellt bleiben[32]. Auf jeden Fall war zu Beginn des 19. Jahrhunderts in etwa der heutige Zustand erreicht. Es kann also für die Verwendung in syntaktisch ambiguen Kontexten sowie bei den betonten Personalpronomen Kontinuität seit dem Altportugiesischen angenommen werden (cf. Huber 1933: 149 zu den Pronomen), wogegen die Verwendung mit Gefühlsverben und bei *Deus* als ein Relikt des zwischen dem 16. und 18. Jh. verbreiteten Gebrauchs gesehen werden muss.

Es besteht demnach heute ein systematischer Unterschied zwischen den beiden Sprachen insofern als im Spanischen direkte Objekte mit bestimmtem persönlichen Referenten obligatorisch mit *a* markiert werden, während dies im Portugiesischen nur in sehr wenigen Ausnahmefällen geschieht. Bei Eigennamen im Femininum ergibt sich übrigens durch den Artikelgebrauch im Portugiesischen eine zufällige oberflächliche Übereinstimmung (*Veo a María* – *Vejo a Maria*), da die spanische Präposition *a* und der portugiesische feminine Artikel homonym sind.

In Verbindung mit dem präpositionalen Akkusativ ist auch die Verwendung von *le* anstelle von *lo, la* (*leísmo*) im Spanischen (cf. Kap. 5.12.3) zu sehen.

5.12.2 Die Stellung der klitischen Objektpronomen

Bei der Stellung der unbetonten Objektpronomen (Klitika) bewahrt das EP ein Entwicklungsstadium, wie wir es in sehr ähnlicher Form noch im Altspanischen finden: Das Pronomen steht je nach syntaktischem bzw. prosodischem Kontext entweder proklitisch oder enklitisch in Relation zur Verbform.

Im Spanischen wurde die proklitische Stellung, die auch in den anderen romanischen Sprachen die Norm ist, im *Siglo de Oro* verallgemeinert (cf. Penny 1991: 123, 3.5.1.), außer beim Imperativ (*dáselo*) sowie beim Infinitiv (*dárselo*) und beim Gerundium (*dándoselo*), entsprechend im Portugiesischen *dá-lho, dar-lho* und *dando-lho*. Bei Infinitiv und Gerundium kommt allerdings in beiden Sprachen in bestimmten Kontexten auch die proklitische Stellung vor (cf. Reumuth/Winkelmann 2006: 147–149, §§ 115, 116 und Hundertmark-Santos Martins 1998: 91–92). Man beachte die unterschiedliche

---

[32] Auffallend ist jedenfalls die sehr unterschiedliche Frequenz bei verschiedenen Autoren. So ist z.B. im 16. Jh. in den Texten von João de Barros der präpositionale Akkusativ bei Eigennamen häufig, während Camões und Mendes Pinto ihn völlig vermeiden. Ein ähnlicher Befund liegt für das 18. Jh. vor. Nur im 17. Jh., auf dem Höhepunkt des spanischen Einflusses, wird der präpositionale Akkusativ ziemlich flächendeckend verwendet. Es liegt nahe, hier an eine Beeinflussung durch das Spanische zu denken (cf. Delille 1970 und Schäfer-Prieß 2002).

Schreibung bei den enklitischen Formen: Im Spanischen werden die Pronomen direkt an die Verbform angehängt. Wenn sich dadurch eine Form mit der Betonung auf der dritt- oder viertletzten Silbe (*palabra esdrújula* bzw. *sobresdrújula*) ergibt, muss den Akzent- regeln zufolge diese Silbe mit einem Akut markiert werden. Im Portugiesischen bedingt der Bindestrich, dass Verb und Pronomen graphisch als getrennte Wörter behandelt werden, womit sich eine spezielle Akzentsetzung erübrigt.

In allen anderen als den bisher genannten Kontexten stehen also im Spanischen die Objektpronomen proklitisch. Im EP dagegen gilt als Norm die enklitische Stellung, von der es allerdings eine Reihe von Ausnahmen gibt (zu BP vs. EP cf. Kap. 5.9.2).

Enklise liegt im einfachen Aussagesatz vor (außer wenn das Subjekt ein Indefinit- pronomen ist):

Tabelle 66: *Der Gebrauch der klitischen Objektpronomina I*

Spanisch	Portugiesisch
El alumno le dio el libro.	O aluno deu-lhe o livro.
Se lo dio.	Deu-lho.

Die wichtigsten Kontexte für die proklitische Stellung sind verneinte Sätze, Nebensätze, Frage- und Ausrufesätze, die mit einem Fragewort eingeleitet werden, und Sätze mit einem Indefinitpronomen als Subjekt. Außerdem bedingen einige Adverbien Proklise:

Tabelle 67: *Der Gebrauch der klitischen Objektpronomina II*

Spanisch	Portugiesisch
No le dio el dinero.	Não lhe deu o dinheiro.
¿Por qué le ha dado el dinero?	Porquê lhe deu o dinheiro?
Creo que le dio el dinero.	Creio que lhe deu o dinheiro.
Nadie nos ayudó.	Ninguém nos ajudou.
¿Todavía se acuerda de esos buenos tiempos?	Ainda se lembra desses bons tempos?

Im europäischen Portugiesisch kommt bei Futur und Konditional außerdem die so genannte mesoklitische Stellung vor: In einem syntaktischen Kontext, in dem Enklise vorliegen müsste, wird die Verbform in Infinitiv und Endung aufgeteilt und das Objekt- pronomen bzw. die -pronomina zwischen den Infinitiv und die Endung gestellt. Gra- phisch wird dieser Einschub mit Bindestrichen markiert (Hundertmark-Santos Martins 1998: 128). Die Mesoklise ist weitgehend auf die Distanz- bzw. geschriebene Sprache beschränkt, was sich schon aus der grundsätzlich seltenen Verwendung von Futur und Konditional in der Nähesprache ergibt.

Tabelle 68: *Der Gebrauch der klitischen Objektpronomina III*

Spanisch	Portugiesisch
(no) se lo daré	dar-lho-ei (aber: não lho darei)
(no) se lo daría	dar-lho-ia (aber: não lho daria)

Diese morphosyntaktische Besonderheit, die auch das Altspanische noch kennt, erklärt sich dadurch, dass Futur und Konditional ihrem Ursprung gemäß als analytische Formen bzw. Periphrasen, bestehend aus dem Infinitiv des Vollverbs und einer finiten Form von *haber/haver* behandelt werden, wobei die Pronomen an den Infinitiv treten (z.B. asp. *dargelo he* für nsp. *se lo daré* ‚ich werde es ihm geben' (Penny 1991: 123, 3.5.1.) (cf. Kap. 5.11.3.3).

5.12.3 *Leísmo, laísmo* und *loísmo*

Während im Portugiesischen die unbetonten Pronomen des direkten und indirekten Objekts klar auseinandergehalten werden, kommt es im Spanischen unter bestimmten Umständen zur Ersetzung des direkten Objektpronomens durch das indirekte (*le* für *lo*, *la*) und umgekehrt. (*lo, la* für *le*). Im ersteren Fall spricht man von *leísmo*, im letzteren von *loísmo* bzw. *laísmo*. Weiterhin unterscheidet man beim *leísmo* zwischen dem *leísmo de persona*, bei dem das Objektpronomen für eine Person steht, und dem *leísmo de cosa*. Ersterer kann nach dem Genus des Bezugsworts noch einmal unterteilt werden in maskulin und feminin:

a. maskuliner *leísmo de persona*: *veo a mi amigo. – le veo* statt *lo veo*
b. femininer *leísmo de persona*: *veo a mi amiga. – le veo* statt *la veo*
c. *leísmo de cosa*: *veo a mi coche – le veo* statt *lo veo*

Die drei Typen unterscheiden sich hinsichtlich ihrer regionalen Verbreitung sowie bezüglich ihrer diastratischen/diaphasischen Markierung. Am weitesten verbreitet und am besten akzeptiert ist der Typ a., der schon seit dem Mittelalter belegt ist (cf. Penny 2006: 161–163, 3.5.1), im Siglo de Oro die Norm war (GRAE 2009: I, 1215, § 16.8h) und auch heute in der Schriftsprache verwendet wird. Sein Gebrauch ist akzeptiert, geographisch allerdings weitgehend auf das europäische Spanisch, speziell in seinen nördlichen Varietäten, beschränkt. Dagegen gelten der feminine *leísmo de persona* und der *leísmo de cosa* im Allgemeinen als inkorrekt.

Beim *laísmo* kann man wiederum zwischen einem *laísmo de persona* (*doy el libro a mi amiga – la doy el libro* statt *le doy*) und seltenerem *laísmo de cosa* unterscheiden. Obwohl ersterer in Madrid und einigen Gebieten im Norden Spaniens auch in der gehobenen Sprache verbreitet ist, rät die RAE von seiner Verwendung ab (GRAE 2009:

150

1225 §16.10d). Der *loísmo* (*doy el libro a mi amigo – lo doy el libro* statt *le doy*) ist im heutigen Spanisch selten und wird als *fuertemente desprestigiado* (GRAE 2009: 1228 §16.10k) erachtet.

Die in den beschriebenen Konstruktionen erkennbare Tendenz zur Aufgabe der Kasusunterscheidung zugunsten einer Genusunterscheidung ist im Portugiesischen nicht erkennbar, d.h., eine Konstruktion wie ptg. **Não lhe vi*, analog zu sp. *No le vi* (neben *No lo/la vi*) ist dort grundsätzlich nicht möglich, ebenso wenig wie die Ersetzung von indirekten Objektpronomen durch direkte. Da der *leísmo* im Spanischen nur eine Variante darstellt, die Norm aber die gleiche Verteilung von direkten und indirekten Objektpronomen wie im Portugiesischen vorsieht, ergeben sich vom Portugiesischen her keine Probleme, wenn (abgesehen von unterschiedlicher Rektion bei einzelnen Verben) die etymologisch entsprechenden Formen verwendet werden. Dagegen könnten spanische *leísmo*-Sprecher Schwierigkeiten haben, die strikte Unterscheidung im Portugiesischen nachzuvollziehen.

5.12.4 Redundante Objektpronomen

In beiden Sprachen besteht die Möglichkeit, das Objekt eines Satzes doppelt auszudrücken, einmal durch einen selbständigen nominalen Ausdruck und einmal durch ein klitisches Pronomen. Bei Linksversetzung des direkten oder indirekten Objekts gilt für beide Sprachen, dass das nominale oder pronominale Objekt durch ein klitisches Pronomen wieder aufgenommen wird (GRAE 2009: II, 2597, § 34.2e, Gärtner 1998: 590):

Tabelle 69: *Pronominale Wiederaufnahme bei Linksversetzung*

Spanisch	Portugiesisch
Direktes Objekt	
La carta la he leído esta mañana.	A carta li-a esta manhã.
A tu hermano lo/le he visto en la calle.	O teu irmão vi-o na rua.
A mí no me ha encontrado.	A mim não me encontrou.
Indirektes Objekt	
A los alumnos no les interesa el asunto.	Aos alunos não lhes interessa o assunto.
A mi no me gusta.	A mim não me agrada.

Die Linksversetzung scheint im Spanischen ein gängigeres Verfahren als im Portugiesischen zu sein, wobei allerdings nicht leicht zu entscheiden ist, unter welchen Umständen dort die unmarkierte Wortfolge (ptg. *Li a carta esta manhã, Vi o teu irmão na rua* und *O assunto não interessa aos alunos*) vorgezogen wird. Die Linksversetzung mit Objektverdopplung wird nach Auskunft einiger portugiesischer Muttersprachler tendenziell als eher distanzsprachlich, jedenfalls als weniger natürlich empfunden als die SVO-Stellung.[33]

Im Portugiesischen steht beim direkten Objekt die Präposition nur, wenn es sich um ein betontes Pronomen handelt. Im Spanischen werden außerdem alle vorangestellten direkten Objekte mit *a* eingeleitet (cf. Kap. 5.12.1), wenn sie sich auf Personen beziehen.

Auch bei Beibehaltung der (S)VO-Abfolge, also ohne Linksversetzung, wird im Spanischen häufig das Objekt durch ein klitisches Pronomen vorweggenommen (dazu ausführlich Belloro 2007). Dieses Verfahren ist im Portugiesischen völlig unüblich:

Tabelle 70: *Objektmarkierung II*

Spanisch	Portugiesisch
Lo/le veo a tu profesor todos los días.	Vejo o teu professor todos os dias.
El asunto no les interesa a los alumnos.	O assunto não interessa aos alunos.
Le has hablado a mi hijo.	Falaste ao meu filho.

5.12.5 Infinitivkonstruktionen mit persönlichem Subjekt

Eine Personalisierung bzw. Finitisierung des Infinitivs durch Pronomen oder Substantivgruppen kommt in verschiedenen romanischen Sprachen vor, so im Spanischen, Portugiesischen und Katalanischen sowie in älteren Stufen des Französischen und Italienischen (Körner 1983: 80–82). Im Portugiesischen liegt nun der spezielle Fall vor, dass diese Personalisierung zusätzlich durch eine Flexionsendung, im folgenden Beispiel das *-em* für die 3.Ps.Pl., ausgedrückt werden kann, außer in der 1. und 3.Ps.Sg., wo die Formen gleichlautend mit dem unflektierten Infinitiv sind.

---

[33] Dies wäre insofern erklärungsbedürftig, als das Verfahren generell als typisch für die gesprochene Sprache angesehen wird (cf. Dufter/Stark 2008: 126, die einen diesbezüglichen Vergleich zwischen Spanisch und Italienisch vornehmen). Genauere Untersuchungen zum Portugiesischen wären ein Desiderat.

Tabelle 71: *Infinitivkonstruktionen und Subjektmarkierung I*

Spanisch	Portugiesisch
Al llegar **los invitados**, llovía.	Ao chegar**em os convidados**, chovia.

Handelt es sich bei dem Subjekt der Infinitivkonstruktion um ein Pronomen, ändert sich im Spanischen normalerweise[34] nichts an dieser Struktur. Im Portugiesischen reicht dagegen in der 2.Ps.Sg. und im Plural die Flexionsendung aus, um die Person zu markieren:

Tabelle 72: *Infinitivkonstruktionen und Subjektmarkierung II*

Spanisch	Portugiesisch
Al llegar **nosotros**, llovía.	Ao chegar**mos**, chovia.

In der 1. und 3.Ps.Sg steht auch im Portugiesischen das Pronomen, aber *vor* dem Infinitiv:

Tabelle 73: *Infinitivkonstruktionen und Subjektmarkierung III*

Spanisch	Portugiesisch
Al llegar **ella**, llovía.	Ao **ela** chegar, chovia.

Im Spanischen ist die Möglichkeit solcher personalisierter Konstruktionen verglichen mit dem Portugiesischen allerdings eingeschränkt und im Übrigen regional unterschiedlich verbreitet (cf. z.B. GRAE Manual 2010: 890, 46.7.1d) und unterschiedlich akzeptiert.

Was die Kontexte für die Verwendung des flektierten Infinitivs im Portugiesischen angeht, so herrscht in der Literatur eine erstaunliche Uneinigkeit, deren Ursache von Cunha/Cintra in der großen stilistischen Variation gesehen wird:

> „Numerosas têm sido as regras propostas pelos gramáticos para orientar com precisão o uso selectivo das duas formas. Quase todas, porém, submetidas a um exame mais acurado, revelaram-se insuficientes ou irreais" (Cunha/Cintra 1992: 482).

Dennoch kann man zumindest einige Kontexte bestimmen, in denen die Verwendung des flektierten Infinitivs möglich, z.T. nach mancher Ansicht auch obligatorisch ist. Als

---

[34] Die Voranstellung des Pronomens kommt allgemein im karibischen Spanisch vor (*antes de yo decir, para yo levantarme* etc., GRAE 2009: II, 26.4.2d; *Cállate para yo oír el ruído*, GRAE 2009: II, 46.7.1d). Bei *sin* ist sie lt. Schulte (2007: 259) insgesamt weit verbreitet, bei anderen Präpositionen nicht ausgeschlossen. Zum Gebrauch der Subjektpronomina im karibischen Spanisch cf. Gutiérrez Maté (2010).

eine Gruppe lassen sich zunächst die Konstruktionen mit Präposition identifizieren, durch die verschiedene Sinnrelationen ausgedrückt werden, so wie in den folgenden Beispielsätzen, die, z.T. leicht verändert, von Vázquez Cuesta/Luz (1971: II, 215–216) und Hundertmark-Santos Martins (1998: 173–175) übernommen wurden.[35]

Tabelle 74: *Infinitivkonstruktionen und Subjektmarkierung IV*

Spanisch	Portugiesisch
temporal	
Antes de que saliéramos ya lo había visto yo.	Antes de sair**mos** já o tinha visto.
Al llegar nosotros a la playa, empezó a llover.	Ao chegar**mos** à praia, começou a chover.
kausal	
No salieron porque habían cenado tarde.	Não sairam por ter**em** jantado tarde.
Se calló porque no le creían.	Calou-se por não nele acreditar**em**.
Por hablar tan bajo no te oyen.	Por falar**es** tão baixo não te ouvem.
konditional	
Si continúas así, ¿que harás?	A continuar**es** assim, que farás?[36]
En caso de tener vosotros razón, os pediré disculpas.	No caso de vocês ter**em** razão, peço-lhes desculpa.
final	
Te lo digo para que lo sepas.	Digo-to para o saber**es**.

(cf. Vázquez Cuesta/Luz 1971: I, 216)

Im Spanischen sind also verschiedene Entsprechungen zum flektierten Infinitiv möglich. Wenn die Zusammenhänge eindeutig sind, kann, wie in *Por hablar tan bajo no te oyen* ein einfacher Infinitiv stehen, auch wenn es zwei verschiedene Subjekte gibt. In anderen Fällen kann die Disambiguierung durch die Personalisierung des Infinitivs erfolgen. Die GRAE Manual (2010: 501, § 26.4.2a) spricht dabei von einem *sujeto expreso*, wie in *Al llegar nosotros a la playa, empezó a llover*. Ansonsten besteht die Möglichkeit einer Umschreibung mit einem Nebensatz, die auch im Portugiesischen möglich ist und laut Schulte (2007: 178) sogar in manchen Kontexten häufiger genutzt wird als die Kon-

---

[35] Eine detaillierte Beschreibung dieser „valenzunabhängigen adverbialen Infinitivkonstruktionen" findet sich bei Gärtner (1998: 512–523).

[36] Die Kombination *a* + Inf. in dieser Funktion war laut GRAE (2009: II, 26.5.4b) im *español clásico* sehr verbreitet und findet sich heute noch in regionalen Varietäten des europäischen Spanisch.

154

struktion mit dem flektierten Infinitiv. Nur in Adverbialsätzen, besonders mit *antes*, *para*, *apesar, depois* und *sem*, ist laut Schulte (2007: 183) die Infinitivkonstruktion die erste Wahl.

Relativ hoch sind die Anteile der Infinitivkonstruktion auch noch nach unpersönlichen Ausdrücken (Schulte 2007: 181):

Tabelle 75: *Infinitivkonstruktionen und Subjektmarkierung V*

Spanisch	Portugiesisch
Qué lástima/pena que ganes tan poco.	É pena ganhares tão pouco.
Es necesario que no confundas en portugués la *c* con la *z*.	É necessário não confundires em português o *c* e o *z*.

Außerdem wird der flektierte Infinitiv in Frage- und Ausrufesätzen verwendet, ohne dass er von einem übergeordneten Ausdruck abhängig wäre, „cosa muy frecuente en las expresiones de asombro y en las frases irónicas" (Vázquez Cuesta/Luz 1971: II, 215).

Tabelle 76: *Infinitivkonstruktionen und Subjektmarkierung VI*

Spanisch	Portugiesisch
¡Que se hayan muerto tantos hombres de valor y que él continúe en este mundo!	Terem morrido tantos homens de valor e ele continuar neste mundo!
¿Tú aprobar el examen? Deja que me ría.	Tu, passares no exame? Deixa-me rir.

Was die Geschichte der persönlichen Infinitivkonstruktionen in den beiden Sprachen angeht, so lassen sich laut Schulte (2007: 277) keine grundlegenden Unterschiede feststellen, doch sei der persönliche Infinitiv bzw. in Schultes Terminologie der *overt subject infinitive* (OSI) in vielen Kontexten im Portugiesischen früher belegt als im Spanischen und in der heutigen Sprache häufiger.

5.12.6 Reflexivkonstruktionen

Während sich hinsichtlich der Reflexivkonstruktionen mit direktem Objekt (Typus *lavarse/lavar-se, encontrarse/encontrar-se*, reflexive bzw. reziproke Bedeutung) keine systematischen Unterschiede feststellen lassen, zeigen sich auffällige Divergenzen bei den so genannten Pseudoreflexiva, deren Gebrauch im Spanischen äußerst verbreitet, im Portugiesischen dagegen so gut wie nicht nachzuweisen ist (cf. Vázquez Cuesta/Luz (1971: II, 202), „oraciones reflexivas indirectas", und Osthus (2006) in Abgrenzung vom ethischen Dativ, der auch im Portugiesischen existiert). Pseudoreflexive Konstruktionen im Spanischen kommen sowohl mit intransitiven Verben wie sp. *salir* als auch mit transitiven wie sp. *comer, aprender* vor, bevorzugte semantische Bereiche sind Bewegung, Nahrungsaufnahme und geistige Wahrnehmung. Diese Konstruktionen gelten z.T. als markiert, weswegen auch von einem „diastratisch-diaphasischen *se*" gesprochen wird (Oesterreicher 1992: 232).

Tabelle 77: *Reflexivkonstruktionen I*

Spanisch	Portugiesisch
Salí de la escuela. Me salí de la escuela.	Sai da escola.
He aprendido la lección. Me he aprendido la lección.	Aprendi a leção.
He bebido una cerveza. Me he bebido una cerveza.	Bebi uma cerveja.

Unpersönliche Reflexivkonstruktionen (*oraciones impersonales reflejas*, GRAE Manual 2010: 783, § 41.5.2a; Cunha/Cintra 1992: 308) gibt es in beiden Sprachen (sp. *Se vive bien aquí.* – ptg. *Vive-se bem aquí.*). Ausgeschlossen ist im Portugiesischen aber die im Spanischen verbreitete Konstruktion mit einem indirekten Objektpronomen in Kombination mit einem reflexiven *se*:

Tabelle 78: *Reflexivkonstruktionen II*

Spanisch	Portugiesisch
Se le cayó la taza.	Caiu-lhe a chávena. Deixou cair a chávena.
Algo se me ha perdido.	Perdi alguma coisa.

Bei den üblicherweise als Passiv klassifizierten reflexiven Konstruktionen zeigen die beiden Sprachen wiederum grundsätzlich Übereinstimmung:

Tabelle 79: *Reflexivkonstruktionen III*

Spanisch	Portugiesisch
Se venden bicicletas.	Vendem-se bicicletas.

Diese Verwendungsweise ist bereits im Mittelalter belegt, die unpersönlichen Konstruktionen sind jünger (cf. Lapesa 2008: 189, § 57, 3 und Mendikoetxea 1999: 1649).

5.12.7 Die Bejahung im Portugiesischen

Das Portugiesische nimmt unter den romanischen Sprachen in Bezug auf die bejahende Antwort eine Sonderstellung ein: Obwohl es eine Entsprechung zu sp. *sí*, fr. *oui*, dt. *ja* etc. gibt, nämlich das dem sp. *sí* verwandte ptg. *sim* (< lat. SĪC), besteht die verbreitetste Form der Bejahung in der Wiederholung des Verbs bzw. Hilfs- bzw. Periphraseverbs oder des Adverbs des Fragesatzes:

Tabelle 80: *Die Formen der Bejahung I*

Spanisch	Portugiesisch
¿Quieres ir conmigo? – Sí.	Queres ir comigo? – Quero.
¿Vas a pagar? – Sí.	Vais pagar? – Vou.
¿Ya has pagado? – Sí.	Já pagaste? – Já, já.

Der Verbform kann ein *sim* nachgestellt werden, wodurch die Antwort höflicher wird, dem *sim* folgt außerdem oft ein *senhor, senhora* (+ Titel und/oder Name): ptg. *-Quero, sim. -Quero, sim, senhora. -Quero, sim, senhor doutor.* Weniger formal ist nachgestelltes *pois*: *-Quero, pois!*

Sim senhor kann auch isoliert, ohne Verbwiederholung, verwendet werden. Weniger als Antwort auf eine Ja-Nein-Frage, sondern eher zur Bestätigung einer Aussage wird *pois, pois sim, pois é* oder *pois claro* verwendet: Als Möglichkeiten für die „affirmative Antwort auf eine Frage in der Negationsform" nennt Hundertmark-Santos Martins (1998: 352) die doppelte Wiederholung des Verbs:[37]

Tabelle 81: *Die Formen der Bejahung II*

Spanisch	Portugiesisch
¿No has leído el libro? – Si.	Não leste o livro? – Li, li.

Zusammenfassend lässt sich sagen, dass sich hinsichtlich der regionalen Verteilung der morphosyntaktischen Phänomene verschiedene Koalitionen ergeben. Vor allem die jeweilige Standardsprache betreffend, finden sich natürlich in erster Linie Gemeinsamkeiten zwischen den spanischen Varietäten einerseits, den portugiesischen andererseits, diesseits und jenseits des Atlantiks. Doch sind auch andere Verteilungen zu finden. So bestehen beispielsweise bezüglich des *tratamiento unificado* Gemeinsamkeiten zwischen den amerikanischen Varietäten (AS + BP) und dem EP, während das ES einen älteren Stand bewahrt. Eine Sonderstellung nimmt das ES auch bei der Verwendung des

---

[37] Zur Ambiguität minimaler Antworten auf Fragen mit negativer Struktur im Spanischen cf. García Jiménez (2005: 58–59).

zusammengesetzten Perfekts ein. Das EP wiederum hat als einzige Varietät die teilweise Enklise bei finiten Verbformen bewahrt. Außerdem ist dort eine spezielle Entwicklung bei der Verlaufsperiphrase und den Anredeformen zu verzeichnen. Das BP hat in verschiedener Hinsicht einen eigenen Weg eingeschlagen, z.B. durch den obligatorischen Gebrauch der Personalpronomen. Sprachübergreifende Gegensätze zwischen Europa und Amerika (also ES/EP vs. AS/BP) sind dagegen nicht leicht zu finden. Als eine Erscheinung, die am ehesten nach Kontinenten verteilt ist, kann die weitgehende Aufgabe der Anrede sp. *tú*/ptg. *tu* betrachtet werden, da diese sowohl Teile des AS als auch das BP kennzeichnet.

Aufgaben

1. Stellen Sie anhand von Wörterbüchern (z.B. DRAE, DLPC) eine Liste von femininen Berufsbezeichnungen in beiden Sprachen zusammen. Welche Unterschiede lassen sich feststellen?
2. Erklären Sie die unterschiedliche Bedeutung der Formen *a, da, das, dos, no, nos* und *o* im Spanischen und Portugiesischen.
3. Vergleichen Sie die sprachtypologischen Merkmale des Spanischen und Portugiesischen bei Bossong (2008a: 59–74, 87–98).
4. Vergleichen Sie die Possessivkonstruktionen im Spanischen und Portugiesischen mit denen in anderen romanischen Sprachen.
5. Vergleichen Sie die Ausführungen zu den Reflexivkonstruktionen in den verschiedenen spanischen und portugiesischen Grammatiken (z.B. GRAE 2009, Reumuth/Winkelmann 2006; Hundertmark-Santos Martins 1998; Neves 2011).
6. Beurteilen Sie die portugiesische Mesoklise im Hinblick auf das sprachtypologische Kriterium ‚analytisch' vs. ‚synthetisch' im Zuge der romanischen Sprachgeschichte (z.B. Baldinger 1958; Ineichen 1979; Bollée/Neumann-Holzschuh 2008).

6   Lexikologie: Aufbau und Struktur des Wortschatzes

6.1   Der Definitionsbereich der Lexikologie

Die Lexikologie umfasst als Teilbereich der Sprachwissenschaft die Beschäftigung mit dem Wortschatz einer Sprache,[1] seinem Aufbau, seiner Struktur und das wechselseitige Verhältnis der lexikalischen Einheiten. Der Wortschatz oder das Lexikon eines Sprachsystems ist die Gesamtheit aller Lexeme, die in vielfältiger Relation zueinander stehen und im kollektiven Gedächtnis einer Sprachgemeinschaft gespeichert sind. Dazu gehört auch die Speicherung des Lexikons in Wörterbüchern, deren Besonderheiten im Rahmen der Lexikographie wissenschaftlich betrachtet werden. Neben dem kollektiven Wortschatz einer Sprachgemeinschaft gibt es auch den jeweils individuellen Wortschatz der einzelnen Sprecher, das sogenannte mentale Lexikon, der persönliche Vorratspeicher an Wörtern und Ausdrücken zur Aktualisierung von Äußerungen.

6.2   Die Strukturierung des Wortschatzes

Die Strukturierung und Schichtung des Wortschatzes einer Sprache lässt sich besonders gut in einer kontrastiven Gegenüberstellung beschreiben, da hierbei die Charakteristika deutlich hervorgehoben werden können.

Das Lexem als formale und semantische Basiseinheit des Lexikons kann aus einer oder mehreren Komponenten bestehen (z.B. sp. *plancha,* ptg. *ferro* vs. sp. *tabla de planchar,* ptg. *tábua de engomar*) und umfasst verschiedene grammatische Wortformen; z.B. sp. *decir* (Nennform/Zitierform) = *digo, dices, dice,* etc.

Der Begriff des Lexems (oder der Lexie) ist dabei nicht immer einheitlich gefasst, denn neben der wie hier eher auf Form und Bedeutung basierenden Definition (cf. z.B. Lewandowski 1994: 659) wird auch oft ein streng strukturalistisches Modell herangezogen, in welchem entsprechend der Dichotomie von *langue* und *parole* das Lexem als rein abstraktes Element angesehen wird, das dann in konkreten Wortformen aktualisiert wird (cf. z.B. Pöll 2002: 21). Nicht selten werden jedoch auch beide Auffassungen in einer Begriffserklärung verschmolzen (cf. z.B. Kiesler 2011: 184). In fast allen Definitionsversuchen kommt dabei das intuitiv wichtige, aber wissenschaftlich schwer fassbare ,Wort' vor, welches ebenfalls als Grundeinheit des Wortschatzes angesehen wird, so dass man sich dem Gefühl einer gewissen Zirkularität in den Bestimmungen einer lexikalischen Basiseinheit nicht erwehren kann.

Der Übergang von mehrgliedrigen Lexemen zu sogenannten Phraseologismen (Idiomen bzw. idiomatischen Wendungen) und Kollokationen ist fließend. Die kleinste

---

[1]   Zur definitorischen Eingrenzung der Lexikologie cf. Pöll (2002: 11–18).

160

lexikalische Einheit, das Lexem, ist von seiner Formseite her wiederum in Morpheme, die kleinsten bedeutungstragenden Einheiten, zu gliedern. Im Allgemeinen unterscheidet man zwischen lexikalischen und grammatischen Morphemen, die entweder frei oder gebunden sein können: lexikalisches freies Morphem (Autosemantikon): z.B. sp. *árbol*, ptg. *árvore*; ptg./sp. *paz*; lexikalisches gebundenes Morphem: z.B. ptg./sp. *sub-*; grammatisches freies Morphem: z.B. ptg./sp. *para*; grammatisches gebundenes Morphem: z.B. ptg./sp. *-s* (Plural). Dabei sind die gebundenen lexikalischen Morpheme zur Wortbildung nötig, während die gebundenen grammatischen Morpheme Teil der Flexion sind, da diese nicht-selbständigen Einheiten dort die Funktion übernehmen, die grammatische Varianz anzuzeigen (z.B. ptg./sp. *comprar* vs. *compra*) (cf. Pöll 2002: 19–30).[2]

Der Wortschatz einer Sprache kann hinsichtlich seiner Einheiten und deren Interaktion nach verschiedenen Kriterien betrachtet werden: historischer Aufbau, diasystematische Schichtung, Frequenz der sprachlichen Einheiten (Wörter, Lexeme), formaler Aufbau (Lexeme, Morpheme, Wortbildung), inhaltlicher Aufbau (Semantik der Wörter, Syntagmatik, Paradigmatik, semasiologische und onomasiologische Betrachtung, Prototypensemantik, Wortfeldanalyse, Bedeutungsanalyse). Man spricht in diesem Zusammenhang auch von der Architektur des Wortschatzes: „Unter Architektur des Wortschatzes verstehen wir dessen systematische Ordnung in quantitativer, historischer und funktionaler Hinsicht" (Berschin/Fernández-Sevilla/Felixberger 2005: 286).

Für die vorliegende Gegenüberstellung des spanischen und portugiesischen Wortschatzes beschränken wir uns jedoch auf den Vergleich hinsichtlich der historischen Schichtung des Lexikons und seine Frequenz. Beüglich der diasystematischen Schichtung des Wortschatzes sei auf das allgemeine Kapitel zur Diasystematik verwiesen.

Die Wortbildung wird in den folgenden Ausführungen weitgehend ausgeklammert, da die Gemeinsamkeiten im Spanischen und Portugiesischen überwiegen und kaum strukturell signifikante Unterschiede auszumachen sind.

---

[2] Schpak-Dolt (1999: 1) definiert im Gegensatz zu dem hier angeführten Pöll (2002: 30) die Formen- und Wortbildungslehre über das Wort, d.h., erstere wäre bezüglich der unterschiedlichen Formen eines Wortes zu verstehen, während letztere die Verfahren darstellt, wie man von gegebenen Wörtern zu neuen kommt (zu verschiedenen Definitionen von Wortbildung cf. auch Lüdtke 2005b: 24–36). Diese weiter gefasste Definition erscheint insofern angemessener, als es zum einen eine graduelle Abstufung bezüglich der Lexikalität bzw. Semantizität von Morphemen gibt und zum anderen auch in der Flexion gebundene lexikalische Morpheme behandelt werden (z.B. Verbstämme). Allerdings bleibt in der eher allgemein gehaltenen Abgrenzung von Formen- und Wortbildungslehre wieder die Frage nach dem Wortbegriff offen. Konsequenterweise kombiniert Schpak-Dolt (1999: 16) hier dann die Kategorien auch nicht, d.h., er nimmt zwar ‚frei vs. gebunden' und ‚lexikalisch vs. grammatisch' an, aber ein Suffix *-chen* beispielsweise lässt sich für ihn nicht als gebundenes lexikalisches oder gebundenes grammatisches Element klassifizieren.

6.3 Sprachkontakt und Entlehnungen: Die historische Schichtung des Wortschatzes

Entlehnungen oder ganz allgemein gesprochen Interferenzen zwischen Sprachen setzen immer eine Sprachkontaktsituation voraus und damit eine soziokulturelle Interaktion von Menschen respektive Sprechern. Je nach linguistisch einzustufender Sprachkontakt-situation (regionale Varietät bzw. Sprache) kann das Ergebnis dann eine Entlehnung aus einer anderen (Hoch-)Sprache sein, aus dem eigenen Dialekt in die Standardsprache (Dialektismus) oder aus einem Dialekt einer anderen Sprache.

Man kann prinzipiell zwischen direkter und indirekter Entlehnung unterscheiden, d.h., ein Arabismus, der über das Katalanische ins Spanische gekommen ist, wäre eine indirekte Entlehnung, ein aus dem englisch-portugiesischen Sprachkontakt hervorge-gangener Anglizismus im Portugiesischen ist demnach als direkte Entlehnung zu be-zeichnen. Aufgrund der vor allem in früheren Zeiten, aber auch in der aktuellen multimedialen Kommunikation nicht immer dokumentierten Entlehnungswege ist eine solche Differenzierung naturgemäß oft nicht möglich.

Die Entlehnung stellt neben der Wortbildung ein wesentliches Mittel zur Be-reicherung des Wortschatzes einer Sprache dar. Formal unterscheidet man dabei zwischen der Entlehnung eines Lexems samt seiner Bedeutung und der reinen Bedeu-tungsentlehnung. Im ersten Fall kann man zwischen dem noch nicht oder kaum assimilierten Fremdwort und dem Lehnwort im engeren Sinn unterscheiden. Im zweiten Fall ist die Aufgliederung der verschiedenen Arten der semantischen Entlehnung noch komplexer, und in verschiedenen Abhängigkeitsstufen wird zwischen Lehnprägung, Lehnbedeutung, Lehnformung, Lehnschöpfung, Lehnübersetzung und Lehnübertragung differenziert. Im Folgenden stehen jedoch die rein formalen bzw. materiellen Ent-lehnungen im Vordergrund.

Im Zuge des kulturellen und sprachlichen Austausches mit ihren direkten und indirekten Nachbarn auf der Pyrenäenhalbinsel und in Europa haben das Spanische und das Portugiesische verschiedene lexikalische Elemente aus anderen Sprachen und Varietäten in ihren Wortschatz integriert. Hinzu kommen Lexeme, die aus indigenen Sprachen im Zuge der Kolonisierung in das Lexikon der beiden Sprachen gelangten sowie einige andere, die aus weiteren wichtigen Kulturkreisen (Persien, Indien – über das Arabische (oft Mittlersprache), cf. Pöll 2002: 46) den Weg nach Europa fanden.

6.3.1 Substrat-, Superstrat- und Adstratsprachen

In der Frühphase der Entstehung des Spanischen und Portugiesischen kam es bedingt durch den Kontakt mit der autochthonen Bevölkerung (u.a. Kelten, Iberer) und den frühen Kolonisatoren (Phönizier/Punier, Griechen) zu Substrateinfluss und später durch die Völkerwanderung zu Superstrateinfluss (v.a. Westgoten, Sueben, Araber). Beide Arten der Beeinflussung sind jedoch im heutigen Wortschatz als relativ gering anzusetzen.

Zu den Substratsprachen sind generell alle vorrömischen Sprachen Hispaniens zu rechnen, deren exakte ethnologische und linguistische Zuordnung jedoch mangels Überlieferung oft nicht möglich ist.[3]

Sprachliche Zeugnisse des Iberischen, des Lusitanischen oder des Tartessischen sind noch nicht vollständig bzw. kaum entschlüsselt, von anderen Völkern sind hingegen erst gar keine schriftlichen Texte überliefert (abgesehen von den Griechen und den Phöniziern/Karthagern). Allein für das Keltische/Keltiberische und Baskische können mehr oder weniger eindeutig Substrateinflüsse nachgewiesen werden (insofern man die antiken *Vascones* in der Regel mit den modernen Basken gleichsetzt, spricht man in diesem Zusammenhang auch von Adstrateinfluss).

Im gesamten Wortschatz des Spanischen bzw. Portugiesischen ist der Anteil aller Substratsprachen (soweit identifizierbar) äußerst gering.

Derartige Einflüsse sind am ehesten noch in der Toponomastik festzustellen, wo typische Wortbildungselemente auf eine bestimmte Herkunft verweisen. So sind die mit *ili-/ilu-* gebildeten Ortsnamen, wie *Ilerda* > *Lérida*, *Ilici* > *Elche* wahrscheinlich iberischer Provenienz, die mit *-ippo* und *-uba* wohl tartessischen/turdetanischen Ursprungs (*Ulisippo* > *Lisboa*, *Ostippo* > *Estepa*, *Corduba* > *Córdoba*) und die mit *-briga*, *-dunum*, *-acum* und *segh-* keltischen bzw. keltiberischen Ursprungs (*Conímbriga* > *Coimbra*, *Bisuldunum* > *Besalú*, *Buitrago*, *Segovia*). Auf keltischen Einfluss gehen Wörter wie sp./ptg. *camisa*, sp./ptg. *carro* und sp. *cerveza*/ptg. *cerveja* zurück, allerdings handelt es sich dabei um frühe Entlehnungen aus dem Keltischen ins Latein, die auf die allgemeine Kontaktsituation zwischen den beiden Kulturkreisen zurückzuführen sind, so dass diese Lexeme in bereits latinisierter Form ihren Weg auf die Iberische Halbinsel fanden (lat. CAMISIA, CARRUS, CERVISIA). Einige wenige andere Wörter sind direkt vom Keltischen oder von präkeltischen Sprachen ins Spanische und Portugiesische übernommen worden, z.B. sp./ptg. *álamo*, *gancho*, sp. *garza*/ptg. *garça*, sp. *colmena*/ptg. *colmeia*, sp. *brío*/ptg. *brio*.[4] Von unsicherer, aber wahrscheinlich vorrömischer Herkunft

---

[3] Für eine Zusammenfassung zu den spanischen und portugiesischen Substratsprachen cf. Schöntag (2008: 6–20). Würde man in einer engen Auslegung als Substratsprachen nur diejenigen Idiome ansehen, die in dem Entstehungsgebiet der jeweiligen romanischen Sprache einst gesprochen wurden, so dürfte man für das Portugiesische nur die Sprache der keltiberischen *Gallaeci* und für das Kastilische nur die Sprache der vorindogermanischen (evtl. baskisch oder baskisch beeinflusst, später keltiberisch überformt) *Cantabri* annehmen; alle weitere Einflüsse müssten als sekundäres Substrat gelten (cf. Kap. 3.1.1).

[4] Gerade letzteres Beispiel zeigt, wie schwierig eine genaue Herkunftsbestimmung des lexikalischen Materials einer Sprache ist, denn ptg. *brio* könnte sowohl von einem autochthonen kelt. **brigos* stammen, eine galloromanische oder auch eine spätere spanische Entlehnung sein. Bei ptg. *berço* wiederum könnte es sich entweder um ein direktes keltisches Substratwort

sind Wörter wie sp./ptg. *balsa, barro, cama, charco, páramo, tojo,* sp. *arroyo/*ptg. *arroio,* sp. *manteca/*ptg. *manteiga,* sp. *perro.* Vom Phönizischen sind nur wenige Ortsnamen erhalten geblieben (z.B. phön. *G(a)d(i)r* > lat. *Gades* > arab. *Qadis* > sp. *Cádiz*). Das Baskische hat bedingt durch seine geographische Lage naturgemäß mehr auf das Spanische als auf das Portugiesische gewirkt bzw. auf letzteres nur sekundär (z.B. sp. *izquierdo/*ptg. *esquerdo,* sp. *aquelarre, boina, chaparro, pizarra*) (cf. Vilela 1994: 15; Correa 2005: 35–57; Dietrich/Geckeler 2007: 142; Geckeler 2008: 3108; Monjour 2008: 3211).

Dabei ist das Baskische sowohl als Substratsprache für das Spanische (antikes Volk der *Vascones*) als auch als Adstratsprache zu sehen. Baldinger (1958: 67–97) weist darauf hin, dass es aufgrund bestimmter sprachlicher Merkmale eine einheitliche Substratschicht nördlich des kantabrischen Gebirges gegeben haben muss, die von Aquitanien bis nach Galicien auf die entstehenden romanischen Sprachen einwirkte.

Von den Superstratsprachen, die auf der Iberischen Halbinsel als mögliche Gebersprachen in Betracht kommen, hat im Wesentlichen nur das Westgotische einen gewissen Einfluss ausgeübt, bedingt durch die zumindest zeitweise stabile und großflächige Herrschaft dieses germanischen Volkes. Für das Spanische werden zwischen 20 bis 100 Wörter westgotischen Ursprungs diskutiert, für das Portugiesische geht man von höchstens 50 Lexemen aus (Bollée/Neumann-Holzschuh 2008: 42; Endruschat/Schmidt-Radefeldt 2008: 39–40).

Für das Portugiesische können außerdem eventuell noch einige Reliktwörter des Suebischen geltend gemacht werden. Baldinger (1958: 71–73) nennt als Wörter mit möglicher suebischer Herkunft ptg. *britar,* aptg. *trigar,* gal. *laverca, lobio.* Messner (1994a: 513) führt außerdem noch aptg. *aleive* und *gasalhar* (s.u.) auf, sowie in einer weiteren Studie gal. *bretema* (> sueb. **brethma* ‚Nebel‘), *lobio* (> germ. **laubju* ‚Laube‘) und *laverca* (> sueb. **laiwerku* ‚Lerche‘) (Messner 1998: 110). Kremer (2005: 140) nennt als einzige Beispiele ebenfalls gal. *laverca,* aber auch noch gal. *meixengra.*

Prinzipiell ist von einer etwas tiefgreifenderen Beeinflussung im Bereich des Galicischen auszugehen, da dieser Sprachraum sich in etwa mit dem Kernsiedlungsland der Sueben auf der iberischen Halbinsel deckt, doch der Nachweis ist nur schwer zu führen, am ehesten noch durch die Toponymie (man vergleiche die Ortsnamen *Suabas, Suegos, Sueve, Suevos*). Zu den suebischen Personennamen cf. Wagner (1998: 139–140), der die insgesamt 27 suebischen Namen der verschiedenen Quellen auswertet und diskutiert (z.B. *Ermegarius, Massila, Reccila, Rechimer, Remismundus*).

Von den anderen Völkern wie Vandalen, Quaden und Alanen lässt sich so gut wie nichts nachweisen (s.u.). Ein Sonderfall wäre das Fränkische, das sich auf heute katalanischem Sprachgebiet (Spanische Mark, *Marca hispánica*) ausgebreitet hat, aber in diesem Sinne eher als Adstrat einzustufen ist.

---

handeln (kelt. **bertio*) oder um eine französische Entlehnung (frz. *berceau*) (Monjour 2008: 3211).

Generell besteht wie bei den Substratsprachen auch bei den germanischen Superstratsprachen das Problem, eine eindeutige Herkunft zu bestimmen, denn zahlreiche germanische Elemente im Spanischen und Portugiesischen sind vermutlich bereits als Kulturadstratlexeme in das Lateinische eingedrungen. Dies wird z.B. angenommen für sp./ptg. *fresco, guardar, guisa, guerra, rico,* sp. *blanco*/ptg. *branco,* sp. *tregua*/ptg. *trégua,* sp. *jabón.*[5] Zudem besteht bei der prinzipiell engen sprachlichen Verwandtschaft der germanischen Sprachen die Schwierigkeit einer eindeutigen Zuordnung, d.h. ein sp./ptg. Wort kann wohl als Germanismus klassifiziert werden, doch der Nachweis, ob es beispielsweise westgotischer oder fränkischer Herkunft ist, kann mitunter nicht ohne weiteres geführt werden.

Hinzu kommt die Möglichkeit einer späteren Entlehnung aus einer romanischen Nachbarsprache, wie z.B. bei sp. *jardín*/ptg. *jardim,* das wohl aus dem Französischen kommt (frz. *jardin*), aber ein germanisches Etymon hat (fränk. **gardo,* dt. ‚Garten'). Mit einer gewissen Wahrscheinlichkeit auf das Westgotische zurückführen lassen sich Wörter wie sp. *agasajar*/ptg. *agasalhar* (evtl. sueb. s.o.), sp./ptg. *ataviar, ganso, sacar,* sp. *espetón*/ptg. *espeto,* sp. *espía*/ptg. *espia,* sp. *ganar*/ptg. *ganhar,* asp. *lua*[6]/ptg. *luva,* sp. *escanciar,* ptg. *fato*/sp. *hato.*

Endruschat/Schmidt-Radefeldt (2008: 40) gehen von ca. 50 westgotischen Entlehnungen im Portugiesischen aus, während Bollée/Neumann-Holzschuh (2008: 42) aufgrund der bisherigen Untersuchungen eine vorsichtige Schätzung von ca. 20–100 Wörtern westgotischen Ursprungs für das Spanische vornehmen (immer ohne Toponomastik). Kremer (2005: 140) bezieht sich bezüglich suebischer Elemente im Spanischen rein auf den galegischen Sprachraum.

Insgesamt ist der Anteil der germanischen Wortschatzelemente im Spanischen und Portugiesischen als nicht unbedeutend einzustufen, der Anteil eines eindeutigen westgotischen Substrates jedoch als marginal. Dabei könnte man aufgrund der Besiedlungsgeschichte und unter Berücksichtigung aller Varietäten im Spanischen wohl ein paar mehr westgotische Elemente annehmen als im Portugiesischen, jedoch kann dies kaum zweifelsfrei belegt werden, da bei vielen Germanismen eine rein westgotische Zuordnung nicht möglich ist. Der suebische Einfluss auf der Iberischen Halbinsel ist kaum nachweisbar, wenn auch nicht völlig auszuschließen ist, dass die Sueben Germanismen in Galicien hinterlassen haben.

Prägend sind die germanischen Superstratsprachen letztlich noch am ehesten in der Onomastik, und zwar sowohl bei Ortsnamen (*Aldán, Allariz, Gomesende, Gondomar, Guimarães, Guitiriz, Mondariz, Sendim*) als auch bei Personennamen (*Adolfo, Alfonso/*

---

[5] Die Zuordnung ist in vielen Fällen problematisch, wie man an der Diskussion um die Herkunft von sp. *guerra* erkennen kann, welches evtl. auch über das Französische vermittelt sein könnte (cf. Corominas 1980: 258–259).

[6] Das neuspanische Lexem für ‚Handschuh' ist *guante,* eine Entlehnung aus dem Französischen (frz. *gant*) mit germanischer Wurzel (fränk. **want*).

Afonso, Álvaro/Alvaro, Elvira, Fernando, Gonzalo/Gonçalo, Ricardo, Rodrigo) (cf. Bollée/Neumann-Holzschuh 2008: 40–42; Geckeler 2008: 3110; Monjour 2008: 3212).[7]

Die spätere Erweiterung des Lexikons durch Entlehnungen aus anderen Sprachen wird dann vor allem durch die Phase der islamischen Eroberung (Arabismen) und die darauf folgende Reconquista geprägt, in deren Folge die heutige Sprachlandschaft auf der Iberischen Halbinsel entstand.

Das Arabische kann dabei sowohl als Superstratsprache als auch als Adstrat- bzw. Kulturadstratsprache klassifiziert werden und hat sowohl das portugiesische als auch das spanische Lexikon mit nicht wenigen Lehnwörtern bereichert. Viele davon sind allerdings im Laufe der Geschichte wieder aus dem Wortschatz der beiden Sprachen verschwunden, bedingt durch den Wandel von bestimmten kulturellen, gesellschaftlichen und politischen Gegebenheiten (cf. Kap. 3.1.2).

Die Anzahl der heute noch üblichen Arabismen scheint im Spanischen höher zu sein als im Portugiesischen, doch fällt eine exakte Bestimmung insofern schwer, als unterschiedliche Kriterien zugrunde gelegt werden (z.B. Derivationen, Frequenz, Toponyme, Archaismen, Fachwortschatz).

Die Auswertungen unterscheiden sich zum Teil erheblich. Neben 1000 bis 1500 Toponymen arabischen Ursprungs kann man 850 direkte Entlehnungen sowie 780 Derivationen rechnen, also 1630 (Lapesa) oder nach anderer Auszählung nur 730 Arabismen (Kiesler) oder aber 1285 (Noll: Auswertung DRAE) (cf. Bollée/Neumann-Holzschuh 2008: 48). Kiesler (1993: 29–30), der ausgehend von 100 relativ sicheren, direkt übernommenen Arabismen, die Teil des *português fundamental* sind, diese mit den Nachbarsprachen Spanisch, Katalanisch und dem Italienischen vergleicht, kommt zu dem Schluss, dass es im Portugiesischen womöglich doch mehr Arabismen geben könnte als im Spanischen, vor allem unter Berücksichtigung des inneren Lehnguts (Lehnbedeutung, Lehnübersetzung, Lehnkonstruktionen).

Im Portugiesischen divergieren die Angaben zwischen 400 und 1000 Arabismen, (Kiesler 1993: 20), was entsprechend realistischer Schätzungen für das Spanische letztendlich nicht allzu viel weniger ist. Die Auswertung der Wörterbücher *Porto Editora* und des *Dicionário Universal da Língua Portuguesa* ergibt dabei 912 bzw. 791 Arabismen für das Portugiesische (Endruschat 2002: 171, FN. 1).

Bezüglich eines Vergleichs zwischen Spanisch und Portugiesisch eröffnet Kiesler (1993: 20–21) folgende Statistik: Von 100 Arabismen im Portugiesischen sind durchschnittlich 54 des gleichen Ursprungs im Spanischen festzustellen, 6 werden durch andere Arabismen wiedergegeben, 10 entsprechen spanischen Erbwörtern, weitere 15

---

[7] In der Toponomastik lassen sich auch noch andere Superstratvölker nachweisen: z.B. die Alanen (*Puerto del Alano*) und die Vandalen (*Andalucía* < arab. *Al-Andalus*), aber auch die Sueben (*Suevos, Suegos, Puerto Sueve*) (Bollée/Neumann-Holzschuh 2008: 41). Die Etymologie von ,Andalusien' ist allerdings umstritten. Für andere Erklärungsmodelle cf. die Diskussion bei Schöntag (2008: 20).

werden durch andere Lehnwörter ausgedrückt und 14 durch innersprachliche Bildungen (statistisch bleibt noch ein Wort mit unsicherer Herkunft).

Legt man diese Auswertung zugrunde, so wären in Bezug auf die lexikalischen Entlehnungen aus dem Arabischen das Spanische und Portugiesische zu etwa der Hälfte mit identischem Wortmaterial bestückt. Dabei ist natürlich noch nichts darüber ausgesagt, wie viele davon über das Spanische (oder über das Katalanische) ins Portugiesische gekommen sind.

Das Arabische hat aufgrund der mehrere Jahrhunderte währenden Kontaktsituation auf viele Bereiche des täglichen Lebens Einfluss genommen, so dass folgende semantische Felder des jeweiligen Wortschatzes der beiden iberoromanischen Sprachen zahlreiche Arabismen aufweisen:

Militärwesen (sp. *alcazaba*/ptg. *alcáçova;* sp. *alférez*/ptg. *alferes*), Garten- und Ackerbau (sp. *acequia*, ptg. *acéquia*), Lebensmittel/Pflanzen (sp. *(caña de) azúcar*/ptg. *(cana de) açúcar*), Arbeitswelt (sp. *tarea*/ptg. *tareia*)[8], Handwerk (sp./ptg. *jarra*), Kleidung (sp. *gabán*/ptg. *gabão*), Handel und Verkehr (sp./ptg. *tarifa;*[9] sp. *almacén*/ptg. *armazém*), Siedlung (sp. *aldea*/ptg. *aldeia*), Haus (sp. *alcoba*/ptg. *alcova*), Wohnung (sp. *almohada*/ptg. *almofada*), Speisen (sp./ptg. *arroz;* sp. *arrope*/ptg. *xarope*), Instrumente (sp. *laúd*/ptg. *alaúde*), Spiele (sp. *ajedrez*/ptg. *xadrez*), Mathematik (sp./ptg. *álgebra, cifra*), Alchimie (sp./ptg. *alquimia, elixir;* sp. *alcohol*/ptg. *álcool*),[10] Medizin (sp./ptg. *nuca*) und Astronomie.

Die Adaptions- und Integrationsmechanismen sind dabei im Spanischen und Portugiesischen weitgehend gleich (z.B. agglutinierter arabischer Artikel *al*), aber nicht bei jedem sich entsprechenden Lexem identisch (z.B. *almacén* vs. *armazém*). Der arabische Artikel kann in verschiedener Form (je nach Anlaut im Arabischen) mit übernommen worden sein (mit *al-*: sp. *albaricoque* < arab. *al-barqūq*, mit *az-*: sp. *aceituna* < arab. *az-zeituna*, mit *ar-*: sp. *arroz* < arab. *ar-ruzz*, mit *as-*: sp. *azúcar* < arab. *as-sukkar*; sp./port. *adobe* < arab. *at-tub*; ptg. *adufa* ‚Fensterladen' < arab. *ad-duffa*; ptg. *enxaqueca* < arab. *aš-šaqīqa*; dagegen sp. *jaqueca*) oder auch nicht (z.B. ptg. *xarope*, sp. *jarabe*), die weitere morphologische Integration erfolgt meist gemäß dem entsprechenden sprachlichen Muster (z.B. *gabán* vs. *gabão*).

Arabismen, die über Sizilien in die europäischen Sprachen gelangten, haben in der Regel keinen agglutinierten Artikel: z.B. dt. *Zucker* < it. *zucchero* < arab. *sukkar*. Seltener ist der Artikel auch im Katalanischen bzw. in Wörtern, die von dort weiter

---

8   Das ptg. *tareia* ist ein indirekter Arabismus, da es über das Spanische entlehnt wurde.

9   Das sp./ptg. *tarifa* hat seinen Weg aus dem Arabischen zunächst ins Katalanische gefunden und von dort ins Spanische und Portugiesische.

10   Der Arabismus *alcohol/álcool* erklärt sich zunächst als arabische Entlehnung (arab. *al-kuhl*) mit der Bedeutung ‚Kajal/Antimon(salbe)'; vom Altspanischen wurde der Terminus ins Mittellatein Frankreichs entlehnt, wo die Alchimisten im 16. Jh. dem Wort die Bedeutung ‚Weingeist' beilegten; von dort wiederum wirkte diese Bedeutung zurück nach Spanien, aber auch nach Marokko auf das arabische Ursprungswort (Montero Muñoz 2006: 1661).

gewandert sind, davon nicht wenige eben auch ins Spanische und Portugiesische (Montero Muñoz 2006: 1660).

Die Entlehnung mit agglutiniertem Artikel ist laut Noll (1996: 301–302, 310) auf den mozarabisch-arabischen Bilinguismus zurückzuführen: In dieser Zeit intensiver Zweisprachigkeit zwischen Romanen und Arabern (z.B. handelten die Romanen in Al-Andalus mit den Arabern i.d.R. auf Arabisch, nicht so in Sizilien, wo neben dem Sizilianischen auch noch das Griechische präsent war und das Arabische nicht so flächendeckend) wurde offenbar die für das Arabische in Al-Andalus (hier ist der immer mit *a* anlautende Artikel besonders stabil, in anderen Varietäten des Arabischen öfters wegen satzphonetischer Gründe elidiert) typische Struktur (Artikel + Nomen) als Ganzes übernommen und nicht segmentiert (Ineichen 1997: 12; Bollée/Neumann-Holzschuh 2008: 50).

Die Mehrzahl der Arabismen sind Substantive zur Bezeichnung von Konkreta, Abstrakta sind äußerst selten (sp. *alborozo*/ptg. *alvoroço*) und auch Adjektive (sp./ptg. *azul*, sp. *mezquino*/ptg. *mesquinho*) sind nicht sehr häufig. Von anderen Wortarten finden sich nur die Interjektion sp. *ojalá*/ptg. *oxalá* und die Präposition sp. *hasta*/ptg. *até*. Einige wenige Relikte des Arabischen gibt es auch in der Hydronymie (Flüsse: *Guadalquivir*, *Guadiana*, Stadt: *Guadalajara*), erheblich mehr jedoch in der Toponymie (z.B. *Alcobaça*, *Algarve*, *Algeciras*, *Aljubarrota*, *Almería*, *Gibraltar*). Das Arabische ist nicht nur direkte Gebersprache, sondern auch in der Vermittlerrolle für andere Kultursprachen. Aus dem Persischen kommen wichtige Begriffe wie sp. *ajedrez*/ptg. *xadrez*, sp. *azúcar*/ptg. *açúcar*, sp./ptg. *azul*, sp. *escarlata*/ptg. *escarlate*, sp. *naranja*/ ptg. *laranja*, über das Sanskrit sp. *alcanfor*/ptg. *cânfora*, über das Griechische sp./ptg. *arroz* (griech. *óryza*) und über das Latein sp. *albaricoque*/ptg. *albricoque* (vlat. *praecoquum*) und sp. *alcázar*/ptg. *alcácer* (lat. CASTRUM).[11] Das Wort sp./ptg. *café* wiederum wurde vom Arabischen ins Türkische und von dort über das Italienische und Französische auf die Iberische Halbinsel gebracht (cf. Kiesler 1993: 15–19; Ineichen 1997: 25; Montero Muñoz 2006: 1660–1661; Bollée/Neumann-Holzschuh 2008: 48–49; Geckeler 2008: 3110–3111; Monjour 2008: 3212–3213).

Die folgende Übersicht soll noch einmal die wichtigsten Sprachkontaktsituationen des Spanischen und Portugiesischen aufzeigen, wobei der Fettdruck primäres Sub- und Superstrat signalisiert und die restlichen Sprachkontaktethnien eher als sekundär aufzufassen sind, insofern sie nicht direkt das Ursprungsgebiet des Galicisch-Portugiesischen

---

[11] Genauer gesagt entwickelt sich das lat. CASTRUM über eine griechische und aramäische Zwischenform zu arab. *al-qaṣr* und wurde von dort ins Spanische weitergegeben (Ineichen 1997: 55). Die Herkunft von ‚Aprikose' ist ebenfalls äußerst komplex: klat. MĀLUM PERSICUM ‚Pfirsich', vlat. *persica praecocia*, vlat. *praecoquum* (zu klat. PRAECOX ‚frühreif' und COQUERE ‚reifen, reifen lassen') ‚frühreifer Pfirsich' > spätgriech. *praikókia, praikókion* > arab. *al-barqūq* ‚die Pflaume' > sp. *albaricoque, albérchigo*, ptg. *albricoque* (datiert 1507, heute: *alperce, damasco* < Damaskus), kat. *albercoc, alberge* > it. *albicocca* (aus dem Iberoroman.), frz. *abricot* (aus kat.dial. *abricoc*) > ndl. *abrikoos* > dt. *Aprikose* (Kiesler 1994: 156–157).

bzw. des Kastilischen betreffen, sondern im Zuge von weiteren Eroberungen oder des allgemeinen Sprachkontaktes auf der Iberischen Halbinsel von Relevanz sind.

Tabelle 82: *Substratvölker, Superstratvölker und Adstratsprachen*

Substratvölker (Spanien)	Substratvölker (Portugal)	Superstratvölker (Spanien)	Superstratvölker (Portugal)	Adstrat- sprachen (Spanien und Portugal)
Iberer (*Iberi*)	Lusitanier (*Lusitani*)	**Westgoten** (*Visigothi*)	**Westgoten** (*Visigothi*)	Latein
Asturer (*Asturi*)	Keltiberer (*Celtiberi*);	Vandalen (*Vandali*)	**Sueben** (*Suebi*)	Griechisch
Kantabrer (*Cantabri*)	z.B. **Kallaiker** (*Gallaeci*)	Quaden (*Quadi*)		Französisch
Vaskonen (*Vasconi*)		Byzantiner (*Byzanthini*)		Okzitanisch
Turdetaner (*Turdetani*)		Alanen (*Alani*)		Italienisch
Lusitanier (*Lusitani*)		Sueben (*Suebi*)		Katalanisch
Bastuler (*Bastuli*)		Franken (*Franci*)		Arabisch
Phönizier (*Phoenici*)				Englisch
Griechen (*Graeci*)				Baskisch
Keltiberer (*Celtiberi*)				

6.3.2 (Kultur-)Adstratsprachen

Das Spanische und Portugiesische wurden im Laufe ihrer Sprachgeschichte jedoch nicht nur durch Sprachkontakte geprägt, die sich aufgrund von politischen Herrschafts-verhältnissen (Eroberung, Unterwerfung) ergaben, sondern auch von stetigen Kontakt-situationen mit angrenzenden Idiomen oder solchen, die eine entsprechende kulturelle und politische Strahlkraft aufwiesen bzw. noch aufweisen. Generell spricht man bei einer gegenseitigen Beeinflussung von zwei Sprachen von einer Adstratkonstellation (z.B. Baskisch-Spanisch), handelt es sich bei der Gebersprache um eine der großen Kultursprachen (z.B. Französisch), dann wird die davon ausgehende Beeinflussung als Kulturadstrat definiert.[12]

Da zwischen den einzelnen Regionen der Iberischen Halbinsel schon immer ein reger kultureller und sprachlicher Austausch stattfand, lassen sich sowohl im Portugiesischen als auch im Spanischen Elemente des benachbarten Baskischen, Katalanischen, Galicischen[13] sowie des angrenzenden Französischen und Okzitanischen finden, wenn auch in unterschiedlichem Ausmaße. Hinzu kamen die Einflüsse des Italienischen, des Englischen und in bescheidenem Maße die anderer europäischer Sprachen, z.B. auch die des Deutschen. Die wichtigsten Kultursprachen blieben jedoch das Lateinische und das Griechische, die bis zum heutigen Tag ein Reservoir für Neubildung sind (Internationalismen), vor allem im Bereich der Wissenschaften (v.a. Terminologien, Nomenklaturen).

6.3.2.1 Okzitanisch

Eine der ersten Sprachen, die von außen auf die Varietäten der Iberischen Halbinsel Einfluss ausübte, war das Okzitanische. An Ursachen für die sprachliche Interferenz ist dabei zuvorderst die Ausstrahlung der Troubadourlyrik mit ihrer speziellen Terminologie zu nennen, des Weiteren aber auch dynastische Verflechtungen mit Südfrankreich, das Mitwirken okzitanischer Ritter an der Reconquista sowie Migration und Handel entlang des *camino francés/caminho francês*. Der Pilgerweg nach Santiago de Compostela war dabei Transportroute für (religiöse) Ideen, Literatur, Waren und Menschen gleichermaßen (Tietz 2001: 31). Der Einfluss des Okzitanischen bleibt jedoch vor allem auf das Mittelalter beschränkt, und gerade viele rein literarische Entlehnungen dringen dabei nicht bis in die Volkssprache vor. Somit kann man im heutigen Wortschatz des Spanischen und Portugiesischen nur eine Handvoll Okzitanismen ausmachen, vor allem in den Bereichen Kriegswesen (sp. *batalla*/ptg. *batalha*; sp. *embajada*/ptg. *embaixada*, sp. *homenaje*/ptg. *homenagem*; sp. *mensaje*/ptg. *mensagem*), Literatur (sp./ptg. *bailar, balada, rima*, sp. *refrán*/ptg. *refrão*, sp. *trobar*/ptg. *trovar*) und Religion (sp. *capellán*/ ptg. *capelão*, sp. *monje*/ptg. *monge*). Der Umfang des okzitanischen Lehngutes dürfte in beiden Sprachen in etwa gleich sein.

---

[12] Zur Problematik der Stratabegriffe cf. Krefeld (2003), dort auch das gängige Schema zu Stratum, Substratsprachen und Superstratsprachen sowie der Adstratkonstellation (Krefeld 2003: 557, 558).

[13] Das Galicische ist insofern ein Sonderfall in dieser mutuellen Kontaktsituation, als das Portugiesische historisch aus dem Galicischen (bzw. dem *galego-português*) hervorging und das Spanische das Galicische maßgeblich überformt hat bzw. dazu beigetragen hat, dass es sich vom Portugiesischen wegentwickelte.

Angaben zur Anzahl der Okzitanismen sind spärlich. Für das Portugiesische referiert Monjour (2008: 3213) eine Auszählung der *Cancioneiros*, in denen knapp 300 Gallizismen und Okzitanismen zu finden seien, in mittelalterlichen Chroniken nur ca. 50. Da hier alle Entlehnungen aus Frankreich zusammengefasst werden und davon die meisten wieder außer Gebrauch gekommen sind, ist für das heutige Portugiesisch wohl mit deutlich weniger als 100 Okzitanismen zu rechnen, für das Spanische mag dasselbe gelten.

Da die Abgrenzung zu den nordfranzösischen Entlehnungen aufgrund der engen sprachlichen Verwandtschaft nicht immer eindeutig vorgenommen werden kann, subsumiert man die Anzahl der Entlehnungen aus Frankreich mitunter allgemein unter dem Stichwort ‚Gallizismen'.[14] Zu berücksichtigen ist außerdem die Tatsache, dass das okzitanisch-katalanische Sprachgebiet v.a im frühen Mittelalter eine sprachliche Einheit bildete und auch kulturell eine eher vermittelnde als abgrenzende Funktion hatte (z.B. katalanische Troubadourlyrik).

6.3.2.2   Französisch

Das Französische bildet für beide hier behandelten Sprachen eine über die Jahrhunderte hinweg konstante und wichtige Gebersprache mit Höhepunkten im Mittelalter (dynastische Verflechtungen, Cluniazensische Reform, Literatur) und ab dem 17./18. Jh. (Aufklärung, politische und gesellschaftliche Vormachstellung Frankreichs) bis ins 20. Jh.; erst dann wurde es als wichtigste Kontaktsprache vom Englischen abgelöst. Für das Spanische hätte dabei das Jahr 1700 mit der Übernahme des spanischen Thrones durch die Bourbonen ein wichtiger Meilenstein im Sinne einer zunehmenden Französisierung sein können, doch war das Französische zu dieser Zeit in Europa bereits so dominant, dass diese politische Veränderung nicht mehr allzu sehr ins Gewicht fiel, genauso wenig wie der Beitritt Portugals zur Allianz der Bourbonengegner im Zuge des Spanischen Erbfolgekrieges (1701–1713/1714) sprachliche oder kulturelle Auswirkungen zeitigte (cf. Schäfer-Prieß 2010b: 806).

Nach einer Phase der Hispanisierung des Portugiesischen während der Personalunion beider Länder (1580–1640) führte der nie abreißende französische Einfluss in Portugal, wo bereits im Mittelalter das Haus Burgund regierte (1095–1383), schon im 18. Jh. zu einer ersten Gallizismenkritik (Periode des *francesismo*). Der Einfluss des Französischen erstreckte sich auf zahlreiche Bereiche des Lebens, nicht nur am portugiesischen Hof

---

[14] Auch die Eigenbezeichnung der Spanier, nämlich sp. *español* (kat. *espanyol*, ptg. *espanhol*, frz. *espagnol*, it. *spagnolo*) ist der Lautentwicklung nach vermutlich ein Okzitanismus. Die Bezeichnung *espaniol* (< lat. HISPANIOLUS) ist zunächst in Südfrankreich belegt (11. Jh.), später auch in Katalonien, Nordfrankreich, Italien und auf der Iberischen Halbinsel (cf. Kabatek 2003: 176). Zu den Gallizismen im Altspanischen cf. Söllner (1949).

war er zu spüren, sondern auch in der Kultur und sogar in der Wirtschaft. Man schätzte französische Handwerksprodukte und Kleider, die nicht nur importiert, sondern auch von französischen Handwerkern (Parfüm, Perücken, Uhren) vor Ort hergestellt wurden (Messner 1990: 46–47).

Auf diese Weise finden wir in beiden Sprachen Entlehnungen in den verschiedensten semantischen Feldern: Militärwesen (sp. *bayoneta*/ptg. *baioneta*, sp./ptg. *brigada*, sp. *jefe*/ptg. *chefe*), Kleidung (sp. *chal*/ptg. *xaile*), Mode (sp. *alta costura*/ptg. *alta-costura*), Nahrungsmittel (sp. *frambuesa*/ptg. *framboesa*), kulturelles Leben (sp. *film*/ptg. *filme*; sp. *reportaje*/ptg. *reportagem*), Wohnen (sp./ptg. *bidé, chalé*), Familie (sp./ptg. *bebé*; sp. *biberón*/ptg. *biberão*), Politik (sp./ptg. *burocracia, patriota*), Verkehr (sp. *avión*/ptg. *avião*, sp./ptg. *bicicleta*, sp. *camión*/ptg. *camião*, sp. *garaje*/ptg. *garagem*), Wissenschaften und Technik (sp. *oxígeno*/ptg. *oxigénio*). Gerade im Bereich der Wissenschaften und des Fachwortschatzes (z.B. Politik) ist das Französische auch heute noch Vermittlersprache von Internationalismen bzw. von Fachtermini jeglicher Art. Da genaue Untersuchungen zum Umfang der Gallizismen in beiden Sprachen fehlen, ist ein direkter Vergleich kaum anzustellen – zumal durch eine starke Integration der Lexeme eine Identifizierung nicht immer möglich ist; doch wäre es denkbar, dass aufgrund der historischen Konstellationen das Portugiesische noch mehr von französischem Einfluss geprägt wurde als das Spanische.[15]

6.3.2.3   Italienisch

Einen starken Einfluss auf das Spanische und Portugiesische hatte auch das Italienische, wobei der Höhepunkt kulturellen Einflusses zwischen dem 15. und 17. Jh. lag. Aus Italien kam nicht nur das Gedankengut der Renaissance (Literatur, Baukunst, Malerei), sondern auch Innovationen aus Musik, Kriegsführung, Nautik und Wirtschaft (Bankenwesen) sowie aus vielen anderen Bereichen des täglichen Lebens (z.B. Kochkunst).[16]

Der Anteil der Italianismen am Gesamtwortschatz der beiden Sprachen ist in etwa gleich. Beispiele aus den genannten Sektoren wären: sp./ptg. *alerta, atacar, bancarrota, banco, cúpula, fanal, fragata, mercante, novela, ópera, piloto, saldo, soneto*; sp. *acuarela*/ptg. *aguarela*, sp. *balcón*/ptg. *balcão*; sp. *centinela*/ptg. *sentinela*, sp.

---

[15] Zum Spanischen cf. die Auswertung der verschiedenen DRAE Editionen von Oury (2008: 51–52), die einen eindeutigen Höhepunkt der französischen Entlehnungen in der ersten Version, dem *Diccionario de Autoridades* (DA) von 1726–1739 zeigen und einen nicht unbeträchtlichen Anteil von Gallizismen in der aktuellsten Version (22. Edition) des DRAE von 2001.

[16] Endruschat (2003: 39–40) listet folgende semantische Felder auf, in denen Italianismen im Portugiesischen zu finden sind: *Musik, Allgemeines, Küche/Restaurant, Politik/Gesellschaft, Schöne Künste/Malerei, Architektur/Haus, Militär, Handwerk, Seefahrt/Fischfang, Ökonomie/Finanzen, Theater/Kino, Geologie, Religion, Medizin/Anatomie/Pharmakologie, Botanik, Wissenschaft (divers), Zoologie, Geographie, Literatur, Mode, Sport, Verkehr.*

concierto/ptg. *concerto*, sp. *lasaña*/ptg. *lasanha*. Vor allem im letzten hier genannten Bereich der Kochkunst gibt es auch zahlreiche jüngere Entlehnungen (oft Internationalismen).

In einer Auswertung einschlägiger Wörterbücher in ihrer Online-Version ermittelte Endruschat (2002: 177–178) für das Portugiesische einen Anteil von Italianismen, der zwischen 0,3 % und 0,7 % liegt (ca. 500 Wörter) und für das Spanische einen Anteil von 0,57 % (knapp 600 Wörter), so dass man einen ähnlichen Einfluss postulieren kann. Dabei ist weder in Bezug auf die übernommenen Wortarten noch bei den Entlehnungsbereichen ein signifikanter Unterschied zwischen Spanisch und Portugiesisch festzustellen. Unter der Berücksichtigung, dass in den untersuchten Wörterbüchern nicht alle Italianismen gekennzeichnet bzw. nicht alle aufgenommen sind, dürfte die mögliche Gesamtmenge der Italianismen für beide Sprachen bei je ca. 1000 Wörtern liegen (Endruschat 2002: 195).

6.3.2.4   Englisch

Das Englische übt einen merklichen Einfluss auf die europäischen Sprachen erst ab dem 18./19. Jh. aus, der sich dann im 20. und 21. Jh. noch verstärkt. Dementsprechend findet man im Spanischen und Portugiesischen zahlreiche Anglizismen,[17] die in Zusammenhang mit den modernen Errungenschaften in Technik und Wissenschaft stehen oder Erscheinungen des heutigen Lebens in Sport, Politik, Kultur und Gesellschaft bezeichnen: z.B. sp./ptg. *airbag, beat, chárter, internet, jazz, jogging, jet, líder, radar, show, software*, sp. *autostop (autoestop)*/ptg. *auto-stop*, sp. *bádminton*/ptg. *badminton*, sp. *boom*/ptg. *boom (bume)*, sp. *dandi*/ptg. *dandy (dândi)*, sp. *fan*/ptg. *fan (fã)*, sp. *fax*/ptg. *fax (faxe)*, sp. *láser*/ptg. *laser*, sp. *lobby*/ptg. *lobby (lóbi)*, sp. *escáner*/ ptg. *scanner (scâner)*, sp. *esmoquin*/ptg. *smoking*, sp. *tenis*/ptg. *ténis*, sp. *test*/ptg. *teste*.[18] Dabei sind Anglizismen auch schon früher über das Französische vermittelt worden (auch einige der hier aufgeführten Beispiele), vor allem zu einer Zeit, als dies noch die prestigereichste Sprache in Europa war (z.B. sp./ptg. *autostop, dandi*, sp. *esmoquin*/ptg. *smoking*), aber auch in der jüngsten Vergangenheit, zumal sich Spanien erst nach dem Ende der Francodiktatur dem westlichen (angloamerikanischen) Lebensstil weiter geöffnet hat. Schmitt (2006: 312–316) stellt beispielsweise eine starke Konvergenz

---

[17]   Unter Anglizismen im weiteren Sinn fallen nicht nur die teilweise oder vollständig integrierten Entlehnungen aus dem Englischen, sondern auch Pseudo-Anglizismen, Lehnprägungen, Lehnübersetzungen, Analogiebildungen, Akronyme sowie hybride und versteckte Anglizismen (Schmidt-Radefeldt 2007: 45).

[18]   Die Liste dieser aus Geckeler (2008: 3113–3114) übernommenen Anglizismen wurde anhand von RAE (online) und DLPC (2001) überprüft, der aktuellen Rechtschreibung angepasst und um evtl. Varianten ergänzt.

zwischen der portugiesischen, französischen und englischen Fachterminologie im Bereich der Informatik fest. Die bevorzugte Spendersprache für das in dieser Hinsicht wenig Eigenproduktivität beweisende Portugiesische sei dabei das Französische. Für das Spanische ist hingegen womöglich häufiger direkter englischer Einfluss auszumachen.

Weder Spanien noch Portugal haben traditionell eine so rigide Sprachpolitik wie Frankreich, so dass trotz bisweilen geäußerter Anglizismenkritik keine entsprechenden Maßnahmen lanciert wurden. In Brasilien allerdings wurde eine entsprechende Gesetzesvorlage eingebracht (Schmidt-Radefeldt 2007: 46).

In beiden Sprachen sind die englischen Entlehnungen oft besser integriert als im Französischen (z.B. frz. *whisky* vs. sp. *güisqui*, ptg. *uísque*).[19] Für das Spanische ist besonders signifikant, dass die Anglizismen Hispanoamerikas mitunter nicht denen Europas gleichen (cf. Pratt 1980: 57–58; Metzeltin 1992: 451; Geckeler 2008: 3111–3114; Monjour 2008: 3213–3216).

Nach einer Auswertung von mexikanischen und spanischen Zeitungen zeigt sich eine nur 15%ige Deckungsrate der Anglizismen (z.B. ES: *ordenador* vs. AS: *computadora*) (cf. Sánchez 1995: 156), was allerdings mit Vorsicht zu bewerten ist, da eine breitere Studie mit 12 lateinamerikanischen Ländern und Spanien zu dem Ergebnis kommt, dass die Mehrheit der Anglizismen identisch ist (cf. Schnitzer 1996: 535). Der Anteil der Anglizismen am Gesamtwortschatz wurde bei einer Auswertung des Wirtschaftsteils von *El País*, also einem Bereich, in dem tendenziell eher mehr englische Entlehnungen zu erwarten sind, mit nur 0,11% beziffert, was deutlich unter einer Vergleichsauszählung von *Le Monde* mit 0,3% bleibt (Braselmann/Hinger 1999: 287–290).

Die Zahl der Anglizismen im Spanischen hat erst in neuester Zeit die der Gallizismen erreicht und liegt weit unter den Neubildungen aus dem Sprachmaterial der klassischen Sprachen (Kultismen), wobei diese häufig auch durch das Französische und Englische vermittelt wurden. Krohmer (1967: 329) geht für die spanische Zeitungssprache der 1960er Jahre von einem etwa gleich großen Anteil von Anglizismen und Gallizismen aus. Dies dürfte sich in diesem Bereich der Sprache inzwischen zugunsten der Anglizismen verschoben haben, wenn man die indirekten Entlehnungen (also die Anglizismen, die über Frankreich kamen) hinzurechnet. Allerdings bietet die Zeitungssprache nur einen spezifischen Ausschnitt des allgemeinen Lexikons.

Eine exakte Anzahl der Anglizismen ist kaum zu ermitteln. Für das Portugiesische verzeichnet das Anglizismenwörterbuch von Schmidt-Radefeldt/Schurig (1997) 2.800 Lemmata, allerdings inklusive dem inneren Lehngut und den nicht integrierten Wörtern; das spanische Anglizismenwörterbuch von Lorenzo (1996), der zwischen *préstamos* und

---

[19] Sowohl im Spanischen als auch im Portugiesischen gibt es neben den integrierten Formen auch die Formen sp. *whisky* und ptg. *whisky, whiskey*.
Belot (2007: 93) stellt dazu fest: „Cependant, l'espagnol résiste un peu mieux que le français à l'anglomanie galopante." Zudem würden im Spanischen, neben direkten Lehnübersetzungen (z.B. *rascacielos – sky scraper*) im Vergleich zum Französischen mehr Neubildungen vorkommen (z.B. *palomitas (de maíz) – popcorn*).

174

calcos unterscheidet, liefert deutlich weniger Einträge, ist allerdings auch als Auswahl zu verstehen.[20] Gerade weil das Englische insbesondere in bestimmten Fachbereichen dominiert und die Sprache der internationalen Kommunikation sowie der Trends in Sport, Politik und Kultur ist, fällt es schwer, diejenigen Anglizismen herauszufiltern, die wirklich dauerhaft Eingang in das Lexikon einer anderen Sprache finden, und zu entscheiden, ob sie Teil eines Fachwortschatzes oder des Allgemeinwortschatzes sind.

6.3.2.5   Weitere europäische Sprachen

Die Entlehnungen aus anderen modernen europäischen Sprachen schlagen zahlenmäßig kaum zu Buche. So ist auch die Anzahl der modernen Germanismen, also Entlehnungen aus dem Deutschen, im Spanischen wie auch im Portugiesischen als eher gering einzustufen und beschränkt sich im Wesentlichen auf die in Wissenschaft (Chemie, Mineralogie, Geologie), Politik und Kultur in vielen Sprachen Europas verbreiteten Internationalismen, die nicht selten auch erst durch das Englische auf die Iberische Halbinsel vermittelt wurden (z.B. sp. *bencina*/ptg. *benzina;* sp./ptg. *blitzkrieg, bismuto, cobalto, leitmotiv, lied, nazi, putsch, reich*).

Bei den Entlehnungen aus den Nachbarsprachen Galicisch und Katalanisch kann man nur von einer Randerscheinung sprechen, wobei die nahe Verwandtschaft die eindeutige Identifizierung eines Lehnwortes besonders schwer macht. Durch die dauerhafte Kontaktsituation sind jedoch einige recht zentrale Begriffe des Wortschatzes aus dem Katalanischen entlehnt worden. Als Katalanismen werden angeführt: sp./ptg. *festejar, papel, sor;* sp. *correo*/ptg. *correio;* sp. *nao*/ptg. *nau,* sp. *orgullo*/ptg. *orgulho;* sp. *pantalla*/ptg. *pantalha,* sp. *viaje*/ptg. *viagem.*[21] Von den Galegismen sind nur wenige in die allgemeine Hochsprache des Spanischen und Portugiesischen gedrungen (z.B. sp. *cardumen*/ptg. *cardume,* ptg. *serão*). Da das Galicische sprachgeschichtlich aufs engste mit dem Portugiesischen und Spanischen verknüpft ist, dürfte ein Nachweis von Interferenz nur im Einzelfall gelingen. Hinzu kommt, dass über Jahrhunderte das Galicische wenig Prestige hatte und nur wenig verschriftet wurde, so dass es als Gebersprache für die beiden Hochsprachen wenig attraktiv war.

---

[20] Eine andere Auswahl findet sich bei Rodríguez Segura (1999: 32–36), die verschiedene Klassifikationen der Anglizismen diskutiert.
[21] Die Katalanismen im Portugiesischen sind in der Regel über das Spanische vermittelt worden, sind also indirekte Entlehnungen (cf. Endruschat/Schmidt-Radefeldt 2008: 139).

6.3.2.6   Latein und Griechisch

Die massivste Beeinflussung des Spanischen und des Portugiesischen im Laufe der Jahrhunderte zeigt sich durch die beiden Gelehrtensprachen Latein und Griechisch. Als überregionale Schriftsprache war das klassische Latein bis in die Neuzeit hinein dominierend und ist bis heute ein unerschöpfliches Reservoir für Entlehnungen und Neologismen. Das Griechische, das im Westen Europas in der Kommunikation nicht den gleichen Stellenwert erreichte wie im Osten, übte dennoch einen nicht unbeträchtlichen Einfluss auf die romanischen Sprachen aus, vor allem als Sprache der Bibel und damit als Kirchensprache, aber auch in Hinblick auf Literatur und Wissenschaften. Der Einfluss war im Laufe der Sprachgeschichte immer gegeben, mit einem Höhepunkt zur Zeit der Renaissance und des Humanismus.[22] Oft wurden dabei die entlehnten Wörter über das Lateinische vermittelt. Auf diesem Weg fanden auch Hebraismen Eingang ins Romanische, vor allem in den Bereich der Kirchensprache. Gräzismen und Latinismen bilden im Spanischen und Portugiesischen einen wichtigen Teil des Grundwortschatzes. Heutige Neuprägungen (oft auch Hybride) finden vor allem im Bereich des Fachwortschatzes statt (z.B. Bildungen mit *anti-, hiper-, tele-, -ema, -ismo*)[23], wobei diese Lexeme oft Internationalismen sind, die über das Französische (ab dem 18. Jh., cf. Metzeltin 1992: 448) oder vor allem in heutiger Zeit das Englische Eingang auf die Iberische Halbinsel fanden (z.B. sp./ptg. *democracia, fax, monitor, vídeo,* sp. *ecología/* ptg. *ecologia, semántica/*ptg. *semântica*). Bei den aktuellen Entlehnungen dürfte jedoch auch viel durch direkten Sprachkontakt mit dem Englischen zustande kommen (aber z.B. frz. *ordinateur*).

Für das Spanische ist der Anteil von Kultismen auf 30 – 46 % des Allgemeinwortschatzes gerechnet worden. Man unterscheidet dabei zwischen Kultismus (*cultismo*) oder Buchwort (Latinismus, Gräzismus) und Semikultismus (*semicultismo*), wobei letzterer im Gegensatz zu den Erbwörtern mit lateinischem Ursprung nur einen Teil des lautlichen und graphischen Wandels durchlaufen hat (z.B. sp./ptg. *cruz,* sp./aptg. *obispo,* sp. *misa*).[24] Typische Entlehnungsbereiche sind Kirche, Religion und Theologie (sp. *absolución/*ptg. *absolvição,* sp. *adulterio/*ptg. *adultério,* sp. *bautizar/*ptg. *ba(p)tizar,* sp. *blasfemia/*ptg. *blasfémia*), Rechtsprechung (sp./ptg. *certificar, contrato* sp. *acusación/* ptg. *acusação*), Literatur, Schule/Wissenschaften (sp./ptg. *alfabeto, argumento,* sp.

---

[22] In den frühen Bibelübersetzungen des 13. Jh. und bei den Übertragungen wissenschaftlicher Traktate der alfonsinischen Zeit sind ebenfalls schon zahlreiche Latinismen im Spanischen festzustellen (Metzeltin 1992: 448).

[23] Zur Semantik der gelehrten Präfixe und zu ihrer diachronen Entwicklung aus dem Latein cf. Lüdtke (2005b: 371–385).

[24] Die Kategorie ‚Semikultismus' ist in gewisser Weise fragwürdig, da es immer wieder Tendenzen zur Relatinisierung gab, so dass es im Grunde müßig ist, einen Grad der Latinisierung feststellen zu wollen. Fest steht hingegen, dass die zu unterschiedlichen Zeiten entlehnten Lexeme in verschiedenem Maße dem lautlichen und graphischen Wandel unterlagen und somit mehr oder weniger nahe an ihrem Etymon sind.

columna/ptg. *coluna*, sp. *conclusión*/ptg. *conclusão*) (cf. Vilela 1994: 22; Pöll 2002: 43–45; Geckeler 2008: 3114–3116; Monjour 2008: 3218–3219).

6.3.2.7   Dialekte

Lexikalisches Material liefern aber nicht nur die heute als eigenständige Sprachen auf-zufassenden Idiome, sondern auch die primären Dialekte, die einst als gleichberechtigte Varietäten im Rahmen eines politisch autonomen Herrschaftsbereiches existierten, nämlich das Aragonesische, das Navarresische, das Asturische und das Leonesische.[25] Durch die historische Konstellation der kastilischen Vorherrschaft sind diese Sprachen vom Spanischen überdacht worden bzw. je nach Sichtweise zu Dialekten herabgestuft, so dass man den Austausch zwischen diesen Idiomen und der spanischen Hochsprache auch im Zuge der Diatopik und damit der Wanderung von Wörtern entlang der Varietätenkette abhandeln kann (cf. Kap. 2.2). Im Portugiesischen ist der Nachweis von Dialektismen noch schwerer zu führen, da die diatopische Gliederung der Sprache noch wesentlich flacher ist. Eine Beeinflussung des grenznahen Leonesischen macht sich wohl am ehesten auf der Ebene der lokalen Kommunikation bemerkbar.

6.3.2.8   Außereuropäische Sprachen

Der Unterschied im Anteil des entlehnten lexikalischen Materials der beiden Sprachen ist im Wesentlichen auf die historischen und geographischen Konstellationen zurück-zuführen. Dies gilt auch für die Phase der Kolonisierung und die damit verbundene Aufnahme indigener Sprachelemente, vor allem in Mittel- und Südamerika, wo die hispanophonen und lusophonen Eroberer auf je unterschiedliche autochthone Sprach-familien trafen, deren spezifische Benennungen von örtlichen und gesellschaftlichen Charakteristika sowie von Flora und Fauna oft übernommen wurden, d.h. lokale Realitäten, für die in den europäischen Eroberersprachen noch kein Lexem existierte, mussten versprachlicht werden (cf. Christl 2008: 3133). Im Folgenden fungierten sowohl das Spanische als auch das Portugiesische als Mittlersprachen für den Rest Europas. Amerindische Indigenismen oder Amerindianismen im Spanischen sind vor allem aus folgenden Sprachen bzw. Sprachfamilien entlehnt worden: Arawak (v.a.

[25] Der Einfluss des Mozarabischen, bei Geckeler (2008: 3114) unter ‚Dialektismen' angeführt, ist retrospektiv am ehesten als Substrat des Kastilischen/Portugiesischen einzustufen. Die romanische Varietät des südlichen Teils der Iberischen Halbinsel, die Jahrhunderte unter arabischer Oberhoheit stand, beeinflusste das Vokabular des vorrückenden Kastilischen und Portugiesischen.

Taíno) (sp. *cacique, canoa, iguana, maíz, yuca*), Náhuatl (sp. *cacahuete, cacao, chocolate, coyote, tomate*), Quechua (sp. *cancha, cóndor, mate, puma*), Guaraní (*jaguar, tapioca*), Araukanisch (Mapuche) (sp. *boldo*). Dabei ist anzumerken, dass die Anzahl der Indigenismen in den *hablas rurales* der hispanophonen Länder Lateinamerikas weitaus zahlreicher ist als in den entsprechenden *hablas cultas* und erst Recht als in Europa. Für das Portugiesische sind neben dem Guaraní vor allem die zahlreichen anderen Tupísprachen von Belang (ptg. *ananás, caipira, jaguar, mandioca, maracujá, piranha, tapioca, tapir*), wobei auch hier gilt, dass in den lokalen Varietäten Brasiliens die Verbreitung von Tupismen weitaus größer ist als im europäischen Standard. Das zu den Tupí-Guaranísprachen gehörende Guaraní in Paraguay und den angrenzenden Regionen von Argentinien, Bolivien und Brasilien ist Gebersprache für das Spanische und das Portugiesische, so dass sich einige Überschneidungen erklären.

Was die Aufnahme indigener Wörter aus anderen Kontinenten anbelangt, so scheint davon vor allem das Portugiesische betroffen zu sein und weniger das Spanische, da das portugiesische Kolonial- und Handelsreich länger bestehende und großflächigere Eroberungen und Kontakte in Afrika und Asien zeitigte. Dabei ist jedoch die etymologische Verankerung gerade in Afrika mit seinen zahllosen häufig unverschrifteten Sprachen schwer und oft kann auch nicht geklärt werden, ob nicht eine andere europäische Mittlersprache (z.B. Niederländisch, Französisch) dazwischengeschaltet war (Chinesisch: ptg. *chá, leque, lichia*; Japanisch: ptg. *bonzo, samurai*; Malaiisch: ptg. *amouco*; Kimbundu (Bantusprache): ptg. *maconha, macumba, quibebe, tanga*) (cf. Pöll 2002: 48–49; Geckeler 2008: 3112; Monjour 2008: 3217–3218).

6.3.2.9   Spanisch und Portugiesisch: Gegenseitige Beeinflussung

Im Laufe der Jahrhunderte beeinflussten sich das Portugiesische und das Spanische in Europa aber auch untereinander, und zwar sowohl auf der Ebene der Hochsprache (cf. Tabelle 83) als auch auf der Ebene der regionalen Varietäten (z.B. in den Grenzdialekten, im Mirandesischen und im Extremeñischen). Im Zuge einer gegenseitigen Beeinflussung, die bis heute nicht abreißt, fungierte die jeweilige Gebersprache auch oft als Mittler zu anderen Kultur- und Sprachkreisen. Im romanischen Varietätengefüge der Iberischen Halbinsel ist eine eindeutige Identifizierung von gegenseitiger Entlehnung aufgrund der gemeinsamen Basis besonders schwer.

Man kann aber sicherlich konstatieren, dass das Spanische den größeren Einfluss auf das Portugiesische hat als umgekehrt (cf. Kap. 3.1.5). Bezüglich der Sprache in den Werken Gil Vicentes konstatiert Teyssier (2005: 495) jedenfalls einen sehr geringen Einfluss des Spanischen auf das Portugiesische. Umgekehrt hingegen ist das in dieser Zeit von den Lusophonen als Verkehrssprache gebrauchte Spanisch voller portugiesischer Interferenzen:

178

178

178

„Podemos, entretanto, desde já concluir que em Gil Vicente o bilinguismo não provoca qualquer hispanização significativa do português. Salvo alguns casos muito limitados, a influência entre as duas línguas exerce-se sempre em sentido único, do português para o castelhano. O lusismo insinua-se de mil modos no espanhol, enquanto o português se conserva puro e sem misturas."

In jedem Fall sind im Portugiesischen doch einige *castellanismos* bzw. später *hispanismos* nachzuweisen (z.B. ptg. *airoso, carabina, desaire, donaire, humilde, naipe prenda, rebelde, tablado, tasca*). Der Einfluss des Portugiesischen auf das Standardspanische ist hingegen wohl eher als gering anzusetzen. In bescheidenem Maße tritt das Portugiesische dabei noch als Mittler von Exotismen auf.

Eine verlässliche Aussage bezüglich der gegenseitigen Beeinflussung in quantitativer Hinsicht ist kaum wirklich möglich, da keine direkten Vergleichsuntersuchungen vorliegen (abgesehen von dem bereits angesprochenen Problem der Identifizierung von Lusismen bzw. Hispanismen). Gemäß Noll (1998: 115) verzeichnet das spanische Akademiewörterbuch 194 Lusismen (z.B. sp. *bandeja, barullo, chamariz, chato, chubasco, echar de menos*). Schmid (2006: 1789) geht von 150–250 (letzte Zahl inkl. Galegismen) im Spanischen aus (Auszählung des *Diccionario de la lengua española* der *Real Academia Española* (DRAE von 2001) mit 88.455 Einträgen) und spricht von 1.463 Hispanismen im Portugiesischen aufgrund einer Auswertung des 89.317 Einträge umfassenden *Dicionário da Língua Portuguesa* (DLP von 1996), wobei darunter auch solche fallen, die nur in Brasilien bekannt sind.

Wesentlich höher ist hingegen die Anzahl der Lusismen in der kanarischen Varietät des Spanischen, wo man von ca. 800 portugiesischen Entlehnungen ausgeht, was wahrscheinlich mit der gemeinsamen Kolonisierungsgeschichte zu tun hat. Beide Nationen unterhielten zunächst nur Stützpunkte auf den Inseln, bis im Vertrag von Alcáçovas (1479) die Kanaren Spanien zugeschlagen wurden. Bei der nun folgenden Besiedlung waren jedoch auch zahlreiche Portugiesen beteiligt.[26]

Schließlich sei noch auf die Sprachkontaktsituationen zwischen dem Spanischen und Portugiesischen außerhalb Europas hingewiesen. Dies betrifft vor allem den Austausch mit den Anrainerstaaten Brasiliens. Dieser Kontakt ist naturgemäß dort intensiver, wo die Bevölkerungsdichte größer ist. Während im Westen und Norden an der Grenze zu Venezuela, Kolumbien, Peru und Bolivien der Urwald Amazoniens dominiert, erstreckt sich nach Süden hin Kulturlandschaft, die in den Grenzregionen zu Paraguay und Uruguay verschiedene Mischvarietäten entstehen ließ, sogenannte *fronterizos/ fronteiriços*. Vor allem im Norden Uruguays hat sich der auch *portuñol/portunhol* genannte Grenzdialekt herausgebildet.[27] Bedingt durch den gemeinsamen Markt (*Mercosur/Mercosul*)

---

[26] Zur den dort spezifischen Epochen des luso-hispanischen Sprachkontaktes sowie zur aktuellen Forschungssituation cf. Corbella Díaz/Medina López (1996).

[27] In dieser spanisch-portugiesischen Mischvarietät sind lexikalische Hybridbildungen wie beispielsweise *camiñón* (zu sp. *camión*, ptg. *caminhão*) zu beobachten (Hensey 1993: 446). Cf. dazu auch Elizaincín (1996, 2004).

und die dadurch bedingte Arbeitsmigration ergeben sich entsprechende Kontakt-situationen. Auf diesem Wege sind auch portugiesische Wörter ins argentinische Spa-nisch vorgedrungen (z.B. arg.sp. *brasilero, buraco, safardo*) (Ferrero Campos 1998: 102; Noll 1998: 115–116).

In der folgenden Übersicht seien abschließend einige Lusismen und Hispanismen mit ihren jeweiligen Entsprechungen gegenübergestellt. Die Integration der jeweiligen Entlehnung ist aufgrund der großen Ähnlichkeit der beiden Sprachen relativ unpro-blematisch und mit wenigen Assimilationsprozessen möglich.

Tabelle 83: *Lusismen und Hispanismen*

Lusismen im Spanischen		Hispanismen im Portugiesischen	
sp.	**ptg.**	**ptg.**	**sp.**
bandeja	bandeja	**azulejo**	azulejo
barullo	barulho	**bandeira**	bandera
chato	chato	**humilde**	humilde
mermelada	marmelada	**rebelde**	rebelde
vera	beira	**tablado**	tablado
traje[28]	traje	**tasca**[29]	tasca

6.3.2.10 Vergleich der Entlehnungen

Im europäischen Kulturaustausch ist es oft nicht mehr möglich, den Weg einzelner Lexeme zu verfolgen, da wichtige Neuerungen meist über verschiedene Kommuni-kationskanäle Eingang in eine Sprache fanden bzw. noch finden. Diese Wege nach-zuvollziehen ist insbesondere bei Italianismen, Gallizismen und Anglizismen schwierig (cf. Kap. 6.3 oben: direkte vs. indirekte Entlehnungen).

Bei der Betrachtung der historischen Schichtung des jeweiligen Lexikons ist zunächst einmal festzuhalten, dass diese im Laufe der Sprachgeschichte Schwankungen unterliegt, je nachdem in welcher Epoche welche Einflüsse an Bedeutung gewinnen. Weiterhin ist bei einer solchen Betrachtung der Wortschatz der Allgemeinsprache von dem der Fach- und Sondersprachen zu differenzieren.

Ein Vergleich des Verhältnisses des anteiligen Erbwortschatzes und der einzelnen Entlehnungen ist kaum möglich, da die entsprechenden einzelsprachlichen Unter-suchungen mit unterschiedlichem Datenmaterial und verschiedener Zielsetzung arbeiten,

---

[28] In der Bedeutung ‚Tracht, Kleid, Anzug, Kostüm'.
[29] In der Bedeutung ‚Kneipe'.

was keinen sinnvollen Vergleich erlaubt (cf. Messner 1994a; Patterson/Urrutibéheity 1975).

Messner (1994a: 515) ermittelt aus 15.000 portugiesischen Lexemen des heutigen Portugiesisch 55% lateinische Erbwörter, 24% Ableitungen (Derivationen und Kompositionen); 4% entfallen auf Anglizismen und Gallizismen. Patterson/Urrutibéheity (1975: 21), die eine Statistik aus den 5.000 frequentesten Lexemen des Spanischen erstellen, kommen auf 23,5% Erbwörter, 35,24% Ableitungen und 41,26% Entlehnungen, davon 33,32% Latinismen, 1,84% Gräzismen, 0,72% Arabismen, 4,68% romanische Entlehnungen (davon 55% Gallizismen) und 0,7% auf andere Sprachen entfallen.

Die wichtigste Spendersprache für das Spanische und Portugiesische ist jedoch uneingeschränkt das Lateinische, über das, wie schon erwähnt, auch die meisten Gräzismen vermittelt wurden. Von den modernen Sprachen Europas sticht vor allem das Französische als einflussreichste Sprache hervor, das ebenfalls oft als Mittlersprache zur Vermittlung von Anglizismen bzw. modernen griechisch-lateinischen Internationalismen gedient hat. Das Portugiesische hat aufgrund der geographisch-historischen Konstellationen einen hohen Anteil an Hispanismen, tritt aber wohl in nur geringem Maße als Spendersprache für das Spanische auf, d.h., es gibt vermutlich mehr Hispanismen im Portugiesischen als Lusismen im Spanischen, was aber aufgrund der engen Verwandtschaft der beiden Sprachen nur schwer nachzuweisen ist. Für beide Sprachen wichtig ist auch das Italienische, dessen Anteil am modernen Wortschatz weiterhin signifikant ist. Den Einfluss des Englischen als aktuell dominierende Sprache einzuschätzen bleibt schwierig, da die gefühlte Omnipräsenz oft nicht der Statistik standhält und man stark zwischen Allgemein- und Fachwortschatz unterscheiden muss.

Es ist auffällig, dass insgesamt von Beginn an kaum Unterschiede bezüglich der Aufnahme von Lehngut in die beiden Sprachen festzustellen sind. Höchstens könnte ein Unterschied darin zu finden sein, dass es mehr Hispanismen im Portugiesischen als Lusismen im Spanischen geben könnte.

Traditionell gilt das Spanische als die Sprache mit den meisten Arabismen (Geckeler 2008: 3110), doch die neuesten Untersuchungen zum Portugiesischen scheinen dies in Frage zu stellen. Kiesler (1993: 29) weist in seiner Auswertung darauf hin, dass die Zahl der Arabismen zumindest im Grundwortschatz des Portugiesischen sogar höher ist als in den romanischen Schwestersprachen, und vor allem gibt es im Portugiesischen die meisten Arabismen, die nur in dieser Sprache vorkommen. Die hohe Zahl der Arabismen im Spanischen, welche selbst eine der wichtigsten Mittlersprachen für Arabismen in Europa darstellt, erklärt sich wohl aus zahlreichen Spezialwörtern und Toponymen (cf. Kap. 6.3.1).[30]

---

[30] Für das Deutsche beispielsweise ist das Spanische jedoch nicht die wichtigste Vermittlersprache für Arabismen, sondern eher das Italienische (daneben auch das Französische, Katalanische, Mittellateinische, Niederländische und direkter Sprachkontakt), wobei hier vor allem der Handels- und Kulturkontakt mit den Seerepubliken Pisa, Genua und Venedig eine Rolle spielt, eher weniger das Sizilianische (cf. Tazi 1998: 273).

Abschließend sei noch einmal ein Überblick zu den wichtigsten Spendersprachen gegeben. Bei der folgenden Tabelle handelt es sich um eine vereinfachte Darstellung von lexikalischen Entlehnungen; eine Auswahl ohne genaue Aufschlüsselung, welche Art der Übernahme vorliegt und ohne Anspruch auf Repräsentativität, rein zur kontrastiven Illustration (Anglizismen, Arabismen, Gallizismen, Katalanismen, Italianismen, Germanismen).

Tabelle 84: *Beispiele für Entlehnung im Überblick*

	Angl.	Arab.	Gall.	Katal.	Ital.	Germ.[31]
sp.	fútbol	alcalde	cotizar	correo	banco	leitmotiv
ptg.	futebol	alcaide	cotizar	correio	banco	leitmotiv
sp.	match	alcohol	avión	papel	viola	cinc
ptg.	match	álcool	avião	papel	viola	zinco
sp.	doping/ dopaje	arroz	garaje	viaje	bastión	cosmovisión[32]
ptg.	doping/ dopagem	arroz	garagem	viagem	bastião	cosmovisão
sp.	club	azúcar	ducha	festejar	fragata	hinterland
ptg.	clube	açúcar	duche	festejar	fragata	hinterland

Diese Auswahl zeigt deutlich, wie sehr sich das Spanische und das Portugiesische durch ihre weitgehend gemeinsame Geschichte und den gemeinsamen Kulturraum nahe stehen, und zwar nicht nur bezüglich ihres jeweiligen lateinischen Erbwortschatzes, sondern auch hinsichtlich der Entlehnungen aus anderen Sprachen. Nichtsdestoweniger gibt es natürlich auch zahlreiche Unterschiede in Bezug auf die Entlehnungsart sowie Frequenz und Umfang des entlehnten lexikalischen Materials.

Um letztendlich eine genaue Zusammensetzung des Wortschatzes zu erhalten, fehlt oft die entsprechende Dokumentation. Zum einen ist die etymologische Zuordnung nicht immer eindeutig (sie ist besonders schwierig, wenn es sich um reine Bedeutungsverschiebungen handelt), zum anderen sind die Wege der Entlehnung oft nicht nachvollziehbar und schließlich gibt es zu wenige Studien, mit vergleichbarer Datenbasis, die eine sinnvolle Gegenüberstellung des spanischen und portugiesischen Lexikons erlauben würden.

---

[31] ‚Germanismus' ist hier als moderner Germanismus zu verstehen, also als eine Entlehnung aus dem Deutschen.
[32] Lehnübersetzung von dt. ‚Weltanschauung'.

6.4 Frequenz: Die quantitative Analyse des Wortschatzes

Aus rein linguistischem Interesse ist die Ermittlung der am häufigsten auftretenden Wörter schon allein deshalb von Relevanz, weil man dadurch einen Einblick in die Struktur und Organisation des Lexikons einer Sprache bekommt. So stehen (in den indogermanischen Sprachen) an oberster Stelle meist grammatische Morpheme, die wichtige Funktionen innerhalb der Sprache erfüllen (z.B. Artikel, Präpositionen, Konjunktionen) sowie Verben mit einer großen Extension und geringen Intension (z.B. *sein, machen, können*). Erst nach diesen Wortschatzelementen treten in einer Frequenzliste schließlich auch Substantive auf, meist ebenfalls von sehr allgemeinem Charakter. Bei einer solchen Frequenzanalyse gewinnt man also einen Einblick, welche Elemente einer Sprache bzw. eines Idioms besonders wichtig sind, damit dieses Sprachsystem überhaupt funktionsfähig ist, d.h. die Aufgabe als Kommunikationsmittel erfüllen kann. Dabei gewinnt man sowohl Erkenntnisse, welche Wörter ganz konkret in einer bestimmten Sprache oder Varietät am häufigsten auftreten, als auch welcher Wortart diese Elemente zuzuordnen sind und ob gewisse semantische und morphosyntaktische Eigenschaften in Abhängigkeit von der Frequenz zu erkennen sind. Nicht nur die sehr häufig auftretenden Lexeme sind dabei von Interesse, sondern natürlich auch diejenigen, die seltener oder nur sehr selten in Erscheinung treten. Auf diese Weise ist es nämlich möglich, so etwas wie einen Kern- oder Grundwortschatz einer Sprache zu ermitteln, also ein Inventar von Lexemen, mit dem man in der Lage ist, den größten Teil der nötigen bzw. erwünschten Kommunikation in einem Idiom zu bestreiten. Dieser Gemeinwortschatz lässt sich dann wiederum (auch eben durch die Frequenzanalyse) von einem peripheren Wortschatz abgrenzen. Dabei handelt sich dann in der Regel um Lexeme die diasystematisch in irgendeiner Weise markiert sind, also z.B. stilistisch, regional, schichtenspezifisch, oder aber um einen expliziten Fachwortschatz, der sich mehr oder weniger mit der Allgemeinsprache überschneidet.

Diese Erkenntnisse dienen jedoch nicht nur dem sprachwissenschaftlichen Selbstzweck, sondern können auch sinnvoll in der Fremdsprachendidaktik zur Anwendung kommen. Zum einen lassen sich aus einer reinen, nicht weiter aufgearbeiteten Frequenzliste diejenigen Wörter herausfiltern, deren Bedeutung und Gebrauch der Lernende in jedem Fall aktiv beherrschen sollte, da er ohne diese hochfrequenten Elemente kaum eine sinnvolle und korrekte Kommunikation bestreiten können wird. Zum anderen liefert die Frequenzanalyse eine Basis zur weiteren Aufarbeitung des Lexikons der betreffenden Sprache, indem man zunächst den Grundwortschatz von einem erweiterten Wortschatz und schließlich den diversen Fachterminologien trennt. Das Basisvokabular kann man dann sinnvollerweise z.B. wiederum in bestimmte Wortfelder oder enzyklopädische, außersprachliche Themenbereiche aufschlüsseln, was es dem Lerner erlaubt, strukturiert und mnemotechnisch vorteilhaft die wichtigsten Wörter einer Sprache zu erfassen.[33]

So sei hier exemplarisch auf den Grund- und Aufbauwortschatz bei Navarro/Navarro Ramil (2010: 5–7) verwiesen, der sich in folgende Themengebiete gliedert, in denen jeweils die wichtigsten (meistens frequentesten) Wörter aufgenommen wurden: *1. Angaben zur Person, 2. Der menschliche Körper, 3. Gesundheit und Medizin, 4. Psyche, Geist, Verhalten, 5. Einkaufen, Ernährung, Kleidung, Schmuck, 6. Wohnen, 7. Privatleben, soziale Beziehungen, 8. Erziehung, Schule, Universität, 9. Berufs- und Arbeitswelt, 10. Freizeit, Unterhaltung, Sport und Spiel, 11. Reisen und Tourismus, 12. Bildende Kunst, Musik, Literatur, 13. Geschichte, Religion, 14. Staat, Recht, Politik, 15. Wirtschaft und Geschäftsleben, 16. Kommunikationsmittel und Massenmedien, 17. Verkehr, Verkehrsmittel, 18. Natur, Umwelt, Ökologie, 19. Zeit und Raum, 20. Farben und Formen, 21. Mengen, Maße, Zahlen, 22. Allgemeine Begriffe, 23. Strukturwörter, 24. Sprachliche Kommunikation.* Diese Aufschlüsselung wird jedoch nicht weiter begründet.

Die Autoren nennen dabei folgende Grundlagen für die Auswahl des in dieser Form präsentierten Wortschatzes der spanischen Sprache, darunter explizit eben auch Frequenzwörterbücher: Vokabellisten, den neuesten VHS-Zertifikatswortschatz, themenrelevante landeskundliche Artikel und Dossiers, neueste Frequenzwörterbücher und Wortschatzlisten sowie Listen mit Neologismen aus neueren Lexika. Im Weiteren wird noch einmal explizit darauf hingewiesen, dass die Auswahl der Lexeme (Vokabeln) nach dem Kriterium der Häufigkeit ihrer Verwendung „im echten, kommunikativen Gebrauch des Spanischen" vorgenommen wurde (Navarro/Navarro Ramil 2010: 9, 11).

Bedauerlicherweise gibt es dazu aber keine bibliographischen Angaben, die es erlauben würden, die zugrunde gelegten Quellen zu konsultieren bzw. zu verifizieren. Nützlich für den Lerner ist hingegen die jedem Kapitel anhängende kleine Tabelle von *falschen Freunden* (Spanisch – Deutsch), auf deren Problematik im Folgenden noch eingegangen werden wird.

Bezüglich des Portugiesischen sei beispielhaft für einen Lernwortschatz, der sich aus hochfrequenten Lexemen zusammensetzt, das Werk von Sommer/Morais (2001) herangezogen. Zu der hier im Folgenden wiedergegebenen thematischen Gliederung gibt es keine weitere Erklärung, genauso wenig wie zur Erhebung des Materials: *1. Der Mensch, 2. Die Familie, 3. Essen, Trinken, Kleidung, 4. Gesundheitspflege, 5. Wohnen, 6. Sozialordnung, 7. Soziale Probleme, 8. Sozialwissenschaften, 9. Bildungswesen, 10. Weltanschauung, 11. Kunst und Literatur, 12. Freizeit und Erholung, 13. Das Weltall,*

---

[33] Eine ebenfalls didaktische Anwendung der Frequenzanalyse zeigt das Konzept von Klein/ Stegmann (2000), die in ihrer EuroCom-Methode zur leichteren Spracherlernung (bei bereits einer bekannten Fremdsprache der gleichen Familie) ebenfalls mit dem Prinzip der Häufigkeit arbeiten, indem sie gezielt wichtige und damit zumeist frequente Wörter, Morpheme oder syntaktische Strukturen kontrastiv gegenüberstellen, so dass der Lernende von seinen Vorkenntnissen optimal profitieren kann.

14. Die Erde, 15. Lebewesen, 16. Wissenschaften, 17. Technik, 18. Information und Kommunikation, 19. Transportmittel, 20. Die Wirtschaft.

An den beiden didaktischen Zusammenstellungen, die eine praktische Anwendung für (z.T.) frequenzermittelten Wortschatz zeigen, erkennt man gut die Problematik, eine Art von (minimalem) Grundwortschatz zu definieren. Die Frage, welche Begriffe Teil einer Allgemeinsprache sind und welche schon zu einer Fachterminologie gehören, ist dabei genauso virulent wie die Gliederung nach bestimmten Wortfeldern oder die Strukturierung der außersprachlichen Gegebenheiten.

Um nun einen konkreten Überblick bezüglich rein nach Frequenz geordneten Lexemen zu erhalten, soll in der folgenden Tabelle eine Gegenüberstellung der dreißig häufigsten Wörter des Spanischen und des Portugiesischen gegeben werden, und zwar auf der Grundlage zweier Frequenzwörterbücher, die mit einem vergleichbaren Korpus als Basis erarbeitet wurden (Davies 2006: 12–13; Davies/Preto-Bay 2008: 10–11).[34]

Tabelle 85: *Der spanische und portugiesische Wortschatz nach Frequenz geordnet*

Frequenzposition	Spanisch	Portugiesisch
1	el, la	o (Art.)
2	de	de
3	que	em
4	y	e
5	a	que
6	en	ser
7	un	um
8	ser	por
9	se	para
10	no	a
11	haber	não
12	por	com
13	con	ter
14	su	se
15	para	o (Pron.)
16	como	seu
17	estar	como
18	tener	estar

---

[34] Um zu einem für diese Zwecke sinnvollen Ergebnis zu kommen, werden bei einer solchen Frequenzanalyse immer nur die morphologischen Grund- bzw. Zitierformen aufgelistet, d.h. z.B. nur der Infinitiv des Verbs *ser* und nicht alle seine Konjugationsformen, bei Substantiven und Adjektiven nur die Singularform.

Frequenzposition	Spanisch	Portugiesisch
19	le	mais
20	lo (Art.)	mas
21	lo (Pron.)	fazer
22	todo	poder
23	pero	este
24	más	ou
25	hacer	ele
26	o	esse
27	poder	outro
28	decir	muito
29	este	haver
30	ir	ir

Gemäß einer Einschätzung von Berschin/Fernández-Sevilla/Felixberger (2005: 287) auf Basis der Daten des FDSW (*Frequency Dictionary of Spanish Words*) von Juilland/ Chang-Rodríguez (1964) beträgt die Textdeckung im Spanischen für die 5 häufigsten Wörter bereits 25%, für die 50 häufigsten 57%, für die 500 häufigsten 79% und die 5.000 häufigsten decken schließlich 97% des alltäglichen Sprachgebrauches.[35]

Betrachtet man die Zusammensetzung des Lexikons einer Sprache aus der Perspektive der Wortklassen, bekommt man eine Distribution, bei der, wie schon erwähnt und auch aus obiger Tabelle ersichtlich, die Funktionswörter dominieren; den größten Anteil am Wortschatz haben jedoch die Substantive. Berschin/Fernández-Sevilla/ Felixberger (2005: 288) ermitteln für das Spanische, dass 98% des Wortschatzes aus Substantiven, Adjektiven und Adverbien besteht (bei 48% der Textdeckung), also aus lexikalischen Einheiten, während die grammatischen Morpheme in Form von Artikeln, Pronomen, Präpositionen und Konjunktionen nur 2% des Lexikons repräsentieren, bei immerhin 52% Textdeckung.

Für das Portugiesische sind in dieser Hinsicht nahezu identische Verhältnisse anzunehmen, zumal, wie sich aus der Tabelle ablesen lässt, die frequentielle Analyse ein äußerst ähnliches Bild liefert. Nichtsdestoweniger gibt es einige Unterschiede zu konstatieren. Neben der Auffälligkeit, dass sowohl die erste Frequenzposition als auch die letzte (Nr. 30) in beiden Sprachen quasi identisch besetzt ist und viele der hier aufgelisteten Wörter höchstens um ein bis zwei Ränge auseinanderstehen, sind z.B. bei den Verben größere Differenzen in der Frequenz auszumachen. Der größte Unterschied

---

[35] Dies deckt sich in etwa mit Daten für das Englische, zu dem Davies (2006: *preface*) eine Studie referiert, die ermittelte, dass die 4.000 – 5.000 häufigsten Wörter 95% der Äußerungen ausmachen und die 1.000 frequentesten bereits 85% eines gesprochenen oder geschriebenen Textes.

ist zwischen sp. *haber* (Frequenzposition Nr. 11) und ptg. *haver* (Nr. 29) erkennbar, aber auch zwischen sp. *tener* (Nr. 18) und ptg. *ter* (Nr. 13), sp. *hacer* (Nr. 25) und ptg. *fazer* (Nr. 21) sowie zwischen sp. *poder* (Nr. 27) und ptg. *poder* (Nr. 22). So deckt sich die Frequenzanalyse mit den Erkenntnissen einer kontrastiven Grammatikbetrachtung, aus der beispielsweise hervorgeht, dass im Portugiesischen die Konjugation der zusammengesetzten Zeiten mit ptg. *ter* durchgeführt wird, im Spanischen jedoch mit sp. *haber*. In den beiden anderen Fällen wäre der Grund für die Diskrepanz noch zu klären. Auffällig ist auch der Unterschied bei den Präpositionen. Im Spanischen folgt in der Frequenz *a* (Nr. 5) auf *de* (Nr. 2), dann *en* (Nr. 6), *por* (Nr. 12), *con* (Nr. 13) und *para* (Nr. 15), während im Portugiesischen die Reihenfolge *de* (Nr. 2), *em* (Nr. 3), *por* (Nr. 8), *para* (Nr. 9), *a* (Nr. 10) und *com* (Nr. 12) ist. Hervorzuheben wäre hierbei, dass im Portugiesischen entgegen den Erwartungen die zweithäufigste Präposition *em* ist und nicht *a*, was sogar noch nach *por* und *para* kommt. Hierbei könnte es sich um eine jüngere Tendenz handeln, verstärkt *em* zum generellen Ausdruck von Relationen zu gebrauchen, eine Funktion, die in den romanischen Sprachen üblicherweise vorrangig *a* und *de* als semantisch am wenigsten markierte Präpositionen besetzen.[36] Bei den Pronomen ist natürlich das unpersönliche *lo* des Spanischen auffällig, das im Portugiesischen formal kein Pendant besitzt.[37]

Letztlich zeigen sich an einer Frequenzanalyse auch die Präferenzen im Sprachgebrauch der einzelnen historischen Varietät bzw. Sprache, so dass auf diese Weise sowohl Bestandsaufnahmen hinsichtlich einer unterschiedlichen Distribution bei zwei vergleichbaren Sprachen möglich sind (synchroner Vergleich) als auch Sprachwandelprozesse der einzelnen Idiome dokumentiert werden können (diachroner Vergleich). Dabei ist jedoch eine zusätzliche qualitative Analyse der einzelnen Befunde unabdingbar. Umgekehrt können gewisse Auffälligkeiten in der Struktur durchaus sinnvoll durch eine frequentielle Aufschlüsselung erklärend ergänzt werden.

---

[36] Cf. dazu die Überlegungen zur Grammatikalisierung von *em* bei Schöntag (2006a: 282).

[37] Der entsprechende Artikel wäre im Portugiesischen *o* (cf. Kap. 5.3.1.1), die ebenfalls existente Form *lo* tritt nur als morphologische Variante zu dem Objektpronomen *o* auf und ist dementsprechend seltener.

6.5 Falsche Freunde – *Falsos amigos*

Ein Phänomen, mit dem sich einerseits die kontrastive Linguistik befasst und das andererseits als Teilbereich der Fremdsprachendidaktik gilt, ist das der *falschen Freunde*. Dieser Begriff wurde, obwohl das Problem schon seit langem bekannt war, erst 1928 von Kœssler/Derocquigny geprägt und bezeichnet bestimmte Arten von lexikalischer Interferenz, die beim Erwerb einer Sprache auftreten können.

In der ersten Erwähnung bzw. Umschreibung des Phänomens der *faux amis* ist die wesentliche Charakteristik schon erfasst:

> „Or le latin n'est pas la seule langue où foisonnent des termes **en apparence identiques** aux mots français, mais **qui signifient tout autre chose**. L'anglais en présente peut-être un plus grand nombre encore. Le hasard des lectures nous a révélé l'abondance de ces ‚faux amis'" (Kœssler/Derocquigny 1928: XI) (Hervorhebungen im Original).

Generell ist ein Sprecher geneigt, materielle und/oder semantische Ähnlichkeiten einer Sprache auf eine andere zu übertragen, d.h., er handelt nach dem Prinzip der sprachlichen Ökonomie und versucht Gemeinsamkeiten herauszufiltern, um den mnemotechnischen Aufwand möglichst gering zu halten. Gerade bei (eng) verwandten Sprachen stehen dabei die Chancen in der Regel recht gut, dass man sich mit dieser Methode der Wiedererkennung und Abspeicherung von Analogien effizient mehrerer Sprachen bedienen kann, um das richtige Äquivalent zu finden. Dort, wo dieses Konzept nicht funktioniert, also eine Ähnlichkeit, meist materieller Art, eine falsche Identität suggeriert, hat man es mit *faux amis – falsos amigos* zu tun.

> "False Friends (= FF) are words in two different languages which are graphically or phonetically very similar but have different meanings and can therefore be easily confused by foreign language learners" (Gorbahn-Ohrme/Hausmann 1991: 2882).

Diese Art der individuellen Interferenz entsteht meist zu Lasten der weniger gut beherrschten Sprache, wobei dies in einem frühen Stadium des Erlernens einer Sprache genauso wie in einer Situation mit sehr guten Fremdsprachenkenntnissen passieren kann, gerade dann gelegentlich auch in die andere Richtung, d.h., bei intensiver Zweisprachigkeit kann die Fremdsprache auf die Muttersprache zurückinterferieren und dort *faux-amis*-Fehler hervorrufen. Genauso gut können aber auch, unabhängig vom Grad der Sprachbeherrschung, mehrere Fremdsprachen miteinander interferieren, so dass Fehler von der Art eines *falschen Freundes* aufgrund z.B. eines Zusammenstoßes von L2 mit L3 passieren. Dies hängt letztlich immer von dem jeweiligen Sprecher und seinen Sprachkompetenzen ab, und zwar sowohl hinsichtlich der Qualität als auch der Anzahl der verfügbaren Idiome.

Gauger (1989: 590–591) unterscheidet typischerweise sechs Arten von *falschen Freunden* anhand von Beispielen aus dem Sprachenpaar Spanisch-Deutsch:

1) Der eigentliche *falsche Freund*, der dadurch gekennzeichnet ist, dass zwei Lexeme sich in ihrer materiellen Form ähnlich sind, aber eine je unterschiedliche Bedeutung haben, z.B. *la carta* (‚der Brief') – *die Karte* (‚la tarjeta').

2) Bei zwei materiell ähnlichen Wörtern stimmen eine oder mehrere Bedeutungen überein, eine oder mehrere weitere Bedeutungen jedoch nicht, z.B. *la dirección – die Direktion, die Richtung, die Adresse.*

3) Zwei oder mehrere Bedeutungen sind in der einen Sprache auf zwei oder mehrere materiell unterschiedliche Wörter verteilt, während diese in der anderen Sprache durch nur ein Wort ausgedrückt werden. Dabei kann es sich sowohl um Homonymie handeln, z.B. *el sueño – der Schlaf, der Traum* (*sueño 1*: ‚dormir' vs. *sueño 2*: ‚soñar'),[38] als auch um Fälle der Polysemie, z.B. *gustar – schmecken, gefallen* (im Spanischen werden die beiden aktualisierten Bedeutungen von *gustar* als zusammengehörig empfunden).

4) Große materielle Ähnlichkeit birgt die Gefahr einer materiellen Interferenz, nicht einer semantischen wie in den vorhergehenden Fällen, z.B. *el agosto* (*el augusto) – *der August* oder *la copia* (*la copía) – *die Kopie.*

5) Bei großer materieller Ähnlichkeit besteht die Gefahr einer Interferenz im Bereich des Genus, d.h., man ist geneigt, das grammatische Geschlecht eines Wortes auf das Pendant in der anderen Sprache zu übertragen, z.B. *el melón* (*la melón) – *die Melone.*

6) Aufgrund der lautlich-morphologischen Struktur des Wortes wird der Eindruck der Fremdsprachlichkeit erweckt. Der Sprecher tendiert dann dazu, das Wort in die andere Sprache mutatis mutandis zu übertragen, z.B. *Karotte* (*la carota) – *la zanahoria.* Die tatsächliche Entsprechung gleicht sich jedoch in ihrer materiellen Form überhaupt nicht.

---

[38] Cartagena/Gauger (1989: 590) verweisen an dieser Stelle auf das Problem der Abgrenzung zwischen Polysemie und Homonymie, entscheiden sich aber im Falle von *sueño* (‚Traum', lat. SOMNIUM vs. ‚Schlaf', lat. SOMNUS) für Homonymie und gegen Polysemie, mit einer ergänzenden Bemerkung, dass Lyons (1983: 139) diese beiden Phänomene prinzipiell für nicht voneinander abgrenzbar hält, ohne dies weiter auszuführen. Es scheint jedoch gerade im Fall von *sueño*, dass die Frage, ob Homonymie oder Polysemie vorliegt, vor allem von den anzusetzenden Unterscheidungskriterien abhängt. Im Falle einer strikt synchronen Sprachbetrachtung spricht hier vieles für ein polysemes Phänomen, denn dem aktuellen Sprecher ist einerseits die unterschiedliche Etymologie nicht bewusst, und andererseits kann er durchaus einen semantischen Zusammenhang zwischen ‚Schlaf' und ‚Traum' herstellen. Sieht man das Hauptgewicht auf einem etymologischen Kriterium, erlaubt man also zur Unterscheidung von Homonymie und Polysemie eine dominierend diachrone Perspektive, dann liegt eindeutig Homonymie vor. Haschka (1989: 150) wiederum kritisiert an dieser Stelle Gauger (1982: 84), da sie der Ansicht ist, dass es bei *falschen Freunden* nur um formale Ähnlichkeit geht und demnach Fälle von Polysemie nicht dazugehören. Irrtümlich zitiert sie dazu das Beispiel *sueño*, das für Gauger gerade nicht polysem ist, sondern homonym.

Des Weiteren sind auch Interferenzen im Bereich der Grammatik möglich, so dass man in einer Erweiterung des Begriffs von grammatischen *falschen Freunden* sprechen kann, z.B. frz. *Qu'est-ce qui se passe en Espagne?* (sp. **¿Qué se pasa en España?*) – sp. *¿Qué pasa en España?*.

Je mehr Sprachen ein Sprecher lernt oder beherrscht, desto größer sind die Möglichkeiten von Interferenzen, d.h., die potentielle Anzahl von *falschen Freunden* wächst mit der Anzahl der zur Verfügung stehenden Sprachen, insbesondere von eng verwandten: z.B. sp. *burro* ‚der Esel' – it. *burro*, ‚Butter', *éxito* ‚der Erfolg' – engl. *exit* ‚Ausgang', sp. *salir* ‚hinausgehen, ausgehen' – frz. *salir* ‚verschmutzen'.

Die Ursachen für die diversen Fälle der Interferenz, die sich aus der Ähnlichkeit zwischen Sprachen ergeben, sind nicht selten aus der historischen Kontingenz der jeweiligen Sprachentwicklung zu erklären. So ist aus dem lateinischen *largus* ‚reichlich, freigiebig' im Italienischen *largo* mit den Bedeutungen ‚breit, weit, umfangreich' geworden, im Französischen *large* ‚breit, weit, groß', im Englischen *large* ‚geräumig, groß', im Portugiesischen *largo* ‚breit, weit' und im Spanischen *largo* ‚lang' (Gauger 1982: 79).

Aufgrund dieser divergierenden semantischen Entwicklungen in den einzelnen Sprachen, die das formal gleiche bzw. ähnliche Lexem in ihrem Wortschatz bewahrt haben, ergeben sich potentielle Interferenzen.[39]

Eine etymologische Verwandtschaft zwischen zwei Wörtern ist jedoch keine Voraussetzung für eine mögliche Interferenz. Obwohl anzunehmen ist, dass auch linguistisch nicht geschulte Sprecher intuitiv derartige sprachliche Zusammenhänge erkennen, entscheidet letztlich rein die formale Ähnlichkeit, wie z.B. bei dem etymologisch nicht verwandten dt. *Stufe* und it. *stufa* (‚Ofen') (Albrecht 2005: 133–134; Alves 2008: 110).

Selbstverständlich ist die Beherrschung mehrerer (verwandter) Sprachen auch von Vorteil, da man durch Analogieschlüsse Ähnlichkeiten erkennen und sich diese beim Erlernen der Sprache nutzbar machen kann. In diesem Sinne gibt es auch „gute Freunde", wenn man eine oder mehrere Sprachen hinsichtlich ihres Lexikons gegenüberstellt. Allerdings ist dabei zu beachten, dass es zwischen zwei Sprachen keine absoluten Äquivalenzen gibt, denn die sich scheinbar entsprechenden Lexeme sind nie in allen Fällen der Sprachverwendung austauschbar (evtl. Ausnahme ein wissenschaftlicher *terminus technicus*), d.h., so wenig es absolute Synonymie in einer Sprache gibt, so wenig gibt es absolute Äquivalenz oder „wirklich gute Freunde" zwischen zwei Sprachen. Albrecht (2005: 134) spricht deshalb in Fällen von weitgehender Äquivalenz

---

[39] Hierbei wären beispielsweise Fälle zu nennen wie frz. *blâmer* (‚tadeln') – dt. *blamieren*, frz. *irriter* (‚verärgern') – dt. *irritieren*, frz. *ignorer* (‚nicht wissen') – dt. *ignorieren*, frz. *se moquer* (‚sich lustig machen') – dt. *sich mokieren* ‚an etwas Anstoß nehmen' oder frz. *bredouille* (frz. *revenir, rentrer bredouille* ‚unverrichteter Dinger zurückkehren') – dt. *Bredouille* (‚eine unangenehme, peinliche Situation'), bei denen im Deutschen eine Entlehnung aus dem Französischen vorliegt, die sich jedoch semantisch weiterentwickelt hat und somit nicht mehr mit der Bedeutung in der Ausgangssprache übereinstimmt.

von „relativ guten Freunden" (z.B. dt. *Finger* – engl. *finger*). Diese Sichtweise ist auch insofern gerechtfertigt, als es im Umkehrschluss ja durchaus auch „relativ falsche Freunde" gibt, nämlich dann, wenn zwar gewisse Bedeutungen übereinstimmen, andere jedoch nicht oder nur teilweise (cf. Typ 2 bei Gauger 1989, s.o.), d.h., memoriert man diesbezüglich eine gewisse semantische Äquivalenz der beiden Formen, ist das nicht unbedingt falsch. In anderen Fällen wiederum beruht die Ähnlichkeit nur auf einem gemeinsamen semantischen Kern, aber mit je unterschiedlicher Konnotation, z.B. sp. *parlar* (,daherschwätzen, d.h. ,reden wie ein Franzose') – frz. *parler* (,sprechen, reden') oder dt. *killen* (,kaltblütig, professionell umbringen') – engl. *kill* (,töten, umbringen') (Albrecht 2005: 137).

Da die möglichen Interferenzen im Sinne von *falschen Freunden* einerseits davon abhängig sind, welche Sprachen aufeinander treffen, andererseits es die verschiedensten Facetten von suggerierter Ähnlichkeit gibt, fällt auch die Klassifikation der unter diesen Begriff subsumierten sprachlichen Phänomene schwer. Albrecht (2005: 134) beispielsweise ordnet seine Fälle von *faux amis* grob drei verschiedenen Typen zu. Prinzipiell trifft er dabei die Unterscheidung von „formal falschen Freunden" (z.B. dt. *Fresko* – it. *affresco*) und „inhaltlich falschen Freunden", wobei letztere wieder in „partiell inhaltliche" (sp. *antiguo* – dt. *antik*) und „total inhaltliche" (z.B. dt. *Gift* – engl. *gift*) untergliedert werden. Haschka (1989: 149–150), die die Klassifikationen von Haensch (1956), Klein (1968) und Kühnel (1979) diskutiert, stellt auch das Modell von Gauger (1982) vor, welches Grundlage für die Einteilung der *falsos amigos* bei Cartagena/ Gauger (1989) ist. Im Zuge einer kritischen Zusammenschau aller bisherigen Modelle spricht sie sich für folgende Klassifikation aus:

A. **semantische** *faux amis* (Gefahr der Verwechslung liegt auf der Inhaltsseite)
1. **totale** *faux amis* (äußere Form identisch, Kontextmerkmale vergleichbar oder ähnlich, Bedeutungen völlig verschieden; z.B. dt. *Patent* – it. *patente*)
2. **partielle** *faux amis* (äußere Form identisch, Bedeutungen teilweise verschieden, teilweise gleich, z.B. dt. *Tee* – frz. *thé*)
B. **materielle** *faux amis* (Gefahr der Verwechslung bei der äußeren Form)
3. **strukturelle** *faux amis* (Inhalt und Wortstamm identisch, jedoch Differenz in der Wortbildung oder der lautlichen Struktur, z.B. dt. *Chirurg* – frz. *chirurgien*)
4. **orthographische** *faux amis* (nur die Schreibung ist unterschiedlich, z.B. dt. *Aggression* – frz. *agression*, dt. *Bankett* – frz. *banquet*)
5. **Genus-***faux amis* (nur das Genus ist unterschiedlich, z.B. dt. *die Geste* – frz. *le geste*)
C. **pseudofremdsprachige Wörter** (z.B. dt. *Asbest* – frz. *amiante*)

Gerade im Bereich der materiellen Äquivalenzen sind die hier von Haschka (1989: 150) aufgeführten Kategorien sicherlich nicht exhaustiv. So listet beispielsweise Wotjak (1984: 127–128) noch Divergenzen auf hinsichtlich der Betonungsstelle, z.B. dt.

Bigamie – sp. *bigamia*, der Wortart, z.B. sp. *académico* (Adjektiv/Substantiv) – dt. *Akademiker* (nur Substantiv) und des Numerus, z.B. dt. *Mathematik* – sp. *matemáticas*.

Wie auch immer man eine Klassifikation anlegt, Grundkonsens bei der Definition der *falschen Freunde* ist die potentielle Verwechslungsgefahr zweier wie auch immer ähnlich gearteter Lexeme (z.B. Substantiv – Verb, dt. *Dame* vs. sp. *dame*). Ob ein Sprecher überhaupt in die Situation kommt, dass er etwas verwechseln könnte, hängt vor allem vom jeweiligen Kontext ab, d.h. von der Kommunikationssituation, in der bestimmte Lexeme vorkommen können bzw. bestimmte Bedeutungen aktualisiert werden. In diesem Sinne betont Hausmann (1977: 68–69), dass bei zwar formal sehr ähnlichen Wörtern, die aber inhaltlich komplett verschiedenen Bereichen zugehören und damit kaum im gleichen Kontext realisiert werden, die Verwechslungsgefahr sehr gering ist bzw. höchstens in einem sehr frühen Stadium des Spracherwerbs denkbar ist (z.B. dt. *Terminus* – frz. *terminus* ‚Endstation', dt. *Trakt* – frz. *tract* ‚Flugblatt').

Wandruszka (1977: 54) betont, dass Homonyme erst dann zu einem Problem für den Sprecher/Lerner werden, wenn die oft zufällig gleichlautenden Lexeme sich in demselben Bedeutungsfeld begegnen.

Wie wichtig generell der jeweilige Ko- und Kontext ist, in dem ein Wort realisiert wird, und was für eine Rolle das enzyklopädische Wissen und der kulturelle Hintergrund der beteiligten Sprecher spielen, zeigt Kupsch-Loesereit (2004: 544–545), die das Phänomen der *falschen Freunde* unter dem allgemeinen Gesichtspunkt der lexikalisch-semantischen Interferenz betrachtet. Die Gefahr für denjenigen, der eine Sprache erlernt, aber auch für den professionellen Dolmetscher oder Übersetzer, besteht generell in der intuitiven Suche nach Analogien und einfachen Äquivalenzen. Dabei kann es leicht zu Kollokationsverstößen (z.B. *lavar los dientes* – ‚die Zähne waschen') kommen oder auch zu inadäquaten Übersetzungen (engl. *background* – dt. nicht unbedingt ‚Hintergrund', sondern eher ‚Milieu, Herkunft') bzw. solchen, bei denen bestimmte Kulturspezifika ausgeklammert werden (frz. *écoles publiques* vs. *écoles privées* – dt. ‚öffentliche' vs. ‚private Schulen' greift zu kurz, sondern eher ‚laizistisch staatliche' vs. ‚konfessionell gebundene Schulen'). In diesem Zusammenhang gehören auch *falsche Freunde*, deren diasystematische Einordnung divergiert wie z.B. frz. *appendicite* (allgemeinsprachlich) ‚Blinddarmentzündung' – dt. *Appendizitis* (fachsprachlich).

Betrachtet man nun konkret das Problem der *falschen Freunde* hinsichtlich einer möglichen Interferenz, der ein Sprecher ausgesetzt ist, der die beiden Sprachen Spanisch und Portugiesisch mehr oder weniger gut beherrscht oder dabei ist zu erlernen, so ist aufgrund der engen genetischen Verwandtschaft und der historischen nachbarschaftlichen Verknüpfungen zunächst einmal von einer großen Zahl von „echten Freunden" auszugehen. Mit dem Grad der Ähnlichkeit zweier Sprachen steigt andererseits aber auch die Wahrscheinlichkeit von „falschen Freunden" und die generelle Gefahr von Interferenzen, da man aufgrund der großen Ähnlichkeit dazu neigt, mehr Analogien herzustellen, als womöglich vorhanden sind.[40] Bei der kontrastiven Behandlung des Spanischen und Portugiesischen tritt allerdings ein Phänomen auf, das bei anderen Fällen der Dokumentation von *falschen Freunden* nicht in diesem Ausmaß erscheint (z.B. deutsch-französischer Kontakt), nämlich das der diatopischen Verteilung. Die amerikanischen Varietäten beider Sprachen sind bei einer Liste oder einem Wörterbuch zu den *falsos amigos* separat zu berücksichtigen, oder es sollte von vornherein eine bestimmte Markierung geben, so dass die behandelten Varietäten deutlich werden, da ansonsten die Gefahr besteht, weiteren Fehlern oder Ungenauigkeiten durch falsche interferenzbedingte Annahmen Vorschub zu leisten.

Auch wenn es natürlich aufgrund der Sprecherzahlen naheliegend sein mag, überrascht es doch, dass Wörterbücher zu den *falschen Freunden* fast ausschließlich für den südamerikanischen Markt erstellt werden, d.h. die Zielgruppe sind Sprecher des amerikanischen Spanisch und des brasilianischen Portugiesisch. Dabei ist diese kontrastive Betrachtung erst in den letzten Jahren in den Vordergrund gerückt (gestiegener Bedarf durch den *Mercosur/Mercosul*), während es Werke zur Zielsprache Französisch und Englisch schon vorher gab. Für das Sprachenpaar Spanisch-Deutsch sei hier beispielhaft auf Wotjak/Hermann (1994) verwiesen, für Portugiesisch-Deutsch auf Hundertmark-Santos Martins (1995). Die spanisch-portugiesischen *falsos amigos*, die gelegentlich auch als *falsos cognados/falsos cognatos, heterosemánticos/heterossemânticos, falsas analogías/falsas analogias, falsas semelhanças, falsos enganadores* oder *homônimos interlinguais* bezeichnet werden, finden sich laut Bugueño (2005: 182– 184) in den als Wörterbücher konzipierten Zusammenstellungen von Feijóo (1992), Mello/Bath (1996), Leal (1997), Carita (1999), Bechara/Moure (2002) und Marzano (2001, 2006).

Fast alle der genannten Werke sind stark an der Praxis ausgerichtet und verzichten weitgehend oder ganz auf einleitende Erklärungen zu dem Phänomen der *falschen Freunde*.[41] Eine Ausnahme macht dabei das wohl auch umfangreichste Werk (1.200 Wortpaare) von Bechara/Moure (2002), die eine Klassifizierung der *falsos amigos* bieten

---

[40] García Yebra (2004: 411–412) macht darauf aufmerksam, dass auch bei professionellen Übersetzern die Tendenz festzustellen ist, dass sie aufgrund der zahlreichen Ähnlichkeiten zwischen den Sprachen die entscheidenden Unterschiede mitunter übersehen.

[41] Das Phänomen wird auch in den jeweiligen didaktischen Werken nicht näher behandelt (zumindest in Brasilien): „Pois, percebemos que os manuais didáticos não dão tanta atenção ao assunto, não possibilitando uma análise crítica por parte dos alunos e também de muitos professores de língua estrangeira. Vimos que os manuais tratam o assunto de forma tão superficial, mas que poderia ser estudado mais a fundo" (Alves 2008: 115). Beneduzi/ Bugueño/Farias (2005: 195) versuchen hingegen, anhand einiger lexikographischer Überlegungen, eine praxistaugliche Darstellungsform für die *falsos amigos* und ihre zahlreichen formalen und semantischen Verflechtungen zu finden, da ihrer Meinung nach keine strukturelle Einheitlichkeit herrscht: „[...] não existe até agora um consenso mínimo de como proceder com este gênero específico de obra lexicográfica, começando inclusive pelo nome mais adequado para este tipo de dicionário."

und auch auf die Mischvarietät *portuñol* hinweisen. Zudem wird dort eine mehrseitige Bibliographie mit wissenschaftlicher Literatur aufgeführt, unter anderem mit Wörterbüchern zu varietätenlinguistischen Spezifika wie dem *lunfardo*, während die anderen Zusammenstellungen entweder ganz auf Literaturangaben verzichten oder sich im Wesentlichen auf die Angabe einiger weniger allgemeinsprachlicher *Diccionarios* beschränken. Neben den Erklärungen zu den einzelnen Lemmata erscheinen bei Bechara/ Moure auch Beispielsätze auf Spanisch, die zum Teil selbst konstruiert sind, zum Teil aber auch der Literatur entnommen sind, wie eine umfangreiche Bibliographie zu vor allem argentinischen Werken deutlich macht.

In ihrer einfachen Typologie der *falschen Freunde* unterscheiden Bechara/Moure (2002: 13–14) drei Arten: 1. *Formas semejantes con significados totalmente diferentes*, d.h. formale Identität bei semantischer Divergenz, Beispiel: sp. *polvo* (ptg. ‚pó') vs. ptg. *polvo* (sp. ‚pulpo'); 2. *Formas semejantes con un (o más de un) significado semejante y otro(s) diferente(s)*, d.h. formale Identität mit semantischen Überschneidungen, Beispiel: sp./ptg. *cambista* (A. sp./ptg. ‚Geldwechsler' und B. sp. ‚Wiederverkäufer'/ptg. ‚Schwarzmarktverkäufer'); 3. *Formas semejantes con significados diferentes en el uso actual*, d.h. formale Identität mit gleichem Etymon und gleicher Grundbedeutung, aber einer im neuesten Sprachgebrauch anderen Bedeutungsnuance, Beispiel: sp./ptg. *latir* (sp./ptg. ‚schlagen, klopfen ‚(Herz, Puls)'/'bellen', aber präferentiell sp. ‚schlagen, klopfen' und ptg. präferentiell ‚bellen').

Weiterführend wird noch auf komplexere Fälle aufmerksam gemacht, bei denen es sich um ‚doppelte' falsche Freunde handelt (z.B. *apellido/apelido* und *sobrenombre/ sobrenome*), d.h., wo sich im gleichen Wortfeld eine mehrfache Überschneidung von Signifikanten und Signifikaten ergibt: sp. *apellido* – ptg. *sobrenome (nome de família), nome (sobrenome famoso)*; ptg. *apelido* – sp. *sobrenombre, apodo*; sp. *sobrenombre* – ptg. *apelido, alcunha, cognome*; ptg. *sobrenome* – sp. *apellido*. Bezüglich der formalen Identität wird noch darauf hingewiesen, dass diese sowohl die Graphie als auch die Phonie bzw. beide betreffen kann.

Diese von Bechara/Moure (2002) vorgestellte Klassifizierung des äußerst komplexen Phänomens der *falschen Freunde* ist zwar nur rudimentär, und gerade die dritte Kategorie scheint nicht gerade schlüssig von den anderen beiden abgetrennt zu sein (z.B. etymologische Verwandtschaft liegt auch im ersten Fall vor), doch zumindest wird der Versuch unternommen, systematisch auf mögliche Probleme beim Spracherwerb hinzuweisen, und das Grundprinzip, also formale Identität vs. semantische Divergenz, wird anhand von Beispielen erläutert. Die anderen Wörterbücher, bei denen diesbezügliche Erläuterungen weitgehend fehlen, haben demgegenüber nämlich nicht nur ein wissenschaftliches Defizit, sondern auch ein didaktisches, da ohne die Kenntnis und die Schärfung des Bewusstseins, welche Art von Problemen und Fehlern bei der Erlernung einer Sprache auftreten können, eine reine Auflistung von *falsos amigos* (selbst mit Einzelerklärungen) weit weniger sinnvoll ist.

Da im Prinzip alle Wörterbücher auf die südamerikanische Sprachkontaktsituation hin ausgerichtet sind, sei hier zu Exemplifizierung verschiedener typischer *falsos amigos* auf eine Internetliste zurückgegriffen, die für die europäischen Varietäten konzipiert wurde. Folgende Beispiele bilden eine kleine Auswahl aus der um einiges umfangreicheren Originalliste, zusammengestellt, um sowohl einige bekannte *falsos amigos* aufzuführen als auch einen Einblick in die Vielfältigkeit der Phänomene zu geben.

Tabelle 86: *Lista de falsos amigos português – espanhol/español – portugués* (Direcção-Geral da Tradução – Commissão Europeia 2006)[42]

português	espanhol	español	portugués
anedota	chiste	anécdota	história breve/episódio real
ano	año	ano	ânus
apenas	solamente	apenas	mal (apenas)
assinatura	firma	asignatura	disciplina (cadeira)
aula	clase (lección)	aula	sala (de uma escola)
balão	globo (‚Luftballon')	balón	bola
borracho	chico	borracho	bêbedo
cadeira	silla	cadera	anca
camareiro	camarlengo	camarero	empregado (de mesa)
camelo	camello	camelo	engano
camioneta	autobús, camioneta	camioneta	carrinha, furgoneta
carro	coche	carro	carroça
carroça	carro	carroza	coche
cartão	tarjeta	cartón	papelão
certo	correcto	cierto	verdadeiro
despacho	resolución administrativa	despacho	gabinete
doce	dulce, mermelada	doce	doze
embaraçada	avergonzada	embarazada	grávida
empeçar	enredar, dificultar	empezar	começar
escritório	oficina	escritorio	escrivaninha
espantoso	extraordinario, maravilloso	espantoso	horrível
fechado	cerrado	fechado	datado

---

[42] Direcção-Geral da Tradução [online: http://ec.europa.eu/translation/bulletins/folha/folha23_lista_pt-es.pdf, Zugriff am 25.11.2011].

português	espanhol	español	portugués
frente	delante	frente	testa
galheta	vinajera, vinagrera	galleta	biscoito
general	general (ejército)	general	geral
inversão	cambio (de sentido)	inversión	investimento
jornal	periódico	jornal	jorna, salário diário
largo	ancho, plaza	largo	comprido, longo
lentilha	lenteja	lentilla	lente de contacto
levantar (dinheiro)	sacar (dinero)	levantar	pôr em pé
logro	engaño	logro	êxito, conquista
maestro	director (orquesta)	maestro	professor primário
mas	pero, mas	más	mais
ninho	nido	niño	criança, rapaz, menino
oferta	regalo	oferta	promoção, saldos
osso	hueso	oso	urso
pateira	laguna pequeña	patera	barcaça
pelo	por el, por lo	pelo	cabelo
pipa	tonel	pipa	cachimbo
planta	plano	planta	piso, fábrica
prestar	servir	prestar	emprestar
raro	poco frecuente	raro	esquisito
esquisito	raro, excéntrico	exquisito	delicioso, de bom gosto
rato	ratón	rato	momento
romance	novela	romance	aventura amorosa
salada	ensalada	salada	salgada
seta	flecha, saeta	seta	cogumelo (silvestre)
sucesso	éxito	suceso	acontecimento
tapete	alfombra	tapete	naperão
tio	tío (familia)	tío (coloq.)	gajo, tipo
tipografia	imprenta (local o empresa)	tipografía	artes gráficas
vago	vacío, desocupado	vago	preguiçoso
viola	guitarra	viola	violeta
zurrar	rebuznar	zurrar	zurzir, surrar

Betrachtet man vorliegende Auswahl der *falsos amigos* genauer, wird man schnell erkennen, dass es sich dabei um die verschiedensten Typen von potentiell verwechslungsgefährdeten Lexemen handelt. So gibt es unterschiedliche Stufen und Arten der formalen Ähnlichkeit (z.B. *empeçar* vs. *empezar, patera* vs. *pateira, mas* vs. *más, vago* vs. *vago*) sowie zahlreiche Möglichkeiten der semantischen Verflechtung: u.a. a) semantische Disparität ohne Überschneidung, z.B. ptg. *osso* (‚Knochen') vs. sp. *oso* (‚Bär'), b) Similarität: z.B. ptg. *balão* (‚(Luft)Ballon') vs. sp. *balón* (‚Ball, Kugel'), c) Kontiguität: z.B. ptg. *despacho* (‚Erlass, Entscheid, Ausfertigung') vs. sp. *despacho* (‚Büro') oder ptg. *aula* (‚Unterrichtsstunde') vs. sp. *aula* (‚Klassenzimmer'). Am häufigsten sind sicherlich semantische Ähnlichkeitsbeziehungen (bei gleicher bzw. ähnlicher Form), so dass zumindest ein gemeinsames Sem festzustellen ist, was insofern nicht verwunderlich ist, als in diesen Fällen meist ein und dasselbe lateinische Etymon zugrunde liegt (z.B. *certo/cierto, raro/raro, oferta/oferta, viola/viola*).

Formal ist bezüglich dieser Liste noch festzustellen, dass auch Lexeme, die unterschiedlichen Wortarten zuzurechnen sind, als *falsos amigos* gelistet werden, wie z.B. ptg. *pelo* (Präposition + Artikel) vs. sp. *pelo* (Substantiv) oder ptg. *doce* (Substantiv) vs. sp. *doce* (Numerale). Hervorzuheben sei auch noch das Beispiel einer kreuzweisen formalen und semantischen Ähnlichkeit (hier bezogen auf die europäischen Varietäten; *carro* hat im AS auch die Bedeutung ‚Auto') wie bei ptg. *carro* ‚Auto' (sp. *coche*) vs. sp. *carro* ‚Karren' (ptg. *carroça*) und ptg. *carroça* (sp. *carro*) vs. sp. *carroza* ‚Karosse' (ptg. *coche*). Eine weitere Besonderheit ist die Einbeziehung von registerbedingten Überschneidungen in der Bedeutung bei formaler Identität, wie z.B. ptg. *tio* (‚Onkel) vs. sp. *tío* (‚Typ').

Prinzipiell können *falsche Freunde* über die Grenzen der diasystematischen Teilbereiche der Sprache hinaus bestehen, d.h. jeweils verschiedenen diaphasischen, diastratischen und diatopischen Subsystemen zugehörig sein (z.B. europäisches Spanisch vs. brasilianisches Portugiesisch).

Hierbei zeigt sich wiederum auch ein wenig die Problematik bei der Klassifikation der *falschen Freunde*, denn realiter sind die meisten Lexeme polysem, und die Sprechsituation determiniert, welche Bedeutung aktualisiert wird und ob dann überhaupt die „Gefahr" einer Verwechslung entsteht. Das didaktisch-lexikologische Konzept der *falschen Freunde* ist natürlicherweise unscharf, da die Frage, ob qua formaler Ähnlichkeitsstruktur eine nicht korrekte Wahl eines Lexems getroffen werden könnte, in erster Linie von der Kompetenz des Sprechers abhängt. Allerdings steigt einerseits ganz objektiv die Gefahr bei gleichem Anwendungskontext bzw. wenn die Lexeme dem gleichen Wortfeld zugehören und sich in ihren polysemen Strukturen partiell überschneiden. Andererseits ist das Risiko einer Verwechslung objektiv als eher niedrig einzuschätzen, wenn unterschiedliche Wortarten vorliegen und (meist bei (Quasi-) Homonymen) völlig unterschiedliche Kommunikationsbereiche betroffen sind (z.B. verschiedene Fachbereiche, Sachbereiche, Lebenswelten), die in der Regel nicht in einer Äußerung kollidieren können.

Aufgaben

1. Diskutieren Sie kritisch die Beispiele zu den *falsos amigos* bei Gauger (1989: 590–591) und diskutieren Sie, inwieweit diese über das Grundkonzept von ‚Formgleichheit/Formähnlichkeit' hinausgehen.
2. Skizzieren Sie die möglichen Entlehnungswege von Arabismen im Portugiesischen und Spanischen jenseits des direkten Kontaktes mit dem Arabischen auf der Iberischen Halbinsel (z.B. Ineichen 1997).
3. Informieren Sie sich bei Pöll (2002) über das Problem der Abgrenzung des Begriffes ‚Lexikologie' zur Semantik und anderen Bereichen der Sprachwissenschaft.
4. Welche Konstellationen von Adstrat, Substrat und Superstrat können sich hinter den ‚germanischen' Entlehnungen verbergen?
5. Worin besteht die Gefahr einer reinen Frequenzanalyse ohne qualitative Folgebetrachtungen einzelner Phänomene? Welche Rolle spielen dabei die Auswahlkriterien?
6. Überprüfen Sie die diasystematischen Markierungen in den entsprechenden Akademiewörterbüchern des Spanischen (DRAE) und Portugiesischen (DLPC) und vergleichen Sie diese mit je einem weiteren Wörterbuch. Wie stark sind die Abweichungen im Inventar der Marker und die Inkohärenzen in ihrer Anwendung?

7 Literatur

Abad Nebot, Francisco (1992): Spanisch: Varietätenlinguistik des Spanischen, in: Holtus, Günter/Metzeltin, Michael/Schmitt, Christian (Hrsg.): Lexikon der Romanistischen Linguistik (LRL), Band VI/1: Aragonesisch/Navarresisch, Spanisch, Asturianisch/Leonesisch. Tübingen, Niemeyer, 607–616.

Ackerlind, Sheila Rogers (1990): King Dinis of Portugal and the Alfonsine Heritage. New York/Bern/Frankfurt a. M./Paris, Lang.

Agostino, Alfonso d' (2001): Lo spagnolo antico: Sintesi storico-descrittiva. Milano, LED.

Alarcos Llorach, Emilio (1947): Perfecto simple y compuesto en español, in: Revista de Filología Española 31, 108–139.

Alarcos Llorach, Emilio (^{4}1974): Fonología española. Madrid, Gredos (= Biblioteca Románica Hispánica, III; Manuales, 1) [^{1}1950].

Alberte Montserrat, Montserrat (2001): Gran diccionario español-portugués, português-espanhol. Madrid, Espasa Calpe (auch online: Online Zugriff am 12.08.2011; http://www.wordreference.com/ptes/).

Albrecht, Jörn (2005): Übersetzung und Linguistik. Tübingen, Narr (= Grundlagen der Übersetzungsforschung, 2).

Alonso, Amado (1938): Castellano, español, idioma nacional: História espiritual de tres nombres. Buenos Aires, Facultad de Filosofía y Letras de la Universidad de Buenos Aires, Istituto de Filología.

Alonso, Amado (1951): Estudios lingüísticos: Temas españoles. Madrid, Gredos (= Biblioteca Románica Hispánica, II. Estudos y Ensayos), 101–127.

Alvar, Manuel (^{6}2009a): Riojano, in: Alvar, Manuel (Hrsg.): Manual de dialectología hispánica: El español de España. Barcelona, Ariel, 81–96 [^{1}1996].

Alvar, Manuel (^{6}2009b): Aragonés, in: Alvar, Manuel (Hrsg.): Manual de dialectología hispánica: El español de España. Barcelona, Ariel, 263–292 [^{1}1996].

Alvar, Manuel (^{6}2009c): (Hrsg.): Manual de dialectología hispánica: El español de España. Barcelona, Ariel [^{1}1996].

Álvarez Martínez, María Ángeles (^{6}2009): Extremeño, in: Alvar, Manuel (Hrsg.): Manual de dialectología hispánica: El español de España. Barcelona, Ariel, 171–182 [^{1}1996].

Alves, Jeferson da Silva (2008): Os falsos amigos: Português e espanhol, in: Soletras 16, 109–117 (online-version: http://www.filologia.org.br/soletras/16/os%20falsos%20amigos%20portugueses%20e%20espanhol.pdf, Zugriff am 28.09.2010).

Angele, Martín (2005): Die Minderheitensprache Mirandesisch in Portugal/Mirandes, Ihiengua minoritaria an Pertual (mit dem Textbeispiel *Miranda yê la mie tiêrra* von José Francisco Fernandes). Norderstedt, Books on Demand.

Ankenbauer, Norbert (2011): Geschichte der Orthographie des Spanischen, in: Born, Joachim/Folger, Robert/Laferl, Christopher F./Pöll, Bernhard (Hrsg.): Handbuch Spanisch: Sprache, Literatur, Kultur, Geschichte in Spanien und Hispanoamerika. Für Studium, Lehre, Praxis. Berlin: Schmidt, 178–183.

Arden, Mathias (2010): Zum Verhältnis von Gattungskonventionen und sprachlichen Normen in der Fernsehkommunikation – Telenovelas und *Jornal Nacional* von TV Globo, in: Endruschat, Annette/Kemmler, Rolf (Hrsg.): Portugiesische Sprachwissenschaft: traditionell, modern, innovativ. Tübingen, Calepinus Verlag, 5 - 32.

Arias Bonet, Juan Antonio (1975): Alfonso X el Sabio, Primera Partida: Según el manuscrito add. 20.787 del British Museum. Valladolid, Universidad de Valladolid.

Ariza, Manuel (1994): Sobre fonética histórica del español. Madrid, Arco (= Biblioteca Philologica).

Ariza, Manuel (2005): El romance de Al-Andalus, in: Cano Aguilar, Rafael (coord.): Historia de la lengua española. Barcelona, Ariel, 207–235 [¹2004].

Arnold, Rafael (2006): Spracharkaden. Die Sprache der sephardischen Juden in Italien im 16. und 17. Jahrhundert. Heidelberg, Winter (= Schriften der Hochschule für jüdische Studien Heidelberg, 7).

Arntz, Reiner/Ré, Andrés (2007): Kontrastsprache Portugiesisch: Ein neuer Weg zum Portugiesischen auf der Grundlage des Spanischen. Wilhemlsfeld, Egert.

Bahner, Werner (1977): Formen, Ideen, Prozesse in den Literaturen der romanischen Völker. Band I. Berlin, Akademie-Verlag.

Baldinger, Kurt (1958): Die Herausbildung der Sprachräume auf der Pyrenäenhalbinsel: Querschnitt durch die neueste Forschung und Versuch einer Synthese. Berlin, Akademie Verlag [(²1972): La formación de los dominios lingüísticos en la Península Ibérica. Madrid, Gredos [¹1963]].

Barbosa, Henrique (1999): Forma e substância da expressão da língua portuguesa. Porto, Livraria Almedina.

Barbosa, Jorge Morais (1983): Études de phonologie portugaise. Évora, Universidade de Évora (Divisão de Línguas e Literatura).

Barbosa, Jorge Morais (1994a): Fonética e fonologia, in: Holtus, Günter/Metzeltin, Michael/Schmitt, Christian (Hrsg.): Lexikon der Romanistischen Linguistik (LRL), Band VI/2: Galegisch, Portugiesisch. Tübingen, Niemeyer, 130–142.

Barbosa, Jorge Morais (1994b): Entonação e prosódia, in: Holtus, Günter/Metzeltin, Michael/Schmitt, Christian (Hrsg.): Lexikon der Romanistischen Linguistik (LRL), Band VI/2: Galegisch, Portugiesisch. Tübingen, Niemeyer, 143–148.

Barbosa, Jorge Morais (1994c): Introdução ao estudo da fonologia e morfologia do português. Coimbra, Livraria Almedina.

Barme, Stefan (2000): Existe uma língua brasileira? Uma perspectiva tipológica, in: Iberoromania 51, 1-29.

Barme, Stefan (2009): Zur Lautung des Portugiesischen und Brasilianischen, in: Zeitschrift für Romanische Philologie 125/2, 319-323.

Barroso, Henrique (1999): Forma e substância da expressão da língua portuguesa. Coimbra, Almedina.

Bartens, Angela (1995): Die iberoromanisch basierten Kreolsprachen. Frankfurt a.M./Berlin/ Bern/New York/Paris, Wien: Lang (= Hispano-Americana: Geschichte, Sprache, Literatur, 8).

Bechara, Suely Fernández/Moure, Walter Gustavo (²2002): ¡Ojo! con los falsos amigos: Dicionário de falsos cognatos em espanhol e português. São Paulo, Editora Moderna.

Belloro, Valeria A. (2007): Spanish Clitic Doubling: A Study of the Syntax-Pragmatics Interface. Dissertation Buffalo, State University of New York.

Belot, Albert (2007): Les invasions barbares: Gallicismes et anglicismes de l'espagnol d'aujourd'hui, in Les Langues Néo-Latines 101/340 (mars 2007), 91–96.

Beltrán Lloris, Francisco (²2005): El latín en la Hispania romana: una perspectiva histórica, in: Cano Aguilar, Rafael (coord.): Historia de la lengua española. Barcelona, Ariel, 83–105 [¹2004].

Beneduzi, Renata/Bugueño, Félix/Farias, Virgínia (2005): Avanços na redação de um dicionário de falsos amigos espanhol-português, in: Lusorama 61–62 (2005), 195–219.

Bernecker, Walther L. (2002): Spanische Geschichte: Von der Reconquista bis heute. Darmstadt: Wissenschaftliche Buchgesellschaft.

Bernecker, Walther L./Pietschmann, Horst (2001): Geschichte Portugals. München, C.H. Beck.

Bernecker, Walther L./Pietschmann, Horst ([4]2005): Geschichte Spaniens: Von der frühen Neuzeit bis zur Gegenwart. Stuttgart, Kohlhammer [[1]1993].

Bernecker, Walther L./Pietschmann, Horst ([2]2008): Geschichte Portugals. München: Beck [[1]2001]

Berschin, Helmut (1976): Präteritum- und Perfektgebrauch im heutigen Spanisch. Tübingen, Niemeyer (Beihefte zur Zeitschrift für Romanische Philologie, 157).

Berschin, Helmut/Fernández-Sevilla, Julio/Felixberger, Josef ([3]2005): Die spanische Sprache: Verbreitung – Geschichte – Struktur. Hildesheim/Zürich/New York, Olms [[1]1987].

Betz, Manfred (1992): Spanisch: Sondersprachen, in: Holtus, Günter/Metzeltin, Michael/Schmitt, Christian (Hrsg.): Lexikon der Romanistischen Linguistik (LRL), Band VI/1: Aragonesisch/Navarresisch, Spanisch, Asturianisch/Leonesisch. Tübingen, Niemeyer, 328–341.

Blake, Robert J (1988): Aproximaciones nuevas als fenómeno de [f] > [h] > [∅], in: Ariza, Manuel/Salvador, Antonio/Viudas, Antonio (Hrsg.): Actas del I congreso internacional de historia de la lengua española: Cáceres, 30 de marzo–4 de abril de 1987. Madrid, Arco.

Blaser, Jutta ([2]2011): Phonetik und Phonologie des Spanischen: Eine synchronische Einführung. Tübingen, Niemeyer (= Romanistische Arbeitshefte, 50) [[1]2007].

Blázquez, José Maria (2006): El Mediterráneo: Historia, arqueología, religión, arte. Madrid, Cátedra.

Blumberg, Mechthild (2003): Die ignorierte Weltsprache: zur Geschichte und Situation des Portugiesischen, in: Gugenberger, Eva/Blumberg, Mechthild (Hrsg.): Vielsprachiges Europa. Zur Situation der regionalen Sprachen von der Iberischen Halbinsel bis zum Kaukasus. Frankfurt a.M., Lang (= Österreiches Deutsch. Sprache der Gegenwart, 2), 83–95.

Böckmann, Paul/Kluge, Gerhard (Hrsg.) (1973): Schillers Werke: Nationalausgabe. Band 6: Don Karlos. Erstausgabe 1787. Thalia-Fragmente 1785–1787. Weimar, Hermann Böhlaus Nachfolger.

Boisvert, Georges (1983–1985): *Guerra às palavras afrancesadas!*: Une polémique linguistique dans la presse lisbonnaise en octobre 1812, in: BEPB 44/45, 243–271.

Boléo, Manuel de Paiva/Silva, Maria Helena Santos (1974): O "mapa dos dialectos e falares de Portugal continental", in: Estudos de linguística portuguesa e românica, Vol. I: Dialectologia e história da língua, Tomo I. Coimbra: Universidade de Coimbra, 310–352 (= Acta Universitatis Coimbrigensis).

Bollée, Annegret/Neumann-Holzschuh, Ingrid (2008): Spanische Sprachgeschichte. Stuttgart, Klett.

Boretzky, Norbert (1992): Romanisch-Zigeunerische Interferenzen (zum Caló), in: Erfurt, Jürgen/Jeßing, Benedikt/Perl, Matthias (Hrsg.): Prinzipien des Sprachwandels. I. Vorbereitung. Beiträge zum Leipziger Symposium des Projekts „Prinzipien des Sprachwandels" (PROPRINS) vom 24.–26.10.1991 an der Universität Leipzig. Bochum, Brockmeyer (= Bochum – Essener Beiträge zur Sprachwandelforschung, 16), 11-37.

Born, Joachim (1992): Leonesisch und Extremeño, in: Holtus, Günter/Metzeltin, Michael/Schmitt, Christian (Hrsg.): Lexikon der Romanistischen Linguistik (LRL), Band VI/1: Aragonesisch/Navarresisch, Spanisch, Asturianisch/Leonesisch. Tübingen, Niemeyer, 693–700.

Born, Joachim (1999): McWorld-English und McWorld-Culture im Mercosul, in: Bierbach, Mechthild/Gemmingen, Barbara von (Hrsg.): Kulturelle und sprachliche Entlehnung: Die Assimilierung des Fremden. Akten der gleichnamigen Sektion des XXV. Deutschen Romanistentages im Rahmen von *Romania I* in Jena vom 28.9–2.10.1997. Bonn, Romanistischer Verlag (= Abhandlungen zu Sprachen und Literatur, 123), 14-28.

Born, Joachim (2003): Externe Sprachgeschichte des Portugiesischen in Brasilien, in: Ernst, Gerhard/Gleßgen, Martin-Dietrich/Schmitt, Christian/Schweickard, Wolfgang (Hrsg.):

Romanische Sprachgeschichte: Ein internationales Handbuch zur Geschichte der romanischen Sprachen. Berlin/New York, de Gruyter (= Handbücher zur Sprach- und Kommunikationswissenschaft (HSK), 23.1), 1069–1083.

Born, Joachim (2011): Varietäten des Spanischen: Río de la Plata (Paraguay), in: Born, Joachim/Folger, Robert/Laferl, Christopher F./Pöll, Bernhard (Hrsg.): Handbuch Spanisch: Sprache, Literatur, Kultur, Geschichte in Spanien und Hispanoamerika. Für Studium, Lehre, Praxis. Berlin: Schmidt, 83–89.

Borrego Nieto, Julio (⁶2009): Leonés, in: Alvar, Manuel (Hrsg.): Manual de dialectología hispánica: El español de España. Barcelona, Ariel, 139–158 [¹1996].

Borrego Nieto, Julio/Gómez Asencio, José J. (1997): Prácticas de fonética y fonología. Salamanca, Ediciones Universidad de Salamanca.

Bossong, Georg (2007): Das maurische Spanien: Geschichte und Kultur. München, C.H Beck.

Bossong, Georg (2008a): Die romanischen Sprachen: Eine vergleichende Einführung. Hamburg: Buske.

Bossong, Georg (2008b): Die Sepharden: Geschichte und Kultur der spanischen Juden. München, C.H. Beck.

Braselmann, Petra (1991): Humanistische Grammatik und Volkssprache. Zur „Gramática de la lengua castellana" von Antonio de Nebrija. Düsseldorf, Droste (= Studia humaniora, 21).

Braselmann, Petra/Hinger, Barbara (1999): Sprach(en)politik und Sprachpflege in Spanien, in: Ohnheiser, Ingeborg/Kienpointer, Manfred/Kalb, Helmut (Hrsg.): Sprachen in Europa: Sprachsituation und Sprachpolitik in europäischen Ländern. Innsbuck, Institut für Sprachwissenschaft der Universität Innsbruck (= Innsbrucker Beiträge zur Kultur-wissenschaft, 30), 267–296.

Brauer-Figueiredo, Maria de Fátima Viegas (1999): Gesprochenes Portugiesisch. Frankfurt a. M., Teo Ferrer de Mesquita (TFM).

Brunner, Caroline (2010): Die Sibilanten im Portugiesischen und Spanischen – ein historisch-komparativer Überblick, in: Annette Endruschat/Rolf Kemmler (Hrsg.): Portugiesische Sprachwissenschaft: traditionell – modern – innovativ. Tübingen, Calepinus, 33–66.

Bugueño, Félix (2005): Os dicionários de falsos amigos no Brasil, in: Lusorama 61–62 (2005), 180–194.

Bußmann, Hadumod (²2002) (Hrsg.): Lexikon der Sprachwissenschaft. Stuttgart, Kröner.

Bustos Tovar, José Jesús de (²2005): La escisión latín-romance. El nacimiento de las lenguas romances : El castellano, in: Cano Aguilar, Rafael (coord.): Historia de la lengua española. Barcelona, Ariel, 257–290 [¹2004].

Bybee, Joan L./Perkins, Revere/Pagliuca, William (1994): The Evolution of Grammar: Tense, Aspects, and Modality in the Languages of the World. Chicago/London, University of Chicago Press.

Caetano, José A. Palma/Mayr, Johannes J./Plachy, Renate/Ptacek, Franz (1986): Grammatik Portugiesisch. München, Max Hueber.

Campos, Maria Henriqueta Costa (1997a): Pretérito perfeito simples/Pretérito perfeito composto: uma oposição temporal e aspectual, in: Campos, Maria Henriqueta Costa (Hrsg.): Tempo, Aspecto e Modalidade: Estudos de Linguística Portuguesa. Porto, Porto Editora (= Colecção Linguística, 6), 9–51.

Campos, Maria Henriqueta Costa (1997b): Pretérito perfeito composto: um tempo presente?, in: Campos, Maria Henriqueta Costa (Hrsg.): Tempo, Aspecto e Modalidade: Estudos de Linguística Portuguesa. Porto, Porto Editora (= Colecção Linguística, 6), 115–122.

Campos, Maria Henriqueta Costa (1997c): Para a caracterização do marcador modal *dever*, in: Campos, Maria Henriqueta Costa (Hrsg.): Tempo, Aspecto e Modalidade: Estudos de Linguística Portuguesa. Porto, Porto Editora (= Colecção Linguística, 6), 173–182.

Canellada, Maria Josefa/Kuhlmann Madsen, John (1987): Pronunciación del español: lengua hablada y literaria. Madrid, Castalia.

Cano Aguilar, Rafael (2005): El español através de los tiempos. Madrid: Arco.

Cano González, Ana María (1992): Aragonesisch/Navarresisch: Externe und interne Sprachgeschichte, in: Holtus, Günter/Metzeltin, Michael/Schmitt, Christian (Hrsg.): Lexikon der Romanistischen Linguistik (LRL), Band VI/1: Aragonesisch/Navarresisch, Spanisch, Asturianisch/Leonesisch. Tübingen, Niemeyer, 652–680.

Cardoso, João Nuno P. Corrêa (1996): Sociolinguística escolar: Estudo avaliativo das atitudes linguísticas de communidades escolares fronteiriças, in: Carrasco González, Juan M./Viudas Camarasa, Antonio (Hrsg.): Actas del Congreso Internacional luso-español de lengua y cultura en la frontera (Cáceres, 1 al 3 de diciembre de 1994). Cáceres: Universidad de Extremadura, 423–446.

Cardoso, Simão (1994): Gramatical (1500–1920): Língua portuguesa – Autores portugueses. Compilação e organização de S.C. Porto: Faculdade de Letras.

Carita, Maria de Lourdes (1999): Heterossemânticos – heterosemánticos: „falsos amigos" entre o português e o espanhol. Lisboa, Instituto de Inovação Educacional.

Cartagena, Nelson (1989): Phonetik und Phonologie, in: Cartagena, Nelson/Gauger, Hans-Martin: Vergleichende Grammatik Spanisch-Deutsch, Teil 1. Mannheim/Wien/Zürich, Dudenverlag, 1–84.

Carvalho, João Soares (2001): As crónicas anteriores à Crónica Geral de Espanha de 1344, in: Lyon de Castro, Francisco (ed.), História da literatura portuguesa (7 volumes). Vol. 1. Lisboa, Alfa, 205–215.

Castilho, Ataliba Teixeira de (2010): Nova gramática do português brasileiro. São Paulo, Contexto.

Castro, Ivo (1991): Curso de história da língua portuguesa. Lisboa, Universidade Aberta.

Castro, Ivo (²2005): Introdução à história do português: Geografia da língua, Português antigo. Lisboa, Colibri.

Chacón Berruga, Teudiselo (⁴2006): Ortografía normativa del español, Vol. I. Madrid, Universidad Nacional de Educación a Distancia (= Cuadernos de la UNED) [¹2001].

Christl, Joachim (2008): Interne Sprachgeschichte des Spanischen (außerhalb Europas): Wortschatz und Wortbildung, in: Ernst, Gerhard/Gleßgen, Martin-Dietrich/Schmitt, Christian/Schweickard, Wolfgang (Hrsg.): Romanische Sprachgeschichte: Ein internationales Handbuch zur Geschichte der romanischen Sprachen. Berlin/New York, de Gruyter (= Handbücher zur Sprach- und Kommunikationswissenschaft (HSK), 23.3), 3126–3144.

Cintra, Luís F. Lindley (1964–1971): Nova proposta de classificação dos dialectos galego-portugueses, in: Boletim de Filologia 22, 81–116 (inkl. 2 unpaginierte Karten).

Clavería, Gloria (²2005): Los caracteres de la lengua en el siglo XIII, in: Cano Aguilar, Rafael (coord.): Historia de la lengua española. Barcelona, Ariel, 473–504 [¹2004].

Coelin, Roberto (2003): Falsos amigos estruturais entre o português e o castelhano, in: Ianuar 4, 39–48.

Comrie, Bernard (1976): Aspect. Cambridge, Cambridge University Press.

Corbella Díaz, Dolores/Medina López, Javier (1996): El contacto del portugués y el español en Canarias: estado de la cuestión, in: Carrasco González, Juan M./Viudas Camarasa, Antonio (Hrsg.): Actas del Congreso Internacional luso-español de lengua y cultura en la frontera (Cáceres, 1 al 3 de diciembre de 1994). Cáceres: Universidad de Extremadura, 509–518.

Corominas, Joan (1980): Diccionario crítico etimológico castellano e hispánico (con la colaboración de José A. Pascual), Vol. III. Madrid, Gredos (= Biblioteca Románica Hispánica, V. Diccionarios, 7).

Correa, José Antonio ([2]2005): Elementos no indoeuropeos e indoeuropeos en la historia lingüística hispánica, in: Cano Aguilar, Rafael (coord.): Historia de la lengua española. Barcelona, Ariel, 35–57 [[1]2004].

Corriente Córdoba, Federico (2005): El árabe en la Península Ibérica, in: Cano Aguilar, Rafael (coord.): Historia de la lengua española. Barcelona, Ariel, 185–206 [[1]2004].

Coseriu, Eugenio (2008): Lateinisch-Romanisch: Vorlesungen und Abhandlungen zum sogenannten Vulgärlatein und zur Entstehung der romanischen Sprachen. Tübingen, Narr.

Cunha, Celso/Cintra, Luís F. Lindley ([9]1992): Nova gramática do português contemporâneo. Lisboa, Sá da Costa [[1]1984].

Davies, Mark (2006): A Frequency Dictionary of Spanish. Core Vocabulary for Learners. New York/London, Routledge.

Davies, Mark/Preto-Bay, Ana Maria Raposo (2008): A Frequency Dictionary of Portuguese. Core Vocabulary for learners, New York/London, Routledge.

Delattre, Pierre (1965): Comparing the Phonetic Features of English, German, Spanish and French: An Interim Report. Heidelberg, Julius Groos.

Delille, Karl Heinz (1970): Die geschichtliche Entwicklung des präpositionalen Akkusativs im Portugiesischen. Bonn, Romanisches Seminar.

Detges, Ulrich (1999): Wie entsteht Grammatik? Kognitive und pragmatische Determinanten der Grammatikalisierung von Tempusmarkern, in: Lang, Jürgen/Neumann-Holzschuh, Ingrid (Hrsg.): Reanalyse und Grammatikalisierung in den romanischen Sprachen, Tübingen, Niemeyer, 31–52.

Dias, Augusto Epifânio da Silva ([4]1959): Syntaxe histórica portuguesa. Lisboa, Livraria Clássica [[1]1918].

Dietrich, Wolf (1987): Die funktionelle Entwicklung des Typs *cantaveram* in den romanischen Sprachen, in: Dahmen, Wolfgang/Holtus, Günter/Kramer, Johannes/Metzeltin, Michael (Hrsg.): Latein und Romanisch: Romanistisches Kolloquium I (= TBL 308). Tübingen, Narr, 126–143.

Dietrich, Wolf/Geckeler, Horst ([5]2007): Einführung in die spanische Sprachwissenschaft. Berlin, Erich Schmidt (= Grundlagen der Romanistik, 15) [[1]1990].

Direcção-Geral da Tradução – Commissão Europeia (Vários autores) (2006): „Nova versão da lista de falsos amigos português – espanhol/*español – portugués*", in: Puntoycoma 100 (octubre/novembre/dicembre 2006), 1–9 [Online: http://ec.europa.eu/translation/bulletins/folha/folha23_lista_pt-es.pdf, Zugriff am 25.11.2010].

DLPC = Academia das Ciências de Lisboa (Hrsg.) (2001): Dicionário da Língua Portuguesa Contemporânea da Academia das Ciências de Lisboa. 2 Bde. Lisboa, Verbo.

DPD = Real Academia Española (Hrsg.) (2005): Diccionario panhispánico de dudas. Madrid, Real Academia Española.

DRAE = Real Academia Española (Hrsg.) ([22]2001): Diccionario de la lengua española. Madrid, Real Academia Española [[1]1780].

Duarte, Cristina Aparecida ([2]2005): Diferencias de usos gramaticales entre el español y el portugués. Madrid, Edinumen [[1]1995].

Dufter, Andreas/Stark, Elisabeth (2008): Double indirect object marking in Spanish and Italian, in: Seoane, Elena/López-Couso, María José (Hrsg.): Theoretical and Empirical Issues in Grammaticalization. Amsterdam/Philadelphia, Benjamins, 111–129 (= Typological Studies in Language, 77).

Dufter, Andreas (2011): Phonetik und Phonologie des Spanischen, in: Born, Joachim/Folger, Robert/Laferl, Christopher F./Pöll, Bernhard (Hrsg.): Handbuch Spanisch: Sprache, Literatur, Kultur, Geschichte in Spanien und Hispanoamerika. Für Studium, Lehre, Praxis. Berlin, Schmidt, 173–178.

Echenique Elizondo, María Teresa (1995): Kastilische Koine, in: Holtus, Günter/Metzeltin, Michael/Schmitt, Christian (Hrsg.): Lexikon der Romanistischen Linguistik (LRL), Band II/2: Die einzelnen romanischen Sprachen und Sprachgebiete vom Mittelalter bis zur Renaissance. Tübingen, Niemeyer, 527–536.

Echenique Elizondo, María Teresa (1997): Estudios lingüísticos vasco-románicos. Madrid, Istmo (= Biblioteca Española de Lingüística y Filología).

Echenique Elizondo, María Teresa (2003): Substrato, adstrato y superstrato y sus efectos en las lenguas románicas, in: Ernst, Gerhard/Gleßgen, Martin-Dietrich/Schmitt, Christian/ Schweickard, Wolfgang (Hrsg.): Romanische Sprachgeschichte: Ein internationales Handbuch zur Geschichte der romanischen Sprachen. Berlin/New York, de Gruyter (= Handbücher zur Sprach- und Kommunikationswissenschaftt 23.1), 607–621.

Echenique Elizondo, María Teresa/Martínez Alcalde, María José (³2005): Diacronía y gramática histórica de la lengua española. Valencia, Tirant lo Blanch [¹2000].

Eckkrammer, Eva (2001): Grammatikalisierungsaspekte im Kreolischen der ABC-Inseln, in: Kailuweit, Rolf/Hildegard Klöden/Barbara Schäfer-Priess (Hrsg.): Grammatikalisierung in den iberoromanischen Sprachen. Wilhelmsfeld, Egert, 169–190.

Elizaincín, Adolfo (1996): Los estudios lingüísticos en la frontera uruguayo-brasileña, in: Carrasco González, Juan M./Viudas Camarasa, Antonio (Hrsg.): Actas del Congreso Internacional luso-español de lengua y cultura en la frontera (Cáceres, 1 al 3 de diciembre de 1994). Cáceres: Universidad de Extremadura, 267–275.

Elizaincín, Adolfo (2002): Port. *Você/Va(n)cê* y *A gente* en perspectiva histórica comparada con el español, in: Wesch, Andreas/Weidenbusch, Waltraud/Kailuweit, Rolf/Laca, Brenda (Hrsg.): Sprachgeschichte als Varietätengeschichte. Beiträge zur diachronen Varietäten-linguistik des Spanischen und anderer romanischer Sprachen anlässtlich des 60. Geburtstages von Jens Lüdtke, Tübingen, Stauffenburg, 295–301.

Elizaincín, Adolfo (2004): Las fronteras del español con el portugués en América, in: Revista Internacional de Lingüística Iberoamericana 4, 105–118.

Emiliano, António (2004): A documentação latino-portuguesa dos séculos IX-X e as origens da escrita portuguesa medieval: Considerações gerais e preliminares, in: Fernández Catón, José María (ed.).: Orígenes de las lenguas romances en el Reino de León, Siglos IX-XII, Congreso Internacional, León, 15–18 de octubre de 2003, Vol. II. León, Centro de Estudios e Investigación ‚San Isidoro'/Caja España de Inversiones/Archivo Histórico Diocesano (Fuentes y Estudios de Historia Leonesa, 103–104), 589–616.

Endruschat, Annette (2002): „Das kommt mir italienisch vor": Italianismen im spanisch-portugiesischen Vergleich, in: Große, Sybille/Schönberger, Axel (in Verbindung mit Cornelia Döll und Christine Hundt) (Hrsg.): Ex oriente lux: Festschrift für Eberhard Gärtner zu seinem 60. Geburtstag. Valentia/Frankfurt a. M., 171–205.

Endruschat, Annette (2003): Italianismi nel portoghese – lusismi nell'italiano, in: Radatz, Hans-Ingo/Schlösser, Rainer (Hrsg.): Donum Grammaticorum: Festschrift für Harro Stammerjohann. Tübingen, Niemeyer, 29–64.

Endruschat, Annette (2007): Neue ‚älteste' Dokumente in portugiesischer Sprache, in: Hafner, Jochen/Oesterreicher, Wulf (Hrsg.): Mit Clio im Gespräch, Romanische Sprachgeschichte und Sprachgeschichtsschreibung. Tübingen, Narr, 255–276.

Endruschat, Annette/Schäfer-Prieß, Barbara/Schöntag, Roger (2007): Zur Geschichte des europäischen Portugiesisch: Überblick und kommentierte Bibliographie, in: Lusorama 69–70 (Mai), 5–48.

Endruschat, Annette/Schmidt-Radefeldt, Jürgen (²2008): Einführung in die portugiesische Sprachwissenschaft. Tübingen, Narr [¹2006].

206

Enguita-Utrilla, José María (2008): Spanish and Historical Dialect in Aragon, in: International Journal of the Sociology of Language 193/194, 70–89.

Enguita-Utrilla, José María (²2005): Evolución lingüística en la Baja Edad Media: aragonés; navarro, in: Cano Aguilar, Rafael (coord.): Historia de la lengua española. Barcelona, Ariel, 571–592 [¹2004].

Entwistle, William James (⁵1988): Las lenguas de España: castellano, catalán, vasco y gallego-portugués, Madrid: Istmo (= Colección Fundamentos, 31) [¹1969] [Original: The Spanish Language together with Portuguese, Catalan and Basque, London: Faber & Faber 1936].

Euler, Wolfram (2005): Vom Vulgärlatein zu den romanischen Einzelsprachen. Wien, Praesens (= Studia Interdisciplinaria Aenipontana, 6).

Feijóo, Balbina Lorenzo (1992): Diccionario de falsos amigos del español y del portugués (en colaboración con Rafael E. Hoyos Andrade). São Paulo, Enterprise.

Fernández Rodriguez, Mauro (2000): Entre castellano y portugués, in: Bossong, Georg/Báez de Aguilar González, Francisco (Hrsg.): Identidades lingüísticas en la España autonómica: Actas de las jornadas hispánicas 1997 de la Sociedad Suiza de Estudios Hispánicos. Frankfurt a.M.: Vervuert (= Lingüística Iberoamericana, 14), 81–105.

Fernández-Ordóñez, Inés (²2005): Alfonso X el Sabio en la historia de español, in: Cano Aguilar, Rafael (coord.): Historia de la lengua española. Barcelona, Ariel, 381–422 [¹2004].

Ferreira, José de Azevedo (1980): Alphonse X, Primeyra partida: Édition et étude. Braga, Instituto Nacional de Investigação Científica (= Textos de Linguística, 3).

Ferrero Campos, Francisco (1998): Spanisch und Romanisch, in: Holtus, Günter/Metzeltin, Michael/Schmitt, Christian (Hrsg.): Lexikon der Romanistischen Linguistik (LRL), Band VII: Kontakt, Migration und Kunstsprachen: Kontrastivität, Klassifikation und Typologie. Tübingen, Niemeyer, 92–109.

Férriz Martínez, Carmen (2001): Fonología contrastiva del portugués y el castellano: Una caracterización de la interlengua fónica de los castellanohablantes que aprenden portugués (Tesis doctoral). Barcelona, Universidad de Barcelona (online Zugriff am 10.09.2008: http://www.tdx.cesca.es/TDX-0405102–114306/).

Flasche, Hans (1977): Geschichte der spanischen Literatur, Band 1: Von den Anfängen bis zum Ausgang des fünfzehnten Jahrhunderts. Bern/München, Francke.

Fonseca, Fernando Venâncio Peixoto da (1985): O português entre as línguas do mundo. Coimbra, Livraria Clássica.

Frago García, Juan Antonio/Figueroa, Mariano Franco (²2003): El español de América. Cádiz, Universidad de Cádiz [¹2001].

Franchini, Enzo (²2005): Los primeros textos literarios : Del Auto de los Reyes Magos al Mester de Clerecía, in: Cano Aguilar, Rafael (coord.): Historia de la lengua española. Barcelona, Ariel, 325–353 [¹2004].

Freitas, Tiago/Ramilo, Maria Celeste/Soalheiro, Elisabete (2005): O processo de integração de estrangeirismos no Português europeu, in: Mateus, Maria Helena Mira/Nascimento, Fernanda Bacelar do (Hrsg.): A língua portuguesa em mudança. Lisboa, Camino, 37–49.

Freitas, Tiago/Ramilo, Maria Celeste/Arim, Eva (2005): Os neologismos nos meios de comunicação social portugueses, in: Mateus, Maria Helena Mira/Nascimento, Fernanda Bacelar do (Hrsg.): A língua portuguesa em mudança. Lisboa, Camino, 51–65.

Frota, Sónia (2000): Prososody and Focus in European Portuguese: Phonological and Phrasing and Intonation. New York/London, Garland.

Gândavo, Pero de Magalhães de (1574): Regras que ensinam a maneira de escrever e orthographia da lingua portuguesa, com hum Dialogo que adiante se segue em defensam da mesma lingua. Lisboa, Gonsalvez.

García Fernández, Luis/Carrasco Gutiérrez, Ángeles (2006): Diccionario de perífrasis verbales. Madrid, Gredos.

García Jiménez, Inmaculada (2005): Negative Entscheidungsfragen im gesprochenen Spanisch der Gegenwart. Tübingen, Narr (= Romanica Monacensia, 71).

García Santos, Juan Felipe (1992): Extremeño, in: Holtus, Günter/Metzeltin, Michael/Schmitt, Christian (Hrsg.): Lexikon der Romanistischen Linguistik (LRL), Band VI/1: Aragonesisch/Navarresisch, Spanisch, Asturianisch/Leonesisch. Tübingen, Niemeyer, 701–708.

García Yebra, Valentín (2004): La traduction entre langues étroitement apparentées: Cas particulier de l'espagnol et du portugais, in: Kittel, Harald/Frank, Armin Paul/Greiner, Norbert/Hermans, Theo/Koller, Werner/Lambert, José/Paul, Fritz (Hrsg.): Übersetzung, Ein Internationales Handbuch zur Übersetzungsforschung, 1. Teilband. Berlin/New York, de Gruyter (= Handbücher zur Sprach- und Kommunikationswissenschaft (HSK), 26.1), 407–414.

Gargallo Gil, José Enrique (1996): La „Fala de Xálima" entre los más jóvenes: Un par de sondeos escolares (de 1991 y 1992), in: Carrasco González, Juan M./Viudas Camarasa, Antonio (Hrsg.): Actas del Congreso Internacional luso-español de lengua y cultura en la frontera (Cáceres, 1 al 3 de diciembre de 1994). Cáceres: Universidad de Extremadura, 333–356.

Gärtner, Eberhard (1998): Grammatik der portugiesischen Sprache. Tübingen, Niemeyer.

Gärtner, Eberhard (1999): Zur Problematik der Periodisierung der Geschichte der portugiesischen Sprache, in: Große, Sybille/Schönberger, Axel (Hrsg.): Dulce et decorum est philologiam colere. Festschrift für Dietrich Briesemeister zu seinem 65. Geburtstag. Band 1, Berlin, Domus Editoria Europaea (DEE), 883–896.

Gauger, Hans-Martin (1982): Falsche Freunde, in: Wunderli, Peter/Gauger, Hans-Martin (Hrsg.): Romania historica et Romania hodierna, Festschrift für Olaf Deutschmann zum 70. Geburtstag, 14. März 1982. Frankfurt a.M., Lang (= Studia Romanica et Linguistica, 15), 77–92.

Gauger, Hans-Martin (1989): Falsche Freunde, in: Cartagena, Nelson/Gauger, Hans-Martin: Vergleichende Grammatik Spanisch – Deutsch, Band 2: Nominal- und Pronominalphrase, Wortbildung. Zusammenfassung der wichtigsten Unterschiede, Vom Inhalt zu den Formen, Falsche Freunde. Mannheim, Dudenverlag (= Duden Sonderreihe: Vergleichende Grammatiken, 2), 579–615.

Geckeler, Horst (2008): Interne Sprachgeschichte des Spanischen (Europa): Wortschatz, Wortbildung und Phraseologie, in: Ernst, Gerhard/Gleßgen, Martin-Dietrich/Schmitt, Christian/Schweickard, Wolfgang (Hrsg.): Romanische Sprachgeschichte: Ein internationales Handbuch zur Geschichte der romanischen Sprachen. Berlin/New York, de Gruyter (= Handbücher zur Sprach- und Kommunikationswissenschaft (HSK), 23.3), 3107–3126.

Giangola, James P. (2001): The Pronunciation of Brazilian Portuguese. München, LINCOM (= LINCOM Studies in Romance Linguistics, 26).

Gil, Alberto (2006): Geschichte der Literatursprache in der Romania: Galizisch/Portugiesisch, in: Ernst, Gerhard/Gleßgen, Martin-Dietrich/Schmitt, Christian/Schweickard, Wolfgang (Hrsg.): Romanische Sprachgeschichte: Ein internationales Handbuch zur Geschichte der romanischen Sprachen. Berlin/New York, de Gruyter (= Handbücher zur Sprach- und Kommunikationswissenschaft (HSK), 23.2), 2046–2059.

Gil Fernández, Juana (ed.) (2000): Panorama de la fonología española actual. Madrid, Arco (= Bibliotheca Philologica).

Gonçalves, Maria Filomena (2003): As ideias ortográficas em Portugal: De Madureira Feijó a Gonçalves Viana (1734–1911). Lisboa, Fundação Calouste Gulbenkian.

Gonçalves, Perpétua (2010): A génese do português de Moçambique. Lisboa, Casa da Moeda.

González Ollé, Fernando ([6]2009): Navarro, in: Alvar, Manuel (Hrsg.): Manual de dialectología hispánica: El español de España. Barcelona, Ariel, 305–316 [[1]1996].

Gorbahn-Ohrme, Adeline/Hausmann, Franz Josef (1991): The Dictionary of False Friends, in: Hausmann, Franz Josef/Reichmann, Oskar/Wiegand, Herbert Ernst/Zgusta, Ladislav (Hrsg.): Wörterbücher: Ein internationales Handbuch zur Lexikographie, 3. Teilband. Berlin/New York, de Gruyter (= Handbücher zur Sprach- und Kommunikationswissenschaft (HSK), 5.3), 2882–2888.

Gouveia, Maria Carmen de Frias e (2004): Considerações sobre a categoria gramatical de género: Sua evolução do latim ao português arcaico, in: Biblos. Revista da Faculdade de Letras (Coimbra), 2 (2ª série): Ocidente, Oriente, 443–475.

Graddol, David (2004): The Future of Languages, in: Science 27 (February 2004), 303/5662, 1329–1331: Online Zugriff am 20.02.2011; http://www.sciencemag.org/cgi/content/full/303/5662/1329

GRAE = Real Academia Española (Hrsg.) (2009): Nueva gramática de la lengua española, Band I: Morfología. Sintaxis, Band II: Sintaxis. Madrid, Real Academia Española/Asociación de las Academias de la Lengua Española/Espasa.

GRAE Manual = Real Academia Española (Hrsg.) (2010): Nueva gramática de la lengua española: Manual. Madrid, Real Academia Española/Asociación de las Academias de la Lengua Española/Espasa.

Große, Sibylle (1996): Konsolidierung einer portugiesischsprachigen Gemeinschaft? *Unidade* und *Diversidade* im Rahmen der *Communidade dos Países de Língua Portuguesa*, in: Lusorama 31, 5–18.

Gugenberger, Eva (2008): Die Sprachenfrage Spaniens: Zur historischen und aktuellen Situation der Sprachen in den autonomen Regionen, in: Gugenberger, Eva/Blumberg, Mechthild (Hrsg.): Vielsprachiges Europa: Zur Situation der regionalen Sprachen von der Iberischen Halbinsel bis zum Kaukasus. Frankfurt a.M., Lang (= Österreichisches Deutsch. Sprache der Gegenwart, 2), 45–69.

Gutiérrez Maté, Miguel (2010): Génesis de los pronombres sujetos obligatorios del español del Caribe: la hipótesis del contacto afro-hispánico sometida a revisión, in: Encinas Manterola, María Teresa et al. (Hrsg.): Ars longa: Diez años de AJIHLE, Band 2. Buenos Aires, Voces del Sur, 387–414.

Haarmann, Harald (2006): Weltgeschichte der Sprachen: Von der Frühzeit des Menschen bis zur Gegenwart. München, C.H. Beck.

Haase, Martin (1992): Sprachkontakt und Sprachwandel im Baskenland: Die Einflüsse des Gaskognischen und Französischen auf das Baskische. Hamburg, Buske.

Haase, Martin (2003): Baskisch: eine „exotische" Sprache in romanischer Umgebung, in: Gugenberger, Eva/Blumberg, Mechthild (Hrsg.): Vielsprachiges Europa: Zur Situation der regionalen Sprachen von der Iberischen Halbinsel bis zum Kaukasus. Frankfurt a.M., Lang (= Österreichisches Deutsch. Sprache der Gegenwart, 2), 71–81.

Haensch, Günther (1956): *Faux Amis*, in: Lebende Sprachen 1, 16.

Hall, Alan T. (2000): Phonologie: Eine Einführung. Berlin/New York, de Gruyter.

Hammermüller, Gunther (1993): Die Anrede im Portugiesischen: Eine soziolinguistische Untersuchung zu Anredekonventionen des gegenwärtigen europäischen Portugiesischen. Chemnitz, Neuer Verlag [2. Aufl. im Druck, Tübingen, Calepinus].

Hammond, Robert M. (2001): The Sounds of Spanish (with special reference to American English). Sommerville, Cascadilla Press.

Harris, Martin (1982): The 'Past Simple' and the 'Present Perfect' in Romance, in: Vincent, Nigel/Harris, Martin (Hrsg.): Studies in the Romance Verb: Essays offered to Joe Cremona on the occasion of his 60th birthday. London/Canberra, Croom Helm, 42–70.

Haschka, Christine (1989): Zur Entwicklungsgeschichte der „faux amis"-Forschung, in: Lebende Sprachen 34/4, 148–152.

Hausmann, Franz Josef (1977): Einführung in die Benutzung der neufranzösischen Wörterbücher. Tübingen, Niemeyer (Romanistische Arbeitshefte, 19).

Head, Brian F. (1976): Social Factors in the Use of Pronouns for the Addressee in Brazilian Portuguese, in: Schmidt-Radefeldt, Jürgen (Hrsg.): Readings in Portuguese Linguistics. Amsterdam/New York/Oxford, North-Holland (= North-Holland Linguistics Series, 22), 289–348.

Hensey, Fritz G. (1993): Portuguese and/or 'fronterizo' in Northern Uruguay, in: Posner, Rebecca/Green, John N. (Hrsg.): Trends in Romance Linguistics and Philology, Vol. 5: Bilingualism and Linguistic Conflict in Romance. Berlin/New York, Mouton de Gruyter (= Trends in Linguistics, Studies and Monographs, 71).

Herbers, Klaus (2006): Geschichte Spaniens im Mittelalter: Vom Westgotenreich bis zum Ende des 15. Jahrhunderts. Stuttgart, Kohlhammer.

Herman, Jószef (1990): Du latin aux langues romanes. Tübingen, Niemeyer.

Hernández González, Carmen (1992): Spanisch: Externe Sprachgeschichte, in: Holtus, Günter/Metzeltin, Michael/Schmitt, Christian (Hrsg.): Lexikon der Romanistischen Linguistik (LRL), Band VI/1: Aragonesisch/Navarresisch, Spanisch, Asturianisch/Leonesisch. Tübingen, Niemeyer, 406–414.

Hernández, César (1992): Spanisch: Sprachnormierung und Standardsprache, in: Holtus, Günter/Metzeltin, Michael/Schmitt, Christian (Hrsg.): Lexikon der Romanistischen Linguistik (LRL), Band VI/1: Aragonesisch/Navarresisch, Spanisch, Asturianisch/Leonesisch. Tübingen, Niemeyer, 354–368.

Hetzer, Armin (2001): Sephardisch, judeo-español, djudezmo: Einführung in die Umgangssprache der südosteuropäischen Juden. Wiesbaden, Harrassowitz.

Hidalgo Navarro, Antonio/Quilis Merín, Mercedes ([2]2004): Fonética y fonología españolas. Valencia, Tirant lo Blanch [[1]2002].

Holtus, Günter (1994): Portugiesisch: Varietätenlinguistik des Portugiesischen, in: Holtus, Günter/Metzeltin, Michael/Schmitt, Christian (Hrsg.): Lexikon der Romanistischen Linguistik (LRL), Band VI/2: Galegisch, Portugiesisch. Tübingen, Niemeyer, 623–649.

Hora, Adauto Félix da (2000): Comparación fonológica del español y del portugués de Brasil, in: Anuario brasileño de estudios hispánicos 10, 15–29 (online Zugriff am 10.09.2008: http://www.mec.es/sgci/br/es/publicaciones/anuario/abeh2000.pdf).

Hualde, José Ignacio (2005): The Sounds of Spanish. Cambridge, Cambridge University Press.

Huber, Joseph (1933): Altportugiesisches Elementarbuch. Heidelberg, Winter.

Hummel, Martin/Kluge, Bettina/Vázquez Laslop, María Eugenia (2010): Formas y fórmulas de tratamiento en el mundo hispánico. México (D.F.), El Colegio de México/Karl-Franzens-Universität Graz.

Hundertmark-Santos Martins, Maria Teresa ([2]1998): Portugiesische Grammatik. Tübingen, Niemeyer [[1]1982].

Hundertmark-Santos Martins, Maria Teresa (1995): Die „falschen Freunde": portugiesisch – deutsch, deutsch – portugiesisch. Os „falsos amigos". Tübingen, Niemeyer.

Ineichen, Gustav (1979): Allgemeine Sprachtypologie: Ansätze und Methoden. Darmstadt, Wissenschaftliche Buchgesellschaft.

Ineichen, Gustav (1997): Arabisch-orientalische Sprachkontakte in der Romania: Ein Beitrag zur Kulturgeschichte des Mittelalters. Tübingen, Niemeyer (= Romanistische Arbeitshefte, 41).

Inhoffen, Nicola (1992): Spanisch: Gesprochene und geschriebene Sprache, in: Holtus, Günter/Metzeltin, Michael/Schmitt, Christian (Hrsg.): Lexikon der Romanistischen Linguistik (LRL), Band VI/1: Aragonesisch/Navarresisch, Spanisch, Asturianisch/Leonesisch. Tübingen, Niemeyer, 233–253.

Iribarren, Mary C. (2005): Fonética y fonología españolas. Madrid, Sintesis (= Letras Universitarias).

Izquierdo, Milagros Aleza/Enguita Utrilla, José María (2002): El español de América, Aproximación sincrónica. Valencia, Tirant lo Blanch.

Jacob, Daniel (1994): Die Auxiliarisierung von *habere* und die Entstehung des romanischen periphrastischen Perfekts, dargestellt an der Entwicklung vom Latein zum Spanischen. Freiburg/Br., Universität Freiburg [Habilitationsschrift].

Jacobs, Bart (2009): The Upper Guinea Origins of Papiamentu: Linguistic and Historical Evidence, in: Diachronica, 26/3, 319–379.

Jiménez Fernández, Rafael (1999): El andaluz. Madrid, Arco (= Cuadernos de Lengua Española).

Johnen, Thomas (2006): Zur Anrede im Deutschen und Portugiesischen, in: Schmidt-Radefeldt, Jürgen (Hrsg.): Portugiesisch kontrastiv gesehen und Anglizismen weltweit. Frankfurt am Main/Berlin/Bern/Bruxelles/New York/Oxford/Wien, Lang, 73–107.

Juilland, Alphonse/Chang-Rodríguez, Eugenio (1964): Frequency Dictionary of Spanish Words. The Hague/London/Paris, Mouton.

Kabatek, Johannes (2005): Die Bolognesische Renaissance und der Ausbau romanischer Sprachen: Juristische Diskurstraditionen und Sprachentwicklung in Südfrankreich und Spanien im 12. und 13. Jahrhundert. Tübingen, Niemeyer (= Beihefte zur Zeitschrift für Romanische Philologie, 321).

Kabatek, Johannes (2003): Bezeichnungen für die Sprachen der Iberoromania, in: Ernst, Gerhard/Gleßgen, Martin-Dietrich/Schmitt, Christian/ Schweickard, Wolfgang (Hrsg.): Romanische Sprachgeschichte: Ein internationales Handbuch zur Geschichte der romanischen Sprachen. Berlin/New York, de Gruyter (= Handbücher zur Sprach- und Kommunikationswissenschaft (HSK), 23.1), 174-179.

Kabatek, Johannes (2006): Requisitos para ser lengua: el caso del asturiano y de otras modalidades lingüísticas de España, in: Castillo Lluch, Mónica /Kabatek, Johannes (Hrsg.): Las lenguas de España: Política lingüística, sociología del lenguaje e ideología desde la transición hasta la actualidad. Madrid/Frankfurt a.M., Iberoamericana/Vervuert (= Lingüística Iberoamericana, 28), 141-158.

Kabatek, Johannes/Pusch, Claus D. (²2011): Spanische Sprachwissenschaft: Eine Einführung. Tübinger, Narr (= bachelor-wissen) [¹2009].

Kemmler, Rolf (2001): Para uma história da ortografia portuguesa: o texto metaortográfico e a sua periodização do século XVI até à reforma ortográfica de 1911, in: Lusorama 47–48, 128–319.

Kemmler, Rolf (2009): Para a história da ortografia simplificada, in: Silva, Maurício (Hrsg.): Ortografia da lingua portuguesa: história, discurso e representações. São Paulo, Contexto, 53–94.

Kemmler, Rolf (2010): *Acordo Ortográfico da Língua Portuguesa* (1990) – eine ‚endlose Querele' mit Happy End!, in: Lusorama 83–84, 6–30.

Kemmler, Rolf/Schäfer-Prieß, Barbara (2003): Geschichte der Reflexion über die romanischen Sprachen: Portugiesisch, in: Ernst, Gerhard/Gleßgen, Martin-Dietrich/Schmitt, Christian/ Schweickard, Wolfgang (Hrsg.): Romanische Sprachgeschichte: Ein internationales Handbuch zur Geschichte der romanischen Sprachen. Berlin/New York, de Gruyter (= Handbücher zur Sprach- und Kommunikationswissenschaft (HSK), 23.1), 280–297.

Kempas, Ilpo (2006): Estudio sobre el uso del pretérito perfecto prehodernial en el español peninsular y en comparación con la variedad del español argentino hablada en Santiago del Estero. Tesis Universidad de Helsinki. Helsinki, Yliopistopaino.

Kiesler, Reinhard (1993): Arabismen im Portugiesischen, in: Messner, Dieter/Schönberger, Axel (Hrsg.): Studien zur portugiesischen Lexikologie: Akten des 2. gemeinsamen Kolloquiums der deutschsprachigen Lusitanistik und Katalanistik (Berlin, 10.–12. September 1992); lusitanistischer Teil, Band 3. Frankfurt a. M., TFM/Domus Editoria Europaea, 11–33.

Kiesler, Reinhard (1994): Kleines vergleichendes Wörterbuch der Arabismen: im Ibero-romanischen und Italienischen. Tübingen/Basel, Francke.

Kiesler, Reinhard (2006): Einführung in die Problematik des Vulgärlateins. Tübingen, Niemeyer (= Romanistische Arbeitshefte, 48).

Kiesler, Reinhard (2011): Aufbau und Differenzierung des Wortschatzes im Spanischen, in: Born, Joachim/Folger, Robert/Laferl, Christopher F./Pöll, Bernhard (Hrsg.): Handbuch Spanisch: Sprache, Literatur, Kultur, Geschichte in Spanien und Hispanoamerika. Für Studium, Lehre, Praxis. Berlin: Schmidt, 184–195.

Klein, Hans-Wilhelm (1968): Schwierigkeiten des deutsch-französischen Wortschatzes. Germanismen – *Faux Amis*. Stuttgart, Klett.

Klein, Horst G./Stegmann, Tilbert D. (^{2}2000): EuroCom*Rom* – Die sieben Siebe: Romanische Sprachen sofort lesen können. Aachen, Shaker (= Editiones EuroCom, 1) [^{1}2000].

Koch, Peter/Oesterreicher, Wulf (^{2}2011): Gesprochene Sprache in der Romania: Französisch, Italienisch, Spanisch. Tübingen, Niemeyer (= Romanistische Arbeitshefte, 31) [^{1}1990].

Körner, Karl-Hermann (1983): Wie originell ist der flektierte Infinitiv des Portugiesischen?: Eine Studie zum Subjekt in den romanischen Sprache, in: Schmidt-Radefeldt, Jürgen (Hrsg.): Portugiesische Sprachwissenschaft. Tübingen, Narr (= Tübinger Beiträge zur Linguistik, 212), 77–104.

Kœssler, Maxime/Derocquigny, Jules (1928): Les faux amis ou les trahisons du vocabulaire anglais (Conseils aux traducteurs) (avec un avant-propos de Louis Cazamian et une lettre de Émile Borel). Paris, Vuibert.

Kramer, Johannes (2004): Die iberoromanische Kreolsprache Papiamiento: Eine romanische Darstellung. Hamburg, Buske (= Romanistik in Geschichte und Gegenwart, Beiheft 11).

Kramer, Johannes (2008): Rezension zu: Reinhard Kiesler, Einführung in die Problematik des Vulgärlateins (Romanistische Arbeitshefte, vol. 48), Tübingen, Niemeyer, 2006, XI + 136 p., in: Zeitschrift für Romanische Philologie 124, 126-134.

Kremer, Dieter (1992) (Hrsg.): Actes du XVIIIe Congrès International de Linguistique et de Philologie Romanes: Universitè de Trèves (Trier) 1986. Tome I. Section I: Romania submersa. Section II: Romania nova. Tübingen, Niemeyer.

Kremer, Dieter (^{2}2005): El elemento germánico y su influencia en la historia lingüística peninsular, in: Cano Aguilar, Rafael (coord.): Historia de la lengua española. Barcelona, Ariel, 133–148 [^{1}2004]. Krefeld, Thomas (2003): Methodische Grundfragen der Strataforschung, in: Ernst, Gerhard/ Gleßgen, Martin-Dietrich/Schmitt, Christian/ Schweickard, Wolfgang (Hrsg.): Romanische Sprachgeschichte: Ein internationales Handbuch zur Geschichte der romanischen Sprachen. Berlin/New York, de Gruyter (= Handbücher zur Sprach- und Kommunikationswissenschaft (HSK), 23.1), 555–567.

Krenn, Herwig/Mendes, M. Adélia Soares de Carvalho (1971): Modernes Portugiesisch, Grammatik und Lehrbuch. Tübingen, Niemeyer.

Krohmer, Ulrich (1967): Gallizismen in der spanischen Zeitungssprache (1962–1965). Tübingen, Philosophische Fakultät Tübingen [Dissertation].

212

Kröll, Heinz (1994a): Portugiesisch: Sondersprachen, in: Holtus, Günter/Metzeltin, Michael/Schmitt, Christian (Hrsg.): Lexikon der Romanistischen Linguistik (LRL), Band VI/2: Galegisch, Portugiesisch. Tübingen, Niemeyer, 355–366.

Kröll, Heinz (1994b): Portugiesisch: Dialekte und regionale Varianten in Portugal, in: Holtus, Günter/Metzeltin, Michael/Schmitt, Christian (Hrsg.): Lexikon der Romanistischen Linguistik (LRL), Band VI/2: Galegisch, Portugiesisch. Tübingen, Niemeyer, 545–559.

Kubarth, Hugo (1987): Das lateinamerikanische Spanisch: Ein Panorama. München, Hueber.

Kubarth, Hugo (2009): Spanische Phonetik und Phonologie: Segmente – Silben – Satzmelodien. Frankfurt a.M, Lang.

Kühnel, Helmut (1979): Kleines Wörterbuch der *faux amis*. Deutsch – Französisch, Französisch – Deutsch. Leipzig, Verlag Enzyklopädie.

Kupsch-Loesereit, Sigrid (2004): Interferenz in der Übersetzung: Cas particulier de l'espagnol et du portugais, in: Kittel, Harald/Frank, Armin Paul/Greiner, Norbert/Hermans, Theo/Koller, Werner/Lambert, José/Paul, Fritz (Hrsg.): Übersetzung, Ein Internationales Handbuch zur Übersetzungsforschung, 1. Teilband. Berlin/New York, de Gruyter (= Handbücher zur Sprach- und Kommunikationswissenschaft (HSK), 26.1), 543–550.

Lang, Jürgen (1981): Was ist Kreolisierung?, in Schlieben-Lange, Brigitte (Hrsg.): Logos Semantikos: Studia linguistica in honorem Eugenio Coseriu 1921-1981. Band V: Geschichte und Architektur der Sprachen. Berlin/New York, de Gruyter; Madrid, Gredos, 197-209.

Lang, Jürgen (1998): Die Ausgliederung der Sprachräume auf der Pyrenäenhalbinsel. Bd. II.: Die phonische Ausgliederung. Erlangen, Institut für Romanistik.

Lang, Jürgen (2002): Dicionário do Crioulo da Ilha de Santiago (Cabo Verde): com equivalentes de tradução em alemão e português, elaborado por Martina Brüser e André Maria dos Reis Santos (Cabo Verde), com a contribuição de Ekkehard Dengler e Andreas Blum, sob a direcção de Jürgen Lang. Tübingen, Narr.

Lang, Jürgen (2007): Sprachgrenzen und Sprachkontakte zwischen Abendland und Morgenland im mittelalterlichen Spanien – Arabische Sätze im *Libro de buen amor* (1330) und im *Conde Lucanor* (ca. 1340), in: Herbers, Klaus/Jaspert, Nikolas (Hrsg.): Grenzräume und Grenzüberschreitungen im Vergleich: Der Osten und der Westen des mittelalterlichen Lateineuropa. Berlin, Akademie Verlag, 291-309.

Lapesa, Rafael (2008): Historia de la lengua española (Prólogo de Ramón Menéndez Pidal). Madrid, Gredos (= Nueva Biblioteca Románica Hispánica, 2) [[1]1942, [9]1999].

Lausberg, Heinrich ([3]1969): Romanische Sprachwissenschaft I: Einleitung und Vokalismus. Berlin, de Gruyter [[1]1956].

Lausberg, Heinrich ([2]1972): Romanische Sprachwissenschaft III: Formenlehre. Berlin/New York, de Gruyter [[1]1962].

Leal, César Barros (1997): Dicionário de falsos amigos: armadilhas na tradução do espanhol para o português. Fortaleza, Banco do Nordeste.

Leão, Duarte Nunes de (1606): Origem da lingoa portuguesa. Lisboa, Crasbeek.

Lewandowski, Theodor ([6]1994): Linguistisches Wörterbuch. Band 2. Heidelberg/Wiesbaden, Quelle & Meyer (= UTB, 1518).

Lleal, Coloma (1990): La formación de las lenguas romances peninsulares. Barcelona, Barcanova.

Lloyd, Paul M. (1993): Del latín al español. I: Fonología y morfología históricas de la lengua española. Madrid, Gredos [Original: From Latin to Spanish, Vol. I: Historical Phonology and Morphology of the Spanish Language. Philadelphia, American Philosophical Society (= Memoirs of the American Philosophical Society Held at Philadelphia For Promoting Useful Knowledge 173) 1987].

Lorenzo, Emilio (1996): Anglicismos hispánicos. Madrid, Gredos (= Biblioteca Románica Hispánica, II. Estudios y ensaios, 396).

213

Lüdtke, Helmut (2005a): Der Ursprung der romanischen Sprachen: Eine Geschichte der sprachlichen Kommunikation. Kiel, Westensee (= Dialectologia Pluridimensionalis Romanica, 19).

Lüdtke, Jens (2005b): Romanische Wortbildung: Inhaltlich – diachronisch – synchronisch. Tübingen, Stauffenburg (= Stauffenburg Handbücher).

Lyons, John (1983): Die Sprache (aus dem Englischen übertragen von Christoph Gutknecht). München, C.H. Beck.

Maia, Clarinda de Azevedo (1986): História do galego-português: Estado linguístico da Galiza e do Noroeste de Portugal desde o século XIII ao século XIV (com referência à situação do galego moderno). Coimbra, Instituto Nacional de Investigação Científica (= Linguística, 9).

Marcos Marín, Francisco (1992): Periodización, in: Holtus, Günter/Metzeltin, Michael/Schmitt, Christian (Hrsg.): Lexikon der Romanistischen Linguistik (LRL), Band VI/1: Aragonesisch/ Navarresisch, Spanisch, Asturianisch/Leonesisch. Tübingen, Niemeyer, 602–607.

Marques, António Henrique Oliveira (2001): Geschichte Portugals und des portugiesischen Weltreichs (aus dem Portugiesischen von Michael Killisch-Horn). Stuttgart, Kröner.

Martínez Álvarez, Josefina (⁶2009): Las hablas asturianas, in: Alvar, Manuel (Hrsg.): Manual de dialectología hispánica: El español de España. Barcelona, Ariel, 119–133 [¹1996].

Martínez González, Antonio/Torres Montes, Francisco (2003): Historia externa de la lengua española, in: Ernst, Gerhard/Gleßgen, Martin-Dietrich/Schmitt, Christian/Schweickard, Wolfgang (Hrsg.): Romanische Sprachgeschichte: Ein internationales Handbuch zur Geschichte der romanischen Sprachen. Berlin/New York, de Gruyter (= Handbücher zur Sprach- und Kommunikationswissenschaft (HSK), 23.1), 852–870.

Martínez-Gil, Fernando/Colina, Sonia (ed.) (2006): Optimality-Theoretic Studies in Spanish Phonology. Amsterdam/Philadelphia, Benjamins (= Linguistik aktuell, 99).

Martins, Ana Maria (2007): O primeiro século do português escrito, in: Boullón Agrelo, Ana/Varela, Xavier (ed.): Na nosa lingoage galega: a emerxencia do galego como lingua escrita na Idade Media. Santiago de Compostela, Consello da Cultura Galega (= Base, Serie lingüística, 5) 161–184.

Marzano, Fabio (2001): Dicionário espanhol-português de falsas semelhanças. Rio de Janeiro, Campus.

Marzano, Fabio (2006): Como não ficar 'embarazado' em espanhol: Dicionário espanhol-português de falsas semelhanças. Rio de Janeiro, Campus.

Masip, Vicente (2000): Gramática de português como língua estrangeira: Fonologia, ortografia e sintaxe. São Paulo, Editora Pedagógica e Universitária (E.P.U.).

Masip, Vicente (2003): Gramática histórica portuguesa e espanhola: Um estudo sintético e contrastivo. São Paolo, EPU.

Mateus, Maria Helena Mira (1982): Aspectos da fonologia portuguesa. Lisboa, Instituto Nacional de Investigação Científica, Centro de Linguística da Universidade de Lisboa (= Textos de Linguística, 6).

Mateus, Maria Helena Mira (1990): Fonética, fonologia e morfologia do português. Lisboa, Universidade Aberta.

Mateus, Maria Helena (2005): A mudança da língua no tempo e no espaço, in: Mateus, Maria Helena Mira/Nascimento, Fernanda Bacelar do (Hrsg.): A língua portuguesa em mudança. Lisboa: Camino, 13–30.

Mateus, Maria Helena/Andrade, Ernesto d' (2000): The Phonology of Portuguese. Oxford, Oxford University Press.

Mateus, Maria Helena Mira/Brito, Ana Maria/Duarte, Inês/ Faria, Isabel Hub (²1989): Gramática da língua portuguesa. Lisboa, Caminho.

214

Mateus, Maria Helena Mira/Falé, Isabel/Freitas, Maia João (2005): Fonética e fonologia do português. Lisboa, Universidade Aberta (= Textos de base, 291).

Mateus, Maria Helena Mira/Rodrigues, Celeste (2005): A vibrante em coda no português europeu, in: Mateus, Maria Helena Mira/Nascimento, Fernanda Bacelar do (Hrsg.): A língua portuguesa em mudança. Lisboa, Camino, 95–103.

Meisnitzer, Benjamin (2010): Reoralisierung des schriftlichen Diskurses? – Tendenzen der modernen portugiesischen Pressesprache, in: Endruschat, Annette/Kemmler, Rolf (Hrsg.): Portugiesische Sprachwissenschaft: traditionell, modern, innovativ. Tübingen, Calepinus, 157–187.

Mello, Thiago de/Bath, Sérgio (1996): Amigos traiçoeiros: Coletânea de falsos amigos e outras peculiaridades da língua espanhola para uso dos brasileiros. Brasília, Universidade de Brasília.

Mendikoetxea, Amaya (1999): Construcciones con *se*: medias, pasivas e impersonales, in: Bosque, Ignacio/Demonte, Violeta (Hrsg): Gramática descriptiva de la lengua española. 3 Bde. Band 2. Madrid, Espasa Calpe, 1635–1722.

Menéndez Pidal, Ramón (³1950): Orígenes del español. Estado lingüístico de la Península Ibérica hasta el siglo XI. Madrid, Espasa-Calpe [¹1929].

Menéndez Pidal, Ramón (¹⁷1982): Manual de gramática histórica española. Madrid, Espasa-Calpe [¹1925, Madrid, Suárez].

Menéndez Pidal, Ramón (1990): El dialecto leonés. León, Diputación Provincial de León (= Breviarios de la Calle del Pez, 24).

Menéndez Pidal, Ramón (2005): Historia de la lengua española. Vol. 1. Madrid, Real Academia Española/Fundación Ramón Menéndez Pidal.

Merlan, Aurelia (2005): El mirandés: Situación sociolingüística de una lengua minoritaria en la zona fronteriza portuguesa española. Uviéu, Academia de la llingua asturiana.

Merlan, Aurelia (2011): História dos sistemas de tratamento do português europeu e do romeno, in: Arden, Mathias/Märzhäuser, Christina/Meisnitzer, Benjamin (Hrsg.): Linguística do português: Rumos e pontes. München, Meidenbauer (= Sprache – Kultur – Gesellschaft, 8), 185–208.

Messner, Dieter (1990): História do léxico português (com a origem das palavras citadas). Heidelberg, Winter (= Sprachwissenschaftliche Studienbücher: Abteilung 1).

Messner, Dieter (1994a): Etymologie und Geschichte des Wortschatzes, in: Holtus, Günter/Metzeltin, Michael/Schmitt, Christian (Hrsg.): Lexikon der Romanistischen Linguistik (LRL), Band VI/2: Galegisch, Portugiesisch. Tübingen, Niemeyer, 511–517.

Messner, Dieter (1994b): Périodisation, in: Holtus, Günter/Metzeltin, Michael/Schmitt, Christian (Hrsg.): Lexikon der Romanistischen Linguistik (LRL), Band VI/2: Galegisch, Portugiesisch. Tübingen, Niemeyer, 618–623.

Messner, Dieter (1998): Elementos de origem germânica no léxico português, in: Koller, Erwin/Laitenberger, Hugo (Hrsg.): Suevos – Schwaben: Das Königreich der Sueben auf der Iberischen Halbinsel (411–585), Interdisziplinäres Kolloquium Braga 1996. Tübingen; Narr (= Tübinger Beiträge zur Linguistik, 426), 105–113.

Messner, Dieter/Müller, Hans-Joachim (1983): Ibero-Romanisch: Einführung in Sprache und Literatur. Darmstadt, Wissenschaftliche Buchgesellschaft.

Metzeltin, Miguel (1992): Spanisch: Etymologie und Geschichte des Wortschatzes, in: Holtus, Günter/Metzeltin, Michael/Schmitt, Christian (Hrsg.): Lexikon der Romanistischen Linguistik (LRL), Band VI/1: Aragonesisch/Navarresisch, Spanisch, Asturianisch/Leonesisch. Tübingen, Niemeyer, 440–457.

Metzeltin, Miguel (1995a): Das Altkastilische in seinen Texten: Marksteine des Altkastilischen, in: Holtus, Günter/Metzeltin, Michael/Schmitt, Christian (Hrsg.): Lexikon der Romanistischen

Linguistik (LRL), Band II/2: Die einzelnen romanischen Sprachen und Sprachgebiete vom Mittelalter bis zur Renaissance. Tübingen, Niemeyer, 537–549.

Metzeltin, Miguel (1995b): Das Altkastilische in seinen Texten: Graphie und Laute des Altkastilischen, in: Holtus, Günter/Metzeltin, Michael/Schmitt, Christian (Hrsg.): Lexikon der Romanistischen Linguistik (LRL), Band II/2: Die einzelnen romanischen Sprachen und Sprachgebiete vom Mittelalter bis zur Renaissance. Tübingen, Niemeyer, 550–564.

Metzeltin, Michael/Winkelmann, Otto (1992): Die Sprachen der Iberischen Halbinsel und ihre Verbreitung, in: Holtus, Günter/Metzeltin, Michael/Schmitt, Christian (Hrsg.): Lexikon der Romanistischen Linguistik (LRL), Band VI/1: Aragonesisch/Navarresisch, Spanisch, Asturianisch/Leonesisch. Tübingen, Niemeyer, 1–36.

Meyer-Hermann, Reinhard (2003): Spanisch, in: Roelcke, Thorsten (Hrsg.): Variationstypologie: Ein sprachtypologisches Handbuch der europäischen Sprachen in Geschichte und Gegenwart. Berlin/New York, de Gruyter, 449–479.

Mondéjar, José (1991): Dialectología andaluza: Estudios: Historia, Fonética, Fonología, Lexicología, Metodología, Onomasiología, Comentario filológico. Granada, Editorial Don Quijote.

Moñino, Yves/Schwegler, Armin (2002) (Hrsg.): Palenque, Cartagena y Afro-Caribe: historia y lengua. Tübingen: Niemeyer (= Beihefte zur Iberoromania, 18).

Monjour, Alf (1995): Galegische und portugiesische Skriptae, in: Holtus, Günter/Metzeltin, Michael/Schmitt, Christian (Hrsg.): Lexikon der Romanistischen Linguistik (LRL), Band II/2: Die einzelnen romanischen Sprachen und Sprachgebiete vom Mittelalter bis zur Renaissance. Tübingen, Niemeyer, 692–720.

Monjour, Alf (2008): Interne Sprachgeschichte des Portugiesischen (Europa): Wortschatz, Wortbildung und Phraseologie, in: Ernst, Gerhard/Gleßgen, Martin-Dietrich/Schmitt, Christian/Schweickard, Wolfgang (Hrsg.): Romanische Sprachgeschichte: Ein internationales Handbuch zur Geschichte der romanischen Sprachen. Berlin/New York, de Gruyter (= Handbücher zur Sprach- und Kommunikationswissenschaft (HSK), 23.3), 3204–3228.

Montero Muñoz, Raquel (2006): Sprachkontakte: Arabisch und Iberoromania, in: Ernst, Gerhard/Gleßgen, Martin-Dietrich/Schmitt, Christian/Schweickard, Wolfgang (Hrsg.): Romanische Sprachgeschichte: Ein internationales Handbuch zur Geschichte der romanischen Sprachen. Berlin/New York, de Gruyter (= Handbücher zur Sprach- und Kommunikationswissenschaft (HSK), 23.2), 1655–1667.

Morala, José R. (²2005): Del leonés al castellano, in: Cano Aguilar, Rafael (coord.): Historia de la lengua española. Barcelona, Ariel, 555–569 [¹2004].

Moreno, Jesús Luque (2006): Puntos y comas, La grafía de la articulación del hablar. Granada, Universidad de Granada.

Moutinho, Lurdes de Castro (2000): Uma introdução ao estudo da fonética e fonologia do português: Seguido de exercícios de aplicação. Lisboa, Plátano Edições Técnicas (= Colecção Plátano Universitária).

Mühlschlegel, Ulrike (2001): Geschichte der Wörterbücher in der Romania, in: Holtus, Günter/Metzeltin, Michael/Schmitt, Christian (Hrsg.): Lexikon der Romanistischen Linguistik (LRL), Band I/1: Geschichte des Faches Romanistik: Methodologie (Das Sprachsystem). Tübingen, Niemeyer, 544–552.

Müller-Lancé, Johannes (2006): Latein für Romanisten: Ein Lehr- und Arbeitsbuch. Tübingen, Narr (= Narr Studienbücher).

Muñoz Garrigós, José (⁶2009): Murciano, in: Alvar, Manuel (Hrsg.): Manual de dialectología hispánica: El español de España. Barcelona, Ariel, 317–324 [¹1996].

Narbona, Antonio/Cano Aguilar, Rafael/Morillo, Ramón (2003): El español hablado en Andalucía. Sevilla, Fundación José Manuel Lara.

Nascentes, Antenor (1919): Um ensaio de phonetica differencial luso-castelhano. Rio de Janeiro, Typ. do Jornal do Commercio de Rodrigues & C..

Navarro Tomás, Tomás (^{22}1985): Manual de pronunciación. Madrid, Instituto ,Miguel de Cervantes' (= Publicaciones de la Revista de Filología Española, 3) [^{1}1918].

Navarro Tomás, Tomás/Haensch, Günther/Lechner, Bernhard (1970): Spanische Aussprache-lehre. München, Hueber.

Navarro, José María/Navarro Ramil, Axel J. (2010): Thematischer Grund- und Aufbauwortschatz Spanisch. Stuttgart, Klett.

Nebrija, Antonio de (1992): Gramática castellana (Introducción y notas: Miguel Ángel Esparza/Ramón Sarmiento). Madrid, Fundación Antonio de Nebrija (= Clásicos Españoles) [1492].

Neves, Maria Helena de Moura (^{2}2011): Gramática de usos do português (2ª edição atualizada conforme o novo Acordo Ortográfico da Língua Portuguesa). São Paulo, UNESP [^{1} 1999].

Niederehe, Hans-Josef (1975): Die Sprachauffassung Alfons des Weisen: Studien zur Sprach- und Wissenschaftsgeschichte. Tübingen, Niemeyer (= Beihefte zur Zeitschrift für Romanische Philologie, 144).

Noack, Daniela (2010): Galicisch als eigenständige Sprache, in: Lusorama, 81–82 (Mai 2010), 151–175.

Nogueira, Rodrigo de Sá (^{2}1958): Tentativa de explicação dos fenómenos fonéticos em português. Lisboa, Livraria Clássica Editora.

Noll, Volker (1996): Der arabische Artikel *al* und das Iberoromanische, in: Lüdtke, Jens (Hrsg.): Romania Arabica: Festschrift für Reinhold Kontzi zum 70. Geburtstag. Tübingen, Narr, 299–313.

Noll, Volker (1998): Portugiesisch und Romanisch, in: Holtus, Günter/Metzeltin, Michael/Schmitt, Christian (Hrsg.): Lexikon der Romanistischen Linguistik (LRL), Band VII: Kontakt, Migration und Kunstsprachen: Kontrastivität, Klassifikation und Typologie. Tübingen, Niemeyer, 109–121.

Noll, Volker (1999): Das brasilianische Portugiesisch: Herausbildung und Kontraste. Heidelberg, C.Winter.

Noll, Volker (2008): O português brasileiro. Formação e contrastes (Traduzido do alemão por Mário Eduardo Viaro). São Paulo, Globo [Original: Noll 1999].

Noll, Volker (^{2}2009): Das amerikanische Spanisch: Ein regionaler und historischer Überblick. Tübingen, Niemeyer (= Romanistische Arbeitshefte, 46) [^{1}2001].

Oesterreicher, Wulf (1992): *Se* im Spanischen. Pseudoreflexivität, Diathese und Prototypikalität von semantischen Rollen, in: Romanistisches Jahrbuch 43, 237–260.

Oesterreicher, Wulf (1993): *Verschriftung* und *Verschriftlichung* im Kontext medialer und konzeptioneller Schriftlichkeit, in: Schaefer, Ursula (Hrsg.): Schriftlichkeit im frühen Mittelalter. Tübingen, Narr (= ScriptOralia, 53), 267–292.

Oesterreicher, Wulf (2001): Plurizentrische Sprachkultur – der Varietätenraum des Spanischen, in: Romanistisches Jahrbuch, 51, 281–311.

OLE = Real Academia Española (Hrsg.) (2010): Ortografía de la lengua española. Madrid, Real Academia Española/Asociación de las Academias de la Lengua Española/Espasa.

Ortiz López, Luis A./Lacorte, Manuel (eds.) (2005): Contactos y contextos lingüísticos: El español en los Estados Unidos y en contacto con otras lenguas. Frankfurt a.M./Madrid: Vervuert/Iberoamericana (= Lingüística Iberoamericanan, 27).

Ossenkop, Christina (2011): Die Verbreitung des Spanischen in der Welt, in: Born, Joachim/Folger, Robert/Laferl, Christopher F./Pöll, Bernhard (Hrsg.): Handbuch Spanisch: Sprache, Literatur, Kultur, Geschichte in Spanien und Hispanoamerika. Für Studium, Lehre, Praxis. Berlin: Schmidt, 55–62.

Osthus, Dietmar (2006): Ethische Dative und Pseudo-Reflexiva im Portugiesischen: Eine kontrastive Betrachtung zum Spanischen und Französischen, in: Endruschat, Annette/ Kemmler, Rolf/Schäfer-Prieß, Barbara (Hrsg.): Grammatische Strukturen des europäischen Portugiesisch. Tübingen, Calepinus, 139–154.

Oury, Stéphane (2008): Le français dans la péninsule Ibérique: du Moyen Âge au XIXᵉ siècle, in: Horiot, Brigitte (Hrsg.): Le français, ailleurs et toujours: Place e fonction du français dans les autres langues. Actes du colloque international tenu à l'université Lyon III (9 et 10 mai 2005). Lyon, Université Lyon III Jean Moulin, 31-57.

Palm, Christina (1995): Phraseologie: Eine Einführung. Tübingen, Narr (= Narr Studienbücher).

Palma Caetano, José A./Mayr, Johannes J./Plachy, Renate/Ptacek, Franz (1986): Grammatik Portugiesisch. München, Max Hueber.

Patterson, William/Urrutibéheity, Hector (1975): The Lexical Structure of Spanish. The Hague/Paris, Mouton (= Janua Linguarum, Series Practica, 198).

Penny, Ralph (²2006): Gramática histórica del español. Barcelona, Ariel [¹1993] [Original: A History of the Spanish Language. Cambridge, Cambridge University Press ¹1991, ²2002].

Pérez Bouza, José A. (1996): El Gallego. München/Newcastle, LINCOM (= Languages of the World, Materials, 70).

Perl, Matthias/Döll, Cornelia/Dyrba, Bernd/Endruschat, Annette/Gärtner, Eberhard/Hundt, Christine/Hut, Karin/Leiste, Doris/Thiele, Petra (1994): Portugiesisch und Crioulo in Afrika: Geschichte – Grammatik – Lexik – Sprachentwicklung. Bochum, Brockmeyer (= Bochum – Essener Beiträge zur Sprachwandelforschung, XXV).

Ploog, Katja/Reich, Uli (2006): Urbane Prozesse: Migration und Variation in Lima, São Paulo und Abidjan, in: Krefeld, Thomas (Hrsg.): Modellando lo spazio in prospettiva linguistica. Frankfurt a.M/Berlin/Bruxelles/New York/Oxford/Wien, Lang (= Spazi Communicativi/ Kommunikative Räume, 1).

Poggeschi, Giovanni (2002): Le nazioni linguistiche della Spagna Autonómica: Universalità della lingua castigliana e vitalità delle lingue regionali. Verona, CEDAM (= Ius Publicum Europaeum).

Pöll, Bernhard (2002): Spanische Lexikologie: Eine Einführung. Tübingen: Narr.

Pompino-Marschall, Bernd (²2003): Einführung in die Phonetik. Berlin, de Gruyter (= de Gruyter Studienbuch).

Postlep, Sebastian (2010): Zwischen Huesca und Lérida: Perzeptive Profilierung eines diatopischen Kontinuums. Frankfurt a.M./Berlin/Bern/Bruxelles/New York/Oxford/Wien, Lang (Spazi Communicativi/Kommunikative Räume 9).

Pountain, Christopher J. (2001): A History of the Spanish Language through Texts. London/New York, Routledge.

Pratt, Chris (1980): El anglicismo en el español peninsular contemporáneo. Madrid, Gredos (= Biblioteca románica hispánica, II. Estudios y ensaios, 308).

Quilis, Antonio (1979): Comparación de los sistemas fonológicos del español y del portugués, in: Revista Española de Lingüística 9/1, 1–22.

Quilis, Antonio (1988) Estudio comparativo entre la entonación portuguesa (de Brasil) y la española, in: Revista de Filología Española 68, 33–65.

Quilis, Antonio (1992): Entonación y prosodia, in: Holtus, Günter/Metzeltin, Michael/Schmitt, Christian (Hrsg.): Lexikon der Romanistischen Linguistik (LRL), Band VI/1: Aragonesisch/ Navarresisch, Spanisch, Asturianisch/Leonesisch. Tübingen, Niemeyer, 62–68.

Quilis, Antonio (²1999): Tratado de fonología y fonética españolas. Madrid, Gredos (= Biblioteca Románica Hispánica, 74) [¹1993].

Quilis, Antonio (2003): Introducción a la história de la lengua española. Madrid, Universidad Nacional de Educación a Distancia.

218

Quilis, Antonio ([5]2003): Principios de fonología y fonética españolas. Madrid, Arco (= Cuadernos de Lengua Española, 43) ([1]1997).

Quilis, Antonio/Fernández, Joseph A. ([6]1972): Curso de fonética y fonología españolas: para estudiantes angloamericanos. Madrid, Consejo Superior de Investigaciones Científicas/ Instituto ‚Miguel de Cervantes' (= Collectanea Phonetica, II) ([1]1964).

Radatz, Hans-Ingo/Torrent-Lenzen, Aina (2006): Iberia polyglotta: Zeitgenössische Gedichte und Kurzprosa in den Sprachen der Iberischen Halbinsel: Mit deutscher Übersetzung. Titz, Lenzen (= Sprachen in Forschung und Lehre, 5).

Ramajo Caño, Antonio (1987): Las gramáticas de la lengua castellana desde Nebrija a Correas. Salamanca, Universidad de Salamanca.

Ramos, Adriana (2006): Estudio comparativo entre los sistemas fonológico y fonético del portgués (del Brasil) y del español, in: Albalá, María José (org.): Filología y lingüística, Estudios ofrecidos a Antonio Quilis, Vol. 1. Madrid, Consejo Superior de Investigaciones Científicas/Universidad Nacional de Educación a Distancia/Universidad de Valladolid, 341–357.

Rector, Monica (1994): A fala dos jovens. Petrópolis, Vozes.

Reich, Uli (2003): Specifically Brazilian Pronouns, in: Heusinger, Klaus von/Kaiser, Georg A. (Hrsg.): Proceedings of the Worksshop „Semantic and Syntactic Aspects of Specificity in Romance Languages". Arbeitspapier 113. Fachbereich Sprachwissenschaft, Konstanz, Universität Konstanz, 119–132.

Reumuth, Wolfgang /Winkelmann, Otto ([5]2006): Praktische Grammatik der spanischen Sprache. Neubearbeitung. Wilhelmsfeld, Egert ([1]1991).

Riaño Rodríguez, Timoteo/Gutiérrez Aja, María del Carmen (1998): El cantar de mío Cid. I: El manuscrito del Cantar. Burgos, Publicaciones de la Diputación Provincial de Burgos, online, Zugriff am 12.02.2012; http://descargas.cervantesvirtual.com/servlet/SirveObras/cid/02405 030878817831754491/010379.pdf?incr=1

Rodríguez González, Félix (Hrsg.) (2002): El lenguaje de los jóvenes. Barcelona, Ariel (= Ariel social).

Rodríguez-Pantoja, Miguel (2005): El latín hablado en Hispania hasta el s. V., in: Cano Aguilar, Rafael (coord.): Historia de la lengua española. Barcelona, Ariel, 107–131 ([1]2004).

Rodríguez Segura, Delia (1999): Panorama del anglicismo en español: presencia y uso en los medios. Almería: Universidad de Almería (= Colección Literatura y Lingüística, 13).

Rodríguez González, Félix (1999): Apuntes sobre lexicografía del argot español, in: Revista española de lingüística (R.S.E.L.) 29/2, 455–479.

Roggenbuck, Simone/Ballero, Vicente (2010): Introducción a la lingüística sincrónica. Tübingen, Narr (= Narr-Studienbücher).

Rojo, Guillermo/Veiga, Alexandre (1999): El tiempo verbal: Los tiempos simples, in: Bosque, Ignacio/Demonte, Violeta (Hrsg): Gramática descriptiva de la lengua española. 3 Bde. Band 2. Madrid, Espasa Calpe. 2867–2934.

Rubenbauer, Hans/Hofmann, Johann Baptist ([12]1995): Lateinische Grammatik. Bamberg, Buchner/München, Lindauer, Oldenbourg ([1]1975).

Sánchez, María F. (1995): Clasificación y análisis de préstamos del inglés en la prensa de España y México. Lewiston (New York)/Queenstown (Ontario)/Lampeter (Wales), Mellen.

Sánchez Miret, Fernando (2008): Las variedades diastráticas y diafásicas de las lenguas románicas desde un punto de vista histórico: Iberorromania, in: Ernst, Gerhard/Gleßgen, Martin-Dietrich/Schmitt, Christian/Schweickard, Wolfgang (Hrsg.): Romanische Sprach- geschichte: Ein internationales Handbuch zur Geschichte der romanischen Sprachen. Berlin/New York, de Gruyter (= Handbücher zur Sprach- und Kommunikationswissenschaft (HSK), 23.3), 2366–2378.

Saraiva, António José/Lopes, Óscar (o.J.): História da literatura portuguesa. 16.ª edição, corrigida e actualizada. Porto, Porto Editora.

Saralegui, Carmen (1992): Aragonesisch/Navarresisch: Externe und interne Sprachgeschichte, in: Holtus, Günter/Metzeltin, Michael/Schmitt, Christian (Hrsg.): Lexikon der Romanistischen Linguistik (LRL), Band VI/1: Aragonesisch/Navarresisch, Spanisch, Asturianisch/Leonesisch. Tübingen, Niemeyer, 37–54.

Sasse, Hans-Jürgen (2001): Creolization, in: Haspelmath, Martin/König, Ekkehard/Oesterreicher, Wulf/Raible, Wolfgang (Hrsg.): Language Typology and Language Universals: An International Handbook. Vol. 2/Tome 2. Berlin/New York, de Gruyter (= Handbücher zur Sprach- und Kommunikationswissenschaft (HSK), 20.2), 1656–1677.

Schäfer, Barbara (1993): „Zwei Grammatiken von 1771: die Gramática de la lengua castellana der Real Academia Española und Lobatos Arte da grammatica da lingua portuguesa", in: Lusorama 21, 20–33.

Schäfer, Barbara (1995): O futuro do conjuntivo – um conjuntivo?, in: Brauer-Figueiredo, M. Fátima Viegas (Hrsg.): Actas do 4.º Congresso da Associação Internacional de Lusitanistas. Universidade de Hamburgo, 6 a 11 de Setembro de 1993. Lisboa/Porto/Coimbra, LIDEL, 233–242.

Schäfer-Prieß, Barbara (1998): Modales Futur im Spanischen, in: Romanistik in Geschichte und Gegenwart 4/2, 185–199.

Schäfer-Prieß, Barbara (1999): Lateinische und romanische Periphrasen mit ‚haben' und Infinitiv: zwischen ‚Obligation', ‚Futur' und ‚Vermutung', in: Lang, Jürgen/Neumann-Holzschuh, Ingrid (Hrsg.): Reanalyse und Grammatikalisierung in den romanischen Sprachen, Tübingen, Niemeyer, 97–109.

Schäfer-Prieß, Barbara (2000): Die portugiesische Grammatikschreibung von 1540 bis 1822: Entstehungsbedingungen und Kategorisierungsverfahren vor dem Hintergrund der lateinischen, spanischen und französischen Tradition. Tübingen, Niemeyer (= Beihefte zur Zeitschrift für Romanische Philologie, 300).

Schäfer-Prieß, Barbara (2002): O acusativo preposicional na história da língua portuguesa, in: Head, Brian/Teixeira, José/Lemos, Aida Sampaio/Barros, Anabela Leal de/Pereira, António (Hrsg.): Historia da Língua e História da Gramática: Actas do Encontro. Braga, Universidade do Minho, 405–419.

Schäfer-Prieß, Barbara (2010a): „Lengua española und língua espanhola in Texten des 16. und 17. Jahrhunderts", in: Endruschat, Annette/Kemmler, Rolf (Hrsg.): Portugiesische Sprachwissenschaft: traditionell – modern – innovativ. Tübingen, Calepinus, 219–229.

Schäfer-Prieß, Barbara (2010b): "Os primeiros dicionários de galicismos na Península Ibérica", in: Assunção, Carlos/Fernandes, Gonçalo/Loureiro, Marlene (Hrsg.): Ideias linguísticas na Península Ibérica (séc. XV a séc. XIX), Bd. II, Münster: Nodus, 805–812.

Schäfer-Prieß, Barbara/Endruschat, Annette/Schöntag, Roger (2006): Übersetzung und Sprachgeschichte: Übersetzung ins Portugiesische, in: Ernst, Gerhard/Gleßgen, Martin-Dietrich/Schmitt, Christian/Schweickard, Wolfgang (Hrsg.): Romanische Sprachgeschichte: Ein internationales Handbuch zur Geschichte der romanischen Sprachen, Band 2. Berlin/New York, de Gruyter (= Handbücher zur Sprach- und Kommunikationswissenschaft (HSK), 23.2), 1416–1428.

Schemann, Hans/Schemann-Dias, Luiza (1983): Die portugiesischen Verbalperiphrasen und ihre deutschen Entsprechungen. Lehr- und Übersetzungsbuch mit ausführlichen portugiesischen Beispielen und ihren deutschen Übersetzungen. Tübingen, Niemeyer.

Schlaak, Claudia (2011): Mobile vs. lokale Sprachgemeinschaften. Der *lunfardo* und das *euskara*, in: Stehl, Thomas (Hrsg.): Sprachen in mobilisierten Kulturen: Aspekte der Migrationslinguistik. Potsdam, Universitätsverlag Potsdam (= Mobilisierte Kulturen, 2), 259–275.

Schlieben-Lange, Brigitte (1982): Für eine Geschichte von Schriftlichkeit und Mündlichkeit, in: Zeitschrift für Literaturwissenschaft und Linguistik (LiLi) 47: Sprachgeschichte und Sozialgeschichte, 104–118.

Schmid, Beatrice (2006): Contactos lingüísticos interrománicos en la Península Ibérica, in: Ernst, Gerhard/Gleßgen, Martin-Dietrich/Schmitt, Christian/Schweickard, Wolfgang (Hrsg.): Romanische Sprachgeschichte: Ein internationales Handbuch zur Geschichte der romanischen Sprachen, Band 2. Berlin/New York, de Gruyter (= Handbücher zur Sprach- und Kommunikationswissenschaft (HSK), 23.2), 1785–1800.

Schmidt-Radefeldt, Jürgen (2005): Zu deutschen und romanischen Jugendsprachen, in: Marques, Maria Aldina/Koller, Erwin/Teixara, José/Lemos, Aida Sampaio (Hrsg.): Ciências da Linguagem. 30 anos de investigação e ensino. Braga, Instituto de Letras e Ciências Humanas. Centro de Estudos Humanísticos. Universidade do Minho, 327-340.

Schmidt-Radefeldt, Jürgen (2007): Anglizismen im gegenwärtigen portugiesischen Sprachgebrauch, in: Grenzgänge. Beiträge zu einer modernen Romanistik 14/28, 44–57.

Schmidt-Radefeldt, Jürgen/Schurig, Dorothea (1997): Dicionário dos anglicismos e germanismos na língua portuguesa. Frankfurt a. M., TFM.

Schmidt-Riese, Roland (2006): Aspekte des Sprachkontakts Romanisch – Baskisch, in: Romanistisches Jahrbuch 56, 335–367.

Schmitt, Christian (2006): Anglizismus und Sprachnormierung im Portugiesischen, in: Schmidt-Radefeldt, Jürgen (Hrsg.): Portugiesisch kontrastiv gesehen und Anglizismen weltweit. Frankfurt a. M., Lang (= Rostocker Romanistische Arbeiten, 10), 307–339.

Schnitzer, Johannes (1996): Anglizismen in der spanischen und katalanischen Wirtschaftssprache, in: Schmitt, Christian/Schweickard, Wolfgang (Hrsg.): Die iberoromanischen Sprachen aus interkultureller Sicht: Akten der gleichnamigen Sektion des Bonner Hispanistentages (2.– 4.3.1995). Bonn, Romanistischer Verlag, 344-358.

Schöntag, Roger (2006a): Der Gebrauch der portugiesischen Präposition *em* und der Grad ihrer Grammatikalisierung, in: Endruschat, Annette/Kemmler, Rolf/Schäfer-Prieß, Barbara (Hrsg.): Grammatische Strukturen des europäischen Portugiesisch, Synchrone und diachrone Untersuchungen zu Tempora, Pronomina, Präpositionen und mehr. Tübingen, Calepinus (= 1. Reihe: Lusitanische Sprachwissenschaft, 1), 263–294.

Schöntag, Roger (2006b): Rezension zu: Johannes Kabatek, ,Die Bolognesische Renaissance und der Ausbau romanischer Sprachen, Juristische Diskurstraditionen und Sprachentwicklung in Südfrankreich und Spanien im 12. und 13. Jahrhundert', Tübingen (Niemeyer) 2005, 298 p. (Beihefte zur Zeitschrift für Romanische Philologie, 321), in: Vox Romanica 65, 254–258.

Schöntag, Roger (2008): Portugiesisch-spanischer Sprachkontakt und Migration von der Antike bis zum Mittelalter, in: Lusorama 73–74, 4–49.

Schöntag, Roger (2010): Portugiesisch-spanischer Sprachkontakt im Mittelalter, in: Endruschat, Annette/Kemmler, Rolf (Hrsg.): Portugiesische Sprachwissenschaft: traditionell, modern, innovativ. Tübingen/Vila Real, Calepinus (= 1. Reihe: Lusitanische Sprachwissenschaft, 2), 231–245.

Schöntag, Roger (im Druck): Der Ausbau der portugiesischen Schriftsprache unter Dom Dinis, in: Kemmler, Rolf/Schäfer-Prieß, Barbara/Schöntag, Roger (Hrsg.): Portugiesische Sprach-WissenschaftsGeschichte I. Tübingen/Vila Real, Calepinus (= 1. Reihe: Lusitanische Sprachwissenschaft, 3).

Schpak-Dolt, Nikolaus (1999): Einführung in die Morphologie des Spanischen. Tübingen, Niemeyer (= Romanistische Arbeitshefte, 44).

Schpak-Dolt, Nikolaus (³2010): Einführung in die französische Morphologie, Tübingen: Niemeyer (= Romanistische Arbeitshefte, 36).

Schürr, Friedrich (1970): La diphtongaison romane. Tübingen, Narr (= Tübinger Beiträge zur Linguistik, 5).

Schulte, Kim (2007): Prepositional Infinitivs in Romance: Usage-Based Approach to Syntactic Change. Bern, Lang.

Scotti-Rosin, Michael (1994): Portugiesisch: Gesprochene und geschriebene Sprache, in: Holtus, Günter/Metzeltin, Michael/Schmitt, Christian (Hrsg.): Lexikon der Romanistischen Linguistik (LRL), Band VI/2: Galegisch, Portugiesisch. Tübingen, Niemeyer, 308–313.

Siepmann, Helmut (2003): Kleine Geschichte der portugiesischen Literatur. München, Beck.

Silva Neto, Serafim da (1986): História da língua portuguesa. Rio de Janeiro, Presença.

Silva, Cristóforo Thaïs (1999): Fonética e fonologia do português: Roteiro de estudos e guia de exercícios. São Paulo, Contexto.

Silva, Jaime Ferreira da/Osório, Paulo (2008): Introdução à história da língua portuguesa: Dos factores externos à dinâmica do sistema linguístico. Chamusca, Cosmos.

Silva, Rosa Virgínia Mattos e (1993): O português arcaico: Morfologia e sintaxe. São Paulo: Contexto.

Silva, Rosa Virgínia Mattos e (³1996): O português arcaico: Fonologia. São Paulo, Contexto [¹1991].

Sinner, Carsten (2011): Varietäten des Spanischen: Europa, in: Born, Joachim/Folger, Robert/Laferl, Christopher F./Pöll, Bernhard (Hrsg.): Handbuch Spanisch: Sprache, Literatur, Kultur, Geschichte in Spanien und Hispanoamerika. Für Studium, Lehre, Praxis. Berlin: Schmidt, 62–72.

Söllner, Rudolf (1949): Die galloromanischen Lehnwörter im Altspanischen von der Entstehung der Sprache bis 1500. München, Universität München [Dissertation].

Sommer, Nair Nagamine/Morais, Armindo José (2001): Großer Lernwortschatz Portugiesisch. Ismaning, Hueber.

Souto Cabo, José António (2003): Nas origens da expressão escrita galego-portuguesa, Documentos do século XII, in: Diacrítica 17/1, 329–385.

Souto Cabo, José Antonio (2004): Novas perspectivas sobre a génese da scripta romance na área galego-portuguesa: Textos e contextos, in: Aemilianense 1, 569–599.

Souto Cabo, José Antonio (2006): Inventário dos mais antigos documentos galego-portugueses, in: Agália 85–86, 9–88.

Spicher, Lori Lea/Sweeney, Frances M./Pelayo Coutiño, Rubén (2008): La voz, fonética y fonología españolas. Upper Saddle River, Pearson Education.

Squartini, Mario (1998): Verbal Periphrases in Romance: Aspect, Actionality, and Grammaticalization. Berlin/New York, Mouton de Gruyter.

Squartini, Mario/Bertinetto, Pier Marco (2000): The Simple and Compound Past in Romance Languages, in: Dahl, Östen (Hrsg.): Tense and Aspect in the Languages of Europe. Berlin, New York, Mouton de Gruyter, 403–439.

Stark, Elisabeth (2011): Fonction et développement du marquage différentiel de l'objet direct (MDO) en roumain, en comparaison avec l'espagnol péninsulaire, in: Société de Linguistique de Paris (Hrsg.): Mémoires de la Sociétié de Linguistique de Paris 19: L'évolution grammaticale à travers les langues romanes. Leuven, Peeters, 35–61.

Stark, Elisabeth/Pomino, Natascha (2010): How the Latin Neuter Pronominal Forms Became Markers of Non-Individuation in Spanish, in: Stathi, Katerina/Gehweiler, Elke/König, Ekkehard (Hrsg.): Grammaticalization: Current Views and Issues. Amsterdam/Phildalephia, Benjamins (= Studies in Language Campanion Series), 273-293.

Strobel, Thomas (2005): Formen der Höflichkeit in den romanischen Sprachen und im Japanischen. Norderstedt, GRIN [Magisterarbeit Passau].

Swiggers, Pierre (2001): Geschichte der Grammatiken und Sprachlehren romanischer Sprachen in der Romania (und in den zum Teil romanisch-sprachigen Ländern), in: Holtus, Günter/ Metzeltin, Michael/Schmitt, Christian (Hrsg.): Lexikon der Romanistischen Linguistik (LRL), Band I/1: Geschichte des Faches Romanistik: Methodologie (Das Sprachsystem). Tübingen, Niemeyer, 476–505.

Tazi, Raja (1998): Arabismen im Deutschen: Lexikalische Transferenzen vom Arabischen ins Deutsche. Berlin/New York, de Gruyter (= Studia Linguistica Germanica, 47).

Teschner, Richard V. (1999): La ortografía sincrónica del español a base de estadísticas comparativas. München/Newcastle: LINCOM (= LINCOM Studies in Romance Linguistics, 10).

Teyssier, Paul (1994): Portugiesisch: Externe Sprachgeschichte, in: Holtus, Günter/Metzeltin, Michael/Schmitt, Christian (Hrsg.): Lexikon der Romanistischen Linguistik (LRL), Band VI/2: Galegisch, Portugiesisch. Tübingen, Niemeyer, 461–472.

Teyssier, Paul (1995): Portugiesische Koiné, in: Holtus, Günter/Metzeltin, Michael/Schmitt, Christian (Hrsg.): Lexikon der Romanistischen Linguistik (LRL), Band II/2: Die einzelnen romanischen Sprachen und Sprachgebiete vom Mittelalter bis zur Renaissance. Tübingen, Niemeyer, 679–692.

Teyssier, Paul ([2]1984): Manuel de langue portugaise (Portugal – Brésil). Paris, Klincksieck [[1]1972].

Teyssier, Paul (2005): A língua de Gil Vicente. Lisboa: Casa da Moeda (= Filologia Portuguesa).

Teyssier, Paul ([3]2007): História da língua portuguesa (tradução Celso Cunha). São Paulo, Martins Fontes [[1]1997] [História da língua portuguesa. Lisboa, Sá de Costa (= Colecção „Nova Universidade, 5, Linguística) [8]2001, [1]1982] [Original: Histoire de la langue portugaise. Paris, PUF (= Que sais-je?, 1864) 1980].

Tietz, Manfred ([4]2011): Mittelalter und Spätmittelalter, in: Neuschäfer, Hans-Jörg): Spanische Literaturgeschichte. Stuttgart/Weimar, Metzler [[1]1997], 1–67.

Tovar, Antonio ([3]1989): Einführung in die Sprachgeschichte der Iberischen Halbinsel: Das heutige Spanisch und seine historischen Grundlagen. Tübingen: Narr (= Tübinger Beiträge zur Linguistik, 90) [[1]1977].

Ultan, Russell (1978): The Nature of Future Tenses, in: Greenberg, Joseph H. (Hrsg.): Universals of Human Language. Vol. III. Stanford: Stanford University Press, 83–123.

Vázquez Cuesta, Pilar (o.J.): A língua e a cultura portuguesas no tempo dos Filipes. Mem Martins, Europa-América.

Vázquez Cuesta, Pilar/Luz, Maria Albertina Mendes da ([3]1971): Gramática portuguesa (tercera edición corregida y aumentada por Pilar Vázquez Cuesta). 2 Bde.. Madrid, Gredos (= Biblioteca Románica Hispánica, III. Manuales, 9) [[1]1949, Madrid, Ricardo Aguilera].

Vázquez Cuesta, Pilar/Luz, Maria Albertina Mendes da ([2]1988): Gramática da língua portuguesa (Tradução de Ana Maria Brito e Gabriela de Matos). Lisboa, Lexis (= Ediçoes 70) [[1]1980].

Veloso, João (2007): Da influência do conhecimento ortográfico sobre o conhecimento fonológico: Estudo longitudinal de um grupo de crianças falantes nativas do português. München: LINCOM.

Verdelho, Telmo (1994): Portugiesisch: Lexikographie, in: Holtus, Günter/Metzeltin, Michael/Schmitt, Christian (Hrsg.): Lexikon der Romanistischen Linguistik (LRL), Band VI/2: Galegisch, Portugiesisch. Tübingen, Niemeyer,673–692.

Vilela, Mário (1994): Estudos de lexicologia do português. Coimbra, Livraria Almedina.

Vilhena, Maria da Conceição (1996): Herrera de Alcántara: Um falar em vias de extinção, in: Carrasco González, Juan M./Viudas Camarasa, Antonio (Hrsg.): Actas del Congreso Internacional luso-español de lengua y cultura en la frontera (Cáceres, 1 al 3 de diciembre de 1994). Cáceres: Universidad de Extremadura, 309–331.

Wagner, Norbert (1998): Die Personennamen als Sprachdenkmäler der iberischen Sueben, in: Koller, Erwin/Laitenberger, Hugo (Hrsg.): Suevos – Schwaben: Das Königreich der Sueben auf der Iberischen Halbinsel (411–585), Interdisziplinäres Kolloquium Braga 1996. Tübingen; Narr (= Tübinger Beiträge zur Linguistik, 426), 137–150.

Wandruszka, Mario (1977): „Falsche Freunde": Ein linguistisches Problem und seine Lösung, in: Laitenberger, Hugo (Hrsg.): Festgabe für Julius Wilhelm zum 80. Geburtstag. Wiesbaden, Steiner (= Zeitschrift für Französische Sprache und Literatur, Beihefte, Neue Folge, 5), 53–77.

Weinrich Harald (1973): Das spanische Sprachbewusstsein im Siglo de Oro, in: Baader, Horst/Loos, Erich (Hrsg.): Spanische Literatur im Goldenen Zeitalter: Fritz Schalk zum 70. Geburtstag. Frankfurt a.M., Klostermann, 521–544.

Weinrich, Harald (1980): Anekdotisches zur spanischen Sprachgeschichte im Siglo de Oro, in: Izzo, Herbert J. (Hrsg.): Italic and Romance: Linguistic Studies in Honour of Ernst Pulgram. Amsterdam, Benjamins, 263–272 (= Amsterdam Studies in the Theory and History of Linguistic Science, Series IV: Current Issues in Linguistic Theory, 18).

Weißkopf, Ralf (1994): System und Entwicklung der spanischen Orthographie. Wilhelmsfeld, Egert (= Pro Lingua, 23).

Wesch, Andreas (2003): Externe Sprachgeschichte des Portugiesischen, in: Ernst, Gerhard/ Gleßgen, Martin-Dietrich/Schmitt, Christian/Schweickard, Wolfgang (Hrsg.): Romanische Sprachgeschichte: Ein internationales Handbuch zur Geschichte der romanischen Sprachen, Berlin/New York: de Gruyter (= Handbücher zur Sprach- und Kommunikationswissenschaft (HSK), 23.1), 880–894.

Wesch, Andreas (2009): Grundkurs Sprachwissenschaft Spanisch. Stuttgart, Klett (= Uni-Wissen).

Weydt, Harald (1997): Neuere Entwicklungen in den Konjugationssystemen des brasilianischen Portugiesisch und des Deutschen: Ein typologischer Vergleich, in: Lüdtke, Helmut/Schmidt-Radefeldt, Jürgen (Hrsg.) (1997): Linguistica contrastiva. Deutsch versus Portugiesisch – Spanisch – Französisch. Tübingen, Narr (= Acta Romanica. Kieler Publikationen zur Romanischen Philologie, 9), 11–23.

Wiegmann, Hermann (2003): Abendländische Literaturgeschichte: Die Literatur in Westeuropa von der griechischen und römischen Dichtung der Antike bis zur modernen englischen, französischen, spanischen, italienischen und deutschen Literatur. Würzburg, Königshausen & Neumann.

Wigger, Lars-Georg (2005): Die Entwicklungsgeschichte der romanischen Vergangenheits-tempora am Beispiel des Pretérito perfeito composto im Portugiesischen. Dissertation Tübingen. (online: http://w210.ub.uni-tuebingen.de/dbt/volltexte/2005/1986/pdf/Dissertation _LarsGWigger.pdf, letzter Zugriff am 22.06.2011).

Williams, Edwin Bucher ([2]1962): From Latin to Portuguese: Historical Phonology and Morphology of the Portuguese Language. Philadelphia, University of Pennsylvania Press [[1]1946].

Winkelmann, Otto (1994): Portugiesisch: Geschichte der Verschriftung, in: Holtus, Günter/Metzeltin, Michael/Schmitt, Christian (Hrsg.): Lexikon der Romanistischen Linguistik (LRL), Band VI/2: Galegisch, Portugiesisch. Tübingen, Niemeyer, 472–498.

Wireback, Kenneth J. (1997): The Role of Phonological Structure in Sound Change from Latin to Spanish and Portuguese. New York, Washington, D.C/Baltimore/Bern/Frankfurt a.M./Berlin/ Vienna/Paris, Lang.

Woll, Dieter (1994): Portugiesisch: Sprachnormierung und Standardsprache, in: Holtus, Günter/Metzeltin, Michael/Schmitt, Christian (Hrsg.): Lexikon der Romanistischen Linguistik (LRL), Band VI/2: Galegisch, Portugiesisch. Tübingen, Niemeyer, 382–398.

Wotjak, Gerd (1984): Kongruenzen und Divergenzen im spanischen und deutschen Wortschatz, in: Beiträge zur Romanischen Philologie 23/1, 109–152.

Wotjak, Gerd/Herrmann, Ulf (⁴1994): Typische Fehler Spanisch: „Falsche Freunde" Spanisch und Deutsch. Berlin, Langenscheidt.

Wright, Roger (1982): Late Latin and Early Romance in Spain and Carolingian France. Liverpool, Cairns.

Wright, Roger (Hrsg.) (1991): Latin and the Romance Languages in the Early Middle Ages. London, Routledge.

Wright, Roger (Hrsg.) (2008): Actes du VIIIᵉ Colloque International sur le latin vulgaire et tardif: Oxford, 6–9 septembre 2006. Hildesheim/Zürich/New York, Olms-Weidmann.

Zauner, Adolf (²1921): Altspanisches Elementarbuch. Heidelberg, Winter [¹1908].

Zimmermann, Klaus (Hrsg.) (1999): Lenguas criollas de base lexical española y portuguesa. Frankfurt a.M./Madrid: Vervuert/Iberoamericana (= Biblioteca Ibero-Americana, 66).

Internet

Academia de la Llingua Asturiana: Online, Zugriff am 23.07.2011; http://www.academiadelal lingua.com

ALPI = Atlas Lingüístico de la Península Ibérica. Hosted by the Theoretical and Applied Linguistic Laboratory. University of Western Ontario. London (ON): Online, Zugriff am 12.10.2011; http://www.alpi.ca

Associação de Reencontro dos Emigrantes (ARE): Online, Zugriff am 20.02.2011; http://www.emigrantes.org/mundo.htm

Bundeszentrale für politische Bildung: Online, Zugriff am 23.03.2011; http://www.bpb.de

Centro Virtual Cervantes: Demografía de la Lengua Española: Online, Zugriff am 20.02.2008; http://www.cvc.cervantes.es/obref/anuario/anuario_99/otero/

Grupo España Exterior: España Exterior, El Periódico de las Comunidades Españolas en el Mundo: Online, Zugriff am 20.02.2011; http://www.espaexterior.com/

Imigrantes Somos Todos! (Director: Carlos Fontes): Online, Zugriff am 20.02.2011; http://imigrantes.no.sapo.pt/page6Cont.html

Instituto Camões: Online, Zugriff am 20.02.2011; http://www.instituto-camoes.pt/cvc/hlp/ geografia/index.html

Instituto de Linguística Teórica e Computacional (ILTEC), Portal da Língua Portuguesa: Online, Zugriff am 12.08.2011: http://www.portaldalinguaportuguesa.org/?action=acordo).

Instituto Nacional de Estadística: Online, Zugriff am 12.08.2011: http://www.ine.es

Instituto Nacional de Estatística: Online, Zugriff am 12.08.2011: http://censos.ine.pt

Mirandés na net: Lhéngua i Cultura Mirandesa: Online, Zugriff am 21.02.2011; http://www. mirandes.net

Mundoabierto: Online, Zugriff am 12.08.2011: http://www.mundoabierto.com/espanoladatos.htm

Observatório da Língua Portuguesa: Online, Zugriff am 12.08.2011: http://observatorio-lp.sapo.pt

Origens do Português: Digitalização, Edição e Estudo Linguístico de Documentos dos Séculos IX-X, Online, Zugriff am 22.09.2008: http://www2.fcsh.unl.pt/ philologia/projectos.html

SIL International: Ethnologue. Languages of the World. An Encyclopedic Reference Work Cataloging all of the World's 6.912 Known Living Languages: Online, Zugriff am 18.02.2011; http://www.ethnologue.com

Universidad de Sevilla: El español hablado en Andalucía (eha): Online, Zugriff am 10.02.2012: http://grupo.us.es/ehandalucia/